Max Wirth

Geschichte der Handelskrisis im Jahre 1873

Max Wirth
Geschichte der Handelskrisis im Jahre 1873
ISBN/EAN: 9783743403680
Hergestellt in Europa, USA, Kanada, Australien, Japan
Cover: Foto ©ninafisch / pixelio.de

Manufactured and distributed by brebook publishing software (www.brebook.com)

Max Wirth

Geschichte der Handelskrisis im Jahre 1873

Geschichte der Handelskrisis im Jahre 1873.

Von

Max Wirth.

(Separatabdruck aus der zweiten Auflage der Geschichte der Handelskrisen.)

Frankfurt a. M.
J. D. Sauerländer's Verlag.
1874.

Vorwort.

„Wir geben uns nicht der eitlen Hoffnung hin, daß die Lehren der Geschichte je von der Geschäftswelt so zu Herzen genommen würden, um eine Krisis zu vermeiden, und wenn wir Maßregeln aufzufinden suchen, durch welche die Katastrophe verhütet werden könne, so geschieht es nur in der Erwartung, daß die Wirkung solcher Unglücksfälle in Zukunft wenigstens gemildert und vielleicht der Eine oder der Andere gewarnt werde, um sich rechtzeitig vor dem Schiffbruch in Sicherheit zu bringen."

Dieser in der ersten Auflage meiner Geschichte der Handelskrisen vor 16 Jahren veröffentlichte Ausspruch ist durch die Krisis von 1873 leider nur zu sehr bestätigt worden. Die Lehren der Geschichte waren ohnmächtig gewesen, den frevelhaften Uebermuth und Leichtsinn der Speculation zu warnen und zu zügeln und den unerhörten Fall aufzuhalten; aber es gab im Vergleich zu früheren Krisen viel mehr Personen, welche klar einsahen und aussprachen, daß die Uebertreibung der Unternehmungen in den letzten Jahren, daß die Agiotage, daß die schwindelnde Höhe der Preise vieler Artikel, sowie der Miethen und der Löhne zur Krisis führen müsse, — viel mehr Personen, die ihre Schäflein noch rechtzeitig in's Trockene brachten.

Die Symptome des Herannahens einer Krisis, wie wir sie im Jahre 1858 auf Seite 461 bis 468 der ersten Auflage der Geschichte der Handelskrisen geschildert, haben sich aber auch 1873 in der überraschendsten Weise bis auf die Arbeitseinstellungen wiederholt, und da die Diagnose sich als so richtig erwiesen, so haben auch die Heilmittel, welche wir in Vorschlag brachten, vielseitige Anwendung gefunden.

Bei der Wichtigkeit und theilweisen Neuheit vieler Erscheinungen der letzten Krisis sind die früheren Erfahrungen wesentlich bereichert und der Blick auf das innere Getriebe des wirthschaftlichen Organismus erweitert worden. Wir haben daher die Gelegenheit der Veranstaltung einer zweiten Auflage des oben genannten Werkes zu einer sorgfältigen Revision und Erweiterung desselben benutzt. Es sind nicht blos wesentliche Berichtigungen, namentlich in Betreff der Politik Jackson's in den amerikanischen Krisen der 1830er Jahre angebracht, sondern auch einige Krisen nachgetragen, zum Schlusse aber das Buch mit einer gründlichen Darstellung der Krisis von 1873 bereichert worden.

Diese zweite Auflage ist also zum größten Theil ein neues Werk geworden. Um jedoch auch den Besitzern der ersten Auflage einigermaßen gerecht zu werden, haben wir einen Separatabzug der „Krisis von 1873" veranstaltet, welche wir denselben hiermit als Supplement zu letzterem Werke darbieten.

Der Verfasser.

Die Krisis von 1873.

Die Krisis von 1873 war in ihrer Ausdehnung größer und im Ganzen genommen tiefgreifender, als alle vorhergegangenen. In ihrem Ursprung eine reine Börsenkrisis, zog sie nach und nach alle Kreise des Handels und der Production in ihren Bereich. Zuerst in Wien ausgebrochen, riß sie ganz Oesterreich und Ungarn, Deutschland und Italien mit in ihre verderbenbringenden Verkettungen hinein; sie brach mit doppelter Heftigkeit in Amerika aus und zog auch den englischen und französischen, den scandinavischen und russischen Geldmarkt in Mitleidenschaft. Bis nach Belgrad und Bucharest, nach Odessa, Moskau und Nischni-Nowgorod, nach Alexandrien und Südamerika repetirten die Schläge des „großen Kraches"!

In der Diagnose der Krisen, (Einleitung S. VIII), welche wir unverändert aus der vor 16 Jahren erschienenen ersten Auflage herübergenommen, hoben wir hervor, daß Krisen häufig in Folge von großen Kriegen auftreten; „die Hauptursache derselben sei die Ueberspeculation über den zu Gebote stehenden Capitalvorrath hinaus und sodann die daraus folgende Ueberspannung des Credits, welche vorzugsweise in Epochen einzutreten pflegen, wo eine große nationale oder bürgerliche Gefahr glücklich überstanden ist, oder wo Erfindungen und Entdeckungen große Umwälzungen im Verkehr und in der Production hervorgebracht, die Schöpfungskraft ganzer Nationen angefacht und die Speculation in neue Bahnen geworfen haben."

Bei der Krisis von 1873 kamen aber als Ursachen noch hinzu die zwei größten Finanzoperationen der Geschichte — die Auszahlung einer Kriegsentschädigung an Deutschland von 5 Milliarden, welche sich mit Einschluß der Zinsen und Kriegscontributionen bis auf 6000 Millionen Franken vermehrten, und die Vorbereitungen zur Einführung der Goldwährung im deutschen Reiche, welche zeitweise mehrere Hundert Millionen Thaler brach legte und dem allgemeinen Geldmarkte entzog, während gleichzeitig die Uebertragung jener ungeheueren Summe, die ebenfalls dem allgemeinen Geldmarkte nach und nach entnommen wurde, auf Deutschland, wenn auch die zeitweiligen Contribuenten nur zum geringsten Theil in Frankreich sich befanden, so lange Schwierigkeiten bereiten mußte, als das Capital nicht wieder werbend angelegt war, was für einen Theil der Milliarden sehr lange Zeit erforderte. Dazu kam nun noch, daß die Speculation in Deutschland den Einfluß, den die Milliarden auf den deutschen Effectenmarkt haben konnten, um mehr als ein Jahr zum Voraus escomptirt und überdies noch überschätzt hatte. Dadurch wurde eine andere den Krisen vorhergehende Erscheinung oder Ursache außerordentlich hervortretend — die Entwerfung von Unternehmungen, welche die Unrentabilität an der Stirne tragen, aber dennoch Gläubige finden, weil sie neu sind und daher den in solchen Epochen industrieller Aufregung hochgespannten Geist des Glücksspiels reizen, während sie in normalen Zeiten unbeachtet in der Geburt ersticken würden. Es kam dazu auch noch der Zug neidischer Habsucht der Geschäftstreibenden, mit welcher sie sich auf jede neue anfangs in die Augen fallende Gewinn bringende Unternehmung werfen, ohne natürlich berechnen zu können, ob und wann der Zeitpunkt der Ueberproduction eintritt, wo die Anwendung der neuen Dienstleistungen, der Verbrauch der neuen Waaren nicht mehr gleichen Schritt mit deren Erzeugung hält. Denn die Zahl der productiven Köpfe, welche Neues erfinden, neue Bahnen vorschreiben, ist gering, — die Zahl der mechanischen Köpfe, welche von der Nachahmung leben und sich beeilen, neuen Productionen Concurrenz zu machen — überwiegend. In Zeiten hochfluthenden Unternehmungsgeistes wird diese Art der Concurrenz epidemisch und vermehrt die zur Krisis führende Verschiebung des Gleichgewichts zwischen Angebot und Nachfrage um ein Erkleckliches.

Um ein vollkommenes Bild der Verkettung der Ursachen der Krisis zu erhalten, müssen wir einen Rückblick auf die ganze vorhergegangene volkswirthschaftliche Entwickelung werfen.

Der wirthschaftliche Aufschwung war von 1850 bis zur Krisis von 1857 wohl bedeutend gewesen, allein gegen die Entwickelung in den darauf folgenden 15 Jahren tritt er gleichwohl noch in den Hintergrund.

Seitdem hat sich der Ausfuhrhandel Frankreichs verdoppelt, der Englands nahezu verdreifacht und auch der Verkehr der übrigen Länder bedeutend vermehrt. Nach einer gelegentlich der Wiener Weltausstellung gemachten Untersuchung hatte der Welthandel im Jahre 1871 folgende Dimensionen erreicht:

Die Production von Weltartikeln bezieht sich namentlich auf Getreide, Eisen, Kohle und Wolle. Wir wollen nacheinander sehen, welche Größen diese Productionszweige vertreten.

Getreide. Die Production repräsentirt sich in folgenden Zahlen: Rußland 360 Millionen Hektoliter, Deutsches Reich 260, Oesterreich-Ungarn 199, Frankreich 107, Großbritannien und Irland 133, europäische Türkei 47 ꝛc.; Europa 1688; der Handel mit Brodfrüchten und Mehl gestaltete sich wie folgt: Rußland Einfuhr —, Ausfuhr 652 Millionen Francs, Oesterreich-Ungarn 29 und 129, Donauländer E. —, A. 117, deutscher Zollverein 360 und 480, Großbritannien 854 und 61, Frankreich 220 und 78, Belgien 121 und 36, Schweiz 151 und 14, Niederlande 109 und 41, Vereinigte Staaten 37 und 378 ꝛc.; insgesammt 2046 Millionen Francs die Einfuhr und 2232 Millionen die Ausfuhr. Es werden also alljährlich im Handel mit Brodfrüchten ca. 5 Milliarden Francs umgesetzt.

Eisen. Die jährliche Production und somit auch die Consumtion an Eisen auf der ganzen Erde ist mit 24,000 Millionen Pfd. Zollgewicht zu veranschlagen. Wenn wir also die Bevölkerung der ganzen Erde mit 1200 Millionen annehmen, so entfallen per Kopf 20 Pfund. Für die einzelnen Staaten ergeben sich folgende Zahlen: Großbritannien 200; Belgien und die Vereinigten Staaten 100; Frankreich 70; Zollverein 60; Schweiz 30; Schweden und Norwegen 25;

Oesterreich-Ungarn 20; Italien 15; Rußland 13; Indien 1. Die Production von Roheisen in den bedeutendsten Ländern beträgt 11,7 Millionen Tonnen oder 235 Millionen Centner. Hiervon entfallen auf:

Großbritannien	5,532,880	Tonnen,
Vereinigte Staaten	1,912,609	„
Frankreich	1,356,300	„
Preußen	927,654	„
Belgien	430,500	„
Oesterreich	278,570	„
Ungarn	104,628	„

Der Aufschwung der Eisenindustrie war in den letzten Jahren höchst bedeutend, insbesondere in England, Amerika und Deutschland. Zur Raffinirung von 5 1/3 Millionen Tonnen Eisen dienten 6243 Puddelöfen und neben 16,3 Millionen Tonnen Kohlen, welche der Hochofenproceß erforderte, benöthigten die Puddel- und Walzwerke 15,8 Millionen Tonnen. Im Jahre 1871 wurden 3,2 Millionen Tonnen Eisen und Eisenfabrikate im Werthe von 26 Millionen Pfund Sterl. exportirt. Amerika producirte im Jahre 1871 2 Millionen Tonnen, führte aber trotzdem noch 3 1/2 Millionen Centner Roheisen, 6,3 Millionen Centner Schienen und 1,6 Million Centner Stabeisen ein. Die Roheisenproduction Preußens hat sich von 43,000 Tonnen im Jahr 1826 auf 987,000 Tonnen im Jahre 1867 gehoben.

Kohle. Die Ausbeute aller Kohlengruben der Erde beträgt 213 Millionen Tonnen, wovon 176 Millionen Tonnen oder 3548 Millionen Centner auf Europa entfallen. Hiervon erzeugt England allein, das zu Anfang des 18. Jahrhunderts nur 2 1/2 Millionen Tonnen producirte, 109 Millionen Tonnen. In ähnlichem Maße hat sich die Production anderer Länder vermehrt: Frankreich 7 Mill. Tonnen 1858, 13 Millionen 1868; Preußen 1859: 11 Millionen Tonnen, 1869: 30 Millionen Tonnen; Oesterreich-Ungarn 1859: 3 Millionen Tonnen, 1869: 7 Millionen Tonnen. Der Werth der erzeugten Kohlenmengen ergibt sich aus Folgendem: Großbritannien 269, Preußen 75, Frankreich 61, Belgien 62, Oesterreich 21 Mill.

Gulden; ganz Europa annäherungsweise 503 Millionen Gulden, und der Werth der gesammten Kohlenausbeute der Erde 600 Mill. Gulden. Ueber den Consum liegen bezüglich Englands interessante Daten vor, aus welchen wir ersehen, daß von den 107 Millionen Tonnen auf die gesammte Industrie 73 Millionen entfallen, auf Verkehr 5 Millionen, auf Export 10 Millionen, auf den häuslichen Bedarf 18 Millionen.

Wolle. Die Production an Baumwolle beträgt alljährlich 16 bis 18 Millionen Centner. Davon producirten die Vereinigten Staaten allein zwei Drittheile; etwa 2 Millionen kommen aus Ostindien, 1 Million aus dem übrigen Asien und 650,000 aus Merito und Südamerika. Den größten Consum hat Großbritannien. Dieses Land consumirte um die Mitte des vorigen Jahrhunderts 1 Million Pfund, jetzt über 1000 Millionen jährlich. Die Zahl der in den Baumwollfabriken Europa's und Amerika's beschäftigten Arbeiter beträgt 1¼ Million, deren jährlicher Lohn 162 Millionen Thaler. Frankreich consumirte im Jahre 1865 444,000 Ballen, Deutschland 300,000 Ballen. Die Zahl der Spindeln betrug im Jahre 1870 57 Millionen, hiervon entfallen auf Großbritannien 32, auf Frankreich 7, auf Deutschland 3 Millionen.

Der Geldwerth der gesammten Production Europa's wurde annähernd wie folgt geschätzt: Mineralreich 983 Millionen Thaler, Thierreich 4331, Pflanzenreich 9627 Millionen Thlr., insgesammt 14,941 Mill. Thlr. An industriellem Productionswerth entfallen per Kopf der Bevölkerung in Großbritannien 212 fl., in Frankreich 87 fl., in Preußen 66 fl., in Oesterreich 34 fl.

Der Welthandel vermittelt den Umlauf der Weltproducte. In demselben zeigt sich erst recht die wirthschaftliche Massenthätigkeit unserer Zeit. Derselbe betrug in Millionen Gulden:

	Einfuhr:	Ausfuhr:	Total:
Europa	8675	7290	15,965
Amerika	2016	2173	4188
Asien	975	1010	1985
Australien	298	297	595
Afrika	200	238	438
	12,164	11,008	23,171

Der Welthandel setzt also das Elffache der französischen Milliarden-Contribution in einem Jahre um. Am bedeutendsten ist der Handel folgender Staaten:

	Einfuhr:	Ausfuhr:	Gesammter Außenhandel:
	Thaler.	Thaler.	Thaler.
Großbritannien und Irland	3301	2215	5516
Frankreich (1871) . . .	1137	1346	2483
Verein. Staaten von Nord-amerika (1870/71) .	1121	1664	2245
Deutsches Reich (1871)	870	765	1635
Belgien (1870) .	699	604	1303
Rußland (1870) . . .	511	570	1081
Oesterreich-Ungarn (1872)	585	561	1146

Der Handel der Vereinigten Staaten ergab im Jahre 1872/73 nach einer anderen Aufstellung folgende Ergebnisse in Dollars:

Die Vereinigten Staaten von Nordamerika importirten im Fiscaljahr vom 1. Juli 1872 bis 30. Juni 1873 für 663,410,597 Doll., oder für 23 Millionen mehr, und exportirten heimische Producte für 649,432,563 Doll., oder für 100 Millionen mehr als in dem vorhergegangenen Jahre. Von den Importen wurde für 28,148,481 Dollars wieder exportirt, d. h. für 5½ Millionen mehr als im vorhergegangenen Jahre. Für 17,000,000 Dollars wurde zu Lande, für 179½ Millionen mit Hülfe amerikanischer und für 482 Mill. mit Hülfe ausländischer Schiffe importirt; amerikanische Schiffe importirten demnach für 3,000,000 Dollars weniger und ausländische für 26,500,000 mehr als im letzten Jahre. Amerikanische Schiffe exportirten für 2,000,000 mehr und ausländische für 96,500,000 Dollars mehr als in dem Vorjahre. Der ganze vermehrte Export kam demnach fast nur fremden, und zwar britischen Schiffen zu Gute. Von den importirten Waaren war der größte Theil, nämlich für 487,000,000 Dollars, zollpflichtig, der Rest für 166 Millionen zollfrei. Die im Frühling 1872 erlassene Acte, welche Gegenstände für zollfrei erklärte, hatte eine Verminderung der Einfuhr zollpflichtiger Waaren um 82 Millionen und eine Vermehrung der Einfuhr zollfreier Waaren um 105 Mill. Doll. gegen das vorige Jahr zur Folge gehabt. In der oben erwähnten Acte wurden vorzugsweise Kaffee, Thee, Felle u. s. w. für zollfrei erklärt, und es wurden importirt für 24,500,000 Dollars Thee, 44,000,000 Dollars Kaffee und für 16,000,000 Dollars Felle. Von sonstigen Importen seien erwähnt Gold und Silber für 22,000,000, Baumwollwaaren 35,500,000, Flachs und Leinenwaaren 21,500,000, Eisen und Eisenwaaren 59,000,000, Leder und Lederwaaren 11,500,000, Seide 36,000,000, Zucker und Melassen 92,500,000, Zinn und Zinnwaaren 15,000,000 Tabake und Cigarren 10,000,000, Stämme und Holzwaaren 11,500,000, Wolle und Wollwaaren 71,500,000, Weine 9,000,000, Früchte 9,500,000, Brodstoffe 9,000,000 Doll. u. s. w. — Zu den Hauptausfuhrartikeln gehörten Baumwolle für 230,000,000, Brodstoffe für 99,000,000 (darunter die Hälfte allein Weizen, nämlich etwa 40,000,000 Bushel), Lebensmittel 78,000,000, Edelmetalle, geprägt und ungeprägt, 74,000,000, Petroleum und andere Oele 44,000,000, Eisen und Stahl 10,500,000, Tabake 25,500,000, Holz 14,500,000 Dollars u. s. w.

Einen schlagenden Beweis von dem Aufschwung Großbritanniens liefert die Thatsache, daß der Ueberschuß der Staatsrechnung von 1873 auf sicher 5, von Einigen sogar auf 6 Millionen Pfund Sterling angenommen wird.

Das auffallendste Beispiel wirthschaftlicher Kraft bietet die Ausfuhr Frankreichs, welche trotz eines Krieges, der 100,000 Menschen und mehr als 10 Milliarden Fr. verschlang, nach dem Friedensschluß sofort eine Vermehrung zeigt, wie aus folgender Tabelle zu ersehen ist:

Einfuhr:	Ausfuhr:
1864 — 2,306,009,000	2,701,103,000
1865 — 2,402,071,800	2,811,543,000
1866 — 2,555,894,000	2,949,996,000
1867 — 2,779,653,000	2,589,678,000
1868 — 3,028,353,000	2,549,957,000
1869 — 2,824,307,000	2,846,495,000
1872 — 3,252,314,000	2,435,173,000
1873 — 3,239,859,000	3,605,402,000

Der Eisenbahnbau hat in dieser Periode diesseits und jenseits des Atlantischen Oceans einen nie geahnten Aufschwung genommen. Im Jahre 1865 wurde die Gesammtlänge der europäischen Eisenbahnen auf 42,000 englische Meilen, die der nordamerikanischen auf 33,860 Meilen berechnet. Im Jahre 1873 nahm man die Länge der Eisenbahnen in den Vereinigten Staaten bereits auf 60,000 englische Meilen an. In ähnlichem, wenn auch nicht so starkem Maßstabe haben sich auch die Linien in Europa vermehrt. Ihre Länge wurde für Ende 1871 auf 70,000 englische oder 14,000 deutsche Meilen berechnet, wovon auf Großbritannien 3255, Deutschland 2669, Frankreich 2307, Rußland 1516, Oesterreich-Ungarn 1372 Meilen entfallen. Asien besaß 1869 971 Meilen, Afrika 175 Meilen, Nordamerika 12,000 Meilen, Südamerika 160 Meilen, Australien 181 Meilen. Auf der ganzen Erde waren 1871: 28,300 Meilen vorhanden, eine Länge, mit der man die Erde am Aequator fünfmal umgürten kann. Diese Bahnen haben 15 Milliarden Thlr. gekostet und transportiren in einem Jahre über 8000 Mill. Ctr. Waaren, abgesehen von Personen und dem eigenen Gewicht der Züge. Wie Weber im Jahre 1866 berechnete, reicht der von diesen Bahnen zurückgelegte Weg weit über die Grenze des Sonnensystems hinaus.

Nachdem in den Vereinigten Staaten die Central-Pacific-Bahn, welche den Atlantischen Ocean und das stille Meer von New-York bis St. Francisco über das Felsengebirge verbindet, in unglaublich kurzer Zeit hergestellt worden, werden jetzt schon zwei andere Pacific-Linien im Norden und Süden quer durch den breitesten Theil des nordamerikanischen Continents gebaut. Bereits ist der Plan einer ganz Asien in das europäische Eisenbahnnetz durch Benutzung des russischen und des englischen Netzes in Ostindien hineinziehenden central-asiatischen Bahn aufgetaucht. An dieses weitschichtige Project schließt sich der Plan einer Vermehrung der russischen Eisenbahnen durch 14 Linien in einer Gesammtlänge von 1000 Werst. Nichts wird mehr für unmöglich gehalten! Das beweisen die Pläne für Verbindung Englands mit dem Continent durch den Canal und Schwedens mit Dänemark durch den Oeresund mittelst eines Tunnels.

Eisenbahnen. Canäle.

Neben den gewöhnlichen Eisenbahnen machen einerseits die kleinen Bahnen mit schmaler Spurweite, sowie die Gebirgsbahnen mit Seilbetrieb oder mit Zahnrad, sowie nach dem System Wetli Fortschritte, und in Amerika geht man sogar mit der Idee um, durch Herstellung doppelter Spurweiten die Schnelligkeit der Eisenbahnen bis auf 20 deutsche Meilen in der Stunde zu vermehren.

Andererseits geht auch die Locomotion auf den Straßen mittels Anlegung von Pferdebahnen, sowohl als durch Verbreitung der Straßenlocomotiven großen Verbesserungen entgegen. In Preußen ist neuerdings sogar ein Gesetz bezüglich der Ordnung des Gebrauchs der Letzteren auf Landstraßen und öffentlichen Plätzen erlassen worden.

In dieselbe Periode fällt die lange angezweifelte glückliche Vollendung des Suezcanals, welche den Weg nach Ostindien um mehrere Monate abkürzt und wann einmal die nöthige Anzahl geeigneter Dampfschiffe gebaut sein wird, das Mittelmeer wieder zu einem Brennpunkte des Welthandels in höherem Maße zu machen verspricht, als er in der blühenden Zeit des Mittelalters gewesen war.

Neben dieser großen Vermehrung der Verkehrsmittel zu Lande ging die Ausdehnung der Handelsmarine einher, welche in jedem Jahre eine Vermehrung aufzuweisen hatte. Nach dem Internationalen Register für Schiffsclassification hatte die Handelsmarine Europa's und Nordamerika's in den Jahren 1872 und 1873 folgenden Umfang genommen:

Segelschiffe.

	Zahl		Tonnen		1873 gegen 1872	
	1872	1873	1872	1873	Zahl	Tonnen
1. England	19182	20832	5468327	5320089	+1650	+148238
2. Ver. Staaten	7092	6786	2279120	2132838	— 306	—146282
3. Norwegen	3884	3930	1072920	1137177	+ 46	+ 64257
4. Italien	4705	4220	1058796	1126032	— 485	+ 67236
5. Deutschland	3890	3834	905566	893952	— 56	— 11614
6. Frankreich	4799	3973	902096	768059	— 826	—134037
7. Spanien	3013	2867	552514	540211	— 146	— 12303
Transport	46566	46442	12239339	11918358	— 123	— 24505

	Zahl		Tonnen		1873 gegen 1872	
	1872	1873	1872	1873	Zahl	Tonnen
Transport	46565	46142	12239339	11918358	— 123	— 24505
8. Griechenland	2163	1955	427949	392894	— 208	— 35055
9. Niederlande	1552	1447	409106	397232	— 105	— 11874
10. Rußland	1367	1327	352495	347744	— 40	— 4751
11. Oesterreich	989	965	343504	336113	— 24	— 7391
12. Schweden	1823	1827	320843	327409	+ 4	+ 6566
13. Dänemark	1236	1226	165695	170834	— 10	+ 5139
14. Portugal	415	415	102547	93815	—	8732
15. Belgien	48	46	16572	14704	— 2	— 1868
16. Türkei und Verschiedene	569	221 / 407	175818	34711 / 152022	+ 62	+ 10915
	56727	56281	14553868	14185836	— 446	—368032

Dampfschiffe.

	Zahl		Tonnen		1873 gegen 1872	
	1872	1873	1872	1873	Zahl	Tonnen
1. England	2538	3061	2382145	2624431	+ 523	+242286
2. Ver. Staaten	420	403	401043	483010	— 17	+ 81997
3. Frankreich	316	392	240278	316765	+ 76	+ 76492
4. Deutschland	159	200	154045	204894	+ 41	+ 50849
5. Spanien	169	202	101185	138675	+ 33	+ 37490
6. Niederlande	100	95	68438	72753	— 5	+ 4315
7. Rußland	111	114	67257	67522	+ 3	+ 265
8. Italien	102	103	64667	85045	+ 1	+ 20378
9. Oesterreich	87	91	61183	84155	+ 4	+ 22972
10. Schweden	114	143	33157	53327	+ 29	+ 20170
11. Dänemark	54	71	20327	34498	+ 17	+ 14171
12. Norwegen	54	88	17274	41602	+ 34	+ 24328
13. Belgien	18	42	14125	30444	+ 24	+ 16319
14. Portugal	16	17	12871	14536	+ 1	+ 1665
15. Griechenland	7	8	3105	3390	+ 1	+ 285
16. Türkei und Verschiedene	70	9 / 109	39575	3049 / 70067	+ 48	+ 33541
Transport	4335	5148	3680670	4328193	+ 813	+647523

Dampf- und Segelschiffe.

	Zahl 1872	Zahl 1873	Tonnen 1872	Tonnen 1873	1873 gegen 1872 Zahl	1873 gegen 1872 Tonnen
1. England	21720	23893	7850472	7944520	+2173	+ 94048
2. Ver. Staaten	7512	7189	2680163	2615878	— 323	- 64285
3. Frankreich	5115	4365	1142369	1084824	— 750	- 57545
4. Deutschland	4049	4034	1059611	1098846	— 15	+ 39235
5. Spanien	3182	3069	653699	678886	— 113	+ 25183
6. Niederlande	1652	1542	477544	499985	— 110	— 7559
7. Rußland	1478	1441	419752	415266	— 37	— 4486
8. Italien	4807	4323	1123463	1211077	— 484	+ 87614
9. Oesterreich	1076	1056	404687	420268	— 20	+ 13581
10. Schweden	1937	1970	354000	380736	+ 33	+ 26736
11. Dänemark	1290	1297	186022	205332	+ 7	+ 19310
12. Norwegen	3938	4018	1090194	1178779	+ 80	+ 88585
13. Belgien	66	88	30697	45148	+ 22	+ 14451
14. Portugal	431	432	115418	108351	+ 1	— 7067
15. Griechenland	2170	1963	431054	396284	— 207	- 34770
16. Türkei und Verschiedene	(239/516) 639	215393	(37760/222089)	+ 110	+ 14452
	61062	61429	18234538	18514029	+ 367	+279491

Während sich also die Segelschiffe der Zahl nach um 446 (von 56,727 auf 56,281) und dem Tonnengehalt nach um 368,032 (von 14,453,868 auf 14,185,836) vermindert haben, haben sich die Dampfschiffe der Zahl nach um 813 (von 4335 auf 5148) und dem Tonnengehalt nach um 647,523 (3,680,670 auf 4,328,193) vermehrt. Für Segel- und Dampfschiffe zusammen ergiebt dies eine Vermehrung der Zahl nach um 367 (von 61,062 auf 61,429) und dem Tonnengehalt nach um 279,491 (von 18,234,538 auf 18,514,029). Im Jahre 1872 bildeten die Dampfschiffe unter der Gesammtheit der Segelschiffe der Zahl nach 7 pCt., dem Tonnengehalt nach 20 pCt., im Jahre 1873 der Zahl nach $8^{1}/_{3}$ pCt., dem Tonnengehalt nach $23^{1}/_{3}$ pCt.

Auch das Postwesen fand eine der Entwicklung der Eisenstraßen und der Dampfschifffahrt entsprechende großartige Reform, namentlich in Mitteleuropa, wo endlich die in England schon vor der Krisis von 1857 eingeführte Pennypost von Deutschland, Oesterreich, Italien und der Schweiz auch angenommen und unter andern wesentlichen weiteren Erleichterungen namentlich die wohlthätige Einrichtung getroffen wurde, daß um das doppelte Porto Briefe bis zum Gewicht von 1/2 Pfund befördert werden. Die Tarife für alle Arten des Postverkehrs wurden über die ganze Erde hin sehr stark ermäßigt; und bereits ist ein Weltpostcongreß auf Anregung des neuen deutschen Reichspostmeisters einberufen, um neue Erleichterungen zu berathen. So reichen sich Post und Telegraph, welcher Letztere mit der internationalen Organisation schon seit Jahren vorangegangen ist, die Hand, um den Völkern den Segen der Solidarität, der Cultur und der Verbrüderung zu veranschaulichen und zur Nacheiferung anzuregen.

Alle jene Fortschritte treten verhältnißmäßig in den Hintergrund vor der zaubergleichen Entwickelung des Telegraphen, dieses märchenhaftesten aller Verkehrsmittel. Wir entnehmen einem Vortrage von W. Huber vor der geographischen Gesellschaft in Paris, nach dem Wiener Fremdenblatt, folgende historische Schilderung des allmäligen Wachsthums des Telegraphennetzes des Erdballes — im Laufe von kaum einem Vierteljahrhundert.

In Frankreich wurde erst am 1. März 1851 der Telegraph dem öffentlichen Gebrauche übergeben, nachdem er einige Zeit vorher bereits im Dienste der Regierung und des diplomatischen Verkehrs den schwerfälligen und unsicheren optischen Telegraphen verdrängt hatte; heutzutage beträgt das Telegraphennetz Frankreichs allein 44,000 Kilom. (5930 d. M.) Linien mit 123,000 Kilom. (16,577 d. M.) Draht; das Europa's 270,000 Kilom. (36,388 d. M.) Linien mit 700,000 Kilom. (94,340 d. M.) Draht, welch letztere Länge also nahezu der doppelten Entfernung des Mondes von der Erde gleichkommt. Für den ganzen Erdball kann die Länge sämmtlicher Telegraphendrähte auf 2 Millionen Kilom. (270,000 d. M.) angeschlagen werden und vermöchten dieselben hiernach den Aequator fünfzigmal zu umspannen.

Die Zahl der einzelnen Telegraphenlinien zu Lande hier aufzuzählen ist ebenso unmöglich als überflüssig; hat ja in einigermaßen dichtbevölkerten Gegenden nahezu jedes Landstädtchen seinen Telegraphen, oft nach mehr als einer Richtung hin. Geringer an Zahl, wie

andererseits in kosmopolitischem Interesse schwerer ins Gewicht
fallend, sind die Linien, welche, den Ocean durchschneidend, weit von
einander entlegene Länder und ganze Welttheile, die das Meer trennt,
in gegenseitige Verbindung setzen; oder jene, welche über uncultivirte,
ja nicht einmal geographisch bekannte Landstrecken gespannt eine solche
Verbindung erzielen. Obwohl ihrer größten Mehrzahl nach erst in
den letzten sechs Jahren entstanden, sind gegenwärtig bereits 213
untermeerische Telegraphen-Kabel in Wirksamkeit, welche eine Länge
von 80,000 Kilom. (10,780 d. M.) darstellen. Der erste Versuch
einer telegraphischen Leitung unter Wasser wurde, und zwar mit Erfolg, im Jahre 1849 zu Calcutta, an der Mündung des Ganges-
stromes angestellt; im Jahre 1850 erst concessionirte Louis Napo-
leon, damals Präsident der französischen Republik, einen Herrn Brett
zu dem Versuche, eine telegraphische Verbindung Frankreichs mit
England herzustellen. Der Erfolg ist bekannt; das erste, im Jahre
1850 gelegte Kabel wurde, kaum in Thätigkeit, von Fischern auf-
gefangen und durchschnitten, man wählte hierauf eine gesichertere Stelle
zur Legung und seit dem Jahre 1851 stehen die beiden Länder auf
der Linie zwischen Sangate bei Calais und South-Foreland bei
Dover, in telegraphischem Verkehre.

Das Beispiel fand rasche Nachahmung und es existirten bereits
12 kleine submarine Kabel in Europa, als auch in der neuen
Welt das Bedürfniß sich zeigt, mittelst eines Kabels das Meer
zu durchspannen. Zuerst wurde im Jahre 1857 der Versuch
gemacht ein Kabel durch zwei gleichzeitig von Europa und Amerika
ausgehende Schiffe in der Mitte des atlantischen Oceans zu vereinigen. Der Versuch mißlang in diesem und zweimal im folgenden
Jahre; ebenso ein neuer Versuch 1865 mit dem Dampfer Great-
Eastern, dem größten aller Schiffe, von England aus. Erst 1866
gelang der gleiche Versuch; noch in demselben Jahre wurde das vor-
jährige Kabel wieder aufgefischt, vervollständigt und so auf einmal
zwei transatlantische Linien hergestellt. Seitdem ist die telegraphische
Verbindung Europa's mit Amerika nicht wieder unterbrochen worden.
Vor Kurzem aber ist das ältere Kabel abermals gerissen, 568 englische Meilen von Valentia, in einer Meerestiefe von 3700 Metern.

Man ist noch unschlüssig darüber, ob man es wieder aufsischen solle; die Kosten dieser Operation sind zu 3,800,000 Frs. veranschlagt.

Im Jahre 1869 durchfuhr der Great-Eastern abermals kabelversenkend den atlantischen Ocean; es galt, Frankreich mit Amerika in Verbindung zu setzen; der Ausgangspunkt auf französischer Seite war Petit-Minou bei Brest. Auf der Höhe von St. Pierre Miquelon, südlich von Neufundland, dem ersten Landungsplatze des englisch-amerikanischen Kabels, welcher auch zur Station des französisch-amerikanischen bestimmt war, angekommen, kündigte der „Great-Eastern" durch das Kabel, welches er eben gelegt hatte, und durch das englisch-amerikanische Kabel sich dortselbst an und erhielt auf gleichem Wege die Antwort, daß Alles zu seiner Aufnahme bereit sei. Die Botschaften hatten viermal den atlantischen Ocean durchlaufen.

Zahlreicher noch, als die bereits gelegten atlantischen Kabellinien sind die Projecte solcher, welche zum Theile für die nächste Zeit zur Ausführung bestimmt sind. Die französische Compagnie will, nachdem ein Versuch ihrer Fusion mit der englischen fehlgeschlagen ist, ein zweites transatlantisches Kabel zwischen Cap Landsend in Cornwall und Halifax legen; eine andere Compagnie beschäftigt sich mit dem Project, Cap Landsend mit den Bermudasinseln telegraphisch zu verbinden und von letzteren aus die Linie in zwei Richtungen, nach New-York einerseits, nach St. Thomas in den Antillen andererseits sich gabeln zu lassen. Im Jahre 1870 wurde der Plan gefaßt, vom Norden Schottlands über die Orkaden, die Faröer Inseln, Island und Süd-Grönland ein Kabel nach Labrador und Quebeck zu legen. Die erste Section des Kabels aber riß bereits zwischen Schottland und den Orkaden und seitdem ruht das Project. Ernstlicher in Angriff genommen und der Ausführung näher ist der Plan, das Cap St. Vincent, die Südwestecke von Portugal, mit Madeira, den Cap Verdischen Inseln und Cap St. Roque in Brasilien zu verbinden. Das erforderliche Capital im Betrage von $31^{1}/_{4}$ Millionen Francs ist im Februar 1872 zu London vollständig gezeichnet worden und soll Ende des Jahres 1874 die Linie dem Verkehr übergeben werden. Endlich hat eine „China-Japanesische Compagnie" sich gebildet, zu dem Zwecke, von Quebeck aus den amerikanischen Continent mit einer

Telegraphenlinie zu kreuzen, und über Alaska und die Behrings=
straße Japan und China zu gewinnen; es wäre dies der erste Ver=
such, Asien mit Amerika in directe telegraphische Verbindung zu
setzen.

England, auf submarine telegraphische Correspondenz mit seinen
Nachbarstaaten allein angewiesen, ist auch der Centralpunkt der zahl=
reichsten Telegraphenkabel geblieben. Nicht weniger als sechs solcher
kreuzen gegenwärtig den Canal nach der Nordküste Frankreichs, fünf
den St. Georgs=Canal und die Irländische See zur Verbindung mit
Irland und Amerika, sechs die Nordsee nach Belgien, Holland und
Hannover. Mit Rußland hat Großbritannien eine doppelte Draht=
verbindung: eine erste von Newbiggin (Northumberland) nach Sön=
dewig, durch Dänemark, über die Insel Mösen und Bornholm durch
die Ostsee nach Libau an der russischen Küste; und eine zweite von
Peterhead (Aberdeenshire) nach Egersund in Norwegen, quer durch
die scandinavische Halbinsel und von Grieslehamn auf schwedischer
nach Nystad auf russischer Seite. Beide Kabel wurden im Jahre 1869
gelegt. In jüngster Zeit wurde auch die Versenkung eines Küstenkabels
vollendet, welches London in directen Verkehr mit der nordspanischen
Stadt Bilbao setzt. — Endlich besteht noch eine kurze submarine
Kabel=Verbindung über den Skager Rack, zwischen Hirtshals und
Jütland und Arendal in Norwegen als Endpunkten.

Die ersten Versuche der Kabel=Legung im Mittelmeere wurden
bereits im Jahre 1853 angestellt, allein erst im Jahre 1870 gelang
es, Marseille mit Bona in Algier zu verbinden. Gegenwärtig be=
stehen noch kleinere Kabel=Linien zwischen Spanien und den Balearen,
von Italien nach den Inseln Corsica und Sardinien, von Otrante
nach Valena (Türkei) einerseits, nach Corfu und Athen andererseits.
Projectirt sind die Linien Triest=Korfu=Alexandrien und Marseille=
Algier.

Die Linien des Mittelmeeres, dessen bedeutendstes Telegraphen=
Kabel wir noch unerwähnt gelassen, leiten uns unmittelbar auf das
Telegraphennetz Asiens hinüber, welches den Zweigen eines Baumes
gleich, von dem Hauptstamme der Anglo=Indischen Telegraphenlinie
ab sich verzweigt. Von Falmouth in England ausgehend, biegt dieses

Kabel um die Westecken Frankreichs und der pyrenäischen Halbinsel, berührt Lissabon, Gibraltar, zieht dann geradlinig auf Malta, wo dasselbe von Italien herüber die Depeschen aus Europa, von Bona her die aus Afrika empfängt. Dann läuft die Linie über Suez ins rothe Meer, um das Cap Aden und quer durch den indischen Ocean nach Bombay.

Von Bombay bis Madras hat der Telegraph Landverbindung, taucht dann in's bengalische Meer und berührt zu Penang (nördliches Ende von Sumatra), zu Singapore (südliches Ende von Malakka) zu Saigon und endlich zu Hongkong das Land. Die Linie ist im Besitze von sieben vereinigten Compagnien, die ihren Hauptsitz zu London haben. Die Telegraphen-Linie England-Indien wurde im Jahre 1870 fertig gestellt; ihre weiteren Fortsetzungen sind noch jüngeren Datums. Eine gerade Linie Marseille-Hongkong mit Abzweigung nach Borneo und Singapore ist ernstlich in Aussicht genommen. — Eine zweite und zwar dreifache europäisch-asiatische Verbindung vereinigt sich mit der Hauptlinie in Bombay; von Abuschir am persischen Golf laufen die Linien gemeinsam die Küste des persischen und arabischen Meeres entlang. Die erste derselben geht von Cromer in England aus, über Hannover, Berlin, Wien, Konstantinopel und durch Kleinasien; die zweite von Newbiggin über Dänemark nach Liban, über Warschau nach Odessa, durch das schwarze Meer nach Tiflis, von da nach Abuschir; die dritte von Peterhead durch Schweden nach St. Petersburg, Moskau, Charkow und Tiflis, wo sie mit der zweiten sich vereinigt.

Die Ueberland-Verbindung der russischen Kaiserstadt mit Sibirien ist bereits seit dem Jahre 1863 vollendete Thatsache. Die bis Kiachta an der chinesischen Grenze fortgeführte Linie wurde im Jahre 1871 mit Umgehung des himmlischen Reiches längs der Schilka und des Amur nach Alexandrowsk, von dort unterseeisch nach Nangasaki auf Japan, nach Shanghai und Hongkong fortgeführt. Seit wenigen Monaten erst ist der ungeheure elektrische Kreis von London durch das atlantische, mittelländische, rothe und indische Meer, über Indien, China, Sibirien und Rußland nach London zurück, geschlossen.

Die europäisch-australische Kabelverbindung, jüngeren Datums noch, als die europäisch-asiatischen Linien, zweigt von den letzteren bei Singapore ab; von dort geht ein Kabel nach Batavia, anschließend an den Telegraphen, welcher Java seiner ganzen Länge nach durchläuft. Ein anderes Kabel geht über die Insel Timor nach Port Darwin an der nordaustralischen Küste. An sie schließt sich der australische Ueberland-Telegraph nach Adelaide, mitten durch den, vorher so gut wie unbekannten Continent Australiens gelegt, eine der denkwürdigsten Unternehmungen der Neuzeit. In den letzten Monaten des vorigen Jahres erst wurde dasselbe vollendet, und schon sind neue Projecte einer telegraphischen Durchschneidung Westaustraliens in Ausführung begriffen. Nicht allein den Verkehr zwischen civilisirten Ländern vermittelt der Telegraph, er wird vielmehr selbst Pionnier der Cultur und bahnt der geographischen Forschung ihre Wege.

Seit dem Jahre 1859 bereits ist Melbourne mit Tasmanien (Van Diemens Land) durch ein Kabel verbunden, und mit dem Ende dieses Jahres wird der gleiche Zusammenhang zwischen Sydney und Neuseeland bestehen, welch letzteres bereits ein vollständiges Land-Telegraphennetz besitzt.

Wir stehen nun vor einer großen, zur Zeit noch unausgefüllten Lücke, welche noch nicht erlaubt, den elektrischen Funken um den Erdball herum, von Paris z. B. wieder nach Paris zu senden; es fehlt ein Kabel durch den stillen Ocean, es fehlt zur Zeit noch eine directe Kabelverbindung Amerika's mit Australien und Asien. An Projecten einer solchen Verbindung mangelt es jedoch keineswegs, und ist die Ausführung wenn nicht aller, so doch einiger dieser Projecte nur eine Frage der Zeit, und wahrscheinlich der allernächsten Zeit. Der Unternehmungsgeist des Amerikaners Cyrus Field, der bereits über den atlantischen Ocean den Draht spannte, ruht auch vor dem stillen Meere nicht. Zwei Linien sind es, welche Herr Field zur nächsten Ausführung in Vorschlag bringt: 1. Von Victoria (Columbia an der Westküste Nordamerika's) nach der sibirisch-russischen Linie, über die Aleuten nach Yokohama, mit Abzweigung nach Shanghai; und 2. von San Francisco nach den Sandwichs-Inseln, und von da sich gabelnd nach Japan und Sibirien einerseits, über Neu-Caledonien nach Süd-Australien andererseits.

Weitere Projecte betreffen die Verbindung Amerika's mit China, eine nordische Linie von Neu-Archangel über Kamtschatka und Petropawlowsk nach Sibirien, vom Kap der guten Hoffnung nach Natal nach Madagaskar und Aden.

Zur Vervollständigung des Verzeichnisses ist noch der submarinen Linien in den Antillen Erwähnung zu thun. Seit 1868 ist die Havana mit Florida verbunden; jedes Jahr fügt der telegraphischen Kette durch die Antillen einige Glieder hinzu, vergangenes Jahr war sie vollendet bis Demerara in Englisch-Guyana. Projectirt ist die Verbindung der Havana mit New-Orleans und Veracruz, Jamaica's mit Colon und Panama, an welche eine Küstenlinie längs Columbia, Peru, Bolivia und Chile sich anschließen und in Valparaiso endigen soll; letzteres steht quer durch den südamerikanischen Continent mit Montevideo bereits im telegraphischen Zusammenhange. Mit der Fortsetzung der Kabel-Linien über Rio-Janeiro, Pernambuco und Cayenne wieder nach Demerara wird ein großer südamerikanischer Cyclus geschlossen sein und in nicht ferner Zeit mögen bis in die Magelhansstraße hinein die elektrischen Drähte reichen.

So zieht sich Jahr für Jahr enger das Netz um den Erdball zusammen, welches von Ort zu Ort, von Küste zu Küste das geflügelte Wort dahin trägt und unsere eigenen Gedanken mit denen unserer Antipoden verkettet. Von der Großartigkeit dieser Leistungen gibt eine Berechnung, welche Hr. M. W. Huber in seinem Vortrage anstellt, einen annähernden Begriff: Im Jahre 1871 passirten 33,000 Depeschen die europäisch-indischen Linien. Die Zahl von 45 Tagen als Durchschnittszeit angenommen, welche ein Brief gebraucht, um von Europa nach Indien, Australien oder China zu gelangen, während eine Depesche in längstens zwei Tagen an ihrem Bestimmungsorte ankommt, ergibt für jede Depesche einen Gewinn von 43 Tagen, für die 33,000 Depeschen eines Jahres sohin einen Zeitraum von 40 Jahrhunderten. Die nämliche Berechnung auf die 240,000 Depeschen angewendet, welche jährlich die transatlantischen Kabel durchlaufen, ergibt eine Ersparniß von 65 Jahrhunderten. Demnach wird durch den transoceanischen Telegraphen, seinem gegenwärtigen Bestande nach in jedem Jahre die Zeit von mehr als 10,000 Jahren gewonnen.

Neue Erfindungen. Steigerung der Production.

Diese Berechnung ist keine bloße Spielerei; denn denkt man an den Spruch „Zeit ist Geld", so läßt sich leicht berechnen, daß dieser ersparte Zeitverlust, abgesehen von den sonstigen Vortheilen, welche rasche Nachrichten für die Production bieten (z. B. die Gelegenheit des günstigen Ankaufs von Rohbaumwolle in Indien durch europäische Fabrikanten), gleich einer entsprechenden Vermehrung der Production zu rechnen ist.

Seit der Krisis von 1857 hatte auch die industrielle Entwickelung verschiedene Impulse erhalten. Seitdem ist die Nähmaschine und das Petroleum aus den Vereinigten Staaten in Europa eingeführt, die landwirthschaftlichen Maschinen Englands eingebürgert, der Werkzeugmaschinenbau in Deutschland begründet, die Anlegung von städtischen Gas- und Wasserwerken vermehrt, die Stahlproduction durch neue Erfindungen auf eine nie geahnte Höhe gehoben und der Eisenbahnbau enorm ausgedehnt worden.

Hier ist auch das Umlaufswesen zu nennen. In Europa und Amerika circulirten nach Annahme von Delmar 3654 Millionen Thaler an baarer Münze. Der Notenumlauf der bedeutendsten Banken belief sich auf 4233 Millionen Thaler im Jahre 1871. Die Umsätze des Clearinghouse in London betrugen im Jahre 1870: 3904 Millionen Pfund Sterling, im Jahre 1871: 4787 Millionen Pfund Sterling, im Jahre 1872: fast 6,000,000,000 Pfd. Sterl. Diese letzteren Daten zeugen von der höheren Reife des englischen Creditlebens. Die Minderabnützung der Geldstücke bei so riesigen Umsätzen werden auf über 200 Ctr. Gold in einem Jahre berechnet.

Eine Vorstellung von der bedeutenden industriellen Thätigkeit unserer Zeit vermögen auch folgende Daten zu geben: Schon 1860 beschäftigten die englischen Metall-Bergwerke und Schmelzöfen so viele Dampfmaschinen, daß sie zusammen 450,000 Pferdekräfte repräsentirten; die Dampfmaschinen der Manufacturen hatten zusammen 1,350,000 Pferdekraft, die Dampfschiffe 850,000, die Locomotiven 1 Million, insgesammt 3,650,000 Pferdekräfte, eine Leistung, wozu 77 Mill. Männer, d. i. der mannskräftige Theil einer Bevölkerung von 250 Millionen nöthig wäre! Heute schätzt man diese Pferdekräfte schon höher als das Doppelte.

Die Vermehrung der Production läßt sich auch an einem Beispiele, das uns nahe liegt, veranschaulichen. Die Bierbrauereien Oesterreichs (einschließlich Ungarns), welches gegenwärtig das beste Bier der Erde producirt, haben sich innerhalb zehn Jahren neben der zweitstärksten Weinproduction Europa's (nach Frankreich) mehr als verdoppelt. Im Jahre 1872 erzeugten die nachstehend aufgezählten Brauereien über 5,400,000 Eimer Bier; sehen wir, wie viel dieselben im zehnten rückwärts liegenden Jahre 1862 und in dem zwischen den beiden liegenden, das ist im Jahre 1867 producirten:

Brauereien	1862	1867	1872
		Eimer	
Klein-Schwechat	376,120	483,150	718,950
St. Marr	198,300	250,440	503,200
Liesing	212,760	302,200	483,800
Brunn	183,118	190,600	331,200
Hütteldorf	118,137	113,526	312,218
Ottakring	156,105	157,125	286,260
Nußdorf	95,025	137,725	245,400
Jedlesee	112,500	162,800	230,600
Schellenhof	24,820	106,200	194,500
Simmering	106,050	99,750	170,940
Fünfhaus	37,230	79,000	159,550
Neudorf	40,840	48,370	134,640
Lichtenthal	54,460	121,800	120,950
Zipf (Oberösterreich)	19,000	45,800	100,900
Pilsener bürgerliches Brauhaus	80,100	138,240	241,856
Pilsener Actienbrauerei	—	—	150,240
Graz (Schreiner)	64,588	108,304	193,600
Steinfeld (Reininghaus)	58,140	82,900	170,000
Wagram (Steierek)	89,600	99,800	167,800
Pest (A. Dreher)	114,450	129,680	273,400
Pest (Actiengesellschaft)	99,520	123,056	243,900
Zusammen:	2,220,863	2,978,464	5,433,904

Die Production der hier verzeichneten einundzwanzig Etablissements stieg also von 2,2 Millionen Eimer auf 5,4 Millionen oder um 145 Procent.

Erwähnen wir, daß neben diesem ungeheuren Aufschwung Wissenschaft und Technik fortwährend neue Entdeckungen machen, — daß die schöpferische Kraft der gebildeten Arbeiter die Production stets mit neuen Erfindungen bereichert, — und erinnern wir an die Thatsachen, daß Krisen überhaupt nur in hochentwickelten Industrieländern — in Staaten, welche auf dem Standpunkte Griechenlands, Spaniens und der Türkei stehen, überhaupt nicht vorzukommen pflegen, so kann es nicht mehr Wunder nehmen, daß die Befreiung von dem Alp des französischen Krieges, welcher seit Jahren über der solidarisch zusammenhängenden Geschäftswelt Mitteleuropa's wie ein Damoklesschwert geschwebt hatte, den Unternehmungsgeist in einer Weise anstachelte, daß er hohe Wellen und Schaumkronen trieb und endlich bis zur acuten Krankheit der Krisis ausartete — mit allen ihren Auswüchsen und Verbrechen im Gefolge.

Die Krisis von 1866 war auf England beschränkt geblieben, obgleich man in Mitteleuropa am Ausbruch des Krieges stand. Auf den Continenten von Europa und Amerika war nach der Krisis von 1857 für die betroffenen Gegenden wenigstens eine 50jährige Friedensepoche von Kriegen unterbrochen worden von einem Umfang und zum Theil einer Raschheit der Resultate, wie sie in der Geschichte noch nicht erlebt worden. Zuerst kam 1859 der Krieg in Italien, ein Jahr darauf brach schon der vierjährige amerikanische Bürgerkrieg aus, welcher die gesammte Baumwollenindustrie Europa's brach zu legen drohte. Wir haben bereits erwähnt, daß die Gefahr leichter bestanden wurde, als man geglaubt hatte. Dieser Bürgerkrieg war noch nicht beendet, als der dänische Krieg erfolgte. Die Thatsache, daß während desselben das Zusammenstehen der beiden deutschen Großmächte Frankreich und England zur Rolle friedlicher Zuschauer zwang, trug einigermaßen dazu bei, die durch die Umwälzung in Italien und die prädominirende Rolle Frankreichs beunruhigte Geschäftswelt wieder vertrauensvoller zu machen. Zwar wurde dieses Vertrauen bald wieder gestört durch den Ausbruch des deutschen Krieges, allein die kurze Dauer desselben, sowie die Erwägung, daß die deutsche Frage ohne eine gewaltsame Entscheidung der Frage der Hegemonie zwischen Preußen und Oesterreich niemals zu lösen gewesen wäre, daß ohne die Lösung der deutschen Frage aber der Friede von Europa überhaupt niemals auf sichere Basis gegründet werden könne, — waren dazu angethan, die Geschäftswelt wieder zu beleben. Der Unternehmungsgeist blieb aber nach 1866 noch zurückgedämmt durch die Eifersucht des französischen Volkes auf das neu erstehende Deutschland, welche wie ein Alp die Gemüther drückte und auf einen bevorstehenden Entscheidungskampf um die politische Führerrolle in Europa vorbereitete. Als aber dieser erwartete Krieg unversehen rasch ausgebrochen und entscheidend zu Ende geführt war, — unmittelbar vor und nach welchem in Deutschland und zum Theil auch in Oesterreich eine Periode von Reformen der Gesetzgebung, welche unmittelbar die Erwerbfähigkeit ungewöhnlich steigerten, angebrochen war, so reich und vielseitig, wie die Geschichte der Menschheit kein Beispiel aufweist, da war die Speculation nicht mehr zu halten und stürzte sich wie ein losgelassener Renner auf den Markt.

Die Unternehmung neuer Eisenbahnen nahm ungeheure Dimensionen an. Das eine Zeit lang von dem später bankrott gewordenen Engländer Peto allein betriebene System des Unternehmerthums von Eisenbahnen für eine Bausch- und Bogen-Summe, wodurch namentlich ein gewisser Strousberg in Berlin eine Zeit lang durch zweckmäßige Ersparnisse im Ankauf der Materialien und in der Vergebung des Baues an einzelne Unternehmer enorme Gewinnste machte, bis er durch Anwendung zu schlechten Materials und unsolides Gebahren in die Brüche ging, — hatte der Speculation in Eisenbahnunternehmungen eine neue Gestalt, erneuten Impuls gegeben. Mit diesem stiegen aber auch die Gefahren der Ausbeutung des Publikums und der Verletzung des öffentlichen Wohles durch Abenteurer, Börsenjobber und gewissenlose Notabilitäten.

In den größeren Städten nahmen die Bauunternehmungen enormen Aufschwung und in den Gegenden der Montanindustrie wurden zahlreiche Bergwerke erschlossen und Hütten erbaut, während andere industrielle Anlagen, sowie neue Banken wie Pilze aus der Erde schossen.

Das Bankwesen war schon in der der Krisis von 1857 vorhergehenden Periode durch die Gründung einer großen Zahl von Creditanstalten, Handels-, Gewerbe- und Volksbanken, Notenbanken und Hypothekenbanken ausgebildet worden. Nach dem Kriege von 1866 aber begann in dieser Richtung eine ganz neue Bewegung. Schon während des amerikanischen Bürgerkrieges hatte die Verschlechterung der Valuta und das hohe Goldagio, sowie die starke Betheiligung namentlich deutschen Capitals an Unionsanlehen die Ausfuhr amerikanischer Producte nach Europa außerordentlich begünstigt. Viele Amerikaner erschienen in Person auf den europäischen Märkten und schlugen Waaren um jeden Preis los, wenn sie baar bezahlt wurden. Die Vermehrung der Handelsbeziehungen zwischen den beiden Continenten erweckte auch das Bedürfniß einer Vermehrung der engeren Beziehungen der Geld- und Effectenmärkte auf beiden Seiten des Atlantischen Meeres. Es entstanden daher eine Anzahl von Dampfschiffverbindungen zwischen Deutschland und Amerika, von internationalen Bankinstituten, welche ihre Comptoirs in New-York, London, Wien, Berlin, Frankfurt hatten, und welche dann später die Träger einer ausgedehnten Speculation, namentlich in Eisenbahnprioritäten wurden. Auch Italien und die Türkei wurde in dieses internationale Bankennetz mit hineingezogen, welche nicht bloß den Wechseldiscont besorgte, sondern aller Geschäfte der Creditanstalten sich bemächtigte.

Sehr lebhaft war die Gründungsspeculation in Oesterreich, weil dieses nach der Herstellung der Staatseinheit in Italien und Deutschland seinen Nachbarn keinen Anlaß mehr zu Reibungen zu bieten schien und daher dem Unternehmungsgeiste mehr Vertrauen einflößte, als Frankreich oder Deutschland, welche sich in Folge der Eifersucht des Ersteren auf eine neuen Ausbruch des Krieges gefaßt zu machen hatten.

Als Hauptschauplatz der Speculation bot sich aber besonders Ungarn dar, welches nach wiedererlangter nationaler Selbstständigkeit und nach dem Abschluß des Ausgleichs mit der anderen Reichshälfte die Elemente zu einem neuen volkswirthschaftlichen Aufschwung zu bergen schien. Der leitenden Kreise Ungarn's bemächtigte sich eine wahre Eisenbahnmanie, welche um so leichter Nahrung fand, als in den ersten Jahren des Ausgleichs, wo das staatswirtschaftliche Talent der Ungarn noch nicht erprobt war, der europäische Geldmarkt außerordentlich bereitwillig entgegenkam.

Schon im Mai 1869 wurde der Gesammtbetrag der am Wiener Platze unternommenen Gründungen auf 982 Millionen Gulden angegeben, wovon bis dahin 470 Millionen auf Actien-Unternehmungen eingezahlt waren.

Während in Pesth zu Anfang des Jahres 1868 nur 21 Actiengesellschaften mit einem Capital von kaum 30 Millionen Gulden bestanden, waren nach 20 Monaten bis im September 1869 schon 99 Gesellschaften in Wirksamkeit, welche ein Nominalcapital von 135 Millionen darstellten und auf die, nach Körösi, bereits 100 Mill. eingezahlt waren. Protocollirt beim Pesther Wechselgericht aber waren die nachfolgenden Gesellschaften mit einem Gesammtcapital von nicht weniger als 326,779,600 fl.

1868.

Monat der Protocollirung.		Actien.	à fl.	Capital.
Febr.	I. ungarische Actien-Bierbrauerei	3000	500	1,500,000 fl.
	Anglo-Hungarian-Bank	50,000	200	10,000,000 „
März.	Königsbierbrauerei	5000	200	1,000,000 „
	Unionsmühle	2000	500	1,000,000 „
	Briquets-Fabrik	4000	100	400,000 „
April.	Fünfkirchen-Barcser Eisenbahn, in Actien			3,464,200 „
	Fünfkirchen-Barcser Eisenbahn, in Prioritäten			2,149,000 „
	Petroleumfabrik	1500	200	300,000 „
	Seifen- und Kerzenfabrik „Flora"	3000	200	600,000 „
Mai.	Kammgarnspinnerei	3000	200	600,000 „
	Lederfabrik	3000	200	600,000 „
	Bodmerei-Gesellschaft	6000	500	3,000,000 „
	Ungarisch-Belgische Maschinenfabrik	5000	200	1,000,000 „
	Consummühle	4000	200	800,000 „
	Wollwäschfabrik	2500	200	500,000 „
	Rückversicherungsbank „Hunnia"	5000	200	1,000,000 „
	„ „Union"	4000	300	1,200,000 „
	Pesth-Fiumaner Schiffbau-Gesellschaft	3000	200	600,000 „

Gründungen von 1868 und 1869.

Monat der Protocol- lirung.		Actien.	à fl.	Capital.
Juli.	Maschinen-Ziegelei	5000	200	1,000,000 fl.
	Actien-Hôtel	3500	200	700,000 „
	Gesellschaft für Fleisch u. Fettwaaren	1500	200	300,000 „
Aug.	Pester Steinkohlenbau-Gesellschaft	10,000	200	2,000,000 „
	Ungarisch-Schweizer Sodafabrik	10,000	200	2,000,000 „
	Wagenfabrik	2000	200	400,000 „
	Pesth-Ofner wechsels. Feuerversicherungs-Verein	—	—	50,000 „
Sept.	I. ungarische Zündwaarenfabrik	5000	200	1,000,000 „
	Zarzetzky'sche Zündwaarenfabrik	1500	200	300,000 „
	Gschwindt'sche Spiritusfabrik	5000	200	1,000,000 „
Oct.	Rasirfabrik	2000	100	200,000 „
	Druckerei „Athenäum"	3500	200	700,000 „
	Oetl'sche Cassenfabrik	3000	200	600,000 „
	Deutsche'sche Druckerei	1000	200	200,000 „
Novbr.	Faßfabrik	3000	200	600,000 „
	Salgó-Tarjáner Kohlenbaugesellschaft	24,000	100	2,400,000 „
	Kaschau-Oderberger Bahn, in Actien			19,412,600 „
	„ „ „ in Prioritäten			38,825,200 „
	Omnibus-Gesellschaft	4000	200	800,000 „
	Ofner Bergbahn	1000	100	100,000 „
	Szt.-Endréer Ziegelei	1000	100	100,000 „
Decbr.	Alt-Ofner Spiritusbrennerei	1500	200	300,000 „
	Maststall-Gesellschaft	2000	200	400,000 „
	Spodium-Fabrik	1250	200	250,000 „
	Pannonia Ziegelei	900	200	180,000 „
	Ofner Straßenbahn	2000	200	400,000 „
	1869.			
Jan.	Neupesther Spar-Casse	1000	100	100,000 „
	Stärkefabrik	1250	200	250,000 „
Febr.	Ung. allg. Kohlenbau-Gesellschaft	4000	200	800,000 „
	Pesther Actien-Druckerei	500	300	150,000 „
	Ung.-Schweizer Industrie-Gesellschaft	2500	200	500,000 „
	Waggonsfabrik	2500	200	500,000 „
März.	Ungarische Ostbahn in Actien			30,013,400 „
	„ „ in Prioritäten			45,020,200 „
	Franco-Ungarische Bank	160,000	200	32,000,000 „
	Baumaterialien-Gesellschaft	3000	200	600,000 „

Monat der Protocol- lirung.		Actien.	à fl.	Capital.
April.	Bau-Gesellschaft	30,000	200	6,000,000 fl.
Mai.	Landes-Dampfschiffahrts-Gesellschaft	30,000	100	3,000,000 „
	National-Versicherungs-Gesellschaft	7500	200	1,500,000 „
	Theresienstädter Spar-Casse	10,000	100	1,000,000 „
	Glasfabrik	1000	200	200,000 „
	Steinbrucher Ziegelei	2000	200	400,000 „
	Pesth-Wiener Remoraneur-Gesellschaft	6000	200	1,200,000 „
Juni.	Ganz'sche Fabrik	500	500	2,500,000 „
	Ungarischer Lloyd	50,000	200	10,000,000 „
	Spielkartenfabrik	1000	200	200,000 „
	Neustifter Ziegelei	2000	200	400,000 „
	Elisabethmühle	6000	200	1,200,000 „
	Ungarische Escompte-Gesellschaft	15,000	200	3,000,000 „
Juli.	Anwinkler Billen-Gesellschaft	1500	200	300,000 „
	Kalkbrennerei „Victoria"	2000	200	400,000 „
	Gesellschaft d. Journales „Szàzadunk"	250	200	50,000 „
Aug.	Ungarische Hypothekenbank	10,000	200	2,000,000 „
	Ungarische Nordostbahn, in Actien			18,885,600 „
	„ „ in Prioritäten			28,328,400 „
	Internation. Commercial-Gesellschaft	100,000	200	20,000,000 „
	„Aquincum"	250	100	250,000 „
	Chemicalien- und Stärkefabrik	2000	100	200,000 „
	Làbatlaner Cementfabrik	1500	200	300,000 „
	Hauptstädtische Spar-Cassa	10,000	100	1,000,000 „
	Steinbrucher „ „	1250	100	125,000 „
Sept.	Schlick'sche Eisengießerei	2500	200	500,000 „
	„Variétés"-Theater	3000	100	300,000 „
	Viehversicherungs-Gesellschaft	5000	100	500,000 „
	Salgó-Tarjáner Eisenwerk	2400	500	1,200,000 „
	Papierfabrik	5000	200	10,000,000 „

Zusammen ein nominelles Capital von 326,779,600 fl.

Schon damals war die Oesterreichische Nationalbank genöthigt, um der Gründungswuth einen Zügel anzulegen, Ende Juli zu der bei ihr seltenen Maßregel einer Discontoerhöhung von 4½ auf 5 % zu schreiten, welche aber zu spät kam. Denn schon im Spätherbst brach eine Geldklemme aus, welche bis zum „großen Krach" bereits Krisis genannt wurde, aber doch so wenig als Warnung diente, daß

3½ Jahre später doch die regelrechte Krisis eintrat. Die Geschäftswelt war schon damals so vom Geiste der Agiotage und waghalsigen Spielsucht imprägnirt, daß bereits, wie zu allen solchen Zeiten, die Vorschläge der Projectenmacher auftauchten, der Geldklemme durch weitere Emission von Papiergeld zu steuern — während der Zwangscours herrschte und das Silberagio auf 120 stand, also die handgreiflichen Beweise vorlagen, daß seit 1868 durch die Creirung von 350 Millionen Staatsnoten das Bedürfniß von Umlaufsmitteln längst überschritten war.

Als die erste Warnung der Oesterreichischen Nationalbank nichts geholfen hatte, schritt dieselbe zu umfassenden Kündigungen im Report und zu einer Einschränkung des Belehnungsmaximums im Lombardgeschäft. „Auch diese Maßnahmen," sagt Joseph Neuwirth*), „reichten nicht aus und die Bankdirection sah sich am 26. August zum Schutze ihrer Notenreserve genöthigt, den Zinsfuß für Platzwechsel und Rimessen um 1 % d. h. auf 5 % im Escompte von Domicilen und ebenso im Lombard auf 5½ % zu erhöhen. Diese Maßnahmen kamen nicht unerwartet und nach Lage der Dinge konnte kein Einsichtiger ihnen die Billigung versagen. Die Ueberspeculation hatte allen Warnungen und Mahnungen zum Trotze ihre Orgien fortgesetzt. Mit Engagements überladen, gegen eine Geldklemme ankämpfend, welche nicht etwa auf einen Mangel an Noten, sondern auf eine colossale Ueberladung mit unanbringlichen Werthen zurückzuführen war, von den Bankinstituten, welche das Treiben bis dahin poussirt hatten, plötzlich im Stiche gelassen, durch ihre eigene bedrohliche Lage und zu allem Ueberflusse auch noch durch beunruhigende Nachrichten politischer Natur aus Paris geängstigt, wurde die Speculation angesichts der Maßregeln der Nationalbank allgemach einiger Selbsterkenntniß zugänglich, aber mit dem Beginn dieser Selbsterkenntniß war auch jene Krisis inaugurirt, welche im Monat September 1869 so große Verheerungen anrichtete und eine Situation völliger Erschöpfung herbeiführte. Die eingetretene Krisis und ihre verheerenden Wirkungen

---

*) Bankacte und Bankstreit in Oesterreich-Ungarn 1862—1873. Leipzig bei Duncker & Humblot 1873.

wurden naturgemäß dort am fühlbarsten, wo am stärksten und mit der geringsten Berechtigung gesündigt worden war, nämlich in Ungarn.

In diese Zeit fiel auch die betrügerische Speculation, welche ein belgischer Abenteurer, Langrand-Dumonceau, der sich vom päpstlichen Stuhl den Titel eines Grafen zu verschaffen gewußt hatte, unter dem Mantel katholischer Frömmigkeit und unter der Form einer Bank für den ländlichen Credit trieb. Viele Landleute Belgiens und der Oesterreich-Ungarischen Monarchie wurden durch das Versprechen hohen Zinsfußes verlockt, ihre Ersparnisse herzuleihen und darum betrogen. Der Betrüger endigte mit Recht vor dem Zuchtpolizeigericht in Brüssel, welches ihn zu dreijähriger Zwangsarbeit verurtheilte.

Allein weder diese noch ähnliche Vorkommnisse, weder die Concessionspflicht in Oesterreich, noch die Aufhebung der Concessionen für Actiengesellschaften (mit Ausnahme der Eisenbahnen und Zettelbanken) im deutschen Reiche, noch die bedeutende Zunahme der Fallimente*) warnten oder hinderten die Speculation. Dieselbe schritt vielmehr zu einer Masse von Gründungen, welche an Zahl und Verwegenheit dem Südseeschwindel berüchtigten Angedenkens auf ein Haar glichen und bei welchen es leider häufig noch weniger, als zu früheren Perioden in der Wahl der Mittel offen und ehrlich zuging.

Nach amtlichen Erhebungen wurden in den Jahren 1869 bis 1872 folgende neue Gesellschaften in Oesterreich und Norddeutschland gegründet:

---

*) Die Statistik der Fallimente ergibt deren in Oesterreich-Ungarn im Jahre 1872 nicht weniger als 1250, wovon 990 auf den Handelsstand und die Industrie entfallen, der Rest auf Private, Angestellte und das kleine Gewerbe. 491 von diesen Insolvenzen kommen auf Ungarn. Wir glauben bei dieser Gelegenheit darauf aufmerksam machen zu sollen, daß überhaupt der vergleichenden Statistik der Fallimente größere Aufmerksamkeit zuzuwenden sein dürfte.

Oesterreichische Gründungen.

Es wurden im Jahre 1869 auf den Wiener Markt gebracht und zum großen Theile auch abgesetzt:

An Eisenbahnactien:

Ungarische Ostbahn	12,2	Mill. fl. Silber
Kaiser Ferdinands-Nordbahn	6	„ „ „
Karl Ludwigsbahn, IV. Emission	8,1	„ „ „
Kaiserin Elisabeth-Westbahn	4	„ „ „
Kronprinz Rudolfsbahn, III. Emission	3	„ „ „
Kaschau-Oderberger Bahn	5,9	„ „ „
Kronprinz Rudolfsbahn, IV. Emission (mit 60 fl. von 162 fl.; Ende des Jahres 1869 eingezahlt)	4,2	„ „ „

An Prioritäten von Eisenbahnen:

Buschtehrader Bahn	2,3	Mill. fl. Silber
Oesterreiche Nordwestbahn	7,4	„ „ „
Ungarische Ostbahn	13,7	„ „ „
Südbahn	7,2	„ „ „
Kaiserin Elisabeth-Westbahn	{ 4,2 / 2,2 }	„ „ „
Kaschau-Oderberger Bahn	4,4	„ „ „

Die Ansprüche der Börse an das Kapital beschränkten sich jedoch nicht auf die Emission von Bahnpapieren.

Keine Woche verging, in welcher nicht eine neue Bank oder ein neues Industrieunternehmen seinen Einzug auf der Börse gehalten hätte.

Im Verlaufe von 6—8 Monaten sind die Aktien folgender Unternehmungen auf den Markt gebracht und hierauf noch im Jahre 1869 eingezahlt worden:

	Gulden.		Gulden.
Innerberger Gewerkschaft	4,500,000	Baubank	6,000,000
Franco-Oesterreichische Bank	6,000,000	Baugesellschaft	4,000,000
Austro-Aegyptische Bank (Silber)	4,000,000	St. Egydi-Kinderberger Gewerksch.	3,300,000
Austro-Orientalbank (Silber)	4,000,000	Steierische Eisenindustriegesellsch.	2,400,000
Generalbank	3,000,000	Neuberg-Mariazeller Gewerke	3,200,000
Mährische Bank	1,200,000	Forstindustriegesellschaft	1,600,000

30 Die Krisis von 1873.

	Gulden.		Gulden.
Forstbank	6,000,000	Discontobank	4,000,000
Fünfhauser Brauerei	600,000	Centralbank	3,200,000
Grandendorfer Fabriken	400,000	Oesterr.-Niederländ. Bank (Silber)	8,000,000
Lankowitzer Gewerke	400,000	Bankverein	3,200,000
Hotel-Actiengesellschaft	1,600,000	Wiener Bank	4,800,000
Maschinenziegel-Gesellschaft	1,600,000	Volksbank	4,000,000
Schlöglmühler Papierfabrik	1,200,000	Wechslerbank	2,000,000
Vicinalbahnen-Gesellschaft	1,500,000	Wechselstuben-Gesellschaft	1,200,000
Rannersdorfer Spinnerei	400,000	Europa	800,000
Wienerberger Ziegelfabrik	4,200,000	Telegraphen-Gesellschaft	300,000
Waggonbau-Gesellschaft	800,000	Galiz. Bank f. Handel u. Industrie	1,600,000
Zuckerfabrikations-Gesellschaft	750,000	Franco-Ungarische Bank	2,400,000
Zündwaarenfabrik	200,000	Gewerbebank	400,000

Außerdem sind noch eingezahlt worden:

6,000,000 fl. auf das Communal-Anlehen,

2,500,000 „ Silber (weitere Einzahlung) bei der Anglo-Oesterr. Bank.

2,000,000 „ „ (neu emittirt) „ „ „ „ „

2,250,000 „ auf Actien der Tramway-Gesellschaft,

1,000,000 „ auf die Handelsbank-Actien und

1,000,000 „ „ „ Actien der Omnibus-Gesellschaft.

Doch sind damit die an den Geldmarkt gestellten Ansprüche noch lange nicht erschöpft, und es sind noch viele Actienunternehmungen ins Leben getreten, die sich ihres bescheidenen Capitals wegen aller Controle entzogen haben.

Emissionen und Einzahlungen 1870.

	Mill. fl.
Donau-Regulirungsanleihe, 120,000 Loose	12,276
Ungarische Prämienanleihe, 300,000 „	28,2
Cisleithanische schwebende Schuld	15,5
Aussig-Teplitzer Bahn, 25,000 Actien	0,525
Buschtehrader Bahn, 15,000 „	3
Ferdinands Nordbahn, 67,649 Prioritäten	5,750
Graz-Köflacher Bahn, 2325 Actien	0,465
Karl-Ludwigsbahn, 28,000 Actien	5,880
Kaschau-Oderberger Bahn, 40 fl. Einzahlung	3,880
Leoben-Vordernberger Bahn, 20 fl. Einzahlung	0,054

Transport 754,530

Gründungen von 1869 bis 1872. 31

Transport	754,530
Mährisch-Schlesische Centralbahn, 9 Mill. fl. Actien „ „ „ 13½ „ „ Prioritäten	15,8
Ungarische Westbahn, 7½ Mill. fl. Actien	6,225
Staatseisenbahn-Gesellschaft, Prioritäten, Serie A (Silber)	5
Südbahn-Prioritäten (Silber), Serie A	30
Erste Ungarisch-Galizische Eisenbahn, Nominalbetrag .	31,5
Turnau-Kraluper, 5000 Actien.	1
Wolfsegg-Traunthaler, 930 Actien	0,194
Prager Eisenindustrie, 5000 Actien	1
Forstindustrie-Gesellschaft, 40 pCt. Einzahlung	6
Handelsgesellschaft für Forstproducte, 10 pCt. Einzahlung .	1,5
Vordernberg-Köflach (Mentan), 20 pCt. Einzahlung . .	0,7
Anglo-Oesterreichische Bank, Emission (Silber), 20,000 Actien	2
Bodencreditanstalt, Emission (Silber) 60,000 Actien . .	4,920
Franco-Oesterr. Bank, Abrundung auf 40 pCt. Einzahlung	0,657
Generalbank, 40 fl. Einzahlung	2
Verkehrsbank, 40 fl. Einzahlung	1,2
Wiener Hypothek, Kassen-Emission	0,8
Mährische Bank	0,8
Königgrätzer Vorschußanstalt, Emission	0,1
Galizische Hypothekenbank, Einzahlung	0,6
Warnsdorfer Escompte-Gesellschaft, Einzahlung	0,1
Felixdorfer Weberei	1,2
Erste Oesterreichische Jutespinnerei	0,6
Maschinenziegel, Actien	0,4
Waggon- und Tramway-Baugesellschaft	1
Wiener Tramway-Gesellschaft	0,9
	193,026

Die Krisis von 1873.

Nominale Gründungen und Emissionen in Oesterreich-Ungarn 1871.

	I. Quartal		II. Quartal		III. Quartal		IV. Quartal		Im ganzen Jahre 1871	
	Zahl	Betrag Mill. Gulden	Zahl	Betrag Mill. Gulden	Zahl	Betrag Mill. Gulden	Zahl	Betrag Mill. Gulden	Zahl	Betrag Mill. Gulden
Staatsanlehen	—	—	1	3	1	30	—	—	2	33
Städteanlehen	—	—	3	12,3	1	0,7	1	1	5	14
Bankemissionen	2	5,2	10	28,3	4	8,7	14	73	30	115,2
Eisenbahnemissionen	3	18,9	11	170,5	8	61	12	54,5	34	305,2
Industrialemissionen	2	3,3	15	27,8	12	14,2	7	32,6	36	77,2
Zusammen	7	27,4	40	242,2	26	114,6	34	161,1	107	545,3

	1872	Betrag
Staatsanlehen	1	40 Mill. Gulden,
Städteanlehen	7	14,8 „ „
Bankemissionen	87	420,95 „ „
Eisenbahnemissionen	35	251,11 „ „
Industrialemissionen	131	381,14 „ „
Zusammen	261	1108 Mill. Gulden.

Emissionen an der Wiener Börse 1871.

Nummer	Name des Effectes.	Zur Emission gelangter Betrag Gulden	Eingezahlter Betrag Gulden
1	Ungarische Staatseisenbahn-Pfandbriefe (der Gömörer Eisenbahn)	6,624,300	6,624,300
2	Obligationen des Wiener Communal-Anlehens, III. Emission	7,000,000	7,000,000
3	Obligationen des Wiener Communal-Anlehens, IV. Emission	7,000,000	7,000,000
			20,624,300
	Banken.		
1	Berliner Wechslerbank	8,000,000	3,200,000
2	Bielitz-Bialaer Handels- und Gewerbebank	250,000	250,000
3	Bodencredit-Actiengesellschaft, Allg. Ungarische	20,000,000	8,000,000
4	Böhmische Bank, Allgemeine	3,000,000	1,200,000
5	Commissionsbank, Wiener	5,000,000	2,000,000
	Transport		14,650,000

Gründungen von 1869 bis 1872.

Nummer	Name des Effectes.	Zur Emission gelangter Betrag Gulden	Eingezahlter Betrag Gulden
	Transport		14,650,000
6	Depositenbank, Allgemeine	5,000,000	2,000,000
7	Frankfurter Bankverein	10,000,000	1,000,000
8	Hypothekarische Rentenbank, Oesterreichische	8,000,000	3,200,000
9	Hypothekenbank, Mährische	1,000,000	400,000
10	„ Ungarische	1,200,000	360,000
11	Mährische Depositen- und Wechslerbank	500,000	250,000
12	Oesterreichische allgemeine Bank	12,000,000	12,000,000
13	Oesterreichische deutsche Bank	14,000,000	5,600,000
14	Real-Creditbank	3,000,000	1,200,000
15	Vereinsbank, Oesterreichische	10,000,000	4,000,000
16	Wiener Export- und Creditbank (Vorortebank)	5,000,000	2,000,000
17	Zionostenská Banka	500,000	250,000
			49,910,000
	Actien v. Transport-Unternehmungen.		
1	Donau-Drau-Eisenbahn	5,000,000	5,000,000
2	Buschtehrader Eisenbahn, V. Emission	2,655,975	2,655,975
3	„ „ Lit. B. II. Emission	3,800,000	3,800,000
4	Dnjestr-Bahn	5,000,000	5,000,000
5	Dux-Bodenbacher Eisenbahn, Lit. B.	3,200,000	3,200,000
6	Franz-Josephsbahn	11,000,000	11,000,000
7	Graz-Köflacher Eisenbahn- u. Bergbaugesellschaft	970,000	388,000
8	Lundenburg-Nikolsburg und Grußbacher Eisenb.	2,300,000	2,300,000
9	Nordwestbahn, Oesterreichische Actien, Lit. B.	18,000,000	18,000,000
10	Prag-Duxer Eisenbahn	4,500,000	4,500,000
11	Staatseisenbahn, Oesterreichische	30,000,000	30,000,000
12	Vorarlberger Eisenbahn	6,500,000	6,500,000
			92,343,975
	Actien v. Industrie-Unternehmungen.		
1	Baugesellschaft z. Herstell. billiger Wohnungen	10,000,000	4,000,000
2	Böhmische Bau- und Immobilienbank	4,000,000	1,600,000
3	Dux-Brüx-Komotauer Braunkohlen-Bergbauges.	2,000,000	2,000,000
4	Erzgebirg.Eisen- u. Stahlwerksgesellsch.Komotau	2,500,000	1,000,000
5	Grazer Wasserversorgungsgesellschaft	900,000	900,000
6	Industrie-, Forst- u. Montan-Eisenbahngesellsch.	2,000,000	2,000,000
7	Erste Oesterreichische Jutespinnerei und Weberei	500,000	300,000
8	Königs- und Laurahütte	10,000,000	10,000,000
9	Knepper'sche Buntpapier- ɔc. Gesellsch.	1,000,000	1,000,000
10	Navale adriatico für Schiffbau ɔc.	2,000,000	2,000,000
11	Oesterreichischer Verein für chemische und metallurgische Produktion	1,000,000	1,000,000
12	Kossitzer Bergbaugesellschaft	3,000,000	3,000,000
13	Salgo-Tarjaner Steinkohlengesellschaft	300,000	300,000
14	„Union", Baugesellschaft	10,000,000	4,000,000
15	Doitsberger Kohlenwerks-Actiengesellschaft	600,000	600,000
16	Wieser Kohlenbergbau- und Handelsgesellschaft	1,000,000	400,000
			34,100,000

34 Die Krisis von 1873.

Nummer	Name des Effectes.	Zur Emission gelangter Betrag Gulden	Ein= gezahlter Betrag Gulden
	Prioritäts-Obligationen.		
1	Donau-Drau-Bahn	6,665,400	6,665,400
2	Baugesellschaft, Allgemeine Oesterreichische	4,000,000	4,000,000
3	„ „ Wiener	4,000,000	4,000,000
4	Böhmische Nordbahngesellschaft	2,499,900	2,499,900
5	Buschtehrader Eisenbahn	7,867,800	7,867,800
6	Dampfschifffahrtsgesellschaft, Ungarische	3,000,000	3,000,000
7	Dnjestr-Bahn	7,200,000	7,200,000
8	Erste Donau-Dampfschifffahrtsgesellschaft	3,000,000	3,000,000
9	Dux-Bodenbacher Eisenbahn	5,033,100	5,033,100
10	Ebensee-Ischl-Steger Eisenbahn	2,700,000	2,700,000
11	Eisenindustriegesellschaft, Steirische	3,500,000	3,500,000
12	Elisabethbahn (Linz-Budweis)	11,200,000	11,200,000
13	Galizische Karl-Ludwigsbahn	8,400,000	8,400,000
14	Graz-Köflacher Eisenbahn- u. Bergbaugesellschaft	2,520,000	2,520,000
15	Innerberger Hauptgewerkschaft	3,000,000	3,000,000
16	Lundenburg-Nikolsburg u. Grußbacher Eisenbahn	2,500,000	2,500,000
17	Neuberg-Mariazeller Gewerkschaft	3,000,000	3,000,000
18	Oesterreichische Nordwestbahn, Lit. B.	29,800,000	29,800,000
19	Ostrau-Friedländer Eisenbahn	1,449,000	1,449,000
20	Prag-Duxer Eisenbahn	12,150,000	12,150,000
21	Südbahngesellschaft-Obligationen	159,000,000	159,000,000
22	Ungarisch-Galizische Eisenbahn	8,200,000	8,200,000
23	Ungarische Westbahn (Raab-Graz)	21,000,000	21,000,000
24	Vorarlberger Bahn	7,500,000	7,500,000
			319,185,200
	Innsbrucker Stadtanlehen	1,000,000	1,000,000

Emissionen an der Wiener Börse 1872.

Nummer	Name des Effectes.	Zur Emission gelangter Betrag Gulden	Ein= gezahlter Betrag Gulden
	Banken.		
1	Franco-Ungarische Bank	8,000,000	3,200,000
2	Industrie- und Bodencreditbank	5,000,000	2,000,000
3	Austro-Ottomanische Bank	25,000,000	10,000,000
4	Sparverein, Oesterreichischer	5,000,000	2,000,000
5	Interventionsbank, Oesterreichische	5,000,000	2,000,000
6	Raten- und Rentenbank	5,000,000	2,000,000
	Transport		21,200,000

Gründungen von 1869 bis 1872. 35

Nummer	Name des Effectes.	Zur Emission gelangter Betrag (Gulden)	Ein-gezahlter Betrag (Gulden)
	Transport		21,200,000
7	Böhmischer Bankverein	3,000,000	1,200,000
8	Börsenbank, Wiener	5,000,000	2,000,000
9	Mallerbank, „	10,000,000	4,000,000
10	Sparbank, Oesterreichische	6,000,000	2,400,000
11	Bodencreditanstalt, Mährische	1,000,000	400,000
12	Hypothekar-Versicherungsbank, Allgemeine	4,000,000	1,600,000
13	Prager Bankverein	15,000,000	6,000,000
14	Böhmische Unionbank	10,000,000	4,000,000
15	Escompte- u. Creditbank, Oesterreich.-Ungarische	10,000,000	4,000,000
16	Wiener Cassenverein	5,000,000	2,000,000
17	Grazer Bankverein	3,000,000	1,200,000
18	„Fels", Allgemeine Gewerbebank	500,000	500,000
19	Sparverein, Böhmischer	4,000,000	1,600,000
20	Börsen- und Creditbank	5,000,000	2,000,000
21	Austro-Türkische Creditanstalt	20,000,000	8,000,000
22	Municipal-Creditanstalt, Oesterreich.-Ungarische	10,000,000	4,000,000
23	Niederösterreichische Bank	500,000	500,000
24	Börsen- und Wechslerbank, Oesterreichische	5,000,000	5,000,000
25	Giro- und Kassenverein, Wiener	3,000,000	3,000,000
26	Central-Bodencreditbank, Oesterreichische	4,000,000	1,600,000
27	Immobiliar-Creditanstalt, Oesterreichische	2,000,000	2,000,000
28	Internationale Handels- u. Speditionsgesellschaft	6,000,000	2,400,000
29	Handelsbank, Wiener, für Producten- und Waarenverkehr	5,000,000	5,000,000
30	Länderbankverein	15,000,000	6,000,000
31	Boden-Creditgesellschaft, Böhmische	3,000,000	3,000,000
32	Wechselstubengesellschaft, Prager	2,000,000	2,000,000
33	Wechslerbank, Prager	3,000,000	1,200,000
34	Unionbank	10,000,000	10,000,000
35	Börsen- und Arbitrage-Mallerbank	5,000,000	5,000,000
36	„Crédit foncier" für das Königreich Böhmen	6,000,000	4,000,000
37	Böhmische Hypothekarische Rentenbank	3,200,000	3,200,000
37a	Leopoldstädter Bank	3,000,000	3,000,000
38	Italisch-Oesterreichische Bank	10,000,000	4,000,000
39	Reichenberger Bank	1,000,000	500,000
40	Anglo-Oesterreichische Bank	2,000,000	1,200,000
41	Franco-Oesterreichische Bank	12,000,000	4,800,000
42	Oesterreichisch-Orientalische Bank	1,000,000	1,000,000
43	Triester Bank, Allgemeine	3,000,000	3,000,000
44	Pester Bank	2,500,000	2,500,000
45	Galizische Bodencreditanstalt	2,000,000	2,000,000
46	Commerzialbank, Wiener	13,000,000	4,800,000
47	Industrialbank, Oesterreichische	5,000,000	2,500,000
48	Teplitzer Bank	3,000,000	1,200,000
49	Triester Bankverein	3,000,000	3,000,000
	Transport		132,300,000

Nummer	Name des Effectes.	Zur Emission gelangter Betrag Gulden	Eingezahlter Betrag Gulden
		Transport	132,300,000
50	Escomptebank, Marburger	500,000	250,000
51	Mariahilfer Spar- und Escomptegesellschaft	1,000,000	1,000,000
52	Raten- und Rentenbank	1,000,000	1,000,000
53	Commissionsbank	1,500,000	1,500,000
54	Real- und Creditbank	1,800,000	1,800,000
55	Escompte- und Depositenkasse, Wiener	10,000,000	4,000,000
56	Steiermärkische Escomptebank	2,000,000	2,000,000
57	Anglo-Hungarianbank	10,000,000	4,000,000
58	Wiener Boden-Creditgesellschaft	6,000,000	2,400,000
59	Franco-Oesterreichisch-Ungarische Bank	20,000,000	10,000,000
60	Universalbank	5,000,000	5,000,000
61	Lebensversicherungs-Creditbank „Haza"	2,000,000	2,000,000
62	Ungarische Maklerbank	10,000,000	4,000,000
63	Oesterreichischer Vorschußkassenverein	5,000,000	5,000,000
64	Salzburger Bank	500,000	500,000
65	Allgemeine Vorschußbank	5,000,000	5,000,000
66	Pester Wechselstuben-Gesellschaft	3,000,000	1,200,000
			204,150,000
	Anlehen- u. Eisenbahnen-Pfandbriefe.		
1	5½procent.(Silber)Pfandbriefe(Hypothekarische Rentenbank)	2,000,000	2,000,000
2	Oesterreichische Nordwestbahn, Lit. B.	29,800,000	29,800,000
3	5½procent.(Silber)Pfandbriefe(Hypothekarische Rentenbank)	5,000,000	5,000,000
4	Dur-Bodenbacher Eisenbahnactien	1,500,000	1,500,000
5	5½procent. Pfandbriefe österreichisch. Währung (Hypothekar. Rentenbank)	3,000,000	3,000,000
6	Wiener Communalanlehen, IV. Emission	7,000,000	7,000,000
7	Aussig-Teplitzer Eisenbahngesellschaft	1,753,000	1,753,000
8	Hüttenberger Eisenwerksgesellschaft	4,000,000	4,000,000
9	Albrechtsbahn (Prioritäten)	15,179,400	15,179,400
10	„ (Actien)	10,119,800	10,119,800
11	Omnibusgesellschaft, Neue Wiener	2,500,000	2,500,000
12	Ferdinands Nordbahn	6,773,750	6,773,750
13	Mährische Grenzbahn	9,000,000	9,000,000
14	Elisabethbahn (Prioritäten)	8,200,000	8,200,000
15	Mährische Grenzbahn	8,000,000	8,000,000
16	Ottomanische Schatzbons à 9 Proc.	110,000,000	110,000,000
17	Brannan-Straßwaldner Eisenbahn (Actien)	2,000,000	2,000,000
18	„ „ „ (Prioritäten)	3,000,000	3,000,000
19	Lemberg-Czernowitz-Jassybahn	5,400,000	5,400,000
20	Graz-Köflacher Eisenbahn- u. Bergbaugesellschaft	3,000,000	3,000,000
21	Salzburger Prämien-Anlehensloose	1,726,300	1,726,300
22	Grazer Wasserversorgungsgesellschaft	600,000	600,000
		Transport	239,552,250

Gründungen von 1869 bis 1872.

Nummer	Name des Effectes.	Zur Emission gelangter Betrag Gulden	Ein- gezahlter Betrag Gulden
		Transport	239,552,250
23	Tramwaygesellschaft, Badener	2,500,000	2,500,000
24	Egerins-Tarnower Eisenbahn-Actiengesellschaft (Prioritäten)	4,131,000	4,131,000
25	Egerins-Tarnower Eisenbahn-Actiengesellschaft (Actien)	2,754,000	2,754,000
26	Prämienanleihe der kaiserlich ottomanischen Regierung	170,000,000	170,000,000
27	Lotterieanlehen der Stadt Krakau	1,500,000	1,500,000
28	Mährisch-Schlesische Centralbahn	92,782	92,782
29	Kaiser Ferdinands Nordbahn	14,400,000	14,000,000
30	Buschtehrader Eisenbahn	4,076,100	3,447,075
31	Oesterreichische Bergbahngesellschaft	2,000,000	2,000,000
32	Rumänische Eisenbahn-Actiengesellschaft	31,280,000	31,280,000
33	Dampfschifffahrtsgesellschaft des österr. „Lloyd"	1,575,000	1,575,000
			472,860,107
	Industrie-Gesellschaften.		
1	„Metropole", Hotel-Actiengesellschaft	3,000,000	1,200,000
2	„Salus", Rückversicherungsgesellschaft	1,500,000	600,000
3	Baugesellschaft, Steierische	2,500,000	1,000,000
4	Handelsgesellschaft für den allgemeinen Realitätenverkehr	5,000,000	5,000,000
5	Gasgesellschaft, Inländische	3,000,000	1,200,000
6	Baden-Vöslauer Baubank	2,000,000	800,000
7	Bauverein, Wiener	10,000,000	4,000,000
8	„Kalusz", Kali-Bergbau- u. Salinen-Betriebsgesellschaft	4,500,000	4,500,000
9	Hotels und Badeanstalten-Actienverein Wien	3,600,000	1,440,000
10	Spinnerei-,Weberei- u.Druckerei-Actiengesellsch.	5,000,000	2,000,000
11	Bauバank, Triester	4,000,000	2,000,000
12	Wien, Wöllersdorfer Actiengesellschaft für Baumaterial und Brennstoffe	800,000	320,000
13	Gasindustriegesellschaft, Wiener	10,000,000	4,000,000
14	Möllersdorfer Kammgarnspinnerei und Weberei	1,000,000	1,000,000
15	Steyermühl, Papierfabrik und Verlagsgeschäft	3,000,000	3,000,000
16	Miethwagen- (Fiaker) Unternehmung	3,200,000	1,600,000
17	Kassenfabrik, Erste Oesterreichische	2,000,000	2,000,000
18	Eisenbahnwagen-Leihgesellschaft, Erste	10,000,000	4,000,000
19	Hotel „Goldenes Lamm", Actiengesellschaft	2,500,000	2,500,000
20	Telegraphenbau Gesellschaft, Allgemeine	1,200,000	480,000
21	Hohenwanger Hauptgewerkschaft	3,000,000	3,000,000
22	Bauverein, Mährischer	2,000,000	800,000
23	„Atlas", Rückversicherungsbank	1,500,000	600,000
24	„Allianz", Gesellschaft für Rückversicherung	800,000	320,000
25	Baumwollindustrie-Actiengesellschaft in Böhmen	1,300,000	1,300,000
		Transport	48,660,000

Nummer	Name des Effectes.	Zur Emission gelangter Betrag Gulden	Eingezahlter Betrag Gulden
		Transport	48,660,000
26	Prag-Smichower Kattunmanufactur	10,000,000	4,000,000
27	Baugesellschaft, Wiener	2,500,000	2,500,000
28	Oelindustriegesellschaft, Wiener	2,500,000	2,500,000
29	Zuckerfabrikations-Actiengesellsch., Allg. Prager	3,000,000	1,200,000
30	Kainachthaler Bergbaugesellschaft	1,000,000	1,000,000
31	Parzellirungs- und Baugesellschaft, Galizij.he	2,500,000	2,500,000
32	Eisenbahnbaugesellschaft, Oesterreichische . .	10,000,000	4,000,000
33	Liesinger Brauerei-Actiengesellschaft	6,000,000	6,000,000
34	Cotton-Schafwollindustrie-Gesellschaft	1,000,000	1,000,000
35	Cellulose und Papierfabriks-Actiengesellschaft.	3,000,000	3,000,000
36	St. Egydi und Kindberger Eisen- und Stahl-werksgesellschaft in Graz	700,000	700,000
37	„Minerva", Lebens-, Renten- und Unfall-versicherungsbank	1,000,000	400,000
38	Waldindustrie-Verein, Böhmischer	10,000,000	4,000,000
39	Waggon- und Maschinenbau- und Stahlwerks-gesellschaft in Graz	2,000,000	2,000,000
40	Stregister Kohlenbergbau-Gesellschaft	1,200,000	1,200,000
41	Scheerdinger Granit-Actiengewerkschaft . . .	360,000	360,000
42	Rentenanstalt, Oesterreichische	1,000,000	400,000
43	Seehandlung, Oesterreichische	15,000,000	6,000,000
44	Waggon-Leihanstalt, Allgemeine Pester . . .	10,000,000	4,000,000
45	Brünner Brauerei, Actiengesellschaft der . .	2,000,000	2,000,000
46	Straßen- und Brückenbauten-Actiengesellschaft	1,800,000	1,800,000
47	„Universale", Wiener Rückversicherungsbank .	1,000,000	400,000
48	Schuhwaarenfabriks-Actiengesellschaft, Wiener	1,500,000	1,500,000
49	Wiener Parzellirungs- und Baugesellschaft .	4,000,000	4,000,000
50	Baugesellschaft für Kurorte, Oesterreichische .	5,000,000	2,000,000
51	„Union", Eisen- und Blechfabriks-Gesellschaft	1,200,000	1,200,000
52	Kleinmünchener Baumwollspinnerei und mechanische Weberei	1,500,000	1,500,000
53	„Perlmos",hydr.Kalk-u.Portland-Cämentfabrik	2,200,000	2,200,000
54	Elementar-Versicherungs-Aktienbank	2,000,000	800,000
55	Actiengesellschaft für Erwerbung und Ver-werthung industrieller Erfindungen . .	500,000	100,000
56	Erste Oesterreichisch-Ungarische Actiengesellschaft für Zuckerfabrikation	600,000	600,000
57	Actiengesellschaft der Groß-Zinkendorfer Zucker-fabriken	750,000	750,000
58	„Metropole", Hotel-Actiengesellschaft	600,000	1,200,000
59	Leopoldstädter Baugesellschaft	2,500,000	2,500,000
60	Grazer Waggon-, Maschinenbau- und Stahl-werksgesellschaft	1,000,000	1,000,000
61	Wiener Schuhwaarenfabrikat.-Actiengesellsch. D. H. Pollack & Horwitz	500,000	500,000
		Transport	70,810,000

Gründungen von 1871 bis 1872.

Nummer	Name des Effectes.	Zur Emission gelangter Betrag Gulden	Eingezahlter Betrag Gulden
		Transport	70,810,000
62	Allgemeine Telegraphenbaugesellschaft . . .	1,200,000	480,000
63	Actiengesellschaft der k. k. priv. hydr. Kalk- und Portland-Cämentfabrik	2,200,000	2,200,000
64	Salga Tarjaner Steinkohlenbergbau Gesellsch.	300,000	300,000
65	Pester Baugesellschaft	10,000,000	4,000,000
66	Allgemeine Realitätengesellschaft	5,000,000	5,000,000
67	Erste Oesterreichische Militärbaugesellschaft . .	5,000,000	5,000,000
68	Wiener Parzellirungs- und Baugesellschaft .	4,000,000	4,000,000
69	Tramway-Baugesellschaft	5,000,000	5,000,000
70	Allgemeine Industrial-Baugesellschaft . . .	3,000,000	3,000,000
71	Prag-Wiener Actiengesellschaft für Fabrikation von Waggons &c.	200,000	200,000
72	Neue Wiener Tramway-Gesellschaft	4,000,000	4,000,000
73	„Union", Eisen- und Blechfabriks-Gesellschaft	1,200,000	1,200,000
			153,850,000

Deutsche Banken zu Anfang des Jahres 1871.

I. Capital- und Notenbanken.

Nummer	Sitz	Firma	Gegründet	Stammcapital a) eingezahlt	Stammcapital b) emittirt	Betriebsfonds Ende 1870 Actien-Nennwerth	Betriebsfonds Ende 1870 Banknoten in Umlauf	Betriebsfonds Ende 1870 Reserve-Fonds	Dividenden in % i. Durch-schnitt 1865—69	Dividenden in % 1870	1871	Nummer
				Thlr.	Thlr.	Thlr.	Thlr.	Thlr.				
1	Berlin	Deutsche Bank-Actiengesellschaft	1870	2,000,000	5,000,000	200	—	12,071	—	5	—	1
2	"	Gewerbe-Creditbank, Karl Alsch, A.-G.-G.	1869	100,000	100,000	200	—	744	4	5½	—	2
3	Bielefeld	Deutsche Handelsbank, Commandit-Gesellschaft auf Actien, Lambrecht, Lange	1869	100,000	100,000	200	—	955	—	2	7½	3
4	Bremerhaven	Westphälische Bank	1869	500,000	500,000	200	—	9823	6½	7	8	4
5	Breslau	Bremer Bankverein, Beyhausen und Gent, A.-C.-G. (Louisd'or=Thlr.)	1869	275,000	110,000	1100	—	1075	6½	6½	13	5
6	Charlottenbg.	Breslauer Disconto-bank, Friedenthal u. Comp. K.-A.-G.	1870	2,000,000	1,000,000	200	—	1452	—	8	15	6
7	Crefeld	Vereinsbank Quistorp und Comp., A.-C.-G.	1870	200,000	200,000	200	—	1083	—	9	15	7
8	Dresden	Actien-Commandit-Gesellschaft Holthausen, Smitt und Comp.	1871	500,000	500,000	200	—	—	—	9	—	8
9	Elbing	Sächsische Lombardbank	1869	150,000	200,000	100	—	—	—	—	—	9
10	Hamburg	Elbinger Bankverein, Adolf Schumacher	1870	52,000	100,000	200	—	—	—	—	—	10
11	"	Hamburger (Commerz- und Disconto-) Bank Mk. ½ Thlr.	1870	3,000,000	10,000,000	100	—	273	—	5¾	7¾	11
12	"	Hamburger Internationale Bank 1 Mk.=Mk. ½ Thlr.	1870	3,000,000	7,500,000	200	—	—	—	—	9½	12
13	Mannheim	Badische Bank	1870	3,000,000	6,000,000	200	—	—	—	5	—	13
14	"	Rheinische Creditbank	1870	2,000,000	6,000,000	200	—	—	—	—	—	14
15	München	Bayerische Vereinsbank 1 Gl. südd. = 4/7 Thlr.	1869	600,000	3,000,000	200	—	8141	17½	12	—	15
16	"	Handelsbank. Dgl.	1869	911,285	2,285,715	113½	—	—	—	6½	—	16
17	Posen	Bank für Landwirthschaft und Industrie, Krei lech, Potocki und Comp.	1870	106,100	1,000,000	200	—	1604	—	14	—	17
18	Stuttgart	Württembergische Vereinsbank, 1 Gl. südd. = 4/7 Thlr.	1869	1,714,286	2,857,143	285 4/7	—	56,671	10	10½	13½	18
19	Berlin	Preuß. Centralbodencredit-Actiengesellschaft	1870	4,800,000	12,000,000	200	668,200	19,096	—	7	9½	19

Gründungen von 1871 bis 1872.

Deutsche Actiengesellschaften des Jahres 1871.

Nummer	Sitz	Firma	Begründet resp. registrirt	Emittirtes Grundcapital incl. Hypotheken	Actien Nennwerth
		1. Banken und Credit-Institute.		Thaler.	
21	Augsburg	Augsburger Bank	1. Sept.	2,000,000	200
22	Berlin	S. Verzeichniß der Berliner Gesellschaften Nr. 1—21		67,250,000	—
23	Braunschweig	Braunschweig. Creditanstalt	10. Nov.	3,000,000	100
24	Bremen	Deutsche Nationalbank	23. Nov.	7,500,000	200 m. 40" u
25	Breslau	Breslauer Handels- u. Entrepotgesellschaft	19. Juni	1,000,000	100 „ 40 „
26	„	Breslauer Maklerbank	Nov.	1,500,000	? „ 40 „
27	„	= Wechslerbank	12. Mai	1,000,000	200 „ 40 „
28	Cassel	Hessische Bank	4. Sept.	1,000,000	100
29	Chemnitz	Chemnitzer Bankverein	Oct.	1,000,000	
30	Cöln	Bank für Rheinland u. Westphalen	31. Oct.	5,000,000	200 „ 40 „
31		Kölnische Wechsler- u. Commissionsbank	3. Dec.	1,000,000	200
32	Cottbus	Niederlausitzer Bank	28. Nov.	1,000,000	200
33	Crefeld	Actien-Commanditgesellsch. Holthausen, Smidt u. Co.	1. Mai	500,000	200
34	Danzig	Danziger Bankverein	11. Oct.	1,000,000	
35	Dresden	Sächsische Creditbank	17. Mai	2,000,000	100 „ 40 „
36	Elberfeld	Bergisch-Märkische Bank	13. Dec.	4,500,000	200
37	Erfurt	Thüringer Bankverein	20. Oct.	2,000,000	100
38	Frankf. a.M.	Oesterreichisch-Deutsche Bank	1. März	8,000,000	100
39	„	Landwirthschaftl. Creditbank	April	250,000	
40	„	Deutsche Vereinsbank	Juli	8,000,000	100 „ 40 „
41	„	Frankfurter Wechslerbank	Novbr.	4,000,000	—
42	„	= Bankverein	Decbr.	12,000,000	100
43	Hamburg	Anglo-Deutsche Bank	3. Nov.	5,000,000	200 „ 40 „
44	„	Hypothekenbank zu Hamburg	12. Mai	2,500,000	250 „ 40 „
45	„	Maklerbank in Hamburg	3. Nov.	1,000,000	200 „ 40 „
46	„	Waaren-Creditanstalt (vorm. Comm.-Ges. Horwitz)	Nov.	3,000,000	200
47	Hannover	Hannoversche Bodencreditbank	24. Oct.	5,000,000	200
48	Königsb.i.Pr.	Königsberger Vereinsbank	21. April	500,000	200
49	Leipzig	Leipziger Vereinsbank	7. Nov.	7,000,000	200 „ 40 „
50	Lübeck	Lübecker Bank	7. Dec.	2,000,000	100
51	Mannheim	Pfälzer Bankverein	25. Nov.	4,000,000	200 „ 40 „
52	„	Rheinische Hypothekenbank	28. Nov.	2,000,000	200 „ 40 „
53	München	Süddeutsche Bodencreditbank	15. Mai	8,000,000	200 „ 40 „
54	Nürnberg	Nürnberger Vereinsbank	Juni	1,500,000	100
55	Oldenburg	Oldenburgische Spar- u. Leihbank	Octbr.	500,000	200
			Transp.	176,500,000	

42   Die Krisis von 1873.

Nummer	Sitz	Firma	Begründet resp. registrirt	Emittirtes Grundcapital incl. Hypotheken	Actien-Nennwerth
				Thaler	
			Transp.	176,500,000	
56	Posen	Ostdeutsche Bank	23. Oct.	1,000,000	100
57	Ratibor	Oberschlesischer Creditverein	6. Nov.	600,000	100
58	Rostock	Rostocker Vereinsbank	15. Nov.	1,000,000	200 „ 10 „
59	Schwerin	Mecklenburg. Hypotheken- u. Wechselbank	19. Aug.	3,000,000	200 „ 40 „
60	„	Mecklenburg-Schwerinische Bodencredit-Actiengesellschaft	1. Dec.	5,000,000	200 „ 40 „
61	Stettin	Stettiner Maklerbank	Dec.	1,000,000	200 „ 40 „
62	„	" Vereinsbank	15. Juni	2,000,000	200 „ 50 „
63	Stuttgart	Stuttgarter Bank	Nov.	6,000,000	200 „ 40 „
64	„	Würtembergische Notenbank	24. Juli	3,000,000	200
65	Teplitz	Teplitzer Bank	30. Nov.	fl. 3,000,000	200 „ 40 „
66	Wien	Oesterr. Börsen- u. Wechslerbank	1. April	„ 5,000,000	200
67	„	Wiener Commissionsbank	Nov.	„ 5,000,000	200
68	„	Handelsgesellschaft für den allgemeinen Realitätenverkehr	Dec.	„ 2,000,000	100 „ 40 „
69	„	Oesterr. Hypothekar-Rentenbank	1871	„ 10,000,000	200 „ 40 „
70	„	Wiener Vorortebank	24. Juli	„ 5,000,000	200 „ 40 „
71	Zittau	Oberlausitzer Bank	16. Oct.	Thl 1,000,000	200
				220,100,000	
		II. Baubanken und Baugesellschaften.			
1.5	Berlin	Siehe Berliner Gesellschaften Nr. 30—34		23,600,000	
6	Braunschweig	Baubank zu Braunschweig	2. Mai	250,000	500
7	„	Actiengesellschaft für den Bau von Arbeiterwohnungen	27. April	100,000	100
8	Dresden	„Germania", Actiengesellsch. zur Verwerthung eines Bauterrains in Berlin, Müllerstr. 60	17. Febr.	80,000 / 130,000	100 Actien / 500
9	Frankf. a. M.	Deutsche Eisenbahnbaugesellschaft zu Frankfurt a. M.	13. Sept.	Pr. Actien 1,000,000	200
10	Frankf. a. O.	Chausseebaugesellsch. (Frankfurt a. d. O. bis Buschmühle)	21. Sept.	9,870	10
11	Lüneburg	Gemeinnützige Baugesellschaft	16. Juni	17,000	100
12	Magdeburg	Magdeburger Bau- u. Creditbank	Dec.	2,000,000	100
13	Mainz	Süddeutsche Immobiliengesellschaft	12. Aug.	10,000,000	200
			Transp.	37,186,870	

Gründungen von 1871 bis 1872.   43

Nummer	Sitz	Firma	Begründet resp. registrirt	Emittirtes Grundcapital incl. Hypotheken	Actien-Nennwerth
			Transp.	Thaler 37,186,870	
14	Prag	Böhmische Bau- und Immobilienbank	31. Dec.	fl. 4,000,000	200m.40%
15	Stettin	Westend-Stettin, Bauverein auf Actien	6. Jun.i	Thl. 250,000 40,103,536	200
		III. Bergwerks- und Hüttengesellschaften.			
1	Altenburg	Braunkohlenabbaugesellschaft „Mariengrube" bei Meuselwitz	2. Nov.	250,000	100
2	"	„Friedensgrube" bei Meuselwitz (für Braunkohlen)	21. März	200,000	100
3 5	Berlin	Siehe Berliner Gesellschaften Nr. 38—40		7,010,000	
6	Franks. a/O.	Bergbau Actiengesellschaft	22. Sept.	100,000	100
7	Görlitz	„Glückauf", Actiengesellschaft zur Verwerthung der v. Dobschützschen Braunkohlenwerke zu Langenöls	Nov.	350,000	100
8	Meuselwitz	Braunkohlen-Actiengesellsch. „Vereinsglück" in Meuselwitz	1. Juli	150,000	100
9	"	Preßlitzer Braunkohlen-Actiengesellschaft Meuselwitz u. Zeitz	20. März	150,000	100
10	Prag	Dux-Brüx KomotauerBraunkohlenbergbau-Actiengesellschaft	1. Aug.	fl. 2,000,000	200
11	Gersdorf i. S.	Gersdorfer Steinkohlenbauverein (Dujoure-Féronce)	Nov.	Th 1,000,000	100
12	"	„Teutonia", Nieder-Erzgebirg. Steinkohlenbauverein	30. Nov.	1,200,000	100
13	Glauchau	Steinkohlenbauverein Hohndorf	14. Oct.	800,000	100 m.25%
14	Zwickau	Steinkohlenbauverein „Vaterlandsgrube" zu Oelsnitz	12. Nov.	400,000	100
15	"	Steinkohlenbauverein „Königsgrube Bernsdorf"	Nov.	650,000	100
16	"	Steinkohlenbauver. „Deutschland" zu Oelsnitz	15. Juli	550,000	100
17	"	Steinkohlenbauverein „Oelsnitzer Frisch-Glück"	25. Juli	400,000	100
			Transp.	15,210,000	

Die Krisis von 1873.

Nummer	Sitz	Firma	Begründet resp. registrirt	Emittirtes Grundcapital incl. Hypotheken	Actien- Nennwerth
			Transp.	Thaler. 15,210,000	
18	Zwickau	Steinkohlenwerk „Vereinsglück" zu Oelsnitz	12. Sept.	400,000	100
19	„	Steinkohlenbauver. „Reichszeche" zu Oelsnitz	9. Oct.	500,000	100 m. 25%
20	„	Steinkohlenbauverein „Concordia" in Niederölsnitz	1871	330,000	100
21	Bochum	Bergbau-Actiengesell. „Vollmond"	2. Jan.	1,000,000 Actien 200,000 Pr.-Actien	200 100
22	Courl bei Dortmund	Westphäl. Bergbau-Actiengesellschaft (Eisenstein, Kohlen ec.)	14. Oct.	1,500,000	200
23	Dortmund	Berg.-Märk. Bergwerkverein zu Dortmund	23. Nov.	1,400,000	200
24	Rübeland a/H.	Harzer Werke zu Rübeland und Zorge	1871	1,200,000	200
25	Wien	Oesterr.-Ungar. Hochofengesellschaft	1. Juli	fl. 2,000,000	1000
26	Witten a/R.	„Steinhauser Hütte" (Puddlings- und Walzwerk)	23. Oct.	Thl 1,000,000	200
				23,406,666	
		IV. Brauereien, Brennereien u. Malzereien.			
1	Altenburg	Altenburger Actienbrauerei	Sept.	Thl. 300,000	100
2	Aschaffenburg	v. Hertlings Bierbrauerei-Actiengesellschaft	1. Aug.	fl. 100,000	175 fl.
3 10	Berlin	Siehe Berliner Gesellschaften Nr. 22—29		Thl 4,080,000	
11	Braunsberg	Actienbrauerei „Bergschlößchen" (Mückenberger)	25. Nov.	160,000	100
12	Breslau	Breslauer Actienbrauerei (vormals J. Wiesner)	27. April	360,000	100
13	Cassel	Hessische Bierbrauerei-Actiengesellschaft	Nov.	350,000	100
14	Dresden	Actienbrauerei z. Plauenschen Lagerkeller	Nov.	350,000	100
15	„	Bier-Actienges. „Saxonia"	Mai	10,000	50
16	Grünberg i/Schl.	Grünberg. Actienbierbrauerei und Spritfabrik	28. Nov.	150,000	200
17	Gumbinnen	Gumbinner Actienbrauerei (vorm. Mentz)	25. Juli	140,000	100
			Transp.	6,000,000	

Gründungen von 1871 bis 1872. 45

Nummer	Sitz	Firma	Begründet resp. registrirt	Emittirtes Grundcapital incl. Hypotheken	Actien-Rennwerth
			Transp.	Thaler 6,000,000	
18	Halle a/S.	Hallesche Bierbrauerei, Commandit-Ges. a. Act. Michaelis und Co.	Juli	200,000	200
19	Hamburg	Actienbierbrauerei „Marienthal"	Sept.	600,000	100
20	Hannover	Hannoversche Actienbrauerei	8. Mai	350,000	100
21	Königsb.i.Pr.	Actienbrauerei „Wickbold".	8. Dec.	560,000	500
22	Leipzig	Actienbrauerei zu Gohlis bei Leipzig	14. Juni	250,000	100
23	Linden bei Hannover	Lindener Actienbrauerei, vormals Braude und Meyer	1. Juni	450,000	500
24	Löbau	Actienbrauerei Löbau (Bierbrauerei d. Braucommune)	3. April	215,000	100
25	Magdeburg	Actienbrauerei Neustadt-Magdeburg (vorm. Wernecke)	1. Oct.	900,000	200
26	Marienwerder	Hammermühler Brauerei-Actiengesellschaft b. Marienwerder	1871	80,000	100
27	Memel	Memeler Actienbrauerei u. Destillation	4. März	120,000	100
28	Oschersleben	Actienbierbrauerei Oschersleben	2. Dec.	68,000	100
29	Sagan	Actienbrauerei „Bergschlößchen zu Sagan	28. Nov.	163,000	100
30	Schwiebus	Actienbrauerei „Eichberg" (vorm. Schur, Salkau).	12. Nov.	90,000	
31	Stettin	StettinerActienbrauereigesellschaft „Elysium" (Pächters Söhne)	19. Mai	300,000	200
32	"	Stettiner Bergschloßbrauerei Rud. Rückforth, A. C. G.	31. Aug	130,000	200
33	Tilsit	Tilsiter Actienbrauerei	2. Dec.	96,000	100
34	Frdnf. a O.	Frankfurter Actien-Spritfabrik	9. Juni	100,000	100
35	Landsberg b. Halle	Actien-Malzfabrik Landsberg	26. Oct.	100,000	1000
				10,729,143	

V. Cementfabriken.

1	Berlin	Siehe Berliner Gesellschaften Nr. 76, Hermsdorfer Portl.-Cementfabrik	28. Oct.	425,000	200
2	Cammin	Actiengesellschaft Portland-Cementfabrik „Cammin-Gristow".	4. Aug.	150,000	500
			Transp.	575,000	

46 Die Krisis von 1873.

Nummer	Sitz	Firma	Begründet resp. registrirt	Emittirtes Grundcapital incl. Hypotheken	Actien-Nennwerth
			Transp.	Thaler. 575,000	
3	Danzig	Preuß. Portl.-Cementfabrik-Actiengesellschaft Bohl'schau	8. Juni	90,000	100
4	Gößnitz	Portl.-Cementfabrik Gößnitz	24. Oct.	?	?
5	Hirschberg in Schlesien	Hirschberger Portl.-Cementfabrik u. Maschinenziegelei	1. Juli	77,000	250
6	Stettin	Stettiner Portland-Cementfabrik Bredow	15. Aug.	300,000	200
				1,042,000	
		IV. Chemische Fabriken.			
1/6	Berlin	Siehe Berliner Gesellschaften Nr. 58—63		2,922,000	
7	Braunschweig	Chemische Fabrik Eisenbüttel	17. Nov.	100,000	200
8	Heinrichshall b/Köstritz	Chemische Fabrik zu Heinrichshall Actiengesellschaft (v. Seckendorf)	4. Sept.	260,000	100
9	Stettin	Verein für chemische Industrie auf Actien	1. Juni	50,000	200
10	Hannover	Hannoversche Ultramarinfab. (vorm. Egestorff)	Nov.	300,000	250
				3,632,000	
		VII. Dampfschifffahrtsgesellschaften.			
1	Hamburg	Deutsche Dampfschifffahrtsrhederei zu Hamburg	1. Juli	500,000	500
2	„	Hamburg-Südamerikanische Dampfschifffahrtsgesellsch. (A. Bolten)	Nov.	1,250,000	250
3	Rostock	Rostocker Dampfschifffahrts-Actiengesellsch. „Obotrit"	Oct.	60,000	500
				1,810,000	
		VIII. Eisenbahngesellschaften.			
1/3	Berlin	Siehe Berliner Gesellschaften Nr. 41, 42, 43		60,560,500	—
4	Cölleda	Saal-Unstrut-Eisenbahngesellschaften	23. Nov.	2,640,000	100
5	Jena	Saal-Eisenbahngesellschaft	3. April	1,500,000	100
				5,400,000	100
6	Prag	Prag-Duxer-Eisenbahnges.	10. März	Actien 8,100,000	100
			Transp.	Pr.-Actien 81,200,500	

Gründungen von 1871 bis 1872.

Nummer	Sitz	Firma	Begründet resp. registrirt	Emittirtes Grundcapital incl. Hypotheken	Actien-Nennwerth
			Transp.	Thaler. 81,200,500	
7	Ruhland	Oberlausitzer Eisenbahngesellschaft (Kohlfurt-Falkenberg)	11. Oct.	2,400,000 Actien 3,600,000 Pr.-Actien	100 200
8	Steinfurt	Münster-Enscheder Eisenbahngesellschaft	6. Dec.	1,000,000 Actien 1,350,000 Pr.-Actien	100 200
9	Unterjsen	Unterjsener Eisenbahngesellschaft Schleswig-Holstein	14. März	400,000	100
10	Wien	Lundenburg-Nikolsb.-Grußbacher Eisenbahn	Aug.	3,000,000	133⅓ zu 200
11	"	K. K. priv. Vorarlberger Eisenbahn	Nov.	4,000,000	133⅓
				96,950,500	

IX. Eisenbahnmaterial-Fabriken.

1	Braunschweig	Braunschweigische Eisenbahnwagen-Bauanstalt (vorm. Deicke)	24. Nov.	350,000	200
2	Breslau	Breslauer Actiengesellschaft für Eisenbahn-Wagenbau (vormals Linke)	3. März	960,000	100
3	"	Oberschlesische Eisenbahnbedarfs Actiengesellschaft	9. Febr.	1,750,000	200
4	Dresden	Voigtländische Eisenbahnwagen- und Maschinenfabrik Reichenbach i/V.	Juli.	500,000	200
5	Elbing	Elbinger Actiengesellschaft für Fabrikation von Eisenbahnmaterial (Hambruch, Vollbaum und Co.)	9. Febr.	1,000,000	100 u. 200
6	Erfurt-Gotha	Thüringer Actiengesellsch. für Fabrikat. von Eisenbahnmaterial	21. Nov.	400,000	100
7	Frankf. a. M.	Frankfurter Waggonfabrik, vorm. Reiffert und Co. (Bockenheim)	15. Sept.	650,000	100
8	Hambur	Eisenbahnwagen-Bauanstalt in Hamburg (vorm. Lauenstein)	1. Juli	850,000	200
			Transp.	6,460,000	

48 Die Krisis von 1873.

Nummer	Sitz	Firma	Begrün- det resp. registrirt	Emittirtes Grundcapital incl. Hypo- theken	Actien- Nennwerth
			Transp.	Thaler 6,460,000	
9	Stettin	Stettiner Eisenbahnbedarf und Maschinenbau-Actien- gesellschaft „Arthursberg" (vormals Kolesch)	1. Sept.	300,000 (1,000,000)	200

X. Maschinenbau-
Gesellschaften.

6,760,000

1 11	Berlin	Siehe Berliner Gesellschaften Nr. 44—54		9,355,000	
12	Breslau	Schlesische Actiengesellsch. für Eisengießerei, Maschinen- u. Wagenbau (vorm. C. Schmidt und Co.)	Nov.	750,000	100
13	Chemnitz	ChemnitzerWerkzeug-Maschi- nenfabr.(J.Zimmermann)	Nov.	2,000,000	?
14	Essen	Maschinenbau-Actiengesellsch. „Union"	Juli	600,000	200
15	Hannover	Hannoversche Maschinenbau- Actiengesellsch. (vorm. G. Egestorff)	16. März	3,500,000	200
16	Kalk b Deutz	Maschinenbau-Actiengesellsch. „Humboldt" (vorm. Sie- vers und Co.)	28. Oct.	635,000	100
17	Königsberg	Königsberger Maschinenbau- Actiengesellschaft „Vulkan"	1. Juni	300,000	100
18	Kommotau	Erzgebirgische Eisen-u.Stahl- werksgesellschaft	9. Nov.	fl. 3,000,000	200m.40%
19	Ratibor und Ofen	Ganz u. Co., Eisengießerei u. Maschinenfabrik. - Actien- gesellsch., Ofen u. Ratibor	3. Juni	2,500,000	500
20	Pirna	Sächsische Eisenindustrie- gesellschaft	4. Oct.	1,600,000	200
21	Rostock	Rostocker Actiengesellschaft für Schiff- und Maschinenbau	1. Oct.	300,000 Hypth.50,000	100
22	Zeitz	Zeitzer Eisengießerei- u. Ma- schinenbau-Actiengesellsch. (vorm. Abendroth)	Dec.	400,000	100

23,156,666

XI. Papierfabriken.

| 1 2 | Berlin | Siehe Berliner Gesellschaften Nr. 74, 75 | | 1,050,000 | |
| | | | Transp. | 1,050,000 | |

Gründungen von 1871.

Nummer	Sitz	Firma	Gegründet resp. registrirt	Emittirtes Grundcapital incl. Hypotheken	Actien-Nennwerth
			Transp.	Thaler 1,050,000	
3	Dresden	Königssteiner Actienpapierfabrik (vorm. Dr. Nudel)	Juni	250,000	100
4	Emden	Emdener Papierfabrik	Dec.	150,000	100
5	Freiberg i. S.	Mundenthal-Papierfabrik in Freiberg (Schmidt und Mehner)	Juni	300,000	100
6	"	Freiberger Papierfabrik zu Weißenborn	Mai	350,000	?
7	Halle a. S.	Cröllwitzer Actienpapierfabrik (Keferstein)	23. Oct.	600,000	200
8	Leipzig	Papierfabrik zu Lößnig bei Leipzig	Aug.	270,000	100
9	Schlema	Holzstoff- und Papierfabrik (vorm. Rostosky)	12. Aug.	288,000	100
10	Sebnitz	Sebnitzer Papierfabrik (vorm. Gebr. Inst und Co.)			
11	Sinsleben bei Ermsleben	Papierfabrik u. Kaltbrennerei Sinsleben (vorm. Keferstein)	23. Dec. 14. Oct.	500,000 215,000	100 500
12	Stettin	Stettiner Papierfabrik Hohenkrug	11. Nov.	200,000	200
13	Zschopau	Actienpapierfabrik Porschendorf Zschopau	?	150,000	100
				4,323,000	

XII. Spinnerei, Weberei, Färberei, Appretur ꝛc.

1/4	Berlin	Siehe unten Berliner Gesellschaften Nr. 65, 68, 70, 71		1,140,000	
5	Breslau	Actiengesellsch. für schlesische Leinen-Industrie (vorm. Kramsta)	29. Nov.	3,600,000	200
6	Grünberg in Schlesien	Schlesische Tuchfab. Jet. Sig. Forster u. Co., A. C. G.	26. Mai	1,000,000	500
7	Harthau bei Chemnitz	Sächsische Kammgarnspinnerei, vorm. Solbrig	27. Sept.	680,000	100
8	Johanngeorgenstadt	Maschinenbandweberei zu Johanngeorgenstadt i. S.	Juli	225,000	100
9	Königsberg	Insterburger Actienspinnerei	27. April	275,000	100
10	Tilsit	Mechanische Flachsspinnerei	Dec.	235,000	
				7,155,000	

Nummer	Sitz	Firma	Begründet resp. registrirt	Emittirtes Grundcapital incl. Hypotheken	Actien-Nennwerth
		XIII. Versicherungsgesellschaften.		Thaler.	
1	Berlin	Deutsche Transportversicherungsgesellschaft (S. Berl. Gesellschaften Nr. 82)		500,000	1000 m. 20%
2	Bremen	Assecuranz-Compag. „Hansa"	1. Jan.	500,000	500 u. 100 m. 40%
3	Dresden	Erste deutsche Unfall- u. Transportversicherungs-Actiengesellschaft	21. April	(1,000,000)	500
4	Lübeck	Lübecker Feuerversicherungsgesellschaft	16. Jan.	500,000	1000 m. 20%
5	Papenburg	Seeversicherungs-Actiengesellschaft „Eintracht"	1. Febr.	47,800	550
6	Zürich	„Schweiz", Transportversicherungsgesellsch., Zürich und Berlin	5. Aug.	Fr.5,000,000	2500
				Th 3,880,633	
		XIV. Wasser- und Gasanlagen.			
1.3	Berlin	Siehe unten Berliner Gesellschaften Nr. 35, 36, 37.		1,600,000	
4	Duisburg	Actiengesellschaft für Gasbeleuchtung in Duisburg	11. Febr.	180,000	200
5	Gotha	Actiengesellschaft für Wasserversorgung	14. Mai	300,000	100
6	Oberhausen	Actiengesellsch. „Oberhausener Wasserwerk"	12. Oct.	100,000	200
				2,180,000	
		XV. Zuckerfabriken und Raffinerien.			
1	Alt-Jauer	Zuckerfabrik Alt-Jauer	22. Nov.	380,000	1000 u. 200
2	Braunschweig	Actienzuckerfbr. Braunschweig	2. Oct.	250,000	500
3	Dessau	Dessauer Zuckerraffinerie	14. Juni	240,000	1000 m. 12½%
4	Dettum bei Braunschweig	Actienzuckerfabrik Dettum	1. Febr.	500,000	100
5	Frankf. a/O.	Stärkezuckerfabrik, Actiengesellschaft (vorm. Köhlmann u. Co.)	30. Nov.	600,000	100
6	Langenweddingen	Langenweddinger Actienzuckerfabr. (bei Wanzleben)	9. Juli	80,000	1000
7	Nordgermersleben	Actienzuckerfabrik Nordgermersleben bei Neuhaldensleben	29. Juli	96,000	100
			Transp.	2,146,000	

Gründungen von 1871.

Nummer	Sitz	Firma	Begründet resp. registrirt	Emittirtes Grundcapital incl. Hypotheken	Actien-Nennwerth
			Transp.	Thaler. 2,146,000	
8	Querfurt	Vereinszuckerfabrik Querfurt, Rödiger u. Co. (51 offene Gesellschafter)	5. Sept.	—	—
9	Schladen	Actienzuckerfabrik Schladen bei Bienenburg	Dec.	120,000	1500
10	Strehlen	Strehlener Actienzuckerfabrik	21. Dec.	150,000	500
11	Trachenberg i. Schl.	Actienzuckerfbr. i. Trachenberg	12. April	200,000	500
				2,616,000	
		XVI. Industrielle Gesellsch. verschiedener Art.			
1 11	Berlin	S. u. Berliner Gesellschaften Nr. 55, 56, 57, 64, 66, 67, 69, 72, 73, 77, 78.		6,350,000	
12	Braunschweig	Grimme, Natalis und Co., Commandit-Gesellschaft auf Actien	24. Nov.	360,000	100
13	Breslau	Breslauer Actiengesellsch. für Möbel-, Parquet- u. Holzbauarbeit (Baur u. Rehorst)	11. Dec.	1,000,000	200
14	Cöln u. Gelsenkirchen	Actiengesellschaft f. Rheinisch-Westphälische Industrie	10. Dec.	2,000,000	200
15	„	Central-Actiengesellschaft für Tauerei (resp. Schleppschiffahrt)	12. Dec.	1,200,000	200
16	Dresden	Dresdener Actienmühlengesellschaft (C. Kittler)	Nov.	800,000	100
17	Hannover	Continental-Kaontchuc- und Guttapercha-Compagnie	24. Nov.	300,000	200
18	Nordhausen	Actiengesellsch. für Tapetenfabrikation (vorm. Becker)	1. Sept.	350,000	100
19	Obersalzbrunn b. Waldenburg	Actiengesellschaft Schlesische Spiegelglas-Manufactur	2. Oct.	500,000	1000
		XVII. Gesellschaften f. verschiedene commerzielle Zwecke.			
1/4	Berlin	S. u. Berliner Gesellschaften Nr. 79, 80, 81, 84		4,851,666	
5	Dresden	Central-Schlachthof u. Viehmarkt	19. Oct.	360,000	100
6	Stettin	Stettiner Speicher-Actiengesellschaft	29. Nov.	5% Obligat. 100,000	200
				5,311,666	

Die Krisis von 1873.

Nummer	Sitz	Firma	Begründet resp. registrirt	Emittirtes Grundcapital incl. Hypotheken	Actien-Nennwerth
		XVIII. Diverse.		Thaler.	
1,6	Berlin	S. Berliner Gesellschaften Nr. 83, 85—89 . . .		4,155,000	
7	Hannover	Tivoli - Actiengesellschaft (Röpke's Vergnügungs-Etablissement)	10. Nov.	240,000	100
8	Posen	Teatr Polski w ogrodzie Potodiego w Posnanin . .	20. Nov.	60,000	50
		Summa		4,455,000	

Die Berliner Actiengesellschaften des Jahres 1871.

Nummer	Firma	Gegründet resp. registrirt	Emittirtes Actiencapital resp. Hypotheken	Actien-Nennwerth
	I. Banken und Creditinstitute.		Thaler.	
1	Berliner Bank	7. Juni	2,000,000	100 m. 50%
2	Berliner Bankverein	19. April	6,000,000	100 m. 40%
3	„ Commerz- und Wechselbant, Stechbahn 3/4 (Jaquier u. Sec)	5. Dec.	1,000,000	200
4	„ Lombardbant	8. Aug.	500,000	100
5	„ Maklerbank	30. Sept.	1,000,000	200 m. 40%
6	„ Produktenmaklerbank . . .	10. Oct.	500,000	200
7	„ Produkten- u. Handelsbank	20. Nov.	4,000,000	200 m. 40%
8	„ Wechslerbank	15. April	5,000,000	200 m. 40%
9	„ Wollbank und Wollwäscherei, Actien-Gesellschaft	6. Dec.	250,000	100
10	Börsenbank für Maklergeschäfte . . .	17. Nov.	1,500,000	200
11	Centralbank für Genossenschaften . .	20. April	1,000,000	100
12	„ „ Handel und Industrie	25. Nov.	12,500,000	200 m. 40%
13	Allgemeine Depositenbank	7. Nov.	5,000,000	200 m. 40%
14	Deutsche Discontobank, Comm.-Gesellschaft auf Actien (Julius Krohn und Comp.)	Nov.	500,000	100
15	Allgemeine deutsche Handelsgesellschaft	5. Dec.	1,000,000	100
	Transp.		41,750,000	

Gründungen von 1871.

Nummer	Firma	Gegründet resp. registrirt	Emittirtes Actiencapital incl. Hypotheken	Actien-Nennwerth
		Transp.	Thaler. 41,750,000	
16	Internationale Handelsgesellschaft	7. Dec.	2,500,000	200 m. 40%%
17	Ballervereinsbank	21. Oct.	1,000,000	200
18	Provinzialdiscontogesellschaft	18. Nov.	10,000,000	200 m. 40%%
19	Deutsche Unionbank	11. März	12,000,000	200 m. 50%%
20	Bank für Handel und Industrie zu Darmstadt und Berlin (Filiale)	11. Oct.	14,285,814	142^{5},7
21	Vereinsbank Quistorp und Comp., Charlottenburg und Berlin (Filiale)	1. Oct.	500,000	200
	Summa excl. 20 u. 21		67,250,000	

II. Bierbrauereien.

22	Actienbrauerei Moabit (vorm. Ahrens)	9. März	550,000	100
23	Actienbrauereigesellschaft „Friedrichshöhe", vormals Patzenhofer	7. Juni	350,000	100
24	Actiengesellschaft „Schloßbrauerei Schöneberg" (Schlegel)	28. Mai	540,000	100
25	Berliner Adlerbierbrauerei, Actiengesellschaft (vorm. Schwendy)	27. April	650,000	100
26	Berliner Bockbrauerei, Actiengesellsch. (vorm. Hopf)	17. Febr.	500,000	100
27	Brauerei „Königsstadt", Actiengesellschaft (d'Heureuse und Busse)	13. Juni	800,000	100
28	Schultheiß' Brauerei, Actiengesellsch.	26. Juni	500,000	100
29	Berliner Weißbierbrauerei, Actiengesellschaft (vorm. E. Gericke u. Comp.)	13. Dec.	190,000	100
	Summa		4,080,000	

III. Baugesellschaften und Verwandtes.

30	Allgemeine Eisenbahnbaugesellschaft zu Dortmund und Berlin	31. Dec. 1870	17,000,000	200
31	Deutsche Eisenbahnbaugesellschaft	9. Oct.	5,000,000	200
32	Actiengesellschaft der verein. Bauunternehmer (für Eisenbahnen)	16. Sept.	500,000	5000
33	„Berolina", Häuserbauactiengesellsch.	2. Nov.	1,000,000	100
34	Landerwerb- und Bauverein (Steglitz)	10. Juli	100,000	100
35	Berliner Actiengesellschaft für Centralheizungs-, Wasser- und Gasanlagen (Schaeffer und Walcker)	19. Juni	750,000	200
36	Continentalactiengesellschaft f. Wasser- u. Gasanlagen (Mattison u. Brandt)	6. Dec.	300,000	200
37	„Neptun", Continentalwasserwerks-Actien-Gesellsch. (Elsner u. Stumpf)	16. Dec.	550,000	100
	Summa		25,200,000	

Nummer	Firma	Gegründet resp. registrirt	Emittirtes Actiencapital incl. Hypotheken	Actien-Nennwerth
	IV. Bergwerks- und Hüttengesellschaften.			
38	Vereinigte Königs- und Laurahütte, Actiengesellschaft für Bergbau ꝛc.	18. Juni	Thaler. 6,000,000	200
39	„Victoriahütte" Actiengesellschaft für Fabrik von Nickel u. Kupfervitriol, Naumburg a. Bober (vorm. L. Kayser)	6. Nov.	350,000	100
40	Greppiner Werke, Actiengesellsch. f. Baubedarf u. Braunkohlen (A. Stange)	25. Nov.	660,000	100
		Summa	7,010,000	
	V. Eisenbahngesellschaften.			
41	Pommersche Centralbahngesellschaft	27. April	3,680,000 Actien 3,680,000 Pr.-St.-A.	200
42	Rumänische Eisenbahnactiengesellschaft	18. Nov.	52,340,500	100
43	Continental-Pferdeeisenbahnactiengesellschaft	30. Oct.	860,000	100
		Summa	60,560,500	
	VI. Maschinenbaugesellschaften.			
44	Berliner Maschinenbauactiengesellschaft (vorm. Schwartzkopff)	17. Jan.	2,000,000	200
45	Berliner Actiengesellschaft für Eisengießerei und Maschinenfabrik (Freund und Comp.)	9. Mai	1,250,000	200
46	Märkisch-schlesische Maschinenbau- und Hüttenwerkactiengesellschaft (vorm. Egells)	20. Sept.	2,300,000	200
47	PommerscheEisengießerei- u.Maschinenbau-Actiengesellschaft (Spalding, Stralsund)	13. Dec.	225,000	100
48	„Berliner Vulkan", Eisengießerei und Maschinenfabrik für Eisenbahn- u. Bauwesen (vorm. v. Michalkowski)	22. Nov.	450,000	200
49	Lieferungsgeschäft für Eisenbahn- und Fabrikbedarf, Actiengesellschaft	13. Nov.	25,000	100
50	Actiengesellschaft für den Bau landwirthschaftl. Maschinen u. Geräthe ꝛc. (v. Eckert)	29. Juli	600,000	200
51	Berliner Werkzeugmaschinenfabrik, Actiengesellschaft (Seutter)	30. Nov.	450,000	100
52	Berliner Nähmaschinenfabrik, Actiengesellschaft (F. Boecke)	20. Sept.	330,000	100
		Transp.	7,630,000	

Gründungen von 1871.

Nummer	Firma	Gegründet resp. registrirt	Emittirtes Actiencapital incl. Hypotheken	Actien-Nennwerth
		Transp.	Thaler. 7,630,000	
53	Nähmaschinenfabrik vorm. Frister und Roßmann, Actiengesellschaft ...	21. Nov.	850,000	100
54	Hamburg=amerikanische Nähmaschinenfabrik, vorm. Pollack, Schmidt u. Co.	28. Nov.	875,000	100
			9,355,000	
	VII. Verschiedene industrielle Gesellschaften.			
55	Gummi= und Guttapercha waarenfabrik, norddeutsche (Fonrobert u. Reimann)	19. Oct.	480,000 Actien 150,000 Hypoth.	—
56	Gummi= u. Guttapercha waarenfabrik, Berliner, (Volle, vorm. Elliot)..	12. Oct.	250,000	100
57	Gummi= u. Guttapercha waarenfabrik, deutsche (vorm. Volpi und Schluter)	2. Dec.	480,000	100
58	Cöpeniker chemische Fabrik, Actiengesellschaft	13. Mai	750,000	100
59	Chemische Fabrik Oranienburg, Actiengesellschaft	20. Juli	400,000	100
60	Chemische Fabrik Berlin=Charlottenburg (K. Lieber).......	11. Oct.	375,000	100
61	Chemische Fabrik auf Actien, vorm. E. Schering........	30. Oct.	500,000	200
62	Chemische Fabrik Leopoldshall, Actiengesellschaft (Ziervogel u. Tuchen) .	6. Nov.	367,000	100
63	Chemische Fabrik Staßfurter, vorm. Vorster und Grüneberg.....	6. Nov.	530,000	100
64	„Albertinenhütte" (Charlottenburg), Actiengesellschaft für Glasfabrikation	13. Nov.	460,000	200
65	Appretur, Dekatur u. Färberei, Actiengesellschaft, C. G. Ullrich).....	15. Nov.	130,000	100
66	Preußische Bernstein=Actiengesellschaft (Berlin und Königsberg)	12. Oct.	2,000,000	200
67	Berliner Cichorienfabrik, Actiengesellschaft (H. L. Voigt, Moabit) . .	16. Sept.	350,000	100
68	Färberei und Appreturanstalt Berlin=Schönweide, Actiengesellschaft . .	6. Nov.	430,000	100
69	Actiengesellschaft für Feilenfabrikation vorm. C. Schaaf und Comp. . .	20. Dec.	330,000	200
70	Deutsch=österreich. Handelsgesellsch. auf Actien f. Flachsbau u. Leinenindustrie	24. Nov.	100,000	200
71	Berlin. Kammgarnspinnerei, Schwendy und Comp., Actiengesellschaft . .	10. Nov.	480,000	200
		Transp.	8,562,000	

Die Krisis von 1873.

Nummer	Firma	Gegründet resp. registrirt	Emittirtes Actiencapital incl. Hypotheken	Actien-Nennwerth
		Transp.	Thaler 8,562,000	
72	Berliner Lampen- und Bronzewaarenfabrik, vorm. Stobwasser	8. Nov.	800,000	200
73	Oelfarbendruckgemäldever. „Borussia", Actiengesellschaft	6. Nov.	150,000	100
74	Norddeutsche Papierfabrik, Actiengesellschaft (B. Behrens, Cöslin) . .	6. Juli	500,000	200
75	Berliner Actiengesellschaft für Papierfabrikation (Hendler [Altfriedland] und Ullstein)	19. Juli	550,000	200
76	Hermsdorfer Portlandcement-, Verbandziegel- und Thonwaarenfabrik, Actiengesellschaft (vorm. Leffing) .	28. Oct.	425,000	200
77	Berliner Porzellanmanufactur (vorm. Schumann).	11. März	300,000	100
78	Deutsche Spiegelglasactiengesellschaft (zu Grünenplan bei Braunschweig)	16. Sept.	600,000	100
		Summa	11,887,000	

VIII. Gesellschaften für verschiedene commerzielle u. gesellschaftliche Zwecke.

Nummer	Firma	Gegründet	Emittirtes Capital	Nennwerth
79	Deutsche Expreßcompagnie (Dienstmanns- und Speditionsinstitut)	1. März	25,000	100
80	Allgemeine Transportgesellschaft . .	12. April	60,000	200
81	Vereinigte deutsche Telegraphengesellschaft	18. Mai	1,200,000	100
82	Deutsche Transportversicherungsgesellschaft	1. Juli	500,000	1000m.20%
83	Actiengesellschaft „Unionsgestüt Hoppegarten"	5. Juli	150,000	200
84	Berliner Viehmarkt, Actiengesellschaft (£ 400,000)	Juni	2,666,666	133¹/₃
85	Actiengesellschaft zur Verwerthung der Herrschaft Stolzenburg (bei Stettin)	10. Juni	1,500,000	100
86	Bazar - Actiengesellschaft (Illustrirte Damenzeitung)	6. Nov.	850,000	200
87	Deutsche Landeszeitung, Actiengesellsch. (M. A. Niendorf)	11. Juli	25,000	100
88	Actiengesellschaft „Flora" für Berlin in Charlottenburg	12. Oct.	1,130,000	100
89	Thiergartenetablissement, Actiengesellschaft (vorm. Kroll)	Juni	500,000	100
		Transp.	8,506,666	

Gründungen von 1871.

General-Uebersicht.

Nummer	Art der Gesellschaften	Deutschland und Oesterreich. Zahl	Capital	Norddeutschland. Zahl	Capital	Berlin. Zahl	Capital
			Thaler.		Thaler.		Thaler.
1	Banken	71	220,100,000	58	175,100,000	21	67,250,000
2	Baugesellschaften	15	40,103,536	13	27,436,870	5	23,600,000
3	Bergwerke ꝛc.	26	23,406,666	26	21,790,000	3	7,010,000
4	Bierbrauereien	35	10,729,000	34	10,672,000	8	4,080,000
5	Cementfabriken	6	6,592,000	6	6,592,000	1	125,000
6	Chemische Fabriken	10	3,632,000	10	3,632,000	6	2,922,000
7	Dampfschifffahrtsgesellsch.	3	1,810,000	3	1,810,000	—	—
8	Eisenbahngesellschaften	11	96,950,500	8	76,150,000	3	60,560,500
9	Eisenbahnmaterialfabriken	9	6,760,000	9	6,760,000	—	—
10	Maschinenbauanstalten	22	23,156,666	20	19,490,000	11	9,355,000
11	Papierfabriken	13	4,323,000	13	4,323,000	2	1,050,000
12	Spinnereien u. Verwandtes	10	7,155,000	10	7,155,000	4	1,140,000
13	Versicherungsgesellschaften	6	3,880,633	5	2,547,800	1	500,000
14	Wasser- und Gasanlagen	6	2,180,000	6	2,180,000	3	1,600,000
15	Zuckerfabriken	11	2,616,000	11	2,616,000	—	—
16	Diverse industrielle Gesellschaften	19	12,360,000	19	12,360,000	11	6,350,000
17	Diverse commerzielle Gesellschaften	6	5,311,666	6	5,311,666	4	4,851,666
18	Verschiedenes	8	4,455,000	8	4,455,000	6	4,155,000
	Summa	287	175,521,670	265	390,680,836	89	194,849,166

Gründungen von 1872 in Preußen.

General-Uebersicht:

Laufende Nummer	1872 Art der Unternehmung	Special Nummer S. 498 ff.	Berlin allein Zahl	Berlin allein Kapital	Preußen Zahl	Preußen Kapital
1	Banken und Creditinstitute	1—49	14	39,850,000	49	115,205,000
2	Baubanken, Bau- und Immobiliengesellschaften	50—110	35	41,520,000	61	75,769,050
3	Berg- und Hüttenwerke	111—175	17	15,419,000	65	65,429,828
4	Brauereien u. Malzfabriken	176—205	8	4,800,000	30	10,902,900
5	Cement-, Porzellan-, Thonwaarenfabrik, Ziegel ꝛc.	206—227	12	3,960,000	22	6,989,000
6	Chemische Fabriken	228—243	5	1,635,000	16	8,735,000
7	Eisenbahngesellschaften	244—255	6	54,650,000	12	89,701,600
8	Gesellschaft für Fabrikation von Eisenbahnbedarf	256—261	1	750,000	6	5,540,000
9	Gas-, Wasser- u. Heizungsanlagen	262—271	4	2,800,000	13	16,748,000
10	Glashütten	275—279	—	—	5	1,910,000
11	Maschinenfabriken, Brückenbau und Verwandtes	280—311	12	9,195,000	32	16,664,200
12	Gesellschaft für verschiedene Zweige d. Metallindustrie	312—323	7	2,420,000	12	6,966,667
13	Mühlengesellschaften	324—335	1	200,000	12	2,028,500
14	Papierfabriken	336—343	1	900,000	8	3,100,000
15	Spiritusfabriken	344—346	—	—	3	1,600,000
16	Gesellschaften für Spinnerei, Weberei, Färberei ꝛc.	347—356	5	5,573,000	10	7,218,000
17	Tabacksfabriken	357—358	2	1,050,000	2	1,050,000
18	Tuchfabriken	359—367	5	2,750,000	9	4,600,000
19	Versicherungsgesellschaften	368—377	2	1,100,000	10	9,110,000
20	Gesellschaften für Zeitungsverlag und Druckerei	378—389	3	600,000	12	1,652,000
21	Zuckerfabriken	390—409	5	3,500,000	20	7,645,000
22	Diverse industrielle Gesellschaften	410—433	7	3,525,000	21	12,865,000
23	Diverse commerzielle Gesellschaften	434—451	7	9,070,000	18	25,295,000
24	Gesellschaften f. Förderung des Verkehrs	452—461	3	1,300,000	10	2,875,000
25	Gesellschaften f. verschiedene gesellschaftliche Zwecke:					
	a) Badeanstalten	462—468	1	500,000	7	1,048,000
	b) Ges. f. gesell., sociale u. gemeinnützige Zwecke	469—479	1	150,000	11	470,150
	c) Verschiedenes	480—494	3	4,200,000	15	6,634,214
			167	211,447,000	494	507,751,599

Gründungen von 1872.

Berliner Gründungen des Jahres 1872.

Haupt-Nummer	Special-Nummer	Bezeichnung der Gesellschaften, resp. Firma	Regulirt resp. constituirt	Emittirtes Grund-capital in Thalern	Actien Nenn-werth
		I. Banken und Creditinstitute.			
1	1	Generalbank für Maklergeschäfte	17. Jan.	2,500,000	200
2	2	Commissions- und Maklerbank	26. „	2,500,000	200
3	3	Provinzial-Wechslerbank	5. Febr.	2,500,000	200
4	4	Börsen-Handelsverein	6. „	3,000,000	200
5	5	Deutsche Buchhändlerbank	22. „	1,100,000	200
6	6	Preußische Creditanstalt	28. „	5,000,000	200
7	7	Bank für Sprit- und Produktenhandel	12. März	2,000,000	200
8	8	Wechselstuben-Actiengesellschaft	8. April	1,500,000	200
9	9	Deutsche Hypothekenbank, Actienges.	7. Juni	3,000,000	200
10	10	Deutsche Rentenbriefs-Actienbank	8. Oct.	5,000,000	200
11	11	Provinzial-Gewerbebank	15. Nov.	4,000,000	200
12	12	Vermittelungs- und Creditbank	22. „	50,000	100
13	13	Hamburg-Berliner Bank	3. Dec.	7,500,000	200
14	14	Berl. Vereinsbank, vorm. A. Lilienhain	10. „	300,000	100
				39,850,000	
		II. Baubanten, Bau- und Immobiliengesellschaften.			
15	1	Actienbrauerei „Thiergarten"	18. Jan.	850,000	200
16	2	Deutsche Baugesellschaft	5. Febr.	6,000,000	100
17	3	Hofjäger- und Corsostraßen Actienges.	9. „	1,400,000	200
18	4	Actien-Bauverein „Königsstadt"	16. „	950,000	200
19	5	„Belle-Alliance", Berliner Baugesellschaft auf Actien	19. „	1,200,000	100
20	6	„Thiergarten-Westend", Actienges.	19. „	900,000	200
21	7	„Berliner Bauvereinsbank", Actienges.	21. „	2,000,000	100
22	8	Actien-Bauverein „Unter den Linden"	22. „	2,400,000	200
23	9	Actiengesellschaft für Bauausführung	26. „	1,000,000	200
24	10	Allgemeine Häuserbau-Actiengesellschaft in Berlin	2. März	200,000	100
25	11	Centralbank für Banten	6. „	550,000	100
26	12	Berlin-Charlottenburger Bauverein, Actiengesellschaft	13. „	2,100,000	200
27	13	Preußische Baugesellschaft	16. „	1,500,000	200
28	14	Preußische Baubank	2. April	1,000,000	200
29	15	Baugesellschaft für Mittelwohnungen	6. „	1,000,000	200
30	16	Berlin-Hamburger Immobilienges.	26. „	1,500,000	200
31	17	Kurhavener Immobiliengesellschaft	15. Juni	1,200,000	200
32	18	Deutscher Central-Bauverein	24. „	1,200,000	200
33	19	Freienwalder Bad- und Immobiliengesellschaft	27. Juli	500,000	200
34	20	Berliner Nordend-Actiengesellschaft	2. Aug.	200,000	100
			Transp.	27,550,000	

Die Krisis von 1873.

Haupt Nummer	Special Nummer	Bezeichnung der Gesellschaften, resp. Firma	Registrirt resp. constituirt	Emittirtes Grund capital in Thalern	Actien Renn werth
			Transp.	27,650,000	
35	21	Deutschlands Baubeförderungs-Verein, Actiengesellschaft	19. Aug.	400,000	100
36	22	Actiengesellschaft „Süden"	30. „	850,000	200
37	23	General-Baubank	11. Sept.	3,000,000	200
38	24	Actienbau-Verein „Friedrichshain"	16. „	1,000,000	200
39	25	Berlin-Tempelhofer Baugesellschaft	28. „	190,000	100
40	26	Actien-Baugesellschaft „Ostend"	8. Oct.	300,000	200
41	27	Niederschönhausener Baugesellschaft	21. „	230,000	200
42	28	Baugesellschaft „Cottage"	26. „	500,000	200
43	29	Baubank „Metropole"	29. „	500,000	200
44	30	„Union", Baugesellschaft auf Actien	5. Nov.	150,000	200
45	31	Deutsch-Holländischer Actien-Bauverein	6. „	5,000,000	500 u. 250
46	32	Berliner Cementbau-Actiengesellschaft (Rummelsburg)	25. „	500,000	200
47	33	Berliner Nordbanbank	5. Dec.	150,000	100
48	34	West-Club Actiengesellschaft	6. „	500,000	100
49	35	„City" Actien-Baugesellschaft	14. „	600,000	200
				41,526,000	
		III. Berg- und Hüttenwerke.			
50	1	Eisenhüttenwerk „Marienhütte" bei Kotzenau, Actiengesellschaft	17. Febr.	900,000	200
51	2	Deutsche Actiengesellschaft für Bergbau, Eisen- und Stahlindustrie	20. März	1,000,000	200
52	3	Westfälische Marmorwerke, Actiengesellschaft zu Allagen bei Soest	21. „	725,000	100
53	4	„Redenhütte", Actiengesellschaft für Bergbau, Eisenhüttenbetrieb und Coaksfabrik	25. „	1,500,000	200
54	5	Actiengesellschaft Hüttenwerk „Eisenspalterei" bei Neustadt-Eberswalde	13. April	500,000	200
55	6	„Union", Eisenwerk zu Pinneberg	20. „	500,000	200
56	7	Braunkohlen-Bergbau-Actiengesellsch. auf Rittergut und Bad Rudersdorf	20. „	600,000	200
57	8	Berliner Bergbau-Actiengesellschaft	1. Mai	2,000,000	200
58	9	Zschipkauer Braunkohlenwerke, Actiengesellschaft	7. „	200,000	200
59	10	Siegersdorfer Werke, Actiengesellschaft	7. Juni	650,000	200
60	11	Vereinigte Oderwerke, Actiengesellschaft für Baubedarf und Braunkohlen	20. „	150,000	100
61	12	Märkische Torfgräberei-Actiengesellsch.	12. Aug.	224,000	100
62	13	Antonienhütte zu Koswig (Anhalt), vorm. Große, Schreyer und Comp.	24. „	350,000	200
63	14	Thüringische Schieferbau-Actiengesellschaft bei Gräfenthal	9. Sept.	400,000	200
			Transp.	12,699,000	

Gründungen von 1872. 61

Haupt-Nummer	Special-Nummer	Bezeichnung der Gesellschaften, resp. Firma	Registrirt resp. constituirt	Emittirtes Grund-capital in Thalern	Actien Renn werth
			Transp.	12,699,000	
64	15	Heilenbecker Gußstahlwerke	10. Sept.	350,000	200
65	16	Siegener Bergwerksverein „Siegena"	21. Oct.	1,200,000	200
66	17	Steinkohlenbergwerk „Ritterburg", Actiengesellschaft	8. Nov.	1,200,000	200
				15,449,000	
		IV. Brauereien u. Mälzereien			
67	1	Berl. Brauereigesellschaft, Commandit-Actiengesellschaft	2. Jan.	1,000,000	100
68	2	Vereinsbrauerei Berliner Gastwirthe, Actiengesellschaft	16. März	1,000,000	100
69	3	Weißbier-Actienbrauerei, vormals H. A. Bolle	26. Aug.	300,000	100
70	4	Berliner Brauhaus, Actiengesellschaft vormals H. Fischer, Wittwe . . .	26. „	300,000	100
71	5	Werder'sche Brauerei-Actiengesellschaft vormals H. W. Hoffmann . . .	31. „	250,000	200
72	6	Berliner Bergbrauerei-Actiengesellsch.	10. Sept.	1,000,000	200
73	7	Berliner Weißbierbrauerei Actiengesellschaft, vormals Landré	18. „	550,000	200
74	8	Bayerische Bierbrauerei „Schloß Oranienburg" Actiengesellschaft . . .	20. „	400,000	200
				4,800,000	
		V. Cement-, Porzellan- und Thonwaarenfabriken, Ziegeleien und Verwandtes.			
75	1	Birkenwerder Actiengesellschaft f. Baumaterial	16. März	560,000	200
76	2	Berliner Ziegelei-Actiengesellschaft Seegermühle	7. Mai	350,000	200
77	3	Berliner Emailleöfen und Glasurfabrik Arneburg	8. Juni	150,000	200
78	4	Deutsche Marezzo-Marmor-Actiengef.	19. Juli	300,000	200
79	5	Schlesische Porzellan- und Steingut-Manufactur	28. Aug.	200,000	100
80	6	Actiengesellschaft für Ofenfabrikation, vormals Tankberg	14. Sept.	500,000	200
81	7	Pommer'sche Portland-Cement- und Thonwaarenfabrik „Merkur" . .	3. Oct.	550,000	200
82	8	Pommer'sche Chamottewaarenfabrik, Actiengesellschaft	14. Nov.	150,000	100
83	9	Berliner Ziegelei-Actiengesellschaft Herzfelde	30. „	300,000	200
			Transp.	3,060,000	

Die Krisis von 1873.

Haupt-Nummer	Special-Nummer	Bezeichnung der Gesellschaften, resp. Firma	Registrirt resp. constituirt	Emittirtes Grund-capital in Thalern	Actien-Nenn-werth
			Transp.	3,060,000	
84	10	Schlesische Thonwaarenfabrik Actien-gesellschaft zu Tschauwitz	4. Dec.	200,000	200
85	11	Bunzlauer Geschirr-, Ofen-, Thon-röhrenfabriken, vormals Lepper und Küttner	12. „	200,000	200
86	12	Vereinigte Bralitzer Dampfziegeleien, Actiengesellschaft	31. „	500,000	200
				3,960,000	
		VI. Chemische Fabriken.			
87	1	Chemische Farbenfabrik, Actiengesellsch.	3. Mai	50,000	100
88	2	„Astania", chemische Fabrik zu Leo-poldshall, vormals F. R. Kiesel .	16. Juli	460,000	200
89	3	„Gotha", Salzsiederei und chemische Fabrik, Actiengesellschaft	12. Sept.	200,000	100
90	4	Berliner chemische Producten- und Dampfknochenmehlfabrik, Actienges.	21. „	600,000	200
91	5	Chemische Fabrik Schönebeck, Actienges.	24. Oct.	325,000	200
				1,635,000	
		VII. Eisenbahngesellschaften.			
92	1	Berliner Nord-Eisenbahngesellschaft .	19. Jan.	12,500,000	100
93	2	Deutsche Reichs- und continentale Eisenbahnbaugesellschaft	12. Febr.	10,000,000	200
94	3	Berlin-Dresdener Eisenbahngesellsch.	11. Sept.	10,500,000	100 u. 200
95	4	Cuxhavener Eisenbahn-, Dampfschiff- u. Hafen-Actiengesellschaft	6. Mai	20,000,000	200
96	5	Große internationale Pferde-Eisenbahn-Actiengesellschaft	15. März	1,000,000	200
97	6	Deutsche Pferde-Eisenbahngesellschaft	11. Sept.	650,000	200
				54,650,000	
		VIII. Gesellschaften für Gas-, Wasser- u. Heizungsanlagen.			
98	1	Neue Gas-Actiengesellschaft, vormals W. Rolle und Comp.	26. März	1,500,000	200
99	2	Actiengesellschaft für Gas- und Wasser-anlagen, Gaskronen u. Zinkindustrie, vormals Schäfer und Hauschner . .	3. Aug.	500,000	200
100	3	Actiengesellschaft für Wasserheizung und Wasserleitung, vorm. Granger und Hyan	14. Sept.	500,000	200
101	4	„Globus" Actiengesellschaft, für Gas-, Wasserleitungs- u. Centralheizungs-Anlagen, vorm. J. J. Hollerbach .	25. „	300,000	100
				2,800,000	

Gründungen von 1872. 63

Haupt Nummer	Special Nummer	Bezeichnung der Gesellschaften, resp. Firma	Registrirt resp. constituirt	Emittirtes Grund capital in Thalern	Actien Renn werth
		IX. Maschinenbauanstalten, Eisengießereien, Walzwerke.			
102	1	Stettiner Maschinenbauanstalt und Schiffsbauwerft = Actiengesellschaft, vormals Möller und Holberg	25. Jan.	750,000	200
103	2	F. Wöhlert'sche Maschinenbauanstalt und Eisengießerei, Actiengesellschaft	8. Febr.	3,250,000	200
104	3	Baltische Waggon- u. Maschinenfabrik, Actiengesellschaft, vormals C. Keßler und Sohn, Greifswald	20. März	550,000	200
105	4	Chemnitzer Maschinenbaugesellschaft vormals A. Münich und Comp.	20. „	700,000	100
106	5	Maschinenfabrik „Cyklop"	3. April	300,000	200
107	6	Berliner Union, Actiengesellschaft für Eisengießerei u. Nähmaschinenfabrikation, vormals M. Webers	15. Aug.	1,000,000	200
108	7	Chemnitzer Eisengießerei, Actiengesellschaft vormals Rockstroh	27. „	250,000	200
109	8	Berliner Eisengießerei und Werkzeugmaschinenfabrik vormals W. Tietsch und Comp.	28. „	480,000	100
110	9	Berliner Phönix, Werkzeug-Maschinenfabrik und Eisengießerei, vormals Ohm und Comp.	31. „	475,000	200
111	10	Oberschlesische Eisenwalzwerk-Actiengesellschaft	4. Sept.	700,000	200
112	11	Berlin = Anhaltische Maschinenbau = Actiengesellschaft	5. Oct.	500,000	200
113	12	Halberstädter Eisenwerk, vormals W. Bartels	6. Dec.	240,000	100
				9,195,000	
		X. Gesellschaften f. verschiedene Zweige der Metallindustrie.			
114	1	Actiengesellschaft für Feilenfabrikat., vormals Schaaf und Comp.	2. Jan.	330,000	200
115	2	Façonschmiede und Schraubenfabrik, Actiengesellschaft	22. März	250,000	200
116	3	Remscheider Stahlwerke, Actiengesellsch.	6. April	240,000	200
117	4	Berliner Patentfeilenfabrik, Actiengesellschaft, vormals Moritz und Reinach	13. Aug.	300,000	200
118	5	Actiengesellschaft für Fabrikation von Bronzewaaren und Zinkguß, vorm. J. C. Spinn und Sohn	19. „	300,000	200
119	6	Silberwaarenfabrik, Actiengesellschaft, vormals Fr. Mosgau	29. Oct.	700,000	200
120	7	Metallindustrie = Actiengesellschaft	30. Dec.	300,000	200
				2,420,000	

Haupt-Nummer	Special-Nummer	Bezeichnung der Gesellschaften, resp. Firma	Registrirt resp. constituirt	Emittirtes Grund-capital in Thalern	Actien Renn-werth
		XI. Spinnerei, Weberei, Färberei, Appretur ꝛc.			
121	1	Actiengesellschaft für Stückfärberei, Appretur und Maschinenfabrikation, früher Fr. Gebauer	31. Aug.	650,000	200
122	2	Erdmannsdorfer Actiengesellschaft für Flachsgarn-Maschinenspinnerei und Weberei	3. Oct.	1,500,000	200
123	3	Actiengesellschaft für Kunst- und Schönfärberei, vormals Thiele und Seegers	7. „	323,000	200
124	4	Hagenauer Spinnerei- u. Webereigesellschaft, vorm. Horstmann u. Comp.	29. „	200,000	200
125	5	Tannenberger'sche Cattunfabriken, Actiengesellschaft	16. Dec.	2,900,000	200
				5,573,000	
		XII. Tabaksfabriken.			
126	1	Actiengesellschaften für Tabaksfabrikat., vorm. G. Prätorins	19. Febr.	450,000	200
127	2	Deutsche Tabaks-Actiengesellschaft	15. Nov.	600,000	200
				1,050,000	
		XIII. Tuchfabriken.			
128	1	Vereinigte Bischweiler Tuchfabriken	29. Aug.	1,200,000	200
129	2	Vereinigte Luckenwalder Tuchfabriken	12. Sept.	570,000	200
130	3	Sommerfelder Tuchfabrik, Actienges.	3. Oct.	360,000	200
131	4	Sommerfelder Tuchfabrik, Färberei, Appretur und Dampfmühle, vorm. Fischer und Comp., Actiengesellsch.	3. „	400,000	200
132	5	Luckenwalder Tuch- und Buckskinfabrik, Actiengesellschaft (C. F. Boenicke)	16. Nov.	220,000	200
				2,750,000	
		XIV. Versicherungsgesellsch.			
133	1	Transatlantische Güter-Versicherungsgesellschaften	9. März	1,000,000	500
134	2	Wassertransport-Versicherungs-Actiengesellschaft der deutschen Stromschiffer	12. Sept.	100,000	100
				1,100,000	
		XV. Gesellschaften f. Zeitungsverlag und Buchdruckerei.			
135	1	„Spener'sche Zeitung", Actiengesellsch.	25. März	300,000	200
136	2	„Post", Actiengesellschaft für Druckerei und Zeitungsverlag	22. Mai	200,000	1000
137	3	„Germania", Actiengesellschaft für Verlag und Druckerei	1. Oct.	100,000	500
				600,000	

Gründungen von 1872.

Haupt Nummer	Special Nummer	Bezeichnung der Gesellschaften, resp. Firma	Registrirt resp. constituirt	Emittirtes Grund-capital in Thalern	Actien Nennwerth
		XVI. Zucker-, Sirup- und Stärkefabriken.			
138	1	Zuckerfabrik Körbisdorf	12. März	900,000	200
139	2	Rienburger Zuckerfabrik, Actiengef., vormals Zuckschwerdt in Neustadt a. d. Saale	23. Mai	500,000	200
140	3	Berliner Zuckerraffinerie-Actiengef., vormals Gebr. Schickler	22. Oct.	1,200,000	200
141	4	Wildunger Zuckerfabrik, Actiengesellsch.	27. Nov.	600,000	200
142	5	Brandenburger Stärke- und Sirupfabrik, Actiengesellschaft, vormals Dutalis und Comp.	16. Sept.	300,000	200
				3,500,000	
		XVII. Gesellschaften für verschiedene industrielle Unternehmungen.			
143	1	Actiengesellschaft für Telegraphenbedarf, vormals Schomburg	18. Jan.	400,000	100
144	2	Internationale Telegraphenbau-Anstalt, vormals W. Horn	26. „	350,000	200
145[1]	3	Waggonfabrik Gebr. Hoffmann und Comp., Actiengesellschaft	29. „	750,000	200
146	4	Deutsch-Ungar. Waldindustrie-Verein	29. Mai	1,200,000	200
147[2]	5	Actiengesellschaft für Pappenfabrikat.	22. März	900,000	200
148	6	„Renaissance" Actiengesellschaft für Holzarchitektur und Möbelfabrikat.	19. Juni	500,000	200
149	7	Verein für Faßfabrikation (sonst E. Wunderlich)	19. Juli	300,000	200
150	8	Actiengesellschaft für Wagenbau, vorm. Joi. Renß	19. Aug.	600,000	200
151	9	Neustadt-Eberswalder Dampf-Schneidemühle, Actiengesellschaft	27. Sept.	175,000	100
152[2]	10	Schöpfurther und Steinfurter Mühlenwerke, Actiengef. Fr. Scholim'sche Erben	5. Dec. 71	200,000	100
				5,375,000	
		XVIII. Gesellschaften für diverse Handels- und Verkehrszwecke.			
153	1	Internationale Handelsgesellschaft	8. Jan.	2,500,000	200
154	2	Berliner Viehmarkt-Actiengesellschaft	14. Febr.	2,000,000	200
155	3	Berliner Insel-Actiengesellschaft (gegründet 1829)	24. „	120,000	100
156	4	Berliner Holzcomptoir Actiengesellsch.	21. März	1,000,000	200
157	5	Wollimport-Gesellschaft	13. Mai	2,000,000	40,000
			Transp.	7,620,000	

Haupt-Nummer	Special-Nummer	Bezeichnung der Gesellschaften, resp. Firma	Registrirt resp. constituirt	Emittirtes Grund-capital in Thalern	Actien Nenn-werth
			Transp.	7,620,000	
158¹	6	Centralbazar für Fuhrwesen (vormals Gebr. Beskow)	8. Juli	500,000	200
159	7	Norddeutsche Eiswerke, Actiengesellsch. vormals C. Bolle	23. Aug.	800,000	200
160¹	8	Berliner Speditenrverein, Actiengef..	15. Oct.	550,000	200
161¹	9	Actiengesellschaft für Möbeltransport und Möbelaufbewahrung	8. Nov.	250,000	200
162	10	Centralfactorei für Baumaterial	13. Dec.	650,000	200
				10,370,000	

XIX. Gesellschaften für ver­schiedene gesellschaftliche und andere Zwecke.

163	1	Berlin Phosphate Sewage and Manure Company (Berliner Actien­gesellschaft für Abfuhr und Phosphat-Düngerfabrikat.) Capital £300,000 in Stücken à 10£	17. Mai	2,000,000	66²/₃
164	2	Berliner Hotelgesellschaft	16. Juli	2,000,000	100
165¹	3	Admiralsgartenbad	14. Sept.	500,000	100
166	4	Berliner Molkerei, Actiengesellschaft.	27. „	200,000	200
167¹	5	Berliner Reininstitut, Actiengesellsch.	14. Dec.	150,000	1000
				4,850,000	

Gründungen von 1872.

Preußische Actiengesellschaften des Jahres 1872.

Haupt-Nummer	Special-Nummer	Sitz	Bezeichnung der Gesellschaften, resp. Firma	Registr. resp. constituirt	Emittirtes Grund-capital in Thalern	Actien-Nenn-werth
			I. Banken und Crediti[n]stitute.			
1	1	Aachen	Aachener Discontogesellschaft	22. Mai	1,500,000	200
2	2	„	Bank für Handel u. Industrie	24. „	2,000,000	100
3	3	Altona	Spar- und Darlehnsbank	14. Nov.	10,000	100
4	4	Apenrade	„Die Nordschleswigste Folkebank"	6. Juli	45,000	75
5–18	5–18	Berlin	S. Berl. Gründungen 1872, Nr. 1–14	—	39,850,000	
19	19	Beuthen O. S.	Oberschl. Bank f. Handel u. Industrie	6. April	1,000,000	100.500.1000
20	20	Breslau	Breslauer Makler- und Vereinsbank	25. Jan.	1,500,000	200
21	21	„	Schlesische Bodencredit-Actienbank	6. Febr.	2,500,000	200
22	22	„	Provinzial-Wechslerbank	20. „	1,000,000	200
23	23	„	Breslauer Cassenverein	14. März	1,000,000	500
24	24	„	Schles. Centralbank f. Landw. u. Handel	15. „	1,000,000	200
25	25	„	Breslauer Bankverein	28. „	1,000,000	200
26	26	„	Schlesischer Vereinsbank	13. April	6,000,000	100
27	27	„	Börsen-Maklerbank	7. Sept.	1,500,000	200
28	28	„	Breslauer Wechslerbank	21. Dec.	2,000,000	200
29	29	Bromberg	Ostdeutsche Wechslervereinsbank	25. März	5,000,000	200
30	30	Cöln	Rheinisch-Westf. Genossenschaftsbank		500,000	100
31	31	„	Deutsch-Belgische La-Plata-Bank	1. Mai	10,000,000	200
32	32	„	Rheinische Effectenbank in Cöln	12. Sept.	2,000,000	200
33	33	Elberfeld	Elberf. Disconto- und Wechselbank	8. April	1,000,000	200
34	34	Frankf. a. M.	Deutsche Effecten- und Wechselbank	1. Juli	10,000,000	100
35	35	„	Deutsche Creditbank	20. Sept.	8,000,000	200
36	36	„	Frankf. Commerz- und Arbitrage.	30. Dec.	1,000,000	100
37	37	Gleiwitz	Gleiwitzer Discontobank	18. Sept.	1,000,000	200
38	38	Görlitz	Görlitzer Vereinsbank	13. Juli	1,000,000	100
39	39	Halle a. d. S.	Hallesche Creditanstalt	17. Aug.	1,000,000	200
40	40	„	Hallesche Gewerbebank	28. Sept.	100,000	100
41	41	Hannover	Hannov. Discont- und Wechslerbank	13. März	2,000,000	200
42	42	„	Braunschw.-Hannov. Hypothekenbank	24. Febr.	3,000,000	200
43	43	Landeshut	Schlesische Creditbank	13. April	1,000,000	100
44	44	Leer	Ostfriesische Bank	18. Oct.	500,000	200
45	45	Magdeburg	Magdeb. Wechsler- und Discontobank	18. März	2,000,000	100
46	46	Neust.-Eberswalde	Märkische Gewerbebank	4. Nov.	200,000	100
47	47	Posen	Ostdeutsche Productenbank	11. März	2,000,000	200
48	48	„	Provinzial-Wechslerbank in Posen	13. „	1,000,000	200
49	49	Stettin	Stettiner Maklerbank	31. Jan.	1,000,000	200
					115,205,000	
			II. Baubanken, Bau- und Immobiliengesellschaften.			
50	1	Aachen	Actiengesellschaft Frankenberg	2. Aug.	375,000	1000
51–	2–					
85	36	Berlin	Vgl. Berl. Gründungen Nr. 15–49	—	41,520,000	—
86	37	Bielefeld	Bielefelder Baugesellschaft	30. März	500,000	200
87	38	Breslau	Breslauer Baubank	28. Aug.	1,000,000	2000
88	39	Charlottenb.	Charlottenburger Baugesellschaft	30. Sept.	300,000	200
89	40	Cöln	Rheinische Baugesellschaft	23. März	3,000,000	200
90	41	Diez	Diezer Bau-Actiengesellschaft	15. April	7250	50
91	42	Dortmund	Westfälische Actien-Baugesellschaft	16. Dec.	700,000	200
92	43	Düren	Dürener gemeinnützige Baugesellschaft	3. Mai	46,400	100
93	44	Düsseldorf	Düsseldorfer Baubank	7. Mai	250,000	100
94	45	Duisburg	Duisburger gemeinnützige Baugesellsch.	24. Dec	50,000	200
95	46	Erfurt	Erfurter Bauverein	11. Aug.	50,000	100
96	47	Frankf. a. M.	Bau- und Sparverein (Fl. 100,000)	15. Jan.	57,143	57 1/7
				Transp.	47,855,793	

68 Die Krisis von 1873.

Haupt-Nummer	Special-Nummer	Sitz	Bezeichnung der Gesellschaften, resp. Firma	Registr. resp. constituirt	Emittirtes Grund-capital in Thalern	Actien-Nenn-werth
				Transp.	47,855,793	
97	48	Frankf. a. M.	Gesellschaft zur Beschaffung billiger Wohnungen (Fl. 103,700)	29. Jan.	59,257	57 1/7
98	49	„	Frankfurter Baubank	17. April	12,000,000	100
99	50	„	Internationale Bau- und Eisenbahn-Gesellschaft	25. Sept.	10,000,000	200
100	51	Grünberg in Schlesien	Actien-Baugesellschaft in Grünberg, vormals C. Schiedt	16. Febr.	100,000	100
101	52	Guben	Actien-Baugesellschaft in Guben	30. Oct.	20,000	100
102	53	Hannover	Hannover'sche Baugesellschaft	15. März	2,000,000	200
103	54	„	Gewerbliche Baubank, Actiengesellsch.	30. „	1,000,000	100
104	55	Lichterfelde bei Berlin	Lichterfelder Bauverein	20. „	1,000,000	200
105	56	„	Land- und Baugesellschaft auf Actien in Lichterfelde	27. Dec. 1871	1,000,000	200
106	57	Mühlheim a. d. Ruhr	Actien-Baugesellsch. „Mülh. a. d. Ruhr"	15. April	40,000	100
107	58	Posen	Posener Baubank	3. „	500,000	100
108	59	Potsdam	Gemeinnütziger Bauverein auf Actien	28. Juni	40,000	100
109	60	„	Bauverein Potsdam	6. Nov.	100,000	100
110	61	Witten	Witten. gemeinnütz. Bau-Actiengesellsch.	6. Oct.	54,000	100
			III. Berg- und Hüttenwerke.		75,769,050	
111	1	Altenhunden Rgbz. Arnsb.	Bergbau- und Hütten-Actiengesellsch. „Lenne Ruhr"	21. Sept.	900,000	200
112	2	Bensberg.	Bensberg-Gladbacher Bergwerks- und Hütten-Actiengesellsch. „Bergelins"	2. Dec.	1,400,000	200
113-129	3-19	Berlin	Vgl. Berliner Gründungen Nr. 50-66	—	15,149,000	—
130	20	Bonn	Anonyme Gesellschaft der Rheingruben (Hauptsitz Paris)	17. Febr.	1,333,333	133 1/3
131	21	Breslau	Bergw.- u. Hüttenactiensgesellsch. „Vorwärts"	4. Sept.	1,000,000	200
132	22	„	Oberschlesische Actiengesellschaft für Kohlenbergbau	16. Nov.	2,000,000	100
133	23	„	„Donnersmarkthütte", Oberschles. Eisen- und Kohlenwerke, Actiengesellschaft	21. „	6,000,000	200
134	24	„	„Moritzhütte", Actiengesellschaft für Bergbau und Hüttenbetrieb	17. Dec.	1,400,000	200
135	25	Danzig	„Marienhütte", Actiengesellschaft	19. März	100,000	100
136	26	Diez	„Schönau-Hüttenwerk" (Fl. 500,000)	25. Jan.	282,828	282,8
137	27	Dortmund	„Union" Actiengesellschaft für Berg-bau, Eisen- und Stahlindustrie	10. Febr.	5,000,000	200
138	28	„	Bergbaugesellsch. „Vereinigte Westfalia"	12. März	1,000,000	500
139	29	„	Deutscher Bergwerksverein	10. Mai	1,000,000	200
140	30	„	Bergisch-Märkisches Gussstahlwerk	7. Dec.	900,000	200
141	31	Düsseldorf	Bergwerksgesellschaft „Vereinigter Bonifacius" bei Gelsenkirchen	1. Mai	2,000,000	100
142	32	Duisburg	Actienverein „Duisburger Hütte"	7. „	210,000	5000
143	33	Elbing	Westpreußische Eisenhüttengesellschaft	16. Oct.	450,000	200
144	34	Ems	Gesellschaft d. Emser Blei- u. Silberwerks	7. März	800,000	200
145	35	Eschweiler Au	Eschweiler Eisenwalzwerk, Actiengesellschaft	5. Dec.	190,000	200
146	36	Essen a. d. Ruhr	Bergwerks-Actiengesellsch. „Carolina"	1. Juni	450,000	500
147	57	„	Bergbau-Gesellschaft „Neu Essen"	4. „	750,000	500
148	38	„	Essener Bergwerksver. „König Wilhelm"	14. Nov.	3,000,000	200
149	39	Finsterwalde	Finsterwalder Braunkohlen-Bergbau-Gesellschaft	31. Mai	400,000	200
150	40	Gelsenkirchen	Dachschiefer-Bergbau-Actiengesellschaft „Eintracht"	28. März	30,000	100
151	41	„	Detillieu und Comp., Commandit-Actiengesellschaft	6. Juli	800,000	100
				Transp.	46,815,161	

Gründungen von 1872.

Haupt-Nummer	Special-Nummer	Sitz	Bezeichnung der Gesellschaften, resp. Firma	Registr. resp. con- stituirt	Emittirtes (Grund-) capital in Thalern	Actien- Renn- werth
				Transp.	46,815,161	
152	42	Gottesberg Kr. Waldenb.	Schlesische Kohlenwerks-Actiengesellsch.	24. Oct.	3,000,000	100
153	43	Grevenbroich	Actiengesellsch. Walzwerk Grevenbroich	5. „	150,000	1000
154	44	Hagen	Harkort'sche Bergwerke und chemische Fabriken zu Schwelm und Harkorten	24. Aug.	2,000,000	200
155	45	„	Hagener Gußstahlwerk	28. „	750,000	200
156	46	Halle a. d. S.	Sächsisch-Thüringische Actiengesellschaft für Braunkohlenverwerthung	10. Juni	1,000,000	200
157	47	Hannover	Actiengesellsch. Harzer Bleiwerke, vorm. Schachtrupp und Comp.	7. „	225,000	500
158	48	„	„Harzer Union", Actiengesellschaft für Bergbau und Hüttenbetrieb	17. Dec.	2,000,000	200
159	49	„	Hannover'sches Guß- und Stahlwerk vormals Bernstorff und Eichwede	27. „	500,000	200
160	50	Jauer	Haaseler Bergbau- und Kupferhütten- gesellschaft	3. Jan.	63,000	200
161	51	Kalk b. Deutz	Bergwerksgesellschaft „Germania"	10. Juli	100,000	200
162	52	Kattowitz	Kattowitzer Actiengesellschaft für Eisen- hüttenbetrieb	28. Sept.	600,000	200
163	53	Lauchhammer	„Lauchhammer", vereinigte vormals gräflich Einsiedel'sche Werke in Riesa	23. März	2,500,000	200
164	54	Magdeburg	Consolidirtes Braunkohlenwerk „Marie" bei Atzendorf	4. Sept.	750,000	100
165	55	„	Magdeburger Bergwerks-Actiengesel.	1. „	1,000,000	100
166	56	Mühlheim a. Rhein	Rheinisches Walzwerk zu Mühlheim am Rhein	1. Mai	200,000	100
167	57	Naumburg a. d. Saale	Naumburger Braunkohlen-Actiengesell- schaft	7. März	160,000	100
168	58	Nieverner Hütte b. Lim- burg a. Lahn	Actiengesellschaft, Nieverner Bergwerks- und Hüttenverein	13. „	—	—
169	59	Peine	Actiengesellschaft Peiner Walzwerk	26. April	350,000	250
170	60	Rattmanns- dorf	Dörstewitz-Rattmannsdorfer Braun- kohlen-Industriegesellschaft	31. Aug.	500,000	200
171	61	Schalke bei Gelsenkirchen	Schalker Gruben- und Hüttenverein	9. Nov.	1,000,000	200
172	62	Stadtberge	Stadtberger Hütte (I. Kupfergewinnung)	25. Oct.	1,000,000	200
173	63	Thale a. Harz	Eisenhüttenwerk „Thale", Actiengesel. vormals G. Soltmann	7. März	500,000	200
174	64	Tippelskirchen	Vereinigte Werke auf Tippelskirchen, Actiengesellschaft	10. Juni	10,000	100
175	65	Villmar	Société anonyme Franco-Allemande des Moulins Marbrieres, Actiengesellsch. (Capital Fr.850,000).	13. Jan.	226,667	133 1/3
					65,429,828	
176–			**IV. Brauereien und Malz- fabriken**			
185	1–8	Berlin	Vgl. Berliner Gründungen Nr. 67–74		4,800,000	—
184	9	Breslau	Schlesische Actienbrauerei	28. März	180,000	100
185	10	Brieg	Brieger Actien-Dampfbrauerei, Thiel, Güttler und Comr., C.-Actiengesel.	5. Nov.	120,000	200
186	11	Cöln	Cöln-Niedermendiger Actienbrauerei	19. März	250,000	100
187	12	Dortmund	Dortmunder Actienbrauerei, vormals Herberz und Comp.	19. Oct.	900,000	200
188	13	Elbing	Elbinger Actienbrauerei	13. Febr.	300,000	100
189	14	Erfurt	Erste Thüringische Bierbrauerei-Actien- gesellschaft, vorm. J. G. Schlegel sen.	27. Dec.	520,000	100
190	15	Essen	Actienbierbrauerei in Essen a. d. Ruhr	1. März	500,000	200
191	16	Giebichstein	Saalschloß-Actienbrauerei-Gesell- schaft Giebichstein bei Halle a. d. S.	5. „	210,000	100
192	17	Havelberg	Havelberger Unionsbrauerei	11. Sept	274,000	100
				Transp.	8,354,000	

Die Krisis von 1873.

Haupt-Nummer	Special-Nummer	Sitz	Bezeichnung der Gesellschaften, resp. Firma	Registr. resp. constituirt	Emittirtes Grund-capital in Thalern	Actien-Nenn-werth
				Transp.	8,354,000	
193	18	Hamm	Actienbierbrauerei „Mark"	9. April	160,000	200
194	19	Kiel	Kieler Actienbrauerei-Gesellsch., vorm. Scheibel	3. Febr.	400,000	200
195	20	Königsb. i. Pr.	Actienbrauerei Schönbusch	11. Jan.	300,000	200
196	21	Posen	Posener Actienbrauerei - Gesellschaft „Feldschloß"	10. Sept.	260,000	200
197	22	Potsdam	Potsdamer Brauerei, Actiengesellschaft vormals W. Höne	3.	385,000	100
198	23	Querfurt	Actienbierbrauerei Querfurt	16. April	150,000	1000
199	24	Sagan	Actienbrauerei Bergschlößchen zu Sagan	9. Jan.	163,000	100
200	25	Schwiebus	Actienbrauerei „Eichberg"	10.	90,000	100
201	26	Warmbrunn	Warmbr. Brauerei, vorm. G. Jannschek	12. Oct.	300,000	200
202	27	Breslau	Breslauer Actien-Malzfabrik	2. April	120,000	200
203	28	Cöthen	Actien-Malzfabrik Cöthen	8. März	100,000	200
204	29	Langensalza	„ „ Langensalza	7. Nov.	50,000	200
205	30	Sangerhausen	„ „ Sangerhausen	10. März	70,000	1000
					10,902,000	
206- 217	1— 12	Berlin	V. Cements-, Porzellan-, Thon-waarenfabr., Ziegeleien u. dgl. Vgl. Berliner Gründungen Nr. 75—86	—	3,960,000	—
218	13	Breslau	Gogolin-Gorastzer Kalk-Actienges.	11. Juni	450,000	200 u. 100
219	14	Hoyerswerda	Teichwirthschaft u. Ziegelei-Actienges.	27. Aug.	48,000	100
220	15	Kiel	Actiengesellsch. d. Dithmer'schen Ziegel- und Thonwaarenfabrik Rennberg	21. Febr.	400,000	200
221	16	Marienburg	Marienb. Ziegelei u. Thonwaarenfab.	22. Jan.	100,000	100
222	17	Oppeln	Oppelner Portland - Cementfabriken, vormals Gruntmann	28. Aug.	800,000	500, 200, 100
223	18	„	Schles. Actiengesellschaft für Portland-Cementfabrikation	12. Sept.	650,000	200
224	19	Rohrsheim	Actienziegelei St. Maria zu Rohrsheim	4. Dec.	6000	200
225	20	Stettin	Stettiner, vorm. Keppler'sche Ofenfabr.	19. Febr.	150,000	200
226	21	„	Stettiner Chamottefabrik, Actiengesellschaft, vormals Titier	21. Dec.	250,000	200
227	22	Tiefenfurt bei Görlitz	Tiefenfurter Porzellan-Chamottefabr.	3. Sept.	175,000	200
					6,989,000	
228- 232	1—5	Berlin	VI. Chemische Fabriken. Vgl. Berliner Gründungen Nr. 87—91	—	1,635,000	—
233	6	Charlottenb.	Norddeutscher Verein f. chem. Industrie	29. Juli	100,000	500
234	7	Cöln	Actiengesellschaft f. chemische Industrie	30. Jan.	500,000	200
235	8	„	Chem. Fabrik Hochfeld, Actiengesellsch.	17. Juni	150,000	200
236	9	Goldschmied bei Breslau	Chemische Fabrik Goldschmied, vorm. Gebr. Loewing	20. Dec.	100,000	200
237	10	Halle a. d. S.	Vereinigte Sächsisch-Thüring. Paraffin- und Solaröl fabriken	18. Nov.	1,300,000	200
238	11	Laasan bei Saarau	„Silesia", Verein chemischer Fabriken	6. Juli	1,800,000	200
239	12	Linden bei Hannover	Actiengesellschaft Georg Egestorff's Salzwerke	5. Jan.	1,500,000	500
240	13	Magdeburg	„Unien", Fabrik chemischer Producte	6. Dec.	500,000	200
241	14	Stassfurt	Actienges. der chem. Fabr. Harburg-Stassfurt, vorm. Thörl u. Heitmann	12. Aug.	300,000	200
242	15	Stettin	Pommernsdorfer Seifen- und Chemi-kalienfabrik	3. April	150,000	200
243	16	Wengersdorfer Flur (Kr. Naumburg)	Chem. Fabrik u. Glashütte, vorm. Louis Neubeck u. Comp. Actiengesellschaft	15. „	400,000	100
					8,735,000	

Gründungen von 1872.

Haupt=Nummer	Special=Nummer	Sitz	Bezeichnung der Gesellschaften, resp. Firma	Regist. resp. con stituirt	Emittirtes Grund= capital in Thalern	Actien: Nenn= werth
			VII. Eisenbahngesellschaften.			
244–249	1—6	Berlin	Vgl. Berliner Gründungen Nr. 92—97.	—	51,650,000	—
250	7	Breslau	Oels=Gnesener Eisenbahngesellschaft	16. Sept.	7,750,000	100 u. 200
251	8	Danzig	Marienburg=Mlawkaer Eisenb., Danzig=Warschau, preuß. Abtheilung	26. Nov.	8,560,000	200
252	9	Dortmund	Dortmund=Gronau=Enscheder Eisenbahngesellschaft	15. April	6,000,000	200 u. 100
253	10	Frankf. a. M.	Kronberger Eisenbahngesellschaft	14. Aug.	171,600	100
254	11	Posen	Posen=Kreuzburger Eisenbahngesellsch.	7. Dec.	12,000,000	100 u. 200
255	12	Schwedt a. O.	Angermünde=Schwedt. Eisenbahnges.	23. April	570,000	100 u. 200
					89,701,600	
			VIII. Gesellschaften für Fabri= cation von Eisenbahnbedarf.			
256	1	Berlin	Vgl. Berliner Gründungen Nr. 145.	—	750,000	—
257	2	Breslau	Oberschles. Eisenbahnb.=Actiengesellsch.	20. Febr.	2,500,000	200
258	3	Düsseldorf	"Hohenzollern", Actiengesellschaft für Locomotivbau	3. Aug.	1,000,000	1000
259	4	Hagen	"Westfalia", Waggonfabrik auf Actien	9. Dec.	700,000	200
260	5	Jauer	Actiengesellschaft für Wagenbau und Patentenfabrik	30. Jan.	90,000	100
261	6	Nordhausen	Harzer Actiengesellsch. für Eisenbahnbedarf, Hartguß u. Brückenbau, vorm. Thelen und Wedenmeyer	26. Aug.	500,000	200
					5,510,000	
			IX. Gas=, Wasser= u. Heizungs= anlagen.			
262	1	Barop bei Dortmund	Baroper Gas=Actiengesellschaft	16. Sept.	400,000	200
263						
265	2—5	Berlin	Vgl. Berliner Gründungen Nr. 98—101.	—	2,800,000	
266	6	Bocholt	Actien=Gasanstalt in Bocholt	20. Juni	50,000	100
267	7	Borbeck	Gas=Actiengesellschaft	15. Juli	45,000	100
268	8	Breslau	Schlesische Gas=Actiengesellschaft	2. April	500,000	200
270	9	„	"Neptun", Actiengesellsch. für Wasser= und Gasanlagen und Metallgießerei	28. Nov.	350,000	100
271	10	Cöln	Rheinische Wasserwerksgesellschaft	20. Juni	2,500,000	200
272	11	Frankf. a. M.	Deutsche Wasserwerksgesellschaft	27. März	10,000,000	200
273	12	Kettwig	Kettwiger Gas= Actiengesellschaft	9. April	23,000	100
274	13	Nippes b. Cöln	Actiengesellschaft für Gasbereitung	12. Juli	80,000	100
					16,748,000	
			X. Glashütten.			
275	1	Danzig	Danziger Glashütte Actiengesellschaft	10. Mai	60,000	200
276	2	Ehrenfeld bei Cöln	Rheinische Glashütte, Actiengesellsch.	17. Juni	250,000	100
277	3	Penzig	Penziger „ „	6. März	340,000	200
278	4	Stolberg	Stolberger „	29. Oct.	260,000	100
279	5	Witten	Westfälische Glashütte, vorm. Haarmann, Schott und Hahne	Sept.	1,000,000	200
					1,910,000	
			XI. Maschinenfabriken und Verwandtes.			
280	1	Aachen	Aachener Näh= u. Nähmaschinen=Nadelfabrik, Actiengesellschaft	19. Oct.	30,000	100
281	2	Barop	Baroper Maschinenbau=Actiengesellsch.	1. Dec.	81,200	200
282–293	3—14	Berlin	Vgl. Berliner Gründungen Nr.102—113.		9,195,000	—
294	15	Danzig	Danziger Maschinenbau=Actiengesellsch.	29. Jan.	300,000	100
295	16	„	„ Schiffswerft u. Kesselschmiede= Actiengesellschaft	29. Jan.	200,000	100
				Transp.	9,806,200	

72 Die Krisis von 1873.

Haupt-Nummer	Special-Nummer	Sitz	Bezeichnung der Gesellschaften, resp. Firma	Registr. resp. constituirt	Emittirtes Grund-capital in Thalern	Actien-Nenn-werth
				Transp.	9,809,200	
296	17	Deutz	Gasmotorenfabrik Deutz	15. Jan.	300,000	200
297	18	Dortmund	Dortmunder Brückenbau-Actienges., vormals C. Backhaus	22. Nov.	550,000	200
298	19	„	Maschinenfabrik „Deutschland" . .	32. „	600,000	200
299	20	Duisburg	Actiengesellsch. für Eisenindustrie und Brückenbau, vorm. Jos.Kasp.Harkort	22. Aug.	1,500,000	200
300	21	„	Duisb. Maschinenbau-Actiengesellsch., vorm. Bechem und Keetmann . .	12. Dec.	350,000	500
301	22	Görlitz	Actiengesellsch. Görlitzer Maschinenbau-Anstalt und Eisengießerei . . .	5. Sept.	295,000	200
302	23	Grünberg	Niederschlesische Maschinen-Gesellsch.	4. April	500,000	200
303	24	Halle a. d. S.	Halle'sche Maschinenfabrik und Eisengießerei, vorm. Riebel und Kemnitz	30. Oct.	300,000	200
304	25	Insterburg	Insterb. Maschinenfabrik Actienges.	16. Sept.	100,000	100
305	26	Landsberg	Actienfabrik landwirthschaftl. Maschinen	7. Oct.	60,000	100
306	27	Magdeburg	Eisengießerei u. Maschinenfabrik Rienburg a. S. Actienges. (z. Magdeb.)	4. Sept.	200,000	100
307	28	„	Sudenburger Maschinenfabrik u. Eisengießerei, Actiengesellschaft . . .	27. „	650,000	200
308	29	„	Magdeb. Brückenbauanstalt in Buckau	12. Nov.	600,000	200
309	30	Nordhausen	Actiengesellsch. für Fabrikation von Eismaschinen, Mineralwasser u. sonstigen technischen Apparaten . . .	6. Dec.	200,000	200
310	31	Schkeuditz	Halle-Leipziger Eisengießerei und Maschinenbau-Actiengesellschaft . . .	6. April	250,000	200
311	32	Zeitz	Zeitzer Eisengießerei u. Maschinenbau-Actiengesellschaft	8. Jan.	400,000	100
					16,664,200	
			XII. Gesellschaften für verschiedene Zweige der Metallindustrie.			
312-318	1-7	Berlin	Vgl. Berlin.Gründungen Nr. 114—120	—	2,420,000	—
319	8	Dortmund	Eisenindustrie zu Menden und Schwerte, Actiengesellschaft	2. Sept.	1,500,000	200
320	9	Eschweiler	Eschweil. Actiengesellsch. f. Drahtfabrik.	5. Dec.	360,000	200
321	10	Hamm	Westfälischer Drahtindustrie-Verein .	15. Nov.	2,000,000	200
322	11	Meiderich bei Ruhrort	Anonyme Gesellschaft der Rheinischen Stahlwerke zu Meiderich	1. März	586,667	133⅓
323	12	Kalk b. Deutz	Actiengesellsch. „Zeus", Walzwerk für Metallbleche und Feineisen . . .	13. April	100,000	200
					6,966,667	
			XIII. Mühlengesellschaften.			
324	1	Bartenstein	Actiengesellsch. Bartenst. Mühlenwerke	22. „	100,000	100
325	2	Berlin	Vgl. Berliner Gründungen Nr. 152 .	—	200,000	—
326	3	Bettrum (Hannover)	Mühlengesellschaft zu Bettrum . .	2. „	2500	25
327	4	Braunsberg	Großmühle Gh. Grunau u. Elbing	20. März	40,000	500
328	5	Hannover	Meinerser Obermühle, Actiengesellsch.	13. Dec.	110,000	500
329	6	Jnowraclaw	Tamysm. Grabski, Willkowski u. Co., Commandit-Actiengesellschaft . . .	7. „	120,000	200
330	7	Königsb. i. Pr.	Pinnau, Actiengesellsch. f. Mühlenbetr.	13. Jan.	500,000	200
331	8	Löhnberg an der Lahn	Actiengesellsch. der Löhnberger Mühle „Eintracht"	10. Febr.	200,000	200
332	9	Michelau bei Brieg	Michelauer Actienmühle in Michelau	30. März	100,000	200
333	10	Schippenbeil	Fabrik Schippenbeil Ges. auf Actien	25. Mai	150,000	100
334	11	Schleswig	Actiengesellschaft „Stampfmühle" . .	23. Nov.	6000	50
335	12	Stralsund	Stralf. Dampfmühlen-Actiengesellsch.	17. April	500,000	100
					2,028,500	
			XIV Papierfabriken.			
336	1	Altdamm bei Stettin	Papierstofffabrik-Actiengesellschaft Altdamm	30. Dec.	120,000	200

Gründungen von 1872.

Haupt-Nummer	Special-Nummer	Sitz	Bezeichnung der Gesellschaften, resp. Firma	Regist. resp. con- stituirt	Emittirtes Grund- capital in Thalern	Actien- Renn- werth
				Transp.	120,000	
337	2	Berlin	Vgl. Berliner Gründungen Nr. 147	—	900,00	—
338	3	Cassel	Verein. Hess. Papier- u. Papierwaaren- fabriken, verm. G. Petenbeim u. Co.	21. Nov.	750,000	250
339	4	Hameln	Hameln'sche Holzstofffabrik	18. Juli	120,000	
340	5	Hannover	Hannover'sche Papierfabriken Alfeld- Grenau, vorm. Gebr. Wege	16. Aug.	150,000	200
341	6	Klauten bei Gelsary	Preuß. Holzstoff- u. Papierfabr. Actien- gesellschaft	23. Nov.	200,000	100 u. 500
342	7	Magdeburg	Magdeb. Papierfabrik, Actiengesellsch.	6. Juli	60,000	100
343	8	Neuß	Rhein. Actiengesellsch. f. Papierfabrikat.	19. Aug.	500,000	200
					3,100,000	
			XV. Spiritusfabriken.			
344	1	Breslau	Bresl. Spiritusfabrik, Actiengesellsch.	16. Mai	150,000	200
345	2	Buckau	Buckau-Schönebecker Spiritus- und Maischfabriken	1. Sept.	250,000	100
346	3	Magdeburg	Vereinigte Spiritusbrennereien und Spritfabriken in Magdeburg	12. April	1,200,000	200
					1,600,000	
			XVI. Spinnerei, Weberei, Fär- berei, Appretur.			
347–351	1–5	Berlin	Vgl. Berl. Gründungen Nr. 121–125	—	5,573,000	—
352	6	Cöln	Rheinische Spinnerei und Tricotfabrik, verm. Klasing-Kappelmann	3. Sept.	200,000	100
353	7	Elbing	Elbinger Actiengesellschaft für Leinen- Industrie	7. Mai	190,000	100
354	8	Liegnitz	Schles. Wollwaarenfabrik, Actienges.	4. Jan.	530,000	200
355	9	Mühlheim an der Ruhr	Mühlheim. Actiengesellsch. f. Kunstwoll- fabrik., Woll- u. Baumwollspinnerei	15. Febr.	125,000	100
356	10	Stolberg bei Aachen	Stolberger Sayetteispinnerei	23. Juli	300,000	200
					7,218,000	
			XVII. Tabaksfabriken.			
357–358	1–2	Berlin	Vgl. Berl. Gründungen Nr. 126 u. 127	—	1,050,000	—
			XVIII. Tuchfabriken.			
359	1	Aachen	Rheinische Tuchfabrik	5. Dec.	600,000	200
360–364	2–6	Berlin	Vgl. Berliner Gründungen	—	2,750,000	—
365	7	Langensalza	Tuchfabrik Langensalza, verm. Gebr. Gräser und Comp.	18. Sept.	600,000	100
366	8	Peitz	Niederlausitzer Tuchfabrik, Actienges.	14. Aug.	300,000	100
367	9	Wanfried an der Werra	Hessische Tuchfabrik-Actiengesellschaft	16. Dec.	350,0000	100
					1,600,000	
			XIX. Versicherungsgesell- schaften.			
368–369	1–2	Berlin	Vgl. Berl. Gründungen Nr. 133 u. 134	—	1,100,000	—
370	3	Breslau	Schles. Lebensversicher.-Actiengesellsch.	4. Nov.	1,000,000	500
371	4	Danzig	„Gebania", Versicherungsgesell- schaft gegen See- und Stromgefahr	29. Mai	1,000,000	1000
372	5	Elberfeld	Vaterländ. Lebensversich.-Actienges.	30. „	3,000,000	1000
373	6	Frankf. a. M.	Teutsche Rückversicherungsbank	17. April	500,000	500
374	7	Grünberg in Schlesien	Allgemeine Rückversicher.-Actienges.	27. Sept.	1,000,000	1000
375	8	Magdeburg	Magdeburger Allgem. Versicherungs- Actiengesellschaft	8. Mai	1,000,000	100
				Transp.	8,600,000	

Die Krisis von 1873.

Haupt-Nummer	Special-Nummer	Sitz	Bezeichnung der Gesellschaften, resp. Firma	Registr. resp. constituirt	Emittirtes Grund-capital in Thalern	Actien Renn-werth
				Transp.	8,600,000	
376	9	Stettin	Deutsche Allgem. Versicher.-Gesellsch. für See-, Fluß- u. Landtransport.	6. Mai	500,000	500
377	10	"	„Nautilus", deutsche Seemannseffecten Versicherungs-Actiengesellschaft	9. Sept.	10,000	100
					9,110,000	
			XX. Gesellschaften für Zeitungsverlag, Druckerei u. dgl.			
378	1	Aachen	Aachener Zeitungsgesellschaft	28. Juni	35,000	100
379–381	2–4	Berlin	Vgl. Berl. Gründungen Nr. 135–137	—	600,000	—
382	5	Bochum	Märkische Vereinsdruckerei	5. Juni	17,000	50
383	6	Breslau	Actiengesellsch. „Bote aus b. Riesengeb"	21. März	105,000	100
384	7	"	„Schlesische Presse", Actiengesellschaft	17. Dec.	100,000	1000
385	8	Cöln	Actiengesellschaft für Buchdruckerei und Verlag	23. April	120,000	100
386	9	Görlitz	„Görlitzer Anzeiger", Actiengesellsch.	17. Febr.	60,000	500
387	10	Hannover	Zeitungs-Actiengesellschaft Hannover	10. "	165,000	500
388	11	Königsb.i.P.	Hartung'sche Zeitungs- u. Verlagsdruckerei-Gesellsch. auf Actien	2. Jan.	375,000	100, 500
389	12	"	„Ostpreußische Zeitung", Verlag und Druckerei, Actiengesellschaft	16. Mai	75,000	100
					1,652,000	
			XXI. Zuckerfabriken.			
390	1	Ameln	Kreis Jülicher Zuckerfabrik zu Ameln	26. Juli	150,000	1000
391	2	Bauerwitz	Actien-Zuckerfabrik Bauerwitz	4. "	140,000	200
392–396	3–7	Berlin	Vgl. Berl. Gründungen Nr. 138–142	—	3,500,000	—
397	8	Elze	Rübenzuckerfabrik Elze	26. Sept.	100,000	500
398	9	Halle a. d. S.	Neue Actienzuckerfabrik	31. Jan.	500,000	1000
399	10	Körbisdorf	Zuckerfabrik Körbisdorf (bei Magdeb.)	—	900,000	200
400	11	Neuwerk	Actien-Zuckerfabr. Neuwerk bei Hannover	23. Nov.	500,000	500
401	12	Niederndodeleben	Actien-Zuckerfabrik z. Niederndodeleben	17. Jan.	100,000	1000
402	13	Nienburg a. S.	Nienburger Zuckerfabrik Actiengesellschaft, vorm. Zuckschwerdt	23. Mai	500,000	200
403	14	Ottleben	Actien-Zuckerfabrik Ottleben	9. Febr.	83,000	1000
404	15	Schellerten	Ahstedt-Schellerter Zuckerfabrik	26. Juni	150,000	125
405	16	Svora	Actiengesellschaft für Zuckerfabrikation	6. Dec.	100,000	100
406	17	Stettin	Mescheriner Zuckerfabrik	12. Oct.	132,000	500
407	18	Blotho	Vereinigte Westfälische Zuckerfabriken	17. Sept.	370,000	200
408	19	Walschleben	Actien-Zuckerfabrik Walschleben	26. Oct.	120,000	200
409	20	Frankf. a. O.	Frankfurter Actien-Stärkesyrup-, Traubenzucker- und Zuckercouleurfabrik (vormals Seeler und Meiske)	9. Sept.	300,000	100
					7,645,000	
			XXII. Diverse industrielle Gesellschaften.			
410	1	St. Andreasberg	Harzer Möbelfabrik-Actiengesellschaft	28. Aug.	40,000	500
411–417	2–8	Berlin	Vgl. Berliner Gründungen Nr. 143, 144, 146, 147–151	—	3,525,000	—
418	9	Breslau	Breslauer Actiengesellschaft für Möbel, Parquet- und Bauarbeit	27. Febr.	1,000,000	200
419	10	"	Verein. Bresl. Oelfabriken, Actiengesellsch.	5. Nov.	2,000,000	200
420	11	Cöln	Cölnische Gummiwaarenfabriken, vorm. Ferd. Kohlstadt und Comp.	1. Mai	400,000	100
				Transp.	6,965,000	

Gründungen von 1872.

Haupt Nummer	Special Nummer	Sitz	Bezeichnung der Gesellschaften, resp. Firma	Registr. resp. concstituirt	Emittirtes Grundcapital in Thalern	Actien-Nennwerth
				Transp.	6,965,000	
121	12	Cöln	Actiengesellschaft für Baubedarf	21. Dec.	1,000,000	200
122	13	Deutz	Actiengesellschaft für Uhrenfabrikation	22. Febr.	30,000	100
123	14	Dahlhausen a. d. Ruhr	Dr. C. Otto und Comp., Commandit Actiengesellschaft	2. Aug.	150,000	500
124	15	Elberfeld	Elberf. Alizarin- u. Anilinfarbenfabrik	5. Dec.	480,000	200
125	16	Flensburg	Flensburger Schiffsbaugesellschaft	12. Juli	225,000	500
126	17	Harburg	Vereinigte Gummiwaarenfabriken Harburg-Wien, vorm. Menier	8. Juni	3,000,000	100
127	18	Höchst bei Frankfurt	Actiengesellschaft für Gelatine- u. Leimfabrik, vorm. C. Simeons u. Comp.	15. Juli	150,000	200
128	19	Königsb. i. Pr.	Dampfwollwäscherei Lorping, Ungewitter u. Comp., Comm.-Actiengesellsch.	7. Juli	30,000	10
129	20	„	Königsberger Preßhefefabrik	15. März	?	—
130	21	Rathenow	Rathenow. opt. Industrieanstalt (Busch)	15. Nov.	275,000	200
131	22	Stettin	Stettiner Fellwaarenfabrik	9. Dec.	60,000	200
132	23	Stralsund	Vereinigte Stralsunder Spielkartenfabr. Actiengesellschaft	25. Oct.	300,000	200
133	24	Bromberg	Posener Actiengerberei	2. Sept.	200,000	100
					12,865,000	

XXIII. Gesellschaften für commerzielle Zwecke.

434–440	1–7	Berlin	Vgl. Berl. Gründungen Nr. 153–157, 159, 162	—	9,070,000	—
441	8	Döhren	Wollwäscherei und Kämmerei in Döhren bei Hannover	17. Juni	700,000	500
442	9	Elberfeld	Elberfelder Handelsgesellschaft	5. Dec.	1,000,000	200
443	10	Frankf. a. M.	Deutsche Handelsgesellschaft	9. Dec.	12,000,000	200
444	11	„	Frankfurter Export-Compagnie	14. April	1,250,000	1000
445	12	„	Lebensmittelverein	17. „	120,000	60
446	13	Königsberg in Pr.	Königsberger Handelscompagnie	6. Mai	300,000	500
447	14	Peine	Actien-Manufacturwaarenhandlung	3. Juni	20,000	50
448	15	Potsdam	Potsdamer Holzfacterei auf Actien, vorm. Gebr. Saran	3. Oct.	500,000	200
449	16	Prenzlau	Uckermärk. Wollbank u. Wollwäscherei	20. Juli	100,000	200
450	17	Stettin	Pommer'scher Industrieverein a. Actien	15. April	150,000	200
451	18	„	Stettiner Speicherverein	6. Mai	85,000	
					25,295,000	

XXIV. Gesellschaften für Förderung des Verkehrs.

452	1	Altona	Hamburg-Altona-Ottenser Dampfschifffahrtsgesellschaft	9. Oct.	20,000	200
453–455	2–4	Berlin	Vgl. Berl. Gründungen 158, 160, 161	—	1,300,000	—
456	5	Bielefeld	Centralbazar für Fuhrwesen	5. Juli	500,000	200
457	6	Grünberg in Schlesien	Omnibus- und Droschkengesellschaft	14. Nov.	25,000	100
458	7	Magdeburg	Magdeb. Omnibus-Actiengesellschaft	3. Mai	110,000	100
459	8	Ruhrort	Vereinigte Ruhrorter und Mühlheimer Dampfschlepp schifffahrts-Gesellschaft	25. April	700,000	100
460	9	Schönebeck	Creditions- u. Elbschifffahrtscomptoir-Actiengesellschaft	30. Sept.	180,000	100
461	10	Tönning	Tönninger Dampfschifffahrtsgesellschaft	21. März	40,000	100
					2,875,000	

XXV. Gesellschaften für verschiedene gesellschaftl. Zwecke.
a) Badeanstalten.

462	1	Berlin	Admiralsgartenbad (Berl. Gründ. 165)	—	500,000	—
				Transp.	500,000	

76 Die Krisis von 1873.

Haupt-Nummer	Special-Nummer	Sitz	Bezeichnung der Gesellschaften, resp. Firma	Registr. resp. cons stituirt	Emittirtes Grund- capital in Thalern	Actien- Nenn- werth
				Transp.	500,000	
463	2	Bielefeld	Bielefelder Badeanstalt	30. März	12,000	—
464	3	Glücksburg	Actienges. d. Ostseebades Glücksburg	25. Mai	4000	50
465	4	Königsberg i. Jahrzemb	Bad Königsdorff-Jahrzemb (Eugen Heymann), Com.-Actienges. in Breslau	17. Aug.	250,000	200
466	5	Magdeburg	Magdeburger Bade- und Waschanstalt	18. Oct.	80,000	100
467	6	Rendsburg	Actiengesellschaft der Warmbadeanstalt in Rendsburg	16. Nov.	2000	50
468	7	Rothenfelde	Rothenfelder Salinen- und Soolbad-Actiengesellschaft	22. April	200,000	200
					1,048,000	
			b) Gesellschaften für gesellige, sociale und gemeinnützige Zwecke.			
469	1	Berlin		—	150,000	—
470	2	Elbing	Berl. Reitinstitut (vgl. Berl. Gründ. 167.)	21. Juli	11,800	100
471	3	Landsb. a. W.	Elbinger Schauspielhaus-Actienges.	30. März	22,000	50
472	4	Gelnhausen	Landsberger Theater-Actiengesellschaft			
473	5	Frankf. a. M.	Actiengesellschaft des geselligen Vereins zu Gelnhausen	24. Jan.	16,000	100
474	6	Frankf. a. O.	Neue zoolog. Gesellsch. (zur Förderung d. Sinnes f. Naturwissensch. u. Zool.)	18. Dec.	200,000	112 6/7
475	7	Hanau		2. Mai	900	100
476	8	Königsb. i. P.	Turnverein zu Frankfurt a. d. Oder	10. Juni	4250	50
477	9	Quedlinburg	Verein für gemeinnützige Zwecke	10. Aug.	12,000	100
478	10	Saarlouis	Königsberger Tattersall	21. März	30,000	100
479	11	Staden	Quedlinburger Reit- und Fahrschule	5. Aug.	16,000	50
			Actiengesellschaft für kathol. Interessen Stader Clubhaus	28. Juni	7500	100
					470,450	
			c) Gesellschaften für verschiedene Zwecke.			
480–						
482	1–3	Berlin	Vgl. Berl. Gründungen 163, 164, 166	—	4,200,000	
483	4	Clauen	Dampf-Dreschmaschinen-Actiengesellsch. von Clauen-Lebbe	5. April	7000	50
484	5	Cöln	Actiengesellschaft „Hotel du Nord"	5. Sept.	800,000	200
485	6	Frankf. a. M.	Frankfurter Hotel-Actiengesellschaft	29. Oct.	1,200,000	200
486	7	Posen	Posener Bazar-Hotel	21. „	32,500	500
487	8	Kassel	Actiengesellschaft zur Erbauung eines eisernen Stegs über die Fulda	13. Nov.	12,000	50
488	9	Emden	Emdener Häringsfischerei-Actienges.	19. Juni	100,000	100
489	10	Freistadt in Schlesien	Neusalz-Freistädter Kunststraßenverein	16. Mai	15,000	25, 50, 100
490	11	Magdeburg	Magdeburger Eiskeller	23. Febr.	6000	100
491	12	Peine	Actien-Getreidedrescherei Peine	25. Juni	6000	50
492	13	Sibesse	Dampfdreschmaschinen-Actiengesellsch.	20. Dec.	10,000	50
493	14	Duisburg	Langbans, Kupfer u. Comp., Comm.-Actiengesellschaft	3. Aug.	100,000	500
494	15	Frankf. a. M.	Commanditgesellsch. auf Actien, Engelmann und Comp.	4. März	15,711	285 6/7
					6,631,214	

1872 in Preußen errichtete Zweiganstalten.

Nummer	Sitz der Filiale	1872 in Preußen errichtete Zweiganstalten von Banken und anderen Actiengesellschaften.	Sitz des Haupt-Instituts	Registrirt
		I. Banken.		
1	Altona	Filiale der Kieler Bank	Kiel	28. Nov.
2	Berlin	Niederlausitzer Creditgesellschaft . . .	Frankf.a.O.	28. Mai
3	„	F. Schönheimer'scher Bankverein, Leipzig		28. „
		Comm.-Actiengesellschaft	Köslin	26. Aug.
4	„	Berliner Filiale der Pommer'schen Hypotheken-Actienbank	Schwerin	12. Oct.
5	„	Filiale der Meklenburg. Hypotheken- und Wechselbank	Breslau	19. Juli
6	Beuthen in Oberschlesien	Commandite des Schlesischen Bankvereins	Leipzig	28. Oct.
7	Breslau	Provinzial-Wechselbank in Leipzig .	Berlin	30. Juni
8	Bromberg	Provinzial-Wechselbank	Breslau	23. April
9	Bunzlau	Breslauer Wechselbank in Bunzlau	Berlin	29. Dec.
10	Duisburg	Provinzial-Discontogesellschaft Duisburg	Sondersh.	6. April
11	Eisleben	Thüringische Bank in Sondershausen		
12	Flensburg	Filiale der Kieler Bank in Flensburg	Kiel	28. Dec.
13	Frankenstein	Breslauer Wechselbank	Breslau	24. „
14	Frankf. a. M.	Rheinische Effectenbank zu Cöln . .	Cöln	25. Sept.
15	Glatz	Commandite des Schlesischen Bankvereins	Breslau	21. Juni
16	Gleiwitz	Breslauer Wechselbank, vorm. Em. Fränkel	„	16. März
17	Gr.-Glogau	Filiale des Schlesischen Bankvereins	„	12. „
18	Görlitz	Commandite des Schlesischen Bankvereins	„	19. Juli
19	„	Filiale der Breslauer Wechselbank .	„	15. „
20	Göttingen	Thüringische Bank in Sondershausen	Sondersh.	24. Juni
21	Halle a. d. S.	Norddeutsche Grundcreditbank . . .	Berlin	24. Febr.
22	Hannover	Provinzial-Wechselbank	„	23. April
23	Kattowitz	Oberschlesische Bank für Handel und Industrie	Beuthen	6. „
24	Leobschütz	Commandite d.Schlesischen Bankvereins	Breslau	2. Juni
25	Liegnitz	Breslauer Wechselbank	„	11. Mai
26	„	Provinzial-Wechselbank	Berlin	3. Febr.
27	Neisse	Commandite des Schlesischen Bankvereins	Breslau	27. April
28	Nordhausen	Thüringische Bank	Sondersh.	9. „
29	Oschersleben	Bank für Sprit- und Produktenhandel (Wrede)	Berlin	6. Nov.
30	Papenburg	Ostfriesische Bank	Leer	5. „
31	Potsdam	Gewerbebank H. Schuster u. Comp. Comm.-Actiengesellschaft	Berlin	19. Febr.
32	Reichenbach in Schlesien	Commandite d.Schlesischen Bankvereins	Breslau	12. März
33	Schweidnitz	Breslauer Wechselbank	„	19. „

Die Krisis von 1873.

Nummer	Sitz der Filiale	Bezeichnung der Gesellschaften, resp. Firma	Sitz des Hauptinstituts	Registrirt
34	Stettin	Filiale der Schlesischen Centralbank für Landwirtschaft und Handel	Breslau	10. Aug.
35	Wilhelmshav.	Oldenburgische Spar- und Leihbank	Oldenburg	8. Juli
36	Züllichau	Niederlausitzer Creditgesellschaft Zapp u. Comp. (14. von Breslau aus begründete Bankfiliale)	Frankf.a.O.	3. Oct.

II. Diverse Gesellschaften.

37	Allagen bei Soest	Westphälische Marmorwerke, Actiengesellschaft	Berlin	18. Sept.
38	Anklam	Neue Gas-Actiengesellschaft	"	11. Juli
39	Berlin	Vereinigte Breslauer Oelfabriken	Breslau	5. Nov.
40	"	Rathenower Fabrik für Holzarbeit, Actiengesellschaft	Rathenow	17. Juli
41	"	„La Suisse", Lebensversicherungsges.	Lausanne	6. "
42	Breslau	„Silesia", Verein chemischer Fabriken	Saasau bei Saarau	1. "
43	Celle	Allgemeine Gasactiengesellschaft zu Magdeburg	Magdeburg	31. Mai
44	Fürstenwalde	Berliner Brauereigesellschaft (Tivoli)	Berlin	2. Jan.
45	Görlitz	Niederschlesische Maschinenbaugesellsch.	Grünberg	1. April
46	Hannover	Continental-Pferdeeisenbahn-Actiengesellschaft	Berlin	25. Oct.
47	Harburg	Chemische Fabriken Harburg=Stratzfurt	—	2. Aug.
48	Hechingen	Würtemberg=Hohenzollern'sche Brauereigesellschaft	Stuttgart	18. Oct.
49	Hirschberg	Neue Gas=Actiengesellschaft	Berlin	3. März
50	Kiel	Actienges. „Moguntia" (Versicherung)	Mainz	19. Febr.
51	Königsb. i. P.	Internationale Handelsgesellschaft	Berlin	23.
52	List b. Hannov.	Norddeutscher Verein für Industrie	—	29. Juli
53	Menden	Eisenindustrie, Actiengesellschaft	Schwerte	5. Dec.
54	Merzdorf bei Schweidnitz	„Silesia", Verein chemischer Fabriken	Berlin	6. Juli
55	Oranienburg	Chemische Fabrik Cranienburg Actiengesellschaft für Bergbau, Blei- und Zinkfabrikation	Stolberg bei Aachen	19. April —
56	Ramsbeck	Anonyme Gesellschaft der Rheingruben	Paris	17. Febr.
57	Ruhrort	Aachener und Münchener Feuerversicherungsgesellschaft	Aachen	27. Nov.
58	Schleswig	Lübecker Feuerversicherungsgesellschaft	Lübeck	15. April
59	"	Löhnberger Mühle, Actiengesellschaft	—	13. "
60	Siegen	Internationale Handelsgesellschaft	Berlin	8. Jan.
61	Stettin	Oberschlesische Eisenbahnbedarfs-Actiengesellschaft	Breslau	8. Juni
62	Zwadzki	„Redenhütte", Actiengesellschaft für Bergbau, Eisenhüttenbetrieb und Koaksfabrikation		
63	Zabrze		Berlin	3. "

Gesammtzahl der Gründungen. 79

Nach dem „Moniteur des Intérêts industriels" vertheilen sich die Gründungen im Jahre 1872, welche in den europäischen Staaten, in Amerika und in Tunis an die europäischen Börsen gebracht worden sind, in Mill. Francs wie folgt:

	für Staats- und Städte-Anleben	für Credit-Institute	für Eisenbahner und Industrie Etablissements	Zusammen
In Deutschland	26,32	432,41	913,12	1371,86
„ Oesterreich-Ungarn	94,31	377,00	517,23	989,55
„ Amerika	905,02	10,00	1129,70	2024,72
„ Belgien	5,00	35,00	14,17	54,17
„ Spanien	250,00	2,00	3,60	255,60
„ Frankreich	3500,05	280,50	193,10	3973,65
„ Großbritannien	—	229,50	1209,98	1439,48
„ Italien	12,84	405,24	155,00	573,09
„ den Niederlanden	1,78	12,11	43,56	57,45
„ den Donaufürstenthümern	4,15	—	27,20	31,35
„ Rußland	377,00	117,00	281,34	775,34
„ der Schweiz	22,30	15,04	67,35	105,30
„ Tunis	—	—	5,62	5,62
„ der Türkei	278,15	40,00	667,32	985,48
Total	5476,94	1955,80	5208,92	12,641,67

Die Summe sämmtlicher Emissionen betrug demnach 1872 12,6 Milliarden. Im Jahre 1871 wurden für gleiche Zwecke beansprucht 15,6 Milliarden, somit in beiden Jahren zusammengenommen 28,2 Milliarden Francs (7 $\frac{1}{3}$ Milliarden Thaler). Dabei ist zu bemerken, daß nur die factisch zur Subscription gelangten Beträge in die Rechnung eingestellt sind, und auch diese nicht vollständig und lediglich zum Nominalcourse der betreffenden Werthe, ohne Berücksichtigung des etwa geforderten Agio's. In Wahrheit dürfte demnach die Inanspruchnahme des europäischen Geldmarktes — denn nur dieser kommt hier in Betracht — eine noch namhaft höhere gewesen

sein. Während aber im Jahre 1871 die Summe des zu Staatsanlehen verwendeten Geldes vier Fünftheile des gesammten Credit-
bedürfnisses, nämlich 11,7 Milliarden, ausmachte und zu Zwecken
der Industrie und des Handels blos 3,9 Milliarden übrig blieben,
traten diesmal die Staatsanlehen mehr in den Hintergrund. Trotz
der französischen Riesen-Anleihe absorbirten dieselben weniger als die
Hälfte der Gesammtsumme und kaum mehr als die Eisenbahnen und
Industrie-Unternehmungen, wie die obige Tabelle zeigt.

Ueber die Actiengesellschafts-Bewegung in Preußen recapituliren
wir mit etwas vollständigeren Angaben die folgenden Ziffern. Gegründet wurden in Preußen: von 1790—1867 225 Actiengesellschaften, von 1867—1870 54 Actiengesellschaften. Seit dem Gesetz
vom 11. Juni 1870 wurden gegründet: 1870 34, 1871 259 und
1872 504 Actiengesellschaften. Es wurden also gegründet: von
1790—1867 jährlich 2 bis 3, von 1867—1870 jährlich 18,
1870 nach dem 11. Juni 34, 1871 wurden gegründet 259 und
1872 504 Actiengesellschaften. Man sieht, in welch colossaler Progression sich diese Bewegung steigert.

In Oesterreich betrug die Zahl der Gründungen und Emissionen 1871 107 im Betrage von 545 Millionen Gulden, 1872
261 im Betrage von 1108 Millionen Gulden.

Das Jahr 1873 begann unter den gleichen Auspicien, wie das
vorhergegangene geschlossen hatte. Nach dem gleichen belgischen
Fachblatt betrugen die Gründungen im ersten Semester des Jahres
1873: 7650 Millionen Francs. Von dieser letzteren Summe entfallen auf Deutschland 1026 Millionen Francs, auf Oesterreich-
Ungarn 531 Millionen Francs, auf Amerika 4367 Millionen Francs,
auf Belgien 320,3 Millionen Francs, auf Spanien 11,5 Millionen
Francs, auf Frankreich 44,28 Millionen Francs, auf Großbritannien
1000 Millionen Francs, auf Italien 75,2 Millionen Francs, auf
die Niederlande 70,4 Millionen Francs, auf die Donaufürstenthümer
13,4 Millionen Francs, auf Rußland 116,18 Millionen Francs,
auf die Schweiz 70,3 Millionen Francs und auf die Türkei 2,15
Millionen Francs. Der Art nach erforderten die Staats- und Stadt-
anlehen 2687 Millionen Francs, die Credit-Institute 1573 Millionen

Gründungen von 1873.

Francs, endlich die Eisenbahnen und Industrie-Institute 3388 Millionen Francs.

Nach den Aufstellungen von Berliner Zeitungen war in Preußen allein die Zahl der Neugründungen des ersten Semesters 1873 196 mit einem Grundcapital von 166 Millionen Thaler. Folgende Branchen sind dabei hauptsächlich vertreten:

23	Banken	mit	Thlr.	31,380,000
45	Bergwerks-Gesellschaften	„	„	77,286,000
22	Baugesellschaften	„	„	16,560,000
10	Ziegeleien	„	„	2,660,000
8	Brauereien	„	„	1,197,000
4	Zuckerfabriken	„	„	732,000
2	Papierfabriken	„	„	120,000
6	Eisen- und Draht-Industrie-Gesellschaften	„	„	4,430,000
8	Tuch- und Kattunfabriken, Webereien	„	„	2,478,000
4	Chemische Fabriken	„	„	1,750,000
4	Glashütten	„	„	2,285,000
12	Maschinen- und Waggon-Fabriken	„	„	8,137,000
45	Diverse Gesellschaften	„	„	14,984,000
2	Eisenbahnen	„	„	1,950,000
196	Gesellschaften	mit	Thlr.	165,949,000

Bereits war die Krisis in Wien mit furchtbarer Gewalt zum Ausbruch gelangt und schon die verbündeten Börsenplätze Deutschlands in Mitleidenschaft gezogen, und immer noch dauerten in Norddeutschland die Gründungen, wie der Lauf eines einmal in Gang gebrachten Schiffes obgleich die bewegende Kraft aufgehört hat, noch bis in den Monat October fort, — ein Zeichen, daß es bedenklich gewesen wäre, die Bewegung, als sie in Stockung gerieth, auch noch durch Staatshülfe zu unterstützen.

Vom Monat Juli meldeten die Berliner Zeitungen noch ein Dutzend Gründungen*).

---

*) Die Nationalzeitung schrieb: Der Juliconpon mit dem Geldzuflusse, welchen er im Gefolge haben soll, hat noch einige Spätlinge neuer Gründungen gezeitigt. Mit Emissionen tritt zugleich die Mehrzahl der industriellen Etablisse-

Vom Monat August melden die Berliner Börsenzeitungen: „Der verflossene Monat hat wieder an Gründungen eine recht stattliche

ments auf, oder falls diese Maßregel zu weitläufig und schwierig erscheint, wird der Accept-Credit, welcher bereits in den December-Abschlüssen von 1872 eine ziemlich regelmäßige Position bildet, weiter in Anspruch genommen. In das Handels-Register des königlichen Stadtgerichts zu Berlin wurde eingetragen unter der Firma **Märkische Bau-Bank** zu Berlin eine Actiengesellschaft, deren Gegenstand ist: Erwerbung, Parcellirung, Bebauung und Veräußerung, sowie jede andere Verwerthung von Grundstücken, die Ausführung von Bauten für eigene oder für Rechnung Dritter, die Erwerbung und Herstellung von Baumaterialien aller Art und deren Verkauf, hypothekarische Darlehen an Besitzer von Grundstücken zu gewähren und deren Rückzahlung in ungetrennter Summe, in Raten oder im Wege der Amortisation zu bedingen, endlich der Betrieb von Bank- und Handelsgeschäften aller Art. Das Grundcapital von 200,000 Thlr. zerfällt in 2000 Actien à 100 Thlr. Ferner die **Gummi-Waaren-Fabrik Voigt & Winde, Actien-Gesellschaft zu Berlin**. Gegenstand des Unternehmens ist die Fabrikation von Gummi-Waaren und aller hiermit in Verbindung stehenden Artikel, insbesondere der Erwerb, Betrieb und die Erweiterung der der Firma Voigt & Winde hierselbst gehörigen, Cottbuser-Straße Nr. 5 belegenen Gummi-Waaren Fabrik. Das Grundcapital der Gesellschaft ist auf 400,000 (vierhundert Tausend) Thaler festgesetzt und eingetheilt in 4000 Actien, jede Actie zu 100 Thlr. — Die **Maschinenbau-Actien-Gesellschaft Humboldt vorm. Sievers & Comp.** zu Kalk bei Deutz a. Rh. legt zur Subscription auf 500,000 Thlr. neue Actien für die Besitzer der alten Actien unter Einzahlung von 40 pCt. in Köln bei dem A. Schaaffhausen'schen Bankverein. — Ferner haben die Actionäre der **Bochumer Bergwerks-Actien-Gesellschaft** beschlossen, die noch im Portefeuille der Gesellschaft befindlichen Actien Lit. A im Betrage von 64,000 Thlr. wieder in Cours zu setzen und so das in Umlauf befindliche Actiencapital auf eine Million Thaler zu bringen. Der Aufsichtsrath der Gesellschaft bringt diesen Beschluß zur Ausführung und offerirt den Actionären die Uebernahme je einer der zu begebenden Actien auf 15 in ihrem Besitz befindliche Actien Lit. A oder B. Das Bezugsrecht ist in der Zeit vom 1. bis 15. August bei der Gesellschaft selbst oder bei der Direction der Disconto-Gesellschaft geltend zu machen. Die zu begebenden Actien nehmen vom 1. Januar c. ab am Reingewinn des Unternehmens Theil. Bei dieser Gelegenheit theilte der Aufsichtsrath mit, daß er beabsichtige, demnächst eine außerordentliche Generalversammlung einzuberufen, welcher der Vorschlag gemacht werden soll, das den Actien Lit. A zustehende Vorzugsrecht bei der Dividendenberechnung aufzuheben. Da es sich hierbei im Ganzen nur um die Summe von 5000 Thlr. handelt, welche den Actionären Lit. B zuzuwenden wäre (das

Gründungen von 1873.

Anzahl aufzuweisen. Demselben steht allerdings nur die Emission eines Papieres, der Residenzbaubank-Actien, zur Seite, wenn man von Capitalsvermehrungen, resp. Ausgaben von Prioritäten schon bestehender Gesellschaften absieht. Die Berlin-Potsdam-Magdeburger Gesellschaft vermehrte ihr Capital um vier Millionen, die Westend-Gesellschaft emittirte 600,000 Thlr. Prioritäten, die „Flora" 400,000 Thlr. Gegründet wurde ferner die „Actien-Gesellschaft für Hufeisenmaterial" mit 300,000 Thlr., die Pommersche Baugesellschaft mit 300,000 Thlr. Die Märkische Cement-Fabrik mit 150,000, die „Roldenhütte" mit 200,000 Thaler. Zu den in diesen Monaten ins Leben getretenen Gesellschaften gehört ferner die Berlin-Kölnische Feuerversicherungs-Gesellschaft mit 2 Millionen Thaler, und die Baugesellschaft Imperiale mit 19 Millionen. Zusammen betragen also die Gründungen 21,950,000 Thaler, die Emissionen 6 Millionen Thaler. Soweit die Emissionen zur Erweiterung oder zum Abschluß vorhandener Gesellschaften nothwendig, wird kein billig Denkender gegen sie etwas einzuwenden haben. Anders jene Neugründungen; ihre theilweise Ueberflüssigkeit braucht kaum mehr erörtert zu werden in einer

---

Vorzugsrecht der Actien Lit. A beläuft sich auf 2 pCt. Dividende, die Zahl der Actien Lit. B beträgt aber nur 250 Stück), so dürfte der Vorschlag des Aufsichtsraths wohl ohne Weiteres angenommen werden. Die Annaberger Actien-Gesellschaft für Flachsindustrie beruft eine außerordentliche General-Versammlung auf den 4. August d. J. Die Tagesordnung gipfelt vornehmlich darin, daß die Gesellschaft, dem früheren Beispiele der Actien-Spinnerei zu Chemnitz folgend, ihr Capital um 33¹/₃ pCt. durch Zusammenlegung von drei Actien in eine Stammactie und eine Stammprioritätsactie reduciren will. Ferner will sich der Verwaltungsrath zur Aufnahme einer Anleihe durch Emission von Stammprioritätsactien in Höhe von 30,000 Thlr. ermächtigen lassen. Von einem der Herren Actionäre der Gesellschaft sind folgende Separat-Anträge gestellt: a) Reduction des Actiencapitals um 33¹/₃ pCt. durch Zusammenlegung von drei Actien in zwei dergleichen; b) Nachzahlung von 10 pCt. auf den jetzigen Nominalwerth der Stammactien; c) Emission einer Anleihe durch Ausgabe von Stammprioritätsactien zu Gunsten der Betriebsmittel; d) Bewilligung der Mittel für den Bau von Arbeiterwohnungen auf den Grundstücken der Gesellschaft; e) Bewilligung der Mittel für Ergänzung von Vorbereitungsmaschinen, soweit solche für zweckdienlich erachtet werden.

Periode, in der der Zug der Zeit auf die Auflösung vorhandener Objecte zielt. Diese Gründungen nach Jahresschluß haben jetzt aber bereits eine ganz beträchtliche Höhe erreicht und da man bei den meisten versuchen wird, wenn die Stimmung sich erst durchgreifend gebessert, für die der Actionäre harrenden Actiengesellschaften, auch Käufer ihrer Papiere zu finden, kann diese bedeutende Zahl von Gründungen dem Markt von Neuem eine nicht geringe Gefahr bringen. Beträgt doch das Gesammtcapital dieser Gesellschaften bereits nahezu 50 Millionen, genau 48,679,000 Thaler!"

„Sogar der Monat September brachte dem nicht gerade geringen Bestande an unemittirten und unemittirbaren Gründungen einen weiteren Zuwachs von 2,300,000 Thlr. Es wurden in die betreffenden Handelsregister eingetragen: Die Rehmsdorfer Mineral-Oel- und Paraffin-Fabrik, vormals Hübner, mit 400,000 Thlr., die Niederlausitzer Glashütten-Actien-Gesellschaft mit 260,000 Thlr., die hamb. Drahtweberei, Bau- und Kunstschlosserei, vormals Rietner, 140,000 Thaler. Hoffentlich haben alle diese Gesellschaften es ebenso wenig wie die gleichfalls im vorigen Monat entstandene „Union", Versicherungsgesellschaft, auf eine Emission, weder jetzt, noch später abgesehen. Der gesunde Sinn (!?) der Börse würde jeden derartigen Versuch mit einem völligen Fiasco enden lassen. Die „Union" besitzt ein Capital von 1,500,000 Thlr. Ueber die voraussichtliche Prosperität derartiger neuer Versicherungsunternehmungen denken wir uns demnächst auszulassen."

„Auch an Neueinführungen an der Börse hat es nicht gefehlt. Selbst wo man des Mißerfolges sich vollkommen klar war, ließ man eines Tages, ohne daß Börse, Publikum oder Presse irgend etwas davon wußte, irgend ein Bergwerk durch vereidete Makler neu einführen, und einige Tage einen rein nominellen Cours notiren, um bei einer etwaigen späteren Gelegenheit nur die Möglichkeit zum Arrangement einer Courstreiberei zu haben. Wir sehen in der That nicht ein, welcher vernünftige Grund dafür vorliegt, Effecten, die sich an der Kölner Börse eines idyllischen Daseins erfreuten, in Zeiten einer Krisis hier einzuführen. Andere Papiere mußten, theils um eingegangenen Verpflichtungen zu genügen, theils um sie „börsen-

Gründungen von 1873.

gängig" und dadurch eher lombardfähig zu machen, zur Notiz gebracht werden. Neu eingeführt wurden: Hagen-Grünthaler Eisenwerk mit 110 (jetzt ca. 80), Eschweiler Bergwerk mit 119—125 und Wilhelmine-Victoria mit 190 (jetzt 174 Brief)."

Um die Schwindelperiode würdig abzuschließen, konnten die gleichen Organe, nachdem die Krisis bereits in Berlin und Nordamerika zum Ausbruch gekommen war, noch vom Monat October folgenden Bericht erstatten: Als in den ersten Tagen des Octobers kurz hintereinander mehrere neue Actiengesellschaften gegründet wurden, mußten wir die Befürchtung aussprechen, daß dieser Monat sich zu einer wirklichen Gründungsperiode gestalten werde, so unfaßbar dieser Gedanke auch sein mochte. Ganz so schlimm ist es nun freilich nicht geworden, allein immerhin hat sich der October zu 13 neuen Gründungen mit einem Actiencapital von $7^{3}4$ Millionen aufgeschwungen. In einer Zeit, wo nur von Liquidationen bestehender Gesellschaften die Rede ist, wo mit allen Kräften eine Entlastung des Effectenmarktes angestrebt wird, überschreitet diese Ziffer weit die Grenzen der Berechtigung und es ist schwer zu ermitteln, welche Zwecke mit diesen Gründungen beabsichtigt werden. Wenn auch zunächst gewiß Niemand daran denkt, die Actien dieser neuen Gesellschaften auf den Markt zu bringen, so involvirt die Existenz derselben doch stets eine Bedrohung für die Zukunft. Die Namen der 13 Neugründungen lauten:

Preußische Unionbank	Thlr.	200,000
Bad Ottenstein, Actien-Gesellschaft	„	100,000
Zinnbergbau-Gesellschaft Zinnwald	„	100,000
Rhein. Eisen- und Thon-Industrie	„	200,000
Johann Hoff	„	800,000
Wusterwitz-Rathenower Ziegelei	„	200,000
Bergwerksgesellschaft Dannebaum	„	3,000,000
Gesellschaft für Stahl-Industrie in Bochum	„	1,000,000
Waldauer Braunkohlen-Industrie	„	433,000
Wetterscheider Actien-Gesellsch. für Kohlen- und Coaks-Industrie	„	100,000
	Transp. Thlr.	6,133,000

	Transp. Thlr.	6,133,000
Eisen- und Stahlwerk Hösch	„	1,200,000
Fabrik patentirter künstlicher Bausteine	„	46,000
Alizarin- und chemische Fabrik	„	350,000
	Thlr.	7,729,000

Die Unvollständigkeit des von Berliner Börsenblättern gebrachten Verzeichnisses der October-Gründungen, sowie die Unrichtigkeit der daraus gezogenen Folgerungen ergibt sich aus obiger Aufstellung von selbst.

Das war mehr, als was bei irgend einer der früheren Krisen geleistet worden war. Erwägt man, daß Amerika abermals zum Zwecke der Conversion eine riesige Anleihe in Europa aufzunehmen im Begriffe war, daß die großen englischen Colonien und zahlreiche andere Staaten auf der angeführten Liste fehlen, und wird die unvermeidliche Mangelhaftigkeit privater Aufstellungen mit in Berücksichtigung gezogen, so gelangt man zu dem Resultat, daß in einem Zeitraum von 2½ Jahren fast 40 Milliarden Francs von den Gründungen in Anspruch genommen wurden. Eine genaue Statistik der Ersparnisse in der gleichen Periode ist freilich noch nicht verfaßt worden, aber daran ist doch kein Zweifel möglich, daß diese riesige Summe den Ueberschuß der Production bei Weitem übersteigt, und daß die bereits eingetretene Gegenströmung eine nothwendige ökonomische Folge der Fictionen war, deren sich die ganze europäische Capitalswelt in gleicher Weise schuldig gemacht hatte. Die Verirrungen des Unternehmungsgeistes, der die vorhandenen Kräfte überschätzte, zwangen zu einem Stillstande, welcher der wirklichen Capitalsschaffung Raum gönnen muß, die leeren Gebilde zu entfernen, bis wieder Raum entsteht für die Befriedigung der wirklichen Bedürfnisse.

Unsere nächste Aufgabe ist es nun eine der Haupterscheinungen dieser Gründungen zu untersuchen.

Von 1871 an brach in Wien und Berlin eine Art Banko-Manie aus, indem sogar Baugesellschaften in Bankform sich umwandelten, förmliche Gründerbanken sich bildeten, und schließlich sogar das Maklergeschäft in die Form von Banken gebracht wurde.

Die Ehre dieser neuen Erfindung, oder wie man es nennen soll, gebührt Berlin. Diese sonst so demokratische Stadt darf aber nicht sehr stolz auf die Maklerbanken sein, denn unter allen Kunstgriffen, welche je angewendet worden sind, um das Privatpublikum und die uneingeweihten kleinen Leute zu Gunsten der gewiegten „Haute Finance" auszubeuten, war dieser einer der ergiebigsten. Von Berlin wanderte das neue Institut rasch nach Breslau, Wien, Frankfurt, Leipzig, Posen und in andere Börsenstädte Deutschlands und Oesterreichs. Bei den Börsengeschäften ist es von Wichtigkeit, daß die abgeschlossenen Verbindlichkeiten auch richtig erfüllt werden. Da die großen Häuser sich aber dabei oft kleiner Mittelsmänner bedienen müssen, so laufen sie Gefahr, daß die eingegangenen Engagements zuweilen nicht gehalten werden. Bis dahin mußten die Geschäftsleute diese Gefahr selbst tragen. Sie wollten sich von derselben durch die Maklerbanken befreien, welche das Risico übernahmen ohne die Provision oder Courtage wesentlich zu erhöhen

Gegen die neue Einrichtung wäre an und für sich nichts einzuwenden gewesen, weil sie in der That ein Fortschritt war, wären die Actien nicht zum Spielpapier geworden, und hätten sie nicht auch das Privatpublikum an sich gelockt, welches ja stets der schwarze Peter ist. Natürlich kann es aber nichts unbilligeres geben, als wenn die kleinen Leute aus dem Mittelstand das Risico der großen Banquiers tragen sollen. Die Gefahr für das große Publikum wäre auch nicht so groß gewesen, wenn das ursprünglich vorgesteckte Ziel, welches z. B. die Breslauer Börsen=Makler=Bank mit den Worten bezeichnete: „die Maklerbank soll weder speculiren, noch arbitriren, sie soll lediglich das Vermitteln von Geschäften als Hauptzweck betrachten", nicht bei vielen dieser Anstalten verrückt worden wäre.*)

---

*) Die Neuheit des Instituts mag es rechtfertigen, daß wir der nachfolgenden humoristischen Schilderung der Gründung der Breslauer Maklerbanken hier Raum geben, welche wir der Gefälligkeit eines dortigen Geschäftsmannes verdanken: An einem düsteren, kalten Novembertag des Jahres 1871 versammelte sich zu Breslau ein Dutzend großer Bankiers, um über die Mittel und Wege zu berathen, wie sie sich bei ihren Börsenspeculationen vor durch Insolvenz der Contrahenten entstehenden Verlusten schützen könnten. Die Ge=

Allein viele dieser Banken ließen sich in riskirte Unternehmungen ein, betheiligten sich an Eisenbahnen, welche erst in später Zu-

fuhr nach dieser Richtung war um so mehr gewachsen, als sich in Folge der Aussichten auf den Zufluß der französischen Milliarden alle Welt an der Börse betheiligte, neue Banken entstanden, die Courje auf der ganzen Linie des Courszettels stiegen und man bei allem was man auch kaufte, sicher war, nach einigen Tagen schon Procente zu verdienen. Das große Publikum, gleichviel ob es Verständniß für die Sache hatte, oder nicht, bestürmte die Agenten und ihre Banquiers mit Aufträgen, welche das Commissionsgeschäft blühen ließen, wie noch nie. Die Banquiers strichen die Achtel Procente Provision und was sich sonst am Courje erübrigen ließ, vergnügt ein; aber die Medaille hatte auch ihre Kehrseite. Selten konnten die großen Herren mit einander handeln; viel häufiger mußten sie mit der Aufgabe des Maklers oder eines Mitglieds der Coulisse vorlieb nehmen und die Tage bis zum Ultimo sind lang. Da wurde ihnen doch recht bange; die große Sorge, ob auch alle Contrahenten zum Ultimo ihre Verbindlichkeiten erfüllen würden, lag ihnen centnerschwer auf der Brust und wenn solchen Herrn die Sorge des Nachts nicht schlafen ließ, nahm er des Morgens sein Engagementbuch vor und hielt Heerschau, sonderte die weißen von den schwarzen Schafen, machte bei dem einen Namen ein Leichensteinkreuz, zeichnete bei dem andern einen Strich, welcher die Grenze bedeutete, bis hierher und nicht weiter, und verbrachte die Tage bis zum Ultimo in fieberhafter Aufregung, Angst und Ungewißheit. Diesem unerquicklichen Zustande abzuhelfen, ohne zugleich der schönen Achtel-Procente verlustig zu gehen, war jetzt die große Aufgabe. Und die Aufgabe ist aufs Glänzendste gelöst worden. Ein speculativer Kopf hatte das rechte Mittel erfunden, wodurch man sich nicht allein vor Verlusten schützen, sondern noch extra verdienen konnte.

Die oben erwähnten zwölf Firmen traten also zusammen und brachten nicht etwa einen Garantiefonds auf, um etwaige Verluste gemeinschaftlich zu tragen, nein, sie gründeten die erste Breslauer Maklerbank, das heißt, sie bildeten eine Actiengesellschaft mit einer Million Thaler Grundcapital bei 40 pCt. Einzahlung, suchten aus der Anzahl der vorhandenen, bedeutenden Makler die tüchtigsten aus und ernannten sie zu Directoren mit fixem Gehalt und guter Tantième. Noch im November begann die Bank ihre Thätigkeit und da sie von den zwölf tonangebenden Firmen besonders protegirt wurde, erzielte sie ganz bedeutende Courtagegewinne. Dies erschien dem Publikum so verlockend, daß es sich um die Actien der neuen Bank förmlich riß und sie mit einem ganz erheblichen Agio bezahlte. Mit 110 pCt. eingeführt, wurden sie schon an demselben Tage mit 116 gehandelt und erreichten Ende 1871, also nach sechs Wochen, den Cours von 124 pCt., stiegen im Laufe des folgenden Jahres auf 160, sind aber bis zur Mitte des Jahres 1873 auf pari zurückkunft ertragsfähig, an Bauunternehmungen, welche an der Höhe des Ankaufspreises der Grundstücke krankten, und kamen so nach Ausbruch der Krisis zu Falle.

gegangen. Das Unternehmen war geglückt, der Nutzen ein doppelter, oder eigentlich dreifacher, denn erstens lief man kein Risico, wenn man mit der Bank handelte, weil sich der größte Theil der Geschäfte am Ultimo in sich compensirte und für noch so große Differenzen in dem Fonds der Bank ausreichende Sicherheit vorhanden war; zweitens hatte man an der Begebung der Actien einen sehr schönen Gewinn und endlich drittens war ein neues Spielpapier für die eigene Börse geschaffen. Damit die Bank nicht Concurrenz erleide, verpflichteten sich die zwölf Firmen, innerhalb einer gewissen Zeit keine zweite Maklerbank zu gründen, noch eine solche aufkommen zu lassen; sie gingen dabei von der Annahme aus, daß ohne sie und gegen ihren Willen eine zweite Bank um so weniger gegründet werden könne, als sie thatsächlich die bedeutendsten Geschäfte an der Börse machten, zu den ersten Firmen gehörten und gediegene Kräfte zur Leitung des Instituts gewonnen hatten. Ob dieser gegenseitigen Verpflichtung erhielten die Herren von dem Börsenmob den Beinamen der „zwölf Apostel".

Das Geschäft der Maklerbank ging aber zu gut, als daß nicht die Gründung einer zweiten ein schnell und sicher steigendes Agio in Aussicht gestellt hätte; der Cours der Actien der alten Maklerbank war zu Anfang des Jahres 1872 126 notirt und das Papier erfreute sich großer Beliebtheit.

Da bildete sich denn ein zweites Consortium, bestehend aus zum Theil neu erstandenen Bankhäusern und angesehenen Firmen aus der Productenbranche und gründete gegen den Willen der „zwölf Apostel" und trotz ihres Widerstrebens eine zweite Maklerbank, welche die Firma „Breslauer Makler-Vereinsbank" erhielt. Ein Börsencommissionsgeschäft ging in die neue Bank auf und die bisherigen Inhaber wurden gegen eine angemessene Entschädigung für Uebergabe des Geschäfts zu Directoren ernannt. Die neue Bank wurde im Januar 1872 eröffnet und obgleich die „zwölf Apostel", auf ihrem Schein bestehend, mit der neuen Bank keine Geschäfte machten, prosperirte dieselbe dennoch. Gerade das Publikum der Coulisse arbeitete mit Vorliebe in den Actien der Makler-Vereinsbank, welche am 21. Januar zu 114 eingeführt, noch an demselben Tage auf 124 stiegen und zu einem der beliebtesten Spielpapiere wurden. Wir verzeichnen hier gleich die Coursbewegung des Papiers. Am Tage der Einführung, welche, wie schon gesagt, zu 114 geschah, erreichten die Actien den Cours von 124, stiegen dann fast ohne Unterbrechung bis Anfang März auf 136, erfuhren demnächst eine Abschwächung bis 116, erreichten hierauf den höchsten Cours von 149 im November. Da bildeten sich Gerüchte über große Verluste, welche die Bank erlitten haben sollte, das Papier verlor seinen Nimbus fast vollständig, das Publikum drängte sich zum Verkauf seines Besitzes

Die Krisis von 1873.

An die „Maklerbanken", welche bald unter diesem Namen, bald unter dem von Wechslerbanken, Börsenbanken oder Börsen-Arbitrage-

und lediglich der Umstand, daß die Gründer den größten Teil des Materials aufnahmen, bewirkte, daß die Actien zu Ende 1872 nicht tiefer als auf 108 sanken.

Inzwischen hatten die Actien der alten Maklerbank ebenfalls ihre Phase der Hausse durchlaufen und galten eine Zeitlang für das solideste, gewinnbringendste Anlagepapier. Anfang 1872 stand ihr Cours auf 126, also nur wenig besser, als die Actien des jungen Schwesterinstituts, sie eilten aber dem letzteren im Verlaufe ganz bedeutend voran, erreichten den höchsten Cours von 180, mußten gegen den Jahresschluß aber ebenfalls vom hohen Cothurn herabsteigen und eine Notirung von 148 sich gefallen lassen.

Kehren wir nach dieser kurzen Abschweifung zu unserm Thema, zur Geschichte der Breslauer Maklerbanken zurück.

Auf die Dauer war der Ausschluß der Makler-Vereinsbank vom Geschäft nicht durchzuführen und die zwölf mehrerwähnten Firmen entschlossen sich nach und nach, auch mit der jungen Bank Geschäfte zu machen und bedauerten nur im Stillen, daß sie an dem schönen Gewinn der Einführung des Papiers nicht hatten participiren können. Im November des Jahres 1872 war das Geschäft an der Börse im schönsten Flor, alle Papiere hatten einen hohen Coursstand erreicht, namentlich aber zeichneten sich die Actien der beiden Maklerbanken vortheilhaft aus, die alten notirten 180, die Makler-Vereinsactien 149; da durchschwirrten Gerüchte die Luft, welche von der Gründung einer dritten Maklerbank wissen wollten, und zwar sollte diese von Firmen gegründet werden, die schon bei der zweiten thätig gewesen waren. Das war jenen zwölf Pionieren denn doch zu viel. Wiederum war Gefahr im Verzuge, daß ihnen der schöne Agiogewinn vor der Nase weggeschnappt wurde und das lediglich wegen einer zu vorschnell eingegangenen Verpflichtung, keine Concurrenzbank in Breslau zu gründen. Dieser Verpflichtung lag die Voraussetzung zu Grunde, daß ohne Unterstützung jener Zwölf eine Maklerbank hierorts nicht gegründet werden könne und diese Voraussetzung war durch Thatsachen zu nichte gemacht worden; gleichwohl bestand die Verpflichtung einmal und der größte Theil der zwölf Herren hielt an seinem Worte fest. Aber Einzelne hatten doch keine Ruhe, der Sirenengesang vom schönen Agiogewinn klang zu verlockend, sie nahmen den störenden Vertrag zur Hand, lasen hin und lasen her und suchten nach einem Hinterpförtchen, das bekanntlich in jedem Vertrag zu finden ist. Ein speculativer Kopf fand es auch bald. Die Verpflichtung lautete dahin, in Breslau kein Concurrenzinstitut zu gründen, demnach ist es in Leipzig oder sonst wo gestattet und wenn dann eine in Leipzig gegründete Maklerbank sofort in Breslau eine Filiale errichtet, so ist das Sache der Leipziger Maklerbank,

Banken und unter anderen Combinationen auftraten, nur um sich an demselben Platze formell zu unterscheiden, schlossen sich andere Speculationsbanken unter Titeln wie Commissions=Banken, Central=Banken, Raten- und Rentenbank, Bankverein, Länderbanken-Verein, Cassenverein, Agentur= und Creditbank, Effectenbank, Gewerbebank, Report= und Creditbank, Capitalisten=Vereinsbank, an.

Alle diese Banken trieben neben dem Report= Arbitrage= und Commissionsgeschäft an der Börse, namentlich um der Agiotage die in keiner Weise durch Verpflichtungen geniert ist. Und so geschah es. In Leipzig wurde die Provinzial-Maklerbank gegründet und zugleich hier in Breslau zwei Directoren ernannt und das Geschäft eröffnet. Fast gleichzeitig entstand als vierte die Börsen=Maklerbank; beider Actien kamen im November an die Börse, es wollte nicht recht gelingen, sie mit dem gehofften Agio aus Publikum zu bringen; denn jene Bamberger'sche Nacht begann schon, ihre Schatten vorauszuwerfen.

Seitdem bestehen in Breslau vier Maklerbanken; alle machen Geschäfte, wenn es lebhaft geht, alle sind zu geringer Thätigkeit verurtheilt, wenn es still hergeht.

Wir haben schon im Eingange erwähnt, daß die Maklerbanken aus dem Bedürfniß, eine Versicherung für die Erfüllung der Engagements zu bilden, hervorgegangen sind und können sie deshalb auf dieselbe Stufe, wie die Assecuranzgesellschaften, stellen. Unter den letzteren giebt es Actiengesellschaften und solche auf Gegenseitigkeit. Es dürfte lohnen, dem Gedanken näher zu treten, ob es sich nicht empfiehlt, die Maklerbanken lieber nach dem Princip der Gegenseitigkeit zu gründen, dergestalt, daß jeder Agiogewinn von vornherein ausgeschlossen ist. Die Existenz von Maklerbanken hat ihre gewisse Berechtigung, ja sie sind bei der gegenwärtigen Lage des Geschäfts Bedürfniß und werden prosperiren, vorausgesetzt, daß sie sich ausschließlich ihrem Wirkungskreis widmen und von eigenen Speculationen fern bleiben. In dieser Beziehung sind einzelne Institute nicht ganz ohne Fehl geblieben; man darf indessen annehmen, daß der Gebrannte das Feuer scheut und daß gerade diese Institute für die Folge sich nicht mehr leichtsinnig in Gefahr begeben; es bleibt dann nur noch übrig, daß man authentisch erfährt, in wie weit hier oder da die Finger verbrannt sind. Ist die Verletzung keine schwere, so wird das Vertrauen der Finanzwelt auf die Maklerbanken wiederum zurückkehren und sie als feste Anlage benützen; das Privatpublikum aber soll ferne davon bleiben. Ein Spielpapier für die Börsencoulisse sollen sie im Interesse der Sache auch nicht sein.

willen, die Gründung von Actiengesellschaften in Gestalt von neuen Banken, Eisenbahnen, Baugesellschaften, Fabriken. In Oesterreich-Ungarn kam außerdem noch die Gründung einer unmäßigen Anzahl von Boden-Creditanstalten, mit deren Errichtung Deutschland schon zur Zeit der Krisis von 1857 und Preußen wieder neuerdings vorangegangen war. Trotzdem das reelle Bedürfniß ziemlich von der Hypothekenabtheilung der Oesterreichischen Nationalbank befriedigt war, bestanden Ende 1872, nach dem „Tresor", in der Oesterreichisch-Ungarischen Monarchie mit Einschluß der Oesterreichischen Nationalbank, bereits 37 Institute mit dem Rechte der Pfandbriefausgabe. Hiervon entfielen auf Oesterreich allein 28 Institute mit einem Actiencapitale (einschließlich Reservefonds) von zusammen fl. 147,385,099 und einem Pfandbriefumlauf von fl. 303,503,529, auf Ungarn 9 Institute mit einem Capitale von zusammen fl. 19,418,733 und einem Pfandbriefumlaufe von fl. 50,279,750. Darunter figurirt die Oesterreichische Nationalbank mit einem Pfandbriefumlaufe von fl. 58,707,780 und einem Actiencapital von 90 Millionen, welches freilich zum größten Theile auf die gewöhnliche Bankabtheilung zu rechnen ist.*)

---

*) Der „Deutschen Zeitung" (von Ende 1873) entnehmen wir die nachfolgende Statistik der Oesterreichischen Banken, welche ergibt, daß das Gesetz von der größeren Sterblichkeit in den ersten Jahren sich auch auf die Banken anwenden ließe:

1816 gegründet: Oesterreichische Nationalbank.
1842 „ Pesther Commercialbank.
1853 „ Niederösterreichische Escompte-Gesellschaft.
1856 „ Creditanstalt.
1859 „ Triester Commercialbank.
1862 „ Mährische Escomptebank.
1863 „ Anglo-Oesterreichische Bank, Böhmische Escomptebank.
1864 „ Oesterreichische allgemeine Bodencreditanstalt, Verkehrsbank, Steiermärkische Escomptebank.
1867 gegründet: Ungarische allgemeine Creditbank, Galizische Actien-Hypothekenbank.
1868 gegründet: Anglo-Hungarian-Bank, Handelsbank, Oesterreichische Hypothekenbank, Hypothekar-Credit- und Vorschußbank, Landwirthschaftliche Creditbank für Böhmen, Vereinsbank.
1869 gegründet: Austro-egyptische Bank, Agrarbank, Bielitz-Bialaer

Statistik der Oesterreichischen Banken.

Eine Manipulation fast aller oben erwähnten Banken war besonders geeignet, in Oesterreich wenigstens die Speculation zu unter-

Handels- und Gewerbebank, Allgemeine böhmische Bank, Centralbank, Steierische Creditbank, Discontobank, Gewerbebank „Fels", Franco-Oesterreichische Bank, Franco-Ungarische Bank, Galizische Bank für Handel und Industrie, Galizische Landesbank, Generalbank, Ungarische Hypothekenbank, Mährische Bank für Industrie und Handel, Mährische Depositen- und Wechslerbank, Bank für Oberösterreich und Salzburg, Industrie- und Commercialbank für Oberösterreich und Salzburg, Oesterreichisch-Niederländische Bank, Oesterreichisch-Orientalische Bank, Volksbank, Wiener Wechslerbank, Wiener Wechselstuben-Gesellschaft, Wiener Bank, Wiener Bankverein, Zivnostenska Banka.

1870 gegründet: Wiener Hypothekencasse, Unionbank.

1871 gegründet: Mährische Bodencreditanstalt, Ungarische allgemeine Bodencredit-Actiengesellschaft, Central-Bodencreditbank, Commissionsbank, Depositenbank, Banque Franco-Autrichienne-Hongroise, Hypothekar-Rentenbank, Mährische Hypothekenbank, Immobiliar-Creditanstalt, Industrie- und Bodencreditbank, Nordwestböhmische Vereinsbank, Oesterreichische allgemeine Bank, Raten- und Rentenbank, Realcreditbank, Teplitzer Bank, Vorortebank (Report- und Creditbank).

1872 gegründet: Austro-ottomanische Bank, Austro-türkische Creditanstalt, Wiener Bodencredit-Gesellschaft, Böhmische Bodencredit-Gesellschaft, Böhmischer Bankverein, Böhmische Unionbank, Börsenbank, Börsen- und Arbitrage-Maklerbank, Börsen- und Creditbank, Börsen-Verkehrsbank, Börsen- und Wechslerbank, Brünner Bank, Karlsbader Bank, Wiener Commercialbank, Crédit Foncier für das Königreich Böhmen, Effectenbank, Escompte- und Depositen-Casse, Oesterreichisch-ungarische Escompte- und Creditbank, Galizische Boden-Creditanstalt, Giro- und Kassenverein, Grazer Bankverein, „Haza", Hypothekar-Versicherungsbank, Internationale Handels- und Speditions-Gesellschaft, Industrialbank, Interventionsbank, Italisch-Oesterreichische Bank, Capitalisten-Vereinsbank, Länderbanken-Verein, Lemberger Bank, Leopoldstädter Bank, Lombard-Verein, Maklerbank, Ungarische Maklerbank, Marburger Escomptebank, Mariahilfer Spar- und Escompte-Gesellschaft, Municipal-Creditanstalt, Niederösterreichische Bank, Pesther Bank, Prager Bankverein, Reichenberger Bank, Salzburger Bank, Sparbank, Böhmischer Sparverein, Oesterreichischer Sparverein, Allgemeine Triester Bank, Triester Bankverein, Universalbank, Vorschußbank, Vorschuß-Cassenverein, Böhmische Volksbank, Prager Wechslerbank, Prager Wechselstuben-Gesellschaft, Wiener Cassenverein.

1873 gegründet: Agentur- und Creditbank, Wiener Creditbank, Allgemeine Escompte-Gesellschaft, Indo-egyptische Bank, Lombard- und Escomptebank, Oesterreichische Bankgesellschaft, Oesterreich. Wechslerbank, Spar- und Lombard-

stützen — die Ausgabe von verzinslichen Cassenscheinen. Wir haben schon früher bei Gelegenheit der New-Yorker Banken darauf aufmerksam gemacht, wie die Annahme von verzinslichen Depositen ihre Gefahren in sich schließe. Diese Gefahren werden zwar durch die Ausgabe von Obligationen auf feste Termine für die Banken vermindert, allein in den letzten Jahren dienten die Cassenscheine in Wien dazu, alles irgend zeitweise disponible Capital an sich zu locken, den alten in sicherem Bestande befindlichen Geschäften zu entziehen und damit neue Unternehmungen zu speisen, welche auch unter günstigen Umständen an und für sich wegen des Lehrgeldes, welches neue

Verein, Spar- und Creditbank, Schlesischer Bankverein und Triester Boden-Credit- und Sparverein.

Es steht somit eine Bank im Alter von 57 Jahren, die nächstälteste ist 31 Jahre alt und die dritte zählt 20 Jahre. Zwischen 10 und 20 Jahren sind fünf Banken, drei sind 9 Jahre alt und zwei 6 Jahre. Im Ganzen haben demnach von unsern 124 Bank-Instituten erst dreizehn das fünfte Lebensjahr überschritten. Von den übrigen 111 zählen sechs 5 Jahre, zweiundzwanzig 4 Jahre, zwei 3 Jahre, sechzehn 2 Jahre, vierundfünfzig 1 Jahr und elf sind Säuglinge, die noch nicht einmal Einen Sommer hinter sich haben.

So weit bis Ende 1873 bekannt, trugen sich, theils gezwungen, theils freiwillig, mit Liquidations-, beziehungsweise Fusions-Ideen:

Aus den Gründungsjahren 1816 bis 1868 von dreizehn Banken keine.

Von den 1869ern: neun von zweiundzwanzig, einschließlich der 1869 aufgelösten, gleich 40,9 pCt.

Von den 1870ern von zwei Banken keine.

Von den 1871ern: zwei von 16, gleich 15 pCt.

Von den 1872ern: zweiundzwanzig von 54, gleich 40,7 pCt.

Von den 1873ern: fünf von 11, gleich 45,4 pCt.

Im Ganzen scheiden von den unter fünf Jahren zählenden Banken aus dem Dasein: achtunddreißig von hundertelf, gleich 34,2 pCt. Ein ähnliches Verhältniß waltet bei den Industrie-Gesellschaften ob. Wahrscheinlich werden aber noch einige Nachzügler sich zur Liquidation melden und so den Coursszettel noch weiter reduciren.

Fragen wir nach der Sterblichkeitsziffer, so ergibt sich, daß von den ältern Banken weder im Jahre 1869, noch jetzt eine zur Liquidation schreiten mußte. Dagegen haben sieben von den im Jahre 1869 gegründeten, zweiundzwanzig schon in dem Jahre ihrer Geburt das Zeitliche gesegnet; zwei andere (Wechslerbank und „Fels") treten jetzt hinzu.

Die Cassenscheine.   95

Geschäfte erfordern, unvortheilhafter sind, als die alten Anlagen, in vielen Fällen aber gar nicht ernst gemeint waren, sondern nur die Agiotage im Auge hatten.

Diese Cassenscheine sollten dann, nachdem das Capital in dem neuen Unternehmen festgerannt war, und die Obligationen-Gläubiger sie zur Einlösung präsentirten, nicht wenig die Verlegenheit vermehren und manche Anstalt zum Sturze bringen.

Eine besonders wichtige Rolle spielten in Wien und Berlin — die Baubanken, — wie die neuen Baugesellschaften sich nannten, da die Mode einmal in den Namen sich verrannt hatte. In Berlin entstand eine solche Menge von Baubanken, daß der Courszettel der dortigen Börse selbst nach dem Sturze der Quistorp'schen Bank noch deren über 40 aufwies. Die letztere Anstalt, eine Actiengesellschafts-Gründungsbank reinsten Wassers, sammelte, wie eine Art industrieller Rattenkönig, eine solche Anzahl von Bau-, Transport- und andern industriellen Gesellschaften um sich, deren Actien sie an der Berliner Börse emittirte und deren Geldgeschäfte sie besorgte, — daß die Aufzählung derselben von Interesse ist:

	Capital. Thlr.
A.-G. für Feilen-Fabrikation (Schaaf & Comp.)	280,000
A.-G. für Tabaks-Fabrikation (Praetorius)	450,000
Allgem. Häuserbau-Actien-Gesellschaft (Metzing) 1. u. 2.E.	600,000
Baltischer Lloyd (1. Em.)	2,000,000
Bauverein Potsdam (Eckert)	200,000
Central-Bazar für Fuhrwesen (Beskow) 70 pCt.	500,000
Chemische Fabrik (Schering)	500,000
Chemnitzer Bau-Gesellschaft (75 pCt.)	500,000
Continental-A.-G. für Wasser- und Gasanlagen	600,000
Deutscher Central-Bau-Verein	1,200,000
Deutsche 5proc. Hypotheken-Pfandbriefe Ser. 1 und 2 (rückz. m. 110 pCt.)	2,400,000
Deutsche Pferde-Eisenbahn-Gesellschaft	650,000
Fabrik für Eisenbahn-Material, Actien-Gesellschaft (Hagen i. W.)	300,000

Façon-Schmiede- und Schrauben-Fabrik, Actien-Gesellschaft	250,000
Germania, Eisenbahnwagen-Leihanstalt (40 pCt.)	1,000,000
Mägdesprung-Neudorf, Eisen- und Silberhütten-Bergbau-Actien-Gesellschaft	700,000
Neufriedrichsthaler Glashütten-Werke	400,000
Potsdamer Holz-Factorei auf Actien (Sagan)	500,000
Rathenower Optische Industrie-Anstalt	275,000
Saxonia, Werkzeugmaschinen-Fabrik	425,000
Schlesische Actien-Brauerei (Breslau)	480,000
Union, Fabrik chemischer Produkte	500,000
Vereinsbank Quistorp & Co.	3,000,000
Verein für Faß-Fabrikation (Wunderlich)	300,000
Westend-Gesellschaft, H. Quistorp & Co.	2,000,000
do. 6proc. Prioritäts-Obligationen (rückz. m. 120 pCt.)	600,000
Westend-Stettin, Bau-Verein auf Actien	250,000
Westphalia, Waggonfabrik auf Actien (Hagen)	700,000
Wolfswinkel, Papierfabrik auf Actien	350,000
Wolgaster Industrie-Gesellschaft (Graf)	250,000

Das Capital dieser Gesellschaften betrug zusammen 22,160,000.

In den beiden deutschen Großstädten wurde die Bauspeculation durch enorm schnelles Wachsthum und Wohnungsnoth genährt, ohne daß jedoch die Concurrenz eine Verringerung der Miethen herbeigeführt hätte, so sehr waren alle Classen der Bevölkerung im Ringen »à la hausse« engagirt. An Verwegenheit in der Bauspeculation wurde Berlin von Wien noch bedeutend überboten, obgleich die Bauten in letzterer Stadt weit solider und geschmackvoller ausgeführt zu werden pflegen, als in Berlin. Trotzdem die Krisis in Wien zuerst unter den Maklerbanken an der Börse ausbrach, so half die Lage der Baubanken dieselbe später doch wesentlich verschärfen. Dieselben begannen ihre Speculation zuerst in Bauplätzen. Die Concurrenz der Gesellschaften unter einander bewirkte, daß sie sowohl den Eigenthümern zu hohe Preise zahlten, als auch ohne Maß und Ziel kauften. Die „Deutsche Zeitung" äußerte darüber im October 1873: „Diese Baugründe waren meistens schon überzahlt, bevor sie nur an die Baubanken übergingen. Es hatte sich ein förmlicher Industriezweig in der Gründungs-Aera herausgebildet, der darin bestand, Realitäten zum Zwecke der Gründung anzukaufen. Die neugegründete Gesellschaft mußte die Gründe, die man, wie man sich auszudrücken pflegt, ihr „anhängte", übernehmen, zu welchem Preise immer man sie ihr abzutreten für gut fand — wie sie damit fertig wurde, das war ihre Sorge. Eine solche neugegründete Baugesellschaft hatte keinen andern Zweck des Daseins; ihre Gründer zu bereichern, das war ihre Aufgabe, was man sonst von „Abhilfe der Wohnungsnoth" schwatzte, war eitel Geflunker. Die Wohnungsnoth oder vielmehr Wohnungstheuerung wurde durch die vielen Baugesellschaften nur gefördert, indem man erstens die Grundpreise und damit auch die Miethpreise auf eine künstliche Höhe brachte und zweitens statt der billigen Wohnungen, die man abtrug, Paläste und wieder nur Paläste baute, als wäre die Majorität der Wiener Bevölkerung aus der glücklichen Kaste der Millionäre.

Bis vor etwa drei Jahren hielt man noch vernünftig Maß; es existirten im Ganzen zwei Baugesellschaften, dann kam — was noch immer nicht übertrieben genannt werden konnte — eine dritte und vierte hinzu. Aber nach der erstaunlichen Ueberzeichnung der französischen Milliarden-Anleihe wuchsen in rascher Aufeinanderfolge Dutzende neuer Baubanken wie Pilze aus der Erde hervor, als sollte der Gesammtbetrag der französischen Kriegs-Contribution in Wien verbaut werden. Die Ueberspeculation in Baugründen nahm hier und in Berlin Dimensionen an, die man früher nicht gekannt; statt zu bauen, speculirten selbst viele von den Baugesellschaften nur mit den Gründen, schufen Concurrenz-Baubanken, um ihnen ihre Realitäten aufzuhalsen und letztere hatten oft wieder nichts Eiligeres zu thun, als eine neue Baubank zu gründen und ihr dieselbe Area, natürlich noch theurer, zu übertragen. Es war ja schneller „abgewickelt", als wenn man selber baute, und lohnender. So entstanden beispielsweise die Bau- und Verkehrs-Gesellschaft und die Stadt-Baugesellschaft. In dem Labyrinth der Namen der vielen Baubanken kannten sich selbst gewiegte Börsianer nicht mehr recht aus; es gab eine Realitäten-Gesellschaft und eine Realitätenbank, eine Vororte-Baugesellschaft und eine Stadt- und Vororte-Baugesellschaft u. s. w.

Die Folgen dieser furchtbaren Ueberproduction zeigen sich vor Allem an der Unverkäuflichkeit der acquirirten Grundwerthe, deren Kostenpreis durchaus nicht dem heutigen wirklichen Preise entspricht, dann an den Coursen der einzelnen Baugesellschafts-Actien."

Noch eingehender hebt zur Beurtheilung der Lage die „Schlesische Presse" im September 1873 hervor, „daß sich die Thätigkeit fast aller dieser Baugesellschaften, bei den meisten ausschließlich, auf die Speculation in Baugründen beschränkte. Ohne die geringste Ueberlegung, mit fieberhafter Hast wurde Alles, was nur im Entferntesten als Object derartiger Speculation dienen konnte, zusammengekauft. Mehr als 11,000 Joche (à 1600 Qu.-Klaftern) an diversen Grundstücken innerhalb und außerhalb der Stadtgrenzen wurden von den Gesellschaften zu fabelhaften Preisen acquirirt. Dieser Flächeninhalt würde vollständig genügen, um Wohngebäude für eine dreifache als die bisherige Bewohnerzahl Wiens aufzuführen. An eine Verdreifachung der Population ist jedoch selbstverständlich nicht in Jahrhunderten zu denken. Es hat zwar in den letzten Jahren eine rapide Bevölkerungszunahme dieser Stadt stattgefunden. Dieser Zufluß muß jedoch als ein anormaler bezeichnet werden. Die wahrhaft tolle Gründungsepoche der letzten beiden Jahre, die Vorbereitung für die Weltausstellung, die Donauregulirungs-, städtischen Wasserleitungs- und sonstigen nicht regelmäßig wiederkehrenden Arbeiten hatten eine unverhältnißmäßige Einwanderung im Gefolge, wodurch allerdings momentan eine empfindliche Wohnungsnoth hervorgerufen und die Häuserrente, somit der Realitätenwerth ansehnlich hinaufgeschnellt wurde. Diese Verhältnisse, auf deren unbegrenzte Fortdauer in blindestem Wahne gesündigt worden war, haben sich gegenwärtig vollständig geändert. Die Miethpreise halten sich zwar noch auf der erschwindelten Höhe, lange kann aber auch dieser Zustand nicht mehr währen, da naturgemäß mit dem Aufhören des Motives der stärkeren Einwanderung, nämlich mit der Vollendung der eine außerordentliche Anzahl von Menschenkräften bedingenden Arbeiten, mit dem Schlusse der Exposition, und wohl auch durch die Folgen der „Krachperiode", diese selbst ein Ende genommen, ja ins Gegentheil umgeschlagen hat. Es ist kein Zweifel darüber zulässig, daß binnen wenig Monden die Einwohnerzahl Wiens um eine sehr beträchtliche Ziffer hinter jener zurückbleiben wird, welche noch zu Anfang des laufenden Jahres constatirt werden konnte. Die Reducirung der Bewohner muß nothwendigerweise ein vermehrtes Angebot von Verkäufen mit sich bringen. Dieses Angebot wird sich aber um so intensiver und nachhaltiger gestalten, als in den letzten beiden Jahren, um dem momentanen Bedürfnisse zu genügen, die Bauthätigkeit rapid gesteigert worden ist. Als selbstverständliche Consequenz wird und muß in nicht ferner Zeit auch die Aufführung von Neubauten auf ein sehr bescheidenes Maß reducirt, oder gänzlich eingestellt werden, bis sich im Laufe der Jahre der unvermeidliche Ausfall an Einwohnern ausgeglichen haben, und sich die normale Bevölkerungszunahme wieder bemerkbar machen wird. Diesen Aspecten stehen nun die Baugesellschaften mit ihrem ungeheueren Grundbesitze gegenüber. Im günstigsten Falle könnten sie, vorausgesetzt, daß sie die Parzellen vollständig ausbezahlt haben, ruhig zuwarten, bis sich wieder das Bedürfniß nach Neubauten geltend macht. Bis dahin müßten allerdings die Actionäre auf jedes Erträgniß verzichten. Aber auch selbst in diesem Falle könnten jährlich höchstens zwei pr. Mille der von den Gesellschaften occupirten Grundstücke verbaut werden; es würde sonach eines halben Jahrtausends bedürfen, bis auf diese normale Weise der Grundbesitz verwerthet werden könnte. An die Möglichkeit einer solchen auf Jahrhunderte sich erstreckenden Bauspeculation wäre übrigens selbst dann nicht zu denken, wenn die erwähnte Prämisse zutreffen würde. Aber auch in dieser Hinsicht, der Art des Erwerbes und der Ausbezahlung der erkauften Grundstücke wurde von den meisten Baugesellschaften derart manipulirt, daß ein Zuwarten unmöglich und die Katastrophe unvermeidlich geworden ist.

Die Mehrzahl der Baugesellschaften kaufte mehr Baugründe als ihre disponiblen Geldmittel gestatteten. Dies trifft sowohl bei jenen zu, welche effectiv über ihr Actiencapital verfügten, als auch bei den zahlreichen Gesellschaften, deren Capital großentheils „auf dem Papiere" ersichtlich, das heißt im Besitze der finanzirenden Banken und Syndicate befindlich ist, von wo es in Folge der Börsencalamitäten nicht flott gemacht werden kann. Man half sich jedoch, indem man ratenweise Tilgung der Kaufschillinge bedang, da man sich allgemein der trügerischen Hoffnung hingab, die solchergestalt erworbenen Grundstücke in kurzer Zeit wieder mit Nutzen weiter begeben zu können. Nach dem stattgefundenen plötzlichen Ende des Baugründe-Schwindels befinden sich nunmehr die meisten Baugesellschaften in der unerquicklichen Lage, keine Fonds zur Bezahlung der fällig werdenden Kaufschillingsraten zu besitzen, und auch im Creditwege nicht beschaffen zu können. Beispielsweise sei erwähnt, daß dreizehn Baubanken, welche im Vereine ärarische Donauregulirungsgründe erworben haben, nicht im Stande sind, mit einander eine hierauf fällig gewordene Rate von einer Million Gulden aufzubringen und zu bezahlen.

Nun wäre es wohl eine einfache Sache, wenn die mit Baugründen überlasteten Gesellschaften den Besitz, dessen Festhalten ihnen ohnedem kaum möglich sein wird, im Wege des Verkaufes selbst mit momentanem Schaden abstoßen würden. So glatt aber dieses Auskunftsmittel sich dem äußeren Anscheine nach präsentirt, so schwierig erscheint dessen Durchführung, wenn man erwägt, zu welchen übertrieben hohen Preisen die Grundstücke von den Gesellschaften acquirirt worden sind. Es ist eine nicht in Abrede zu stellende Thatsache, daß dieser durchschnittliche Erwerbungspreis das Zehnfache von jenem beträgt, zu welchem die Parzellen noch vor wenig Jahren feilgeboten waren, ohne Abnehmer zu finden. Es sei hier in Parenthese bemerkt, daß diese enormen Kaufpreise durchaus nicht etwa ungeschmälert den meistentheils privaten Verkäufern zuflossen. In der Regel mußte eine beträchtliche Quote derselben, meistens die Hälfte oder auch noch mehr, unter dem Titel „Provision" an die Faiseurs, Verwaltungsräthe, Directoren und sonstige Zwischenpersonen abgegeben werden, wobei, um das Decorum zu wahren, regelmäßig Strohmänner als Vorkäufer fungirten. In Folge dieser Ankaufsmodalitäten, bei welchen sich Alle für ihre eigene Person bereicherten, die dabei die Hand im Spiele hatten, und solcher Hände gab es eine große Zahl, haben die Baugesellschaften die Grundstücke zu Preisen im Besitze, welche einen freiwilligen Weiterkauf schon deshalb fast unmöglich machen, weil wenigstens drei Viertel des

Erwerbungspreises dabei verloren werden müßten. Zudem sind die Grundstücke entweder mit den noch rückständigen Kaufschillingsraten, oder mit Hypotheken belastet. Auch ist es eine ungelöste Frage, wo dermalen, selbst zu sehr bedeutend reducirten Preisen, Käufer für Grundstücke, und zwar in solcher Anzahl zu finden sind, daß die Gesellschaften eine nennenswerthe Transaction mit ihrem Besitzstande vornehmen könnten.

Nicht minder unerquicklich erscheint die Situation derjenigen älteren Baubanken, welche nicht bloß schwindelhaften Baugrundschacher, der wie im Vorstehenden dargethan, zum großen Nachtheile der Gesellschaften selbst ausgefallen ist, getrieben, sondern auch Bauten geführt haben. Die sporadisch aber intensiv aufgetretene Wohnungsnoth hatte in den letzten beiden Jahren zu einer überhasteten Bauthätigkeit geführt, durch welche natürlicherweise vermöge des plötzlichen Bedarfes eine rapide und bedeutende Steigerung der Arbeitslöhne und Materialpreise hervorgerufen wurde. Dadurch stellten sich die Kosten der Realitätenbauten selbstverständlich weit höher, als unter normalen Verhältnissen. Die auf diese vertheuerte Weise erbauten Häuser repräsentiren jedoch heute, wo die Material- und Arbeitspreise um mehr als dreißig Procent gefallen sind, nicht einmal den Werth der Selbstkosten, sind zu diesen gar nicht, und nur mit beträchtlichen Einbußen zu verkaufen." --

Noch umfassender in der Höhe des Capitals und zugleich mehr Mißbräuchen unterworfen war die Speculation in Eisenbahnen. Im deutschen Reiche war seit 1870 die Concessionirung der Actiengesellschaften durch den Staat, mit Ausnahme der Eisenbahnen und Zettelbanken aufgehoben; aber gerade bei der Gründung von Eisenbahnen kamen die meisten Täuschungen des Publikums, die ärgsten Mißbräuche und Unredlichkeiten vor.

Im preußischen Abgeordnetenhause wurde durch das Mitglied für Magdeburg, Herrn Lasker, nachgewiesen, daß einer der Wortführer der früheren Feudalpartei, und Begründer der „Neuen Preußischen Zeitung", Geheimerath Wagner, sich u. A. die Concession der seitdem Bankerott gewordenen Pommer'schen Centralbahn erwirkt und gegen eine Geldabfindung wieder abgetreten hatte, daß selbst Mitgliedern des hohen Adels, z. B. dem Prinzen Biron für eine Concession, welche er vom Handelsminister erwirkt, eine Abfindung von 100,000 Thalern in Actien zugesichert worden war, und daß auch der Fürst Puttbus bei solchem Eisenbahn-Concessions-Schacher betheiligt war. In Folge dieser schon am 7. Februar 1873 gemachten Enthüllungen, welche drei Monate vor dem Ausbruch der Krisis wenigstens dem Privat-Publikum als Warnung hätten dienen müssen, den Kopf durch Anlegung der Speculationswerthe in Staatspapieren zeitig aus der Schlinge zu ziehen, — und den großen Finanz-Häusern und Instituten in der That als Warnung gedient hat, — wurde auf Befehl des Kaisers eine freie Untersuchungs-Commission niedergesetzt, deren Bericht dem Abgeordnetenhause am 12. November 1873 vorgelegt wurde. In dieser Untersuchung, welche die Entstehungsgeschichte von 26 Eisenbahnen umfaßte, wurden die Enthüllungen Lasker's nicht nur bestätigt, sondern noch eine Anzahl anderer Personen belastet, und noch gravirendere Thatsachen ermittelt. Es wurde namentlich festgestellt, daß der nach dem Gesetz erforderliche Nachweis der Zeichnung und theilweisen Einzahlung des Actien-Capitals vielfach gefälscht war. „Nach übereinstimmenden Aussagen der Zeugen," heißt es in dem Berichte, „ist ein sehr erheblicher Theil der Zeichnungen gegen Aushändigung von Gegenreversen resp. Zahlung von Provisionen für Vollziehung der Zeichnungen aufgestellt worden." Die Abschrift eines Revers-Exemplares befindet sich bei den Untersuchungsacten.

Als einst (1847) der französische Minister Teste überführt wurde, für die Ertheilung einer Bergwerkconcession eine Bestechung von 100,000 Fr. angenommen zu haben, wurde derselbe vom Pairshofe gerichtet und zu drei Jahren Zuchthaus verurtheilt. Die ganze europäische Presse war voll Entrüstung. Der Geheimerath Wagner kam mit gelinder Pensionirung davon. Die Untersuchungs-Commission begnügte sich nicht damit, die Gebrechen aufzudecken. Sie machte auch noch organische Vorschläge zur Reform der Eisenbahn-Gesetzgebung, auf Grund deren der Handelsminister ein neues Gesetzproject im Januar 1874 dem preußischen Abgeordnetenhause vorlegte, welcher als ein bedeutender Fortschritt in dieser Materie zu betrachten ist, da dem Ganzen namentlich als Basis die periodische Aufstellung eines

Landes-Eisenbahnplanes und die Errichtung eines Eisenbahnrathes zu Grunde gelegt wird, und der Handelsminister bei abweichender Meinung von dem Gutachten des Letzteren der Entscheidung des Gesammtministeriums unterworfen ist.

In Oesterreich-Ungarn, wo eine fast noch verwegnere Eisenbahn-Speculation sich entwickelte, war der Concessionsschacher nicht geringer, und die Ergebnisse der preußischen Untersuchungs-Commission ließen sich mehr oder weniger auch auf die dortigen Verhältnisse anwenden. Ja noch mehr, es zeigte sich, daß sogar die Verwaltungen bereits bestehender Eisenbahnen von der Corruption angefressen waren. Der General-Director der Galizischen Carl-Ludwigsbahn, Ofenheim, sowie dessen Unterbeamten Ziffer und Liskowetz wurden wegen Unterschleifen bei dieser wie bei der Lemberg-Czernowitz-Jassy-Bahn verhaftet; und es kam bei dieser Gelegenheit zu Tage, aus welchen Mitteln Zinspaläste zu Wien, welche Millionen gekostet, erbaut worden waren.

Ueber die Fortschritte des Bahnbaues in Ungarn 1868—1869 haben wir berichtet. Nach dem Eisenbahnbuch von Ignaz Kohn bezeichnen die Jahre 1870 und 1871 eine Epoche des verhältnißmäßigen Stillstandes im Wachsthum des österreichisch-ungarischen Eisenbahnwesens; im Jahre 1872 folgte wieder eine ziemlich intensive Fortschrittsbewegung. Es wurden in der westlichen Reichshälfte fünfzehn Linien in der Gesammt-Ausdehnung von 207·5 Meilen, in Ungarn fünf Linien von zusammen 77·78 Meilen Länge concessionirt, beziehungsweise als Staatsbahnen in Bau genommen. Daß die Entwicklung keine noch größeren Dimensionen annehmen konnte, liegt hauptsächlich in den Verhältnissen des Geldmarktes, die den Unternehmungsgeist vom Eisenbahnbauwesen ablenkten und auf das Börsenspiel concentrirten. Auch die Nachrichten von den Verlusten, die einzelne Unternehmer, namentlich in Ungarn, in Folge der abnormen Arbeiterverhältnisse erlitten hatten, desgleichen die außergewöhnlichen Anforderungen, die von den Staatsorganen, namentlich den Militärbehörden, an die Concessionäre gestellt werden, ließen die Unternehmungslust für Eisenbahnen erkalten. Beweis dessen das Scheitern des großen ungarischen Eisenbahn-Projectes, die Erfolglosigkeit der vom österreichischen Handelsministerium eingeleiteten Offertverhandlung über die Vergebung des galizischen Bahnnetzes, der Verfall der Concession für die Ungarische Nordwestbahn und für die Linie Cilli-Potkamnik, die Nichtausübung der bereits vereinbart gewesenen Concession für die Linie St. Pölten-Mürzzuschlag und die fehlgeschlagenen Versuche für die Capital-Beschaffung einzelner neuer Linien.

Emittirt wurden im Jahre 1872 Eisenbahn-Actien und Prioritäten im gesammten Nominalbetrage von 137·8 Millionen Gulden; davon wurden nur 39·8 Millionen im Wege der öffentlichen Subscription placirt, während die meisten Titres von den Besitzern der älteren Werthe oder von Bank-Instituten übernommen wurden. Geleugnet darf übrigens nicht werden, daß eine Folge der minder raschen Entwicklung des Eisenbahnwesens die war, daß die meisten neugeschaffenen Linien den Staatsschatz nicht belasten; andererseits darf nicht vergessen werden, daß die Arlbergbahn, das galizische Bahnnetz, die Fortsetzung der Rudolphbahn, die dalmatinischen Bahnen und das ungarische Bahnnetz ohne staatliche Unterstützung nicht zu vollenden sein werden, und daß demnach ein Wiedererwachen des Unternehmungsgeistes auf dem Gebiete des Eisenbahnbaues von großem Nutzen für die Monarchie wäre.

Von den im Jahre 1872 concessionirten Locomotiv-Eisenbahnen sind neun neue Unternehmungen, elf Ergänzungen schon bestehender Bahnen. Staatliche Zinsengarantie genießt nur eine neu concessionirte, zwei sind ungarische Staatsbahnen, neun genießen zeitliche Steuerbefreiung und acht entbehren jeder staatlichen Begünstigung.

Neue Anschlüsse an ausländische Bahnen wurden sichergestellt durch die Verträge mit Preußen vom 21. Mai, betreffend die Linie Reichenberg-Görlitz, Jägerndorf-Leobschütz und Olbersdorf-Neiße; ferner kam die Eisenbahn-Convention zwischen Ungarn und Rumänien vom 22. August zu Stande, durch welche die Frage der rumänischen Bahnanschlüsse punktativ festgestellt wurde. In Böhmen wurden mehrere bis an die Reichsgrenze führende Linien concessionirt und überdies neue Anschlüsse an die preußischen, sächsischen und baierischen Bahnen in Aussicht gestellt.

Von den Maßregeln, die eine Reform des Eisenbahnwesens

bezwecken, ist anzuführen die Einführung einer einheitlichen Signalisirung und die Acceptirung des neuen Betriebs-Reglements, welches sich den für das deutsche Reich geltenden reglementarischen Bestimmungen nahezu vollständig anschließt; ferner das Gesetz vom 29. März, betreffend die Vollstreckung von Expropriations-Erkenntnissen in Eisenbahn-Angelegenheiten, das Gesetz vom 19. April, betreffend die Verleihung von Anstellungen an ausgediente Unterofficiere, das Gesetz vom 6. Juni, betreffend die Eröffnung von Nachtragscrediten für Subventionen pro 1871, das Landesgesetz für das Herzogthum Salzburg vom 15. Mai, betreffend die Herstellung und Erhaltung von Zufahrtsstraßen zu den Eisenbahnstationen, dann die ungarischen Gesetzartikel X und XII über die Ergänzung der Gömörer Bahnen durch die Linien Theißholz-Rohnitz und Theißholz-Vashegy und über die Herstellung der Miskolcz-Diosgyörer und der Sziget-Szlatinaer Industriebahnen auf Kosten des Staates.

Die Eisenbahnbauten haben im Jahre 1872 ein Resultat ergeben, welches selbst die in der Geschichte des österreichisch-ungarischen Eisenbahnwesens bisher einzig dastehende Leistung des Jahres 1871 noch um einen kleinen Bruchtheil überragt. Es gelangten nicht weniger als 280·669 Meilen zur Eröffnung.

Mit Ende des Jahres 1871 standen im Betriebe für den allgemeinen Verkehr in Oesterreich 977·195 Meilen, in Ungarn 586·812 Meilen, zusammen in der Monarchie 1564·007 Meilen; an Local- und Straßenbahnen in Oesterreich 4·964 Meilen, in Ungarn 7·665 Meilen, zusammen 12·629 Meilen; an Montan- und Industriebahnen in Oesterreich 40·084 Meilen, in Ungarn 6·903 Meilen, zusammen 46·984 Meilen. Im Ganzen befanden sich demnach 1623·62 Meilen im Betriebe.

Im Verlaufe des Jahres 1872 wurden eröffnet: Bahnen für den allgemeinen Verkehr in Oesterreich 152·178 Meilen, in Ungarn 129·491 Meilen, zusammen 280·669 Meilen; Local- und Straßenbahnen in Ungarn 0·745 Meilen; Montan- und Industriebahnen in Oesterreich 4·447 Meilen, in Ungarn 0·199 Meilen, zusammen 4·646 Meilen; im Ganzen demnach neu eröffnet 286,060 Meilen. Es waren sohin mit Ende des Jahres 1872 im Betriebe Bahnen für den allgemeinen Verkehr in Oesterreich 1029·373 Meilen, in Ungarn 715·303 Meilen, zusammen 1844·676 Meilen; Local- und Straßenbahnen in Oesterreich 4·964 Meilen, in Ungarn 8·41 Meilen, zusammen 13·374 Meilen; Montan- und Industriebahnen in Oesterreich 44·528 Meilen, in Ungarn 7·102 Meilen, zusammen 51·630 Meilen. Da jedoch im Verlaufe des Jahres 14·459 Meilen Pferdebahnen aufgelassen wurden, so hatte mit Schluß des abgelaufenen Jahres das gesammte Eisenbahnnetz der Monarchie eine Länge von 1895·221 Meilen erreicht.

Im Baue oder noch zu bauen verblieben 590·889 Meilen, wovon auf Oesterreich 390·658 Meilen, auf Ungarn 200·231 Meilen entfallen.

Rechnet man diese noch zu bauenden Strecken zu dem bereits bestehenden Netze hinzu, so erscheint unserer Monarchie ein Schienennetz in der Gesammt-Ausdehnung von 2486·11 Meilen gesichert. Davon entfallen auf Oesterreich unter der Enns 6·4 Procent, auf Oesterreich ob der Enns 2·8 Procent, auf Salzburg 1·1 Procent, auf Kärnten 1·9 Procent, auf Krain 1·5 Procent, auf das Küstenland 0·7 Procent, auf Tirol und Vorarlberg 3·2 Procent, auf Böhmen 23·1 Procent, auf Mähren 5·8 Procent, auf Schlesien 2 Procent, auf Galizien 8 Procent und auf die Bukowina 0·6 Procent. Auf die gesammte westliche Reichshälfte demnach 62·3 Procent. Ohne Eisenbahnen ist bisher blos Dalmatien geblieben. Die Länder der Stephanskrone besitzen von der Gesammtzahl der Eisenbahnen 37·7 Procent, und zwar das engere Ungarn 31·3 Procent, Croatien und Slavonien 2·4 und Siebenbürgen 4 Procent.

Die für Eisenbahnzwecke beanspruchten Nominalbeträge waren nach den einzelnen Jahren: 1871 305·20 Millionen Gulden, 1872 251·11 Millionen Gulden, 1873 (erstes Quartal) 19·86 Millionen Gulden, zusammen 576·17 Millionen Gulden.

Diese Summe bildet nicht den vierten Theil sämmtlicher Gründungen in Oesterreich-Ungarn, welche vom 1. Januar 1871 bis 1. April 1873 den Nominalbetrag von 1963 Millionen Gulden erreicht haben. In der Summe von 576·17 Millionen Gulden für Eisenbahnzwecke sind die Geldbeschaffungskosten mit enthalten, welche nach einer Berechnung der „N. Freien Presse" 25—30 Procent verschlungen haben sollen, so daß der effective Betrag auf 400—430 Millionen Gulden sich vermindert. Welche Wege diese ca. 150 Millionen wanderten, davon gibt eine Statistik des „Gründungsschwindels in Eisenbahnen", welche wir der „Deutschen Zeitung" entnehmen, folgenden Aufschluß: „Die Eisenbahngründungen dominirten den heimischen Geldmarkt von 1866 ab vollständig. Kein Finanzmann, kein Unternehmer, der von da ab mit dem Eisenbahn-Gründungswesen nicht mehr oder weniger innige Fühlung genommen hätte. Einige unserer bedeutendsten Banken verdanken nur dem Aufschwunge im österreichischen Eisenbahnbau ihre Entstehung. (Die österreichischen Eisenbahnen stellten 1871 ein Capital von 1425 Millionen Gulden dar.) Diese Eisenbahngründungen gingen dabei stets nach einer und derselben Schablone vor sich. Die Gründer, die Concessions-Inhaber, die mit der Financirung betrauten Banken und die Bau-Unternehmung bildeten zusammen ein einziges Consortium, das, mit den Hilfsmitteln des Großcapitals versehen, die Conjuncturen des Effectenmarktes nur schuf, um sie gleich darauf vortheilhaft auszubeuten. Die damit zusammenhängenden Manöver, die niedrigen Emissionen von alljährlich einigen hundert Millionen Gulden neuer Werthe, denen man absichtlich bedeutende Steigerungen weissagte, gaben der Börsenspeculation von Jahr zu Jahr eine größere Ausdehnung und mußten das Börsenspiel begünstigen.

Der durch Eisenbahngründungen plötzlich erworbene große Emissionsgewinnst, dieser über Nacht gewordene Reichthum, wirkte verführerisch nach allen Seiten und steckte mit der Gründer- und Spielsucht ganze Kreise der Bevölkerung an. Waren es erst nur einzelne catilinarische Existenzen aus den Reihen des historischen Adels, die ihre Wappenschilder zur Deckung der christlich-semitischen Nasen und zur Köderung der kleinen Capitalisten hergaben, so stiegen endlich auch die einflußreichen und geachteten Geschlechter unserer höchsten Aristokratie von ihren Burgen herab, um sich unter die Eisenbahngründer zu mischen. Häufig in der guten Absicht, durch ihre Theilnahme dem Unternehmen eine solide und gesunde Basis zu geben, besaßen sie doch nicht jene Macht, welche die ungesunden Einflüsse des Gründerthums zu paralysiren vermochte, und suchten in vielen Fällen nur zu sehr den Werth der eigenen Besitzungen durch Schienenwege zu erhöhen.

Wie nun aber nicht anders zu erwarten, brachten diese vornehmen Herren für „das Geschäft" nur ein ganz ungenügendes Verständniß mit, weshalb sie auch fast durchgehends blos die Firma abgaben, unter der man das Geld besitzende Publikum anlockte und Concessionen erlangte. Das Eisenbahngründungsfieber wurde in jenen Kreisen so intensiv, daß beinahe der gesammte Adel ganzer Provinzen mit Sack und Pack unter die Gründer ging und dabei nur zu oft die Wahrheit von Lasker's Worten bewies: „Wenn die Dilettanten eingreifen, machen sie es in der Regel noch viel schlimmer als die berufsmäßigen Schwindler."

Weil beim Bau der neueren Bahnen Concessionäre und Bankhalter größtentheils Hand in Hand gingen, so wurden die erlauchten Herren denn auch peu à peu ins Börsenleben eingeweiht und nach dem Sprichworte: „Der Appetit kommt mit dem Essen" bald eifrige Bankengründer und Börsespieler, wobei wir jedoch nicht etwa die bekannte Abstimmung des Herrenhauses anläßlich der Effectenbelehnung, sondern lediglich die von einer stattlichen Reihe unserer Cavaliere bei einer gewissen großen Bank deponirten Millionen im Auge haben.

Wenn aus den Reihen unseres eigentlich zur politischen Führerschaft prädestinirten Adels einzelne Träger gefeierter Namen ihre Würde so weit vergessen, daß sie sich an nichtsnutzigen Gründungen betheiligen, so könnte uns das an und für sich ganz gleichgültig sein, wären nicht die Consequenzen eines solchen Treibens in Oesterreich zu bedenken.

In den verschiedenen Verwaltungsräthen der seit 1866 gebauten Bahnen sitzen jetzt aus den Reihen des historischen Adels: 13 Fürsten, 1 Landgraf, 64 Grafen, 29 Barone und 41 andere Adelige. In Wechselwirkung dieser lebhaften Theilnahme haben sich auf den verwaltungsräthlichen Sesseln der seit 1864 in Wien gegründeten Banken 1 Herzog, 24 Grafen, 12 Freiherren und 4 andere Adelige, die sich fast Alle schon unter den Voraufgeführten befinden, niedergelassen, obwohl die Banken, welche hier gemeint sind, weder dem Hypothekar-Credit, noch sonstwie den Interessen des Großgrundbesitzes ihre Thätigkeit zuwenden. In derselben Zeit sprangen 1 Fürst, 16 Grafen, 6 Freiherren und 2 andere Adelige als Verwaltungsräthe andern in Wien gegründeten industriellen Unternehmungen bei, für welche diese Herren gar kein natürliches Interesse haben konnten und die sie weder durch hinreichende Geschäftskenntniß, noch durch ein genügendes Capital zu unterstützen vermochten.

Dieser adeligen, sich auch über die Provinzen erstreckenden Massenbetheiligung gegenüber schrumpft die Theilnahme von einigen Personen des preußischen historischen Adels an modernen Gründungen als gänzlich nichtssagend zusammen.

Angesichts der Entschlossenheit unseres Handelsministers, die Corruption niederzutreten, die Würde des Staates zu wahren und Gerechtigkeit walten zu lassen, daher hoffentlich alle Schuldigen ohne Ansehen der Person zur Verantwortung zu ziehen, muß diese stattliche Reihe höchst einflußreicher Persönlichkeiten, die sich zum Theil als drei- und vierfache Verwaltungsräthe, wenn auch nur durch ihre Unterlassungssünden in diesem oder jenem Falle arg compromittirt haben und vor den Folgen einer energisch auftretenden staatlichen Controle zittern, unsere Freude herabdämpfen. Wenn man sieht, wo ein sehr großer Theil der Uebelstände unseres Eisenbahn-Verkehrswesens seinen Sitz hat, so wirkt die dabei gewonnene weitere Erkenntniß gewiß höchst lähmend auf alle Diejenigen zurück, denen es ihr Beruf zur Pflicht macht, die vielen Mängel des Verkehrswesens beseitigen zu helfen.

Die von den neuen Eisenbahngründungen ausgehende lebhafte Betheiligung der aristokratischen Elemente am modernen Gründungsschwindel konnte in Oesterreich, wo die Aristokratie noch große Verehrung genießt, nicht ohne üble Folgen bleiben, und weiter mußte sich die Sucht nach Reichthum bei einem so leichtlebigen Volke wie dem unserigen um so stärker entwickeln, je gefahrloser es war, sich auf Kosten Anderer ein Vermögen zu erwerben und dafür auch noch Orten und Würden zu erhalten. Dies und die zu niedrigen Coursen von 1865 bis 1871 emittirten Eisenbahn-Effecten trugen die Börsen-

Speculation und damit die Spielsucht in alle Kreise der Bevölkerung, das ist wohl evident.

Da jedoch zur Erlangung einer Eisenbahn-Concession nicht blos Geld, sondern auch persönliches Ansehen und Einfluß gehörten, und es dann auch noch seine großen Schwierigkeiten hatte, so konnten selbstverständlich nicht alle geldhungerigen und unternehmungslustigen Seelen auf dem fruchtbaren Felde der Eisenbahngründungen arbeiten, man warf sich demnach auf andere Gebiete, und weil hier leider noch keine so große staatliche Ueberwachung herrschte, so mußte hier der Schwindel ganz anders sich entfalten, wiewohl auch bei dem Ins= lebenrufen neuer Banken Emissions= und Gründungsgewinn des Pudels Kern blieb.

Daraus entstand dann der „Krach", der diese letztern Schöpfungen wenigstens vernichtete, während wir unsere verschiedenen schwindsüch= tigen neuen Eisenbahnschöpfungen auf dem Halse behalten.

Ein weiteres, großes Uebel, welches die neuern Eisenbahn= gründungen im Gefolge hatten, ist — abgesehen von der im Vor= stehenden nur angedeuteten eingerissenen moralischen Zersetzung der für die gedeihliche Entwicklung der Monarchie so nothwendigen conser= vativen Gesellschaftsclassen — daß die frühern Gründer und General= Unternehmer in Einer Person, nachdem der Bau vorüber, auch im Verwaltungsrath der in Betrieb gesetzten Bahnen Platz genommen haben. Diese Leute wissen recht gut, daß die betreffende Bahnanstalt durch die ungeheure Capitalsvertheuerung schon bei der Anlage ein ganz verfehltes Unternehmen war — und diese Männer, denen es seinerzeit nicht um eine gut rentirende Eisenbahnlinie, sondern um das Einheimsen der Emissionsgewinnste und Provisionen zu thun war und um den reichen Verdienst eines General=Unternehmers, gehören jetzt nur noch der Politik und der Form halber einer Sache an, für die sie im besten Falle wenig, meist aber gar kein Interesse mehr haben. Als Zeichen ihrer Thätigkeit und ihrer Einsicht ver= schärfen sie höchstens das durch die schlechten Betriebs=Einnahmen ge= botene Sparsystem, nicht etwa blos zum Nachtheile der Beamten, sondern auch zum großen Schaden des Publikums.

Den Betriebsleitern und Oberbeamten kann natürlich die Ver=

Reportgeschäfte der Eisenbahnverwaltungen. 111

fehlbleit eines solchen Unternehmens auch nicht verborgen bleiben, und ebenso wenig den übrigen Bediensteten. Die Folge ist, daß Lust und Liebe zur Sache im Keime erstickt werden. Jeder faßt bald den Dienst und seinen Beruf so auf, wie der Verwaltungsrath den seinigen, und es spielt sich nur noch eine in dem Rahmen der Instructionen sich bewegende Comödie ab, worin Jeder seine Rolle abkürzt und mißbraucht. Von Eifer und Pflichttreue ist dabei ebenso wenig die Rede wie von Achtung und Respect vor den obersten Leitern, deren schwindelhafte Thaten das Thema des Tagesgespräches der Untergebenen bilden.

Diese obersten Leiter haben, wie schon berührt wurde, nur zu häufig nicht versäumt, der Eisenbahn-Trace eine solche Richtung zu geben, die den eigenen, oft kurz vorher klüglich erst erworbenen Besitz berührt, natürlich unbekümmert darum, ob dadurch die Linie verlängert und ob dies im Interesse der Bahnanstalt und in dem des Landes gelegen.

Diejenigen, welche alle diese Ausführungen angesichts der staatlichen Controle für Uebertreibung halten und nur zu leicht den mächtigen Einfluß unterschätzen, den die mit einem großen Theile des Adels verbündeten Gründer-Cliquen im Lande sowohl als der Regierung gegenüber besaßen und theilweise auch noch besitzen, mögen sich nur die Sprache ins Gedächtniß zurückrufen, die vor nicht viel über Jahresfrist dem Handelsminister gegenüber laut wurde, das war nicht blos die Sprache eines **einzelnen Uebermüthigen**, sondern die Sprache einer großen mächtigen Partei." So weit die „D. Ztg."

Zu diesen Auswüchsen kam noch hinzu, daß, wie die Untersuchung gegen den Verwaltungsrath der Elisabeth-Westbahn zu Tage brachte, die Verwaltungen der Eisenbahnen in ungehöriger Weise die Cassenvorräthe der Eisenbahnen, statt sicher anzulegen, zu Reportgeschäften an der Börse verwendeten, und dabei den Gewinn über die üblichen Zinsen selbst einstrichen, — den Verlust aber, als nach dem Ausbruch der Krisis viele ihrer Schuldner durch das Fallen der Course der repartirten Papiere insolvent wurden, den Actionären überließen, wenn sie selbst unfähig waren den Schaden zu decken.

Eine noch viel größere Ausdehnung als in Deutschland und

Oesterreich hatte die Eisenbahnspeculation in den Vereinigten Staaten genommen. Dort wurde mit der Leichtgläubigkeit und Arglosigkeit des Publikums ein noch ärgeres Spiel getrieben; auch genügte diese einzige Ursache zur Herbeiführung der Krisis, während zu gleicher Zeit der Handel und die Banken sich nüchtern verhalten hatten.

So oft man während der letzten zwanzig Jahre amerikanische Eisenbahnberichte zu Gesicht bekam, mußte man staunen über die Thatsache, daß die Ausdehnung der Eisenstraßen der Vereinigten Staaten fast diejenige der gesammten europäischen Linien erreichte. Trotz der angestrengtesten Thätigkeit des Eisenbahnbaues namentlich in Deutschland, Oesterreich, Rußland und in der Schweiz waren die Unternehmungen in Amerika seit dem Schlusse des Bürgerkrieges so außerordentlich umfassend, daß Europa noch immer keinen Vorsprung erhalten hat. Im Verhältniß zur Bevölkerung, welche in den Vereinigten Staaten gegenwärtig 40 Millionen, in Europa ungefähr 260 Millionen beträgt, zählt Nordamerika wenigstens fünf Mal mehr Eisenbahnmeilen als Europa. Nach einer Berechnung von Barter in der Londoner statistischen Zeitschrift betrug 1865 die Gesammtlänge der Eisenbahnen in Europa ca. 42,000 englische Meilen, 1864 in Nordamerika 33,860 Meilen. Nach den jüngsten Berichten würde, wie schon oben erwähnt, die Gesammtlänge der gegenwärtig fertig gestellten Linien in den Vereinigten Staaten 60,000 englische Meilen betragen. Wir wollen annehmen, daß einige Uebertreibung mit unterläuft und daß die nur unternommenen, aber noch nicht ganz fertig gebauten Bahnen darunter begriffen sind. Nehmen wir, um sicher zu gehen, nur 50,000 Meilen, so kommt trotz der dortigen billigen Anlagekosten ein ungeheures Capital heraus. Die Anlagekosten sind in den Vereinigten Staaten natürlich sehr verschieden, weil das Grundeigenthum im Westen den Gesellschaften, so weit sie Staatsländereien, umsonst abgelassen wird, sogar noch Schenkungen zu beiden Seiten des Bahnkörpers gegeben werden, und weil das Privateigenthum auch noch sehr billig ist, während die Bodenpreise im Osten ganz europäischen Cours haben. Nach einer früheren nicht sehr zuverlässigen Berechnung wurde der Durchschnitt der Herstellungskosten per englische Meile auf 35,000 Dollars angegeben. Barter nimmt das Minimum zu 7000 Pfd. Sterl., also ungefähr ebenso hoch, das Maximum aber auf 15,000 Pfd. Sterl. an. Da man zu einer genauen Durchschnittsberechnung die Länge und die Kosten jeder einzelnen Strecke kennen müßte, so ist es uns nicht möglich, eine richtige Durchschnittszahl anzugeben. Jedenfalls wären die Durchschnittskosten per engl. Meile mit 50,000 Thlr. eher zu niedrig bemessen. Nehmen wir aber auch diesen Satz an, so erhalten wir ein Gesammt-Baucapital von 2,500,000,000 Thlr., von welchem ca. $^3/_5$ oder gegen 1500 Mill. Thlr. in den letzten 16 Jahren ausgegeben worden sind. Davon entfallen gegen 1000 Mill. Thlr. auf Eisenbahn-Obligationen. Daß diese ungeheure Summe zu den 2500 Mill. Dollar Staatsschuld, welche während des Bürgerkrieges aufgenommen wurden, nicht ganz in Amerika aufgetrieben werden konnte, liegt auf der Hand. Der größere Theil davon kam aus England und Deutschland. Schon im Jahre 1857 wurde das in Amerika angelegte deutsche Capital auf mehrere Hundert Mill. Thlr. geschätzt. Während des Bürgerkrieges nahm die Anlage deutschen Capitals noch bedeutend überhand, da man, ungleich dem englischen Publikum, immer fest auf den Sieg des Nordens baute. Das mit der Frankfurter Börse verkehrende Privatpublikum namentlich machte bedeutende Anlagen in Bundesobligationen und es wurden dort in kurzer Zeit Millionen verdient. Als nach Beendigung des Bürgerkrieges allmähliger Rückkauf der Bonds begann und der Cours derselben stieg, nahm die Liebhaberei für die billigeren Eisenbahn-Prioritäten überhand, bis das Publikum vor einiger Zeit entdeckte, daß eine amerikanische Priorität keine europäische ist, weil das Actiencapital neuerdings viel zu klein gegriffen wird.

Wir glauben, daß unseren Capitalisten nach der neuesten Eisenbahnkrisis mit Recht die Lust an amerikanischen Prioritäten vergangen sein wird und daß sie sich mehr den sicheren, obgleich geringere Zinsen abwerfenden deutschen und österreichischen Obligationen zuwenden werden.

Um die Richtigkeit dieser Anschauung auch von allgemein wirthschaftlichen Gesichtspunkten aus zu erweisen, braucht man sich nur die Entwickelung des großen amerikanischen Eisenbahnnetzes in ihrer

Rückwirkung auf Europa und insbesondere Deutschland zu veranschaulichen.

In den Vereinigten Staaten wohnen gegenwärtig ungefähr acht Millionen Deutsche, von welchen vielleicht die Hälfte noch Fühlung mit der deutschen Cultur hat und wenigstens eine Million noch Verwandte in Deutschland besitzt. Diese neu Ausgewanderten wirkten, ob es ihnen gut oder schlecht ging, seit Jahrzehnten gleich den eifrigsten Auswanderungsagenten durch ihre glänzende Schilderung der Zustände der neuen Welt. In vielen Fällen wurde sogar Reisegeld aus Amerika geschickt; wenigstens ist die völkerwanderungähnliche Emigration in Irland diesem Umstande zuzuschreiben.

In neuerer Zeit kamen aber noch Umstände hinzu, welche die Auswanderung stärker als früher reizen, wo mehr die politischen Verhältnisse viele Deutsche übers Meer trieben. Vor dem Ausbau der Eisenbahnen ging die Ansiedelung in Amerika nach demselben Gesetz vor sich, wie einst im Alterthum Europa und die Küstenländer Afrika's colonisirt worden waren, d. h. zuerst am Meere entlang und dann die Flüsse hinauf. Die Beschaffenheit des Terrains setzte da, namentlich in den Thälern, der unbeschränkten Ausdehnung der Ansiedelung gewisse Schranken, sowie auch die weniger ausgebildeten Transportmittel die Production zurückhielten. Mit dem Ausbau der Eisenbahnen aber und mit der Einrichtung der regelmäßigen Dampfschiffverbindung zwischen Europa und Amerika wurde nicht nur der Personenverkehr sehr erleichtert und die Beschickung des europäischen Marktes mit amerikanischen Lebensmitteln ermöglicht, sondern die Ansiedlungsbewegung selbst nahm eine ganz neue Richtung. Die Eisenbahnen wurden, so wie sie im Westen vordrangen, die neuen Träger der Ansiedelung. Wie das Blut durch die Arterien, so dringt allmählig der Menschenstrom aus den östlichen Staaten und dem nördlichen germanischen Europa die Eisenbahnstränge entlang, das Land auf beiden Seiten des Bahnkörpers anbauend, ja Städte Hunderte von Meilen weit von der Grenze der Cultur errichtend.

Das Land außerhalb dieses Eisenbahnnetzes des Westens bleibt vorläufig noch unbenutzt, aber jeder einzelne Hof, jedes Dorf an der Eisenbahn dient, wie in der alten deutschen Markgenossenschaft als ein Urdori, von dem wieder neue Ansiedelungen ausgehen. Diese in geometrischer Progression fortwirkende Anziehung wird noch verstärkt durch die großen Bemühungen, welche die Eisenbahngesellschaften machen, um das ihnen geschenkte Land unterzubringen und den billigen Preis, um welche sie es immer noch ablassen, und welcher oft immer noch nur ein Paar Dollar für den Morgen beträgt.

Dieser quantitativ und qualitativ steigende Anreiz zur Auswanderung muß Deutschland immer mehr Nachtheil zufügen. Ueberdies werden weniger die bloßen mechanischen Arbeiter weggezogen, da ihnen die Mittel fehlen, sondern die einer technischen Fertigkeit mächtigen, die etwas bemittelteren Classen. Jährlich werden Tausende von rüstigen Arbeitern und Millionen an Capital aus Deutschland gezogen, deren Weggang der Gesammtindustrie einen empfindlichen Schaden an Productivkräften und Consumenten verursacht.

Sollen wir nun noch dazu beitragen und in unser eigenes Fleisch schneiden, indem wir unsere Capitalien riskiren, um alle die Eisenbahnen bauen zu helfen, die uns solchen sicheren Schaden bringen, während der Gewinn aus den Eisenbahn-Obligationen sehr zweifelhaft ist?

Diese Einsicht ist aber freilich erst eine Frucht der Erfahrungen der letzten Jahre. Glücklicher Weise fing das deutsche Publikum aber doch zu einem Zeitpunkt an vorsichtig zu werden, wo gerade jene verwegensten Projecte ausgeführt wurden, welche zum Ausbruch der Krisis in New-York führten. Seit Jahren wurden die englischen, deutschen und schweizerischen Börsenplätze von amerikanischen Agenten durchzogen, welche amerikanische Eisenbahn-Obligationen zu billigen Bedingungen verkauften. In dieser Beziehung hat sich Frankfurt a. M. ein besonderes Verdienst um die deutsche und schweizerische Capitalistenwelt erworben, nicht blos durch seine traditionelle Vorsicht gegenüber Industriewerthen, sondern durch die specielle Kenntniß des amerikanischen Effectenmarktes, welche dort seit Jahren durch eine Anzahl hervorragender Häuser gepflegt wird, und die auch während des amerikanischen Bürgerkrieges so gute Resultate gehabt hat.

Der süddeutsche und schweizerische Geldmarkt ist daher von den neueren Projecten ziemlich verschont geblieben; indessen sollen in Norddeutschland nicht unansehnliche Summen vom Privatpublikum in nordamerikanischen Eisenbahnobligationen angelegt worden sein. Die neuesten Erfahrungen werden aber nun wohl unser Publikum für das nächste Jahrzehnt gewitzigt haben. Namentlich sollte es eine unvergeßliche Lehre bleiben, daß man keinen Agenten traut, und trügen sie selbst den Namen eigener Landsleute, sondern sich an die soliden, mit dem Handel in amerikanischen Effecten seit langer Zeit sich befassenden Häuser wendet.

Der Schwindel mit den amerikanischen Weltbahnen hatte eine Höhe erreicht, daß selbst mäßig besonnene Capitalisten bedenklich werden mußten. Wer erinnert sich nicht noch, wie lange man an dem baldigen Gelingen der ersten Pacifique-Bahn zweifelte. Die unerwartet rasche und glückliche Ausführung derselben wurde von der Gesellschaft mit so feiner Berechnung ausgenutzt, daß sie u. A. sogar zwei deutsche Reiseschriftsteller auf ihre Kosten die Pacifique-Bahn befahren ließ, um nachher in Vorträgen und Artikeln die Aufmerksamkeit des Publikums nicht blos auf die Bahn, sondern namentlich auf die an derselben gelegenen Ländereien zu lenken. Eine Hauptbedingung des Gelingens dieser Bahn war nämlich die große Land-Schenkung, welche sie von der Regierung der Vereinigten Staaten erhielt, — eine ununterbrochene Strecke von, wenn wir nicht irren, einer englischen Meile auf beiden Seiten der Eisenbahn. Seitdem sind zwei Concurrenz-Bahnen in Angriff genommen worden, die Süd-Pacifique-Bahn, welche durch Texas und Neu-Mexiko nach Californien führen, und die Nord-Pacifique-Bahn, welche über die Seen nach Oregon ausmünden soll. Diese Letztere ist eben die von dem Hause Jay Cooke & Co. unternommene Linie.

Sowohl diese Unternehmungen, sowie manche andere neuere Eisenbahnen sind von der Bundesregierung mit Landschenkungen auf beiden Seiten und in der ganzen Ausdehnung der Bahn bedacht worden. Da es ihre Lebensbedingung ist, rasch Käufer für diese Ländereien zu erhalten, d. h. Ansiedler, so durchziehen ihre Agenten schon seit Jahren Deutschland und die Schweiz, um Auswanderer anzulocken. Manche halten sich fest an einem Centralpunkte auf und organisiren ein ganzes Netz von Agenten, so daß sogar die preußische

Regierung sich erst kürzlich veranlaßt fand, den Schullehrern auf dem Lande zu verbieten, in solcher Weise thätig zu sein. In der Schweiz wagte ein Eisenbahnagent sogar der Bundesregierung ein Geschenk von 80,000 Acker Land in Florida, an der Eisenbahn, welche das atlantische Meer mit dem Golf von Meriko verbindet, unter der Bedingung anzubieten, daß sie die Auswanderung dahin lenke; allein der schweizer Bundesrath biß nicht auf den Köder an.

Abgesehen von diesen Machinationen, welche nur die Länder, aus denen die Auswanderer gelockt werden sollen, schädigen, leiden viel neue amerikanische Eisenbahnunternehmungen aber auch an einer finanziellen Unsolidität, gegen die sogar Faiseurs, wie unsere Strousberg, noch Stümper sind. So wird gemeldet, daß das Haus, dessen Sturz den Anstoß zum Ausbruch der New-Yorker Krisis gegeben hat, die Nord-Pacifique-Bahn, welche auf eine Länge von wenigstens 500 deutschen Meilen projectirt ist, mit nur 2 Mill. Doll. Stammcapital, wovon blos 10 Procent eingezahlt wurden, ins Leben geführt hat. Der ganze Bau sollte also mittels Obligationen ausgeführt werden, wovon bereits für 25 Millionen Dollar in 7 procentigen Bonds ausgegeben sind. Wehe den Capitalisten, welche sich über die Höhe des Actiencapitals nicht unterrichtet hatten und in die Falle gingen. Denn die Bahn kann vielleicht nach 50 Jahren rentiren, wenn das Land links und rechts verkauft und besiedelt ist, — das hinein gewandte Capital aber ist bis dahin längst verloren.

Aus New-York schreibt ein Landsmann, daß z. B. die St. Joseph- und Denver-City-Eisenbahn, die unter passender Behandlung über zwölf Millionen Dollars gekostet hat, noch nicht ausgebaut ist und keinen Verkehr hat, mit 1400 Dollars Baarunterschrift begonnen wurde.

Ein Haupt-Gährungsstoff für die Eisenbahnspeculation war der Umstand, daß die Pacifique-Bahn nach St. Francisco drei Jahre vor der gesetzlich festgesetzten Zeit vollendet wurde, und daß eine Anzahl von Männern genannt wurde, von welchen Jeder Millionen Dollars bei der Speculation gewonnen hatte. Der Congreß war in Folge dessen von den Jahren 1868 und 1869 an von Abenteurern umlagert, welche Landschenkungen für Eisenbahnprojecte und Unterschriften von Congreßmitgliedern zu erangeln hofften.

Mit der Landschenkung in der Hand, wurden sodann Grafschaften und Gemeinden, durch welche die neuen Linien gehen sollen, um Schenkungen von Land oder um Uebernahme von Actien mittels Naturalleistungen in Gestalt von Baumaterial und Fuhren angegangen. Mit dieser Grundlage und der oft nur fingirten Zeichnung der Gründer wurde der Geldmarkt aufgesucht und eine Zeit lang selbst unter den gewitzigten Amerikanern eine genügende Anzahl von Obligationen untergebracht, um das Unternehmen zu beginnen. War es einmal angefangen, so hielten die Betheiligten sich auch genöthigt, wann das Unternehmen steckte, weil die Bausumme entweder zu niedrig berechnet war, oder viele Zeichner ausfielen, nachzuzahlen, obgleich sie besser gethan hätten, die ersten Zahlungen in die Schanze zu schlagen. Indessen die gleichen Erfahrungen sind ja in Europa, namentlich an der „Ligne d'Italie" in der Schweiz gemacht worden....

Die übrigen Länder trugen zu den Ursachen der Krisis wenig oder kein Material hinzu, obgleich sie von den Wirkungen des Zusammenbruches nicht ganz verschont blieben. Frankreich litt zu sehr unter den Folgen des Krieges, als daß eine Ueberspeculation hätte aufkommen können und in England war die Erinnerung an die Panik von 1866 noch zu frisch, so daß der Handel ganz in gesunden Bahnen geblieben war. Auch ist in keinem der beiden Länder das Privatpublikum, geschweige das in der Provinz, so sehr am Börsengeschäft betheiligt, wie in Deutschland und in Oesterreich; und eine Börsenkrisis war ja im Beginn und in der Hauptsache der Sturm, welcher im Jahre 1873 über Europa dahinbrauste — Capitalisten — wie später Arbeiter unter seinen Schlägen niederwerfend. Besonders die große Betheiligung des Privatpublikums am Börsen-Differenz-Geschäft trug zur Verschärfung der Krisis in Oesterreich und den furchtbaren Unglücksschlägen, welche sie noch lange nach sich zog, bei. Eine Zeit lang spielte ja Alles — vom Schreiber bis zum General, vom Dienstmann bis zum Erzherzog. Alle Erscheinungen, welche bei früheren Krisen eingetreten, kamen nach und nach auch dieses Mal zum Theil in erhöhtem Maße zu Tag. Dem Geiste des Spiels angemessen, waren gerade die gewagten Unternehmungen, die sog. Spielpapiere, die beliebtesten, weil sie am meisten Chancen zum Gewinnen und Verlieren, d. h. zu hohen Differenzen bieten.

An der Wiener Börse trug auch vielleicht noch die tägliche Liquidation dazu bei, den Reiz des Spiels zu erhöhen. Es war eine Art Rausch, der sich des Publikums bemächtigt hatte, wie in den Zeiten der Tulpenmanie, der Tollheiten der Rue Quincampoix und Change Alley.

In dem allgemeinen Jagen nach Gewinn an der Börse gaben die Banken, insbesondere die neuen Institute, den Ton an. Dieselben haben fast sammt und sonders, namentlich in Wien, Börsengeschäfte betrieben und aus denselben ihre hohen Dividenden erzielt. Die Verwaltungsräthe vieler Gesellschaften haben die zur Dividenden-Vertheilung sich ansammelnden Gelder, statt sicher etwa in Wechseln anzulegen, benützt, um Reportgeschäfte an der Börse zu machen. Stets aber spielten dabei die Actien der neugegründeten Gesellschaften die Hauptrolle, weil sie wegen ihrer Unsicherheit die höchsten Schwankungen und folglich die höchsten Differenzen boten. Freilich wußte das große Publikum nicht, auf welche Weise viele Gesellschaften zu Stande gekommen waren, und daß bei manchen, wie die „Deutsche Zeitung" erzählt, die Einzahlungen fingirt waren.

Bei dieser Beschaffenheit des Publikums, dessen Leichtgläubigkeit mit der steigenden Gewinnsucht Hand in Hand ging, war es natürlich, daß, wie in früheren Epochen, auch jetzt die abenteuerlichsten Projecte willige Theilnehmer fanden. Um sich übrigens einen Begriff davon zu machen, welchen Schlingen und Fallstricken, — abgesehen von den eben berührten verbrecherischen Umtrieben, — das Publikum ausgesetzt ist, muß man sich die von uns zu wiederholten Malen gemachte Warnung ins Gedächtniß rufen, daß die an Börsenplätzen Wohnenden schon durch die größere Schnelligkeit, mit welcher sie neue Nachrichten erhalten und verwerthen können, einen enormen Vortheil von dem Publikum in der Provinz haben, und daß an den Börsenplätzen selbst die von Jugend auf im Geschäfte Trainirten, die Eingeweihten, die Großen einen außerordentlichen Vortheil haben vor den Neuen, Ungebildeten, Kleinen, daß daher an der Börse die Großen die Kleinen rupfen und daß das Publikum in der Provinz unter allen Umständen der ausgeplünderte Theil ist.

Wie wir schon an anderer Stelle nachwiesen, ist das Publikum in der Provinz, namentlich bei außergewöhnlichem Fallen der Course, nothwendig die Beute der Speculanten an Börsenplätzen, weil sie durch die Entfernung, wenn letztere neuerdings durch den Telegraph auch verringert wird, gar leicht zu panischem Schrecken getrieben werden. Ein solcher aber wird stets durch die großen Speculanten ausgebeutet, welche zuerst im Stande sind die Lage zu übersehen. Gesetzt den Fall, die Course der Speculationspapiere fallen in Folge einer ungünstigen Nachricht gegen Schluß der Börse ungewöhnlich, so geben die Capitalisten in der Provinz sofort ihren Mandataren am Börsenplatz den Auftrag, zu den letzten Coursen zu verkaufen. Wenn nun am folgenden Tage die Nachricht sich bestätigt, die Course noch weiter fallen und zwar unter die vom Provinzialen angesetzte Grenze, so kann der Geschäftsfreund den erhaltenen Auftrag nicht ausführen. Der Capitalist, der davon brieflich oder telegraphisch Meldung erhält, geräth darob in Bestürzung und ertheilt Ordre, um jeden Preis zu verkaufen. In Folge vieler solcher Aufträge, welche am folgenden Tage die Course werfen, bricht eine Panik aus, die auch die Coulisse (die kleinen Speculanten und Makler an der Börse; die Großen heißen in Wien der „Schranken", von den festen Standorten, an welchen die Vertreter der großen Bankhäuser sich befinden) in Verwirrung bringt, daß sie ihre Sachen zu verschleudern beginnt. Das ist der Moment, wo die Großen kaufen. Meist sind schon am anderen Tage die Course wieder hergestellt und die Kleinen in der Provinz sehen sich gerupft. Solche Paniken kommen am meisten während heftig auftretender politischer Ereignisse oder während der Krisen vor. Sie sind aber nur eine der vielen Gelegenheiten zur Ausbeutung des Publikums. Die oberste und beliebteste ist und bleibt die Agiotage mittelst der Emission der Obligationen oder Actien neuer Staatsanleihen oder industrieller und Verkehrs-Unternehmungen. Welche Kunstgriffe bei der Gründung der letzteren oft angewendet zu werden pflegen, davon kann man sich eine annähernde Vorstellung machen, wenn man nur einen Blick auf die Art und Weise der Be-

Die Panik. Warnung des Privatpublikums. 121

gebung mancher noch ganz solider Staatsanlehen wirkt. Im December 1873 brachte die „Deutsche Zeitung" aus der Feder eines Eingeweihten eine Schilderung der Technik dieser Emissionen, welche dieses Gebahren, wenn auch ein wenig von der Schattenseite, doch im Allgemeinen mit solcher Sachkenntniß schildert, daß wir ihr hier eine Stelle einräumen wollen. „Danach sind es drei Apparate, welche bei einer regelrechten Emission zusammenwirken müssen: nämlich der Bank-Apparat, der Börsen-Apparat und der publicistische Apparat. Den ersten bildet die schreibende und rechnende Armee der Emissions-Institute, die Buchhalter und Controls-, Kassenbeamten u. s. w. Sie sind nothwendig, aber nicht wichtig, denn ihre Function bei dem speciellen Geschäfte ist eine mechanische. Die Leitung liegt in der Hand des Chefs des Bankhauses. Mit diesem verkehrt der Vertreter der geldsuchenden Partei, mit ihm werden die Provision für die Geldbeschaffung, die Emissions-Termine u. s. w. vereinbart. Nun, das Alles ist nun vorüber, Alles ist vertragsmäßig festgestellt. Die menschenfreundlichen Banken haben sich eine Provision von zwei pCt. ausbedungen, das macht von 150 Millionen drei Millionen, bei 75 Millionen eine und eine halbe Million Gulden. Weitere zwei pCt., also nochmals drei Millionen, respective eine und eine halbe Million, kommen den emittirenden Instituten zu durch die Differenz des Uebernahmscourses zu dem Emissionscourse. Das heißt, für je hundert Gulden des ungarischen Anlehens erhält die ungarische Regierung nur $85^{1}/_{2}$ fl., während die emittirenden Banken vom zeichnenden Publikum $87^{1}/_{2}$ fl. begehren und erhalten. Das macht also zusammen sechs Millionen Gulden für das ganze Anlehen von 150 Millionen und drei Millionen für die Hälfte desselben, die eben zur Emission gelangt. Diese Summe ist der legale Gewinn der Emissionshäuser, und sie erhalten das Geld nicht umsonst, sie decken dafür den Erfolg des Anlehens mit ihrem Credit, sie sichern in ihrer Clientel dem Anlehen von vornherein eine stattliche Zahl von Zeichnern und sie übernehmen auch dafür das Risico für den Fall, als die Emission mißglücken sollte. Allerdings ist das Risico nicht gleich für alle Theilnehmer des Anlehensgeschäftes.

„Wenn Finanzgrößen wie Rothschild und Wodianer sich mit einem

Bank-Institute verbinden, dann sind es gewöhnlich die Allgewaltigen der Börse, welche den Löwenantheil an dem Gewinn davontragen, während die Bank die Lasten des Unternehmens zu tragen hat. Und wenn eine Emission nicht gelingt, dann kann man sicher sein, daß die nicht gezeichneten Stücke nicht den Börsenfürsten, sondern der k. k. privilegirten Bank auf dem Halse bleiben, wie dies, um nur Ein Beispiel anzuführen, bei den fünfzehn Millionen Theißbahn-Actien geschah, welche die Creditanstalt durch vier Jahre belasteten, bevor es ihr gelang, sie abzustoßen. Es müssen nicht immer leoninische Verträge sein, welche zwischen Bank-Instituten und Finanzgrößen abgeschlossen werden, wiewohl auch diese häufig vorkommen; auch ohne solche Verträge sind Bank-Institute gegenüber den mit ihnen verbündeten Finanzmächten im Nachtheile. Denn letztere ziehen aus dem Geschäfte einen dreifachen Gewinn, nämlich zuerst als Compagnons, sodann als Actionäre des Bank-Instituts, dessen Actien auf die Nachricht, daß das Institut bei der Emission betheiligt sei, im Course steigen; drittens als Speculanten, indem sie in der Lage sind, früher als das Publikum von dem Abschluß des Geschäftes unterrichtet zu sein, und dieses Geheimniß sehr gut verwerthen, indem sie Actien des alliirten Instituts kaufen. Wind und Wetter sind demnach unter den Vertragschließenden nicht gleich getheilt, aber sie Alle zusammen verdienen immerhin ein hübsches Sümmchen, und es verlohnt sich dafür schon, etwas zu arbeiten.

„Wie ist nun die Emissions-Arbeit beschaffen? Zuerst muß die Laune des Geldmarktes genau beobachtet und, wo dies nothwendig, der Stimmung etwas nachgeholfen werden. Vorsichtig prüft der Großaugur die auf- und absteigenden Wellen der Börse. Das ist die Zeit, wo die widersprechenden Meldungen über die Emission in die Oeffentlichkeit gelangen. Bald heißt es, die Emission werde im Januar des nächsten Jahres, dann wieder in der zweiten Hälfte des December vor sich gehen. Da beschließt die Londoner Börse, den Bankzinsfuß herabzusetzen. Das deutet auf schön Wetter, der Großaugur entscheidet, daß die richtige Zeit gekommen sei, und nun wird der Börsen-Apparat in Bewegung gesetzt. In erster Linie muß Hausse gemacht werden in den Actien des verbündeten Bank-Instituts. Das

Die Technik der Emissionen.

muß geschehen, erstens weil es zum Zeichnen animirt, zweitens weil es den Finanzgrößen zugute kommt, die schon früher diese Actien gekauft haben — also zuerst das Geschäft und dann wieder das Geschäft. Natürlich wird auch eine entsprechende Hausse in dem zu emittirenden Papiere arrangirt, denn wenn dies auch auf dem Platze selbst keine Wirkung macht, so ist es gut, um die Hausse nach den andern Plätzen zu telegraphiren. Zu alledem dient der Börsen-Apparat, der in Betrieb gesetzt wird entweder durch sogenannte „Syndicats-Betheiligungen" oder, was jetzt üblicher geworden, durch Geldbeträge. Die einflußreichsten Börsianer erhalten nämlich die Zusicherung einer bestimmten Anzahl der zu emittirenden Papiere zum Emissionscours. Und um über die Bedeutung dieses Scheines keinen Zweifel aufkommen zu lassen, enthält derselbe meistens die Clausel, daß dem Inhaber ein bestimmter Gewinn an jedem Stück des Papieres garantirt werde. Es wird auf diese Weise an der Börse eine Organisation geschaffen, welche das zu emittirende Papier hinauftreibt oder auch, was für den augenblicklichen Effect dasselbe ist, hinaufschreit. Zum Börsen-Apparat gehört auch das „Einzwicken" der Contremine. Wenn diese nämlich sich zu weit vorgewagt, wenn sie zu viel verkauft hat, so erklären die emittirenden Häuser, das Anlehen sei überzeichnet. Die Papiere bleiben dann in den Cassen der Emissions-Institute, und Diejenigen, welche in blanco verkauft haben, müssen sich zu jedem Preise decken. Eine solche Operation kann natürlich erst nach dem Schlusse der Subscriptionsfrist geschehen. Aber bevor die Subscription eröffnet wird, muß der publicistische Apparat in Thätigkeit gesetzt werden. Die größeren Banken besitzen fast alle einen publicistischen Agenten, die kleinen behelfen sich mit einem Collectiv-Agenten. Das Geschäft dieses Agenten ist ein gar schwieriges und erfordert ebensoviel Eifer als Geduld. Er ist gewissermaßen der „Emissions-Kortes", welcher Stimmen für die financielle Operation zu werben hat. Und um der Wahrheit die Ehre zu geben, muß gesagt werden, daß die schwierige Aufgabe dieses Mannes nicht darin besteht, die Journalisten von der Vortrefflichkeit einer speciellen Finanz-Operation zu überzeugen, sondern darin, sich der Zudringlichkeit Jener zu erwehren, die auch „überzeugt" sein möchten. Dank unserm letzten „volkswirthschaftlichen Aufschwunge", oder vielmehr Dank den Folgen dieses „Aufschwunges" kann die volkswirthschaftliche Reclame heute nur schüchtern auftreten. Aber sie tröpfelt immer noch, und man kann in einigen Blättern die ermunternde Nachricht lesen, daß das ungarische Anlehen in London mit einem Agio von 1½ pCt. gehandelt werde. Das ist allerdings nicht die ganze Leistung des publicistischen Bank-Apparats. Er hat selbst heute noch größere Erfolge aufzuweisen. Denn der publicistische Apparat ist durchaus nicht auf eine locale Function beschränkt; er arbeitet auch auswärts und mit telegraphischer Behendigkeit."

So hat z. B. zum Gelingen der gegen Ende 1873 auf den Börsen zu Berlin und London abgeschlossenen Ungarischen Anleihe nicht wenig die telegraphisch verbreitete Nachricht beigetragen, daß der deutsche Reichs-Invalidenfonds sich mit einer Zeichnung von acht Millionen Thalern betheiligen wolle. Als die Nachricht sich nachträglich nicht bestätigte, war die Anleihe bereits gezeichnet.

Sogar nach Ausbruch der Krisis hat es nicht an Leuten gefehlt, welche den Nutzen der leichtsinnigen Gründungen hervorhoben. Den nützlichen neuen Unternehmungen wollen wir selbst nicht im Wege stehen. Im „Ungarischen Lloyd" suchte ein Correspondent aus Norddeutschland noch im Herbst 1873 den Beweis zu führen, daß die Gründer von Profession denn doch nicht ohne allen Nutzen für den Volkswohlstand gewesen seien, insofern nämlich, als sie es verhinderten, daß jene Leute, die es lieben, ihr Geld gegen hohe Zinsen auf unsichere Anlagen zu wenden, vom Auslande geplündert wurden. Der Verfasser argumentirt folgendermaßen: „Vor vierzig Jahren boten die Spanier den Leuten eine willkommene Gelegenheit, ihr Geld hochverzinslich anzulegen; nachdem dabei viele Millionen deutsches Geld verloren worden, folgten die amerikanischen Einzelstaats-Anleihen, deren klägliches Ende bekannt ist; dann kam die Eisenbahn-Schwindelperiode von 1843; dann folgte eine Periode, in welcher allerhand auswärtige Papiere beliebt wurden, bald Türken, bald Brasilianer, bald Egypter und bald Tunesen, ja auch Japan und Merico fanden in Deutschland willige Abnehmer für ihr Papier, und schließlich kamen Rumänier und amerikanische Prioritäten, bei denen die Leute auf 10

Procent Zinsen hoffen durften. Man sieht also, Leute, welche in der Idee, hohe Zinsen zu bekommen, ihr Geld zum Fenster hinauswarfen, waren stets vorhanden, und als nun 1870 71 plötzlich die Sicherheit des Friedens alle angesammelten Capitalien auf den Markt brachte, dazu durch die Kündigung verschiedener Anleihen große Summen flüssig wurden und schließlich durch den Milliardenstrom das Anlage suchende Capital vermehrt wurde, da waren es die Gründungen, welche uns das Geld im Lande gehalten haben. Hätten diese nicht durch die Aussicht auf hohe Verzinsung das Geld erhalten, wir hätten sicherlich noch für einige hundert Millionen Dollars werthlose amerikanische Prioritäten nach Deutschland erhalten, und die Leute, welche jetzt ihr Geld theilweise an schlechten Gründungen verlieren, hätten es ganz an amerikanischen Prioritäten und ähnlichem Zeug verloren; verloren hätten sie es auf jeden Fall. Nun wird man aber zugeben, wenn es auch dem Einzelnen gleichgiltig sein mag, ob er an diesem oder jenem Papier sein Geld verliert, daß es doch für den Gesammtwohlstand der Nation sehr wichtig ist, daß diese Millionen nicht ins Ausland gegangen, sondern im Lande geblieben sind. Man sieht also, daß diese Gründungen doch nicht so ganz zu verwerfen sind." Alle Berechtigung läßt sich dieser Beweisführung nicht absprechen, wie es denn überhaupt eine alte Wahrheit ist, daß jedes Uebel auch sein Gutes hat. Aber zu bedenken ist dabei denn doch, daß eben in Folge der „heimischen" Gründungen sich die Zahl jener Leute, die ihr Geld in der Hoffnung auf hohe Zinsen zum Fenster hinauswarfen, verzehnfacht hat, und daß deshalb statt Hunderten von Millionen diesmal Tausende verloren wurden und eine Capitalsverschiebung stattfand, deren Consequenzen eben so verderblich sind, als wenn das verlorene Geld außer Landes gewandert wäre.

Schon im Spätherbste 1872 war der Bogen so gespannt, daß er zu brechen drohte, und die Krisis wurde in Wien, wo sie zuerst in vollem Ernste zum Ausbruch kommen sollte, nur durch den Hinblick auf die bevorstehende Weltausstellung zurückgedämmt, weil sich fast alle Kreise der phantasiereichen Donaubewohner von den finanziellen Erfolgen dieses internationalen Schauspieles die übertriebensten Hoffnungen machten und viele Gläubiger gewissermaßen ein stillschweigendes Moratorium bis zu diesem Zeitpunkte eintreten ließen. Bereits waren aber alle Symptome nach und nach in vollem Maße zur Erscheinung gelangt, welche vor dem Ausbruche von Handelskrisen einzutreten pflegen, und die wir im Eingang auf Seite XIII und XIV aufgezählt haben.

1) Die Größe der herrschenden Unternehmungslust und die Kühnheit der Speculation haben wir durch den Umfang der Gründungen nachgewiesen.

2) Die epidemische Sucht, schnell reich zu werden, trat an der beispiellosen Betheiligung des Privatpublikums am Börsenspiel in Deutschland, Oesterreich und in der Schweiz zu Tag. Schon seit Jahren hatte diese Spielwuth die Treue vieler Bankbeamten erschüttert. Wir brauchen nur an den Fall Schärr zu erinnern, welcher als Beamter der Filiale der Eidgenössischen Bank in Zürich dieser Anstalt den dritten Theil ihres eingezahlten Actiencapitals (von 9,000,000 Franken) stahl, an der Pariser Börse verspielte, und dieses Verbrechen mit zehnjähriger Zuchthausstrafe büßt, — an die Veruntreuungen des Eidgenössischen Staatscassiers, welche mit dreijährigem Gefängniß bestraft wurden, und an das betrübende Schicksal des früheren Bundesraths und schweizerischen Bundespräsidenten Fornerod, welcher zur materiellen Sicherung seiner Zukunft bei der Unsicherheit der dortigen Wahlen das höchste Staatsamt nur niedergelegt hatte, um an die Spitze des Crédit mobilier Suisse in Genf, der seinen Hauptsitz in Paris hatte, zu treten. Von den Gründern über die Sicherung des Unternehmens hintergangen, da jene gerade einen Namen zu gewinnen suchten, um das im Keim erstickte Project lebensfähig zu machen, ließ er sich verführen seinen Namen zu gesetzwidrigen Umtrieben herzuleihen, während das wenige gezeichnete Capital in Gestalt von Verwaltungskosten drauf ging, bis die Gerichte einschritten und der Welt das unerhörte Schauspiel gaben, daß das frühere Staatsoberhaupt eines freien Volkes zu dreijähriger Zuchthausstrafe verurtheilt wurde. Wir können den Mann, der ein Opfer von Verhältnissen wurde, deren nähere Auseinandersetzung uns hier versagt ist, nicht verdammen, — sondern nur beklagen! Aber auch die großen Monarchieen waren nicht frei von der Sucht durch schlechte oder gesetz=

Die Symptome der Krisis.

widrige Mittel schnell reich zu werden; wir brauchen nur an den Schacher und die Unterschleife mit Eisenbahnen in Preußen und Oesterreich, an die Fälle Wagner und Ofenheim zu erinnern.

3. Die Leichtgläubigkeit des Publikums ist zu keiner Epoche größer gewesen. Als Beweis dafür dient nicht blos die Gründung einer Menge von Actiengesellschaften zu Zwecken, welche die Unrentabilität an der Stirne tragen, und trotzdem leicht Zeichner fanden, sondern namentlich auch die beiden Prozesse, der der Dachauer Banken in München, welcher als das Vorspiel der Krisis anzusehen ist, und der Placht'sche Prozeß in Wien, welcher das Nachspiel darstellte. In München war es einer Abenteurerin, der früheren Schauspielerin Spitzeder, unter der heuchlerischen Maske der Frömmigkeit, und von Zeloten und Pfaffen unterstützt, gelungen, einen unerhörten Credit, namentlich in ländlichen Kreisen, zu erlangen, den sie durch Versprechungen hohen Zinses — bis zu 20 pCt. — zu nähren wußte. Nach und nach wurden ihrer Leihanstalt gegen drei Millionen Gulden von bethörten Bauern, deren Zudrang kaum abzuwehren war, anvertraut, welche zum größten Theil von der Spitzeder und ihren Helfershelfern verpraßt wurden. Sie, ihre schuldigsten Helfershelfer, sowie einige Concurrenten, wurden gegen Ende des Jahres 1872 vor Gericht gezogen und büßen jetzt ihre Verbrechen mit mehrjähriger Zuchthausstrafe ab.

Placht, ein entlassener Officier, wußte durch das Versprechen der „höchsten Fructificirung" die Darlehen der Sparpfennige von gegen 1600 armen Leuten, darunter Wittwen und Greise, durch Zinsen bis zu 40 pCt. an sich zu locken, mit dem Zweck, sie durch Börsenspiel zu vermehren. Derselbe büßt seinen finanziellen Untergang nach Ausbruch der Krisis mit sechsjähriger Zuchthausstrafe. Wir kennen zwei europäische Bankhäuser, welche einst auf einen ähnlichen Gebrauch anvertrauter Gelder durch glückliches Spiel ihren Erfolg gründeten.*)

---

*) Die Wiener Zeitungen schilderten die Folgen des Placht'schen Bankrottes als besonders traurig, wegen der großen Anzahl von Personen, welche ihre Habe ganz oder theilweise verloren. Es war ein erschütterndes Schauspiel, als

Tausende hatten die Folgen ihrer Leichtgläubigkeit zu tragen, die alles Maß überschritt, denn jeder Mensch, der seiner Sinne mächtig, hätte wissen müssen, daß ein Zins von 40 pCt. nicht mit rechten Dingen geboten werden kann.

4. Die **Verwegenheit** der **Agiotage** war bei keiner der früheren Krisen größer, denn es wurden förmliche Gründerbanken errichtet, zu keinem anderen Zwecke, als um von dem Agio der Actien neu gegründeter Gesellschaften zu leben. Die Tage des Credit mobilier, der Darmstädter und der Dessauer Bank traten in Schatten!

5. Der Luxus stieg in einer Weise, wie zu keiner früheren Epoche. In Wien wurden für ein Theaterbillett zu Vorstellungen Adeline Patti's zuweilen fl. 200, 300, ja sogar Fünfhundert Gulden bezahlt.

Es schien förmlich der Maßstab des Werthes verrückt zu sein!

6. Die Spielsucht hatte ganze Landschaften, ja die meisten Kreise der Bevölkerung von Oesterreich und Norddeutschland ergriffen.

7 Die **Preise** der Luxusartikel mußten in Folge des Aufwandes natürlich verhältnißmäßig steigen. Die Preise der Rohstoffe hoben sich in Folge der vermehrten Production, und der Preis des Fleisches stieg auf eine bisher unerhörte Höhe, obgleich die Einfuhr

---

nach der amtlichen Bestätigung des Sturzes die ruinirten Leute in der Schreibstube des Masseverwalters zusammentrafen und ihrer Verzweiflung Luft machten. Die Einen brachen in Thränen aus, die Anderen waren einer Ohnmacht nahe. Unter den Beschädigten aus allen Ständen waren besonders die Frauen zahlreich vertreten. Neben Köchinnen erschienen Gräfinnen, um ihre Guthaben anzumelden, die zusammen über 3 Millionen Gulden betrugen, ohne daß nennenswerthe Actien sich vorfanden; — denn Alles hatte verschwenderisches Leben, Zeitungs-Anzeigen und die Börse verschlungen. Der Feldmarschall-Lieutenant B. hatte den Verlust von fl. 36,000 zu verschmerzen. Ein im Kriege von 1866 zum Krüppel gewordener Offizier, der seit mehreren Monaten vergebens eine Stelle als Schreiber in einer Kanzlei suchte, verlor alle seine Ersparnisse im Betrage von fl. 1300, ein 70 Jahre alter Briefträger fl. 600. Ein Bauer aus Wiener Neustadt hatte sein Gütchen verkauft und den Erlös von fl. 10,000 bei Placht deponirt. Er verlor Alles, selbst fl. 500, die seinen verwaisten Enkeln gehörten. Wittwen verloren ihr Vermögen, Bräute ihre Aussteuer. Aehnlich ging es beim Concurs der Gewerbebank „Fels" zu.

von Fleisch=Präparaten aus Südamerika und Australien ermäßigend wirken mußte.

8. Die Preise der Bauplätze und der Häuser, sowie die Miethen, wurden auf eine solche Höhe gesteigert, daß seit einigen Jahren namentlich' die letzteren ein Gegenstand öffentlicher Klagen der schwersten Art wurden. Bei Berlin stiegen werthlose Sandgründe in weiter Entfernung von der Stadt im Werthe über die Weinberge des Rheingaues. In Wien wurde in der Nähe der Stephanskirche die Quadratklafter Bauplatz für fl. 700 verkauft und ein Gärtner verwerthete einen wenige Jahre vorher noch für fl. 10,000 erstandenen Garten für fl. 145,000. — Trotz der unmäßigen Anzahl von Baugesellschaften wurde weder in Wien, noch in Berlin der Wohnungsnoth der kleinen Leute gesteuert, so daß an letzterem Platze die schon erwähnte Barackenvorstadt armer Leute entstand, welche erst polizeilich wieder entfernt wurde. Denn die meisten Neubauten waren auf die Herstellung von Luxuswohnungen gerichtet, obgleich erst an der Pariser Weltausstellung der Versuch gemacht worden war, die Frage der Herstellung der billigen Arbeiterwohnung zu lösen. Freilich auf dem Wege der englischen Einzelwohnung wird diese Frage in unseren Großstädten, wo das Grundeigenthum nicht in Händen von wenigen Adeligen ist, wie in England, niemals gelöst werden können, wie überhaupt Schablonen wohl für doctrinäre Schrullen, aber nicht zur Anwendung an jedem Orte sich eignen. In den Arbeiterpalästen zu Amsterdam, wo wegen der nothwendigen Pfahl=Fundamentirung die Einzelwohnung unmöglich ist, scheint uns die Frage vielmehr sehr glücklich gelöst, denn in Einzelwohnungen könnten nicht zu so billigem Preise Wasser und Gas geführt werden und dieselben nicht so leicht eigener Bade=, Wasch=, Turnanstalt, Kindergarten und Schule sich erfreuen, wie die Amsterdamer Arbeiterwohnungen.

9. Bei der großen Geschäftigkeit aller Fabriken hatten die Maschinenbauer alle Hände voll zu thun und um den Preis wurde nicht mehr gemarktet.

10. Die Arbeitslöhne stiegen in wenigen Jahren in Deutschland und Oesterreich um durchschnittlich 25—30 pCt., in den Vereinigten Staaten erklommen sie eine Höhe, die uns nicht mehr glaubwürdig er=

scheint, wenn die Angaben nicht aus sicherer Quelle bestätigt würden. Der Verfasser dieses, dem eine solche Angabe in einem besonderen Falle gemacht wurde, wandte sich deshalb zweimal nach New-York und erhielt jedesmal die Bestätigung eines Lohnsatzes, welcher den in Deutschland um das Fünffache überschritt. Neben der Lohnerhöhung gingen in England, in der Schweiz und in Deutschland, wo die Freiheit des Coalitionsrechtes erst eingeführt worden war, die **Ausstände (Strikes)** von Arbeitern, um die Forderungen höheren Lohnes und Verringerung der Arbeitszeit durchzusetzen, so massenhaft einher, wie zu keiner anderen Periode der Geschichte. Gleichzeitig wurden niemals so viele Schriften über die Lösung der sogenannten socialen Frage veröffentlicht, niemals so viele Vereine gegründet, so viele Versammlungen abgehalten, um die Interessen der arbeitenden Classen zu berathen.

11. Der Zinssatz der Banken mußte in Folge der steigenden Anforderungen der Speculation von Zeit zu Zeit erhöht werden.

12. Das Sinken der Course der Speculationseffecten begann ungefähr 3 Wochen vor Ausbruch der Krisis.

Alle Symptome der Krisis trafen demnach zusammen, um deren Ausbruch mit Sicherheit vorhersehen zu können. Freilich war es, als sie sämmtlich zur Erscheinung gelangt waren, bereits zu spät, um ihren Ausbruch zu verhindern, selbst wenn es möglich gewesen wäre, das ganze Publikum von ihrem Herannahen zu überzeugen. Indessen ist die interessante Wahrnehmung zu machen, daß ungleich mehr Personen das Herannahen der Krisis richtig erkannt und sich bei Zeiten gerettet haben, als bei einer der früheren Handelskrisen. Freilich waren Ereignisse, wie der Bruch der Dachauer Banken in München und die Enthüllung des Schachers mit Eisenbahn-Concessionen in Preußen durch Lasker, ganz dazu angethan, als Signale des herannahenden Kraches zu dienen für Ohren, die hören, für Augen, die sehen wollten. Daß Viele dem Landfrieden nicht getraut und sich bei Zeiten gerettet oder ihre Schäfchen ins Trockene gebracht haben, — das geht aus dem Stand der Course der soliden Staatspapiere hervor. Während derselbe bei früheren Krisen nach dem Ueberhandnehmen der Speculation stark zu sinken pflegte, weil viel Capital daraus zurückgezogen wurde, um in neuen Unternehmungen angelegt zu werden, — blieben die Staatspapiere nicht nur fest, sondern zogen im Verhältniß zur Zeit vor dem deutsch-französischen Kriege sogar noch an, so daß eine bedeutende Coursbesserung zwischen der letzteren und der Zeit nach dem Ausbruch der Krisis wahrzunehmen ist. Die Course der internationalen Speculationspapiere und der industriellen Effecten, welche wie immer auf eine unsinnige Höhe mit einem Agio von 200—500 pCt. hinaufgeschnellt waren, fielen dagegen um eben so tief wieder und noch tiefer herab. Von der ersteren steigenden Bewegung der Staatseffecten machte nur die französische Rente eine Ausnahme, welche die nothwendige Folge der colossalen Vermehrung der Staatsschuld zur Zahlung der Kriegsentschädigung war.

Jene Bewegung der Course der Staatspapiere, der sich die schweren Eisenbahn-Prioritäten und Pfandbriefe anschlossen, war so bedeutungsvoll, daß wir die Course einiger der hauptsächlichsten nachfolgend verzeichnen:

Vergleich der Course

einiger Haupt-Effecten vor dem deutsch-französischen Kriege und nach der Krisis.

Staatspapiere.

	14. März 1870.	15. Sept. 1873.
Preußische 4 1/2 % Anleihe	93 1/2	101
Preußische Staatsschuldscheine	78 1/3	90 3/4
Prämienanleihe	116 1/2	128 1/2
Französische 3 % Rente	74 2/3	58
Englische Consols	92 7/8	92 3/8
Amerikanische Bundes-Obligationen	96 3/8	98
Oesterreichische Papierrente	50 1/2	62
„ Silberrente	58 1/2	65
„ 1860er Loose	80 1/4	91
Italienische Rente	55 3/4	61 1/4

Pfandbriefe.

	14. März 1870.	15. Sept. 1873.
Posener Credit-Pfandbriefe	82	90
Schlesische Pfandbriefe 3 1/2 %	76	81
" " Lit. A. 4 %	85	91 1/2
" " Lit. C.	86	93
" Rentenbriefe	88 3/8	94 1/8
Poln. Liquidations-Pfandbriefe	56 3/4	65

Eisenbahn-Stammactien.

	14. März 1870.	15. Sept. 1873.
Schles.-Freiburger	108 1/8	110 1/2
Köln-Mindener	123	148
Oberschlesische Lit. A. und C.	169 3/4	185
Rechte Oder-Ufer	88	126 1/4
" Staats-Prioritäten	96 1/4	125 1/4
Rheinische	114 3/4	141

Eisenbahn-Obligationen.

	14. März 1870.	15. Sept. 1873.
Schles.-Freiburger Prioritäten 4 %	80 1/2	89
" " 4 1/2 %	87 1/2	99
Oberschlesische " 3 1/2 %	72 5/8	82 1/4
" " 4 %	81 3/4	90 1/4
" " 4 1/2 %	88 3/8	99 3/4
" " 5 %	97 1/2	102

In ihrem Ursprunge war die Krisis eine reine Börsenkrankheit. Handel, Industrie und Landwirthschaft blieben an und für sich anfangs unberührt und wurden nur in so weit in Mitleidenschaft gezogen, als ihre Interessenten sich ebenfalls mit ihren Ersparnissen am Börsenspiel betheiligt hatten. Später freilich mußten fast alle Kreise unter den Folgen der Einschränkung der Consumtion leiden, welche erst allmälig nach dem Rückfall der Preise in das Normalniveau und der allgemeinen Erholung wieder zunehmen kann. Diese geringere Mitleidenschaft der übrigen Erwerbszweige läßt sich in Deutschland und Oesterreich wenigstens aus der Thatsache entnehmen, daß die großen Banken gar nicht so sehr wie bei früheren Krisen überlaufen wurden, daß deshalb der Discontosatz auch nicht so hoch wie 1866 und 1857 stieg, und daß speciell in Oesterreich die Valuta keine bedeutenden Schwankungen zeigte. Anders war es freilich in den Vereinigten Staaten. In Oesterreich-Ungarn zeichnete sich namentlich die Nationalbank durch ein überaus correctes und solides Verfahren aus. Sie hatte schon 1869 rechtzeitig gewarnt, und hat sich wahrscheinlich nur durch die Stimmung des Publikums abhalten lassen, den Discontosatz im Jahre 1872 noch höher anzusetzen. Jedenfalls war der vom 21. März 1873 an geltende Satz von 5 pCt. für Wechsel und von 6pCt. für Lombard zu niedrig.

Um übrigens die Verhältnisse der Valuta genau beurtheilen zu können, müssen wir einen Rückblick auf die Nationalbank und die Umlaufsmittel von Oesterreich-Ungarn werfen.

Wir beginnen mit dem Hinweis, daß durch das Bankgesetz von 1862 § 14 der Umlauf durch Metallgeld nicht gedeckter Noten auf fl. 200,000,000 festgesetzt worden ist.

In Folge der Reform des Bankgesetzes im Jahr 1862 und auf Grund des Uebereinkommens zwischen Staat und Bank vom 27. December 1862 wurde die Schuld des Staates an die Bank wie folgt geregelt:

1. Schuld aus der Einlösung des Wiener Währungspapiergeldes . . . . fl. 36,547,161
2. Silberschuld vom Jahre 1859 . . . . . „ 20,000,000
3. Permanente Schuld . . . . . . „ 80,000,000
4. Staatsgüterschuld . . . . . „ 80,842,083

fl. 217,389,244

Von dieser Schuld sollten 80 Millionen permanentes Darlehen bleiben und fl. 137,289,244 in den Jahren 1863—1866 in vorausbestimmten Raten zurückgezahlt werden. Bis im Jahre 1865 waren in der That fl. 127,239,000 vom Staate zurückgezahlt und man gab sich der sicheren Erwartung hin, daß im folgenden Jahre die Schuld des Staates völlig abgetragen und die Valuta wieder hergestellt sein werde. Der Finanzminister, Graf Larisch, that damals den denkwürdigen Ausspruch: „Die Herstellung der österreichischen Valuta wird aller Voraussicht nach noch vor Beginn des Jahres 1867 eine Thatsache geworden sein. Zur Stunde ist das Silberagio bereits auf 105 gesunken und ein Blick auf den Bankausweis zeigt, daß die österreichische Nationalbank heute zu den bestfundirten, durchaus consolidirten Creditinstituten Europa's gehört. Eine Benutzung der Banknotenpresse zur Deckung von Staatsbedürfnissen ist durch unübersteigliche Schranken des Gesetzes und der Controle zur Unmöglichkeit geworden."

Das darauf folgende Kriegsjahr machte freilich alle diese Erwartungen zu Schanden und jene Schranken ergaben sich als nicht unübersteiglich. Um sich in finanzielle Kriegsbereitschaft zu setzen, decretirte am 5. Mai 1866 die Regierung Staatspapiergeld. Die Banknoten von 1—5 Gulden wurden zu Staatsnoten erklärt, die Hinausgabe des weiteren Betrages bis zur Maximal-Höhe von 150 Millionen Gulden in Aussicht gestellt und die Nationalbank verpflichtet, das Aequivalent für die vom Staate übernommenen Noten demselben in Banknoten höherer Appoints zu leisten.

Durch Gesetz vom 7. Juli 1866 wurde dem Finanzminister ein Credit von 200 Millionen Gulden angewiesen und die Nationalbank genöthigt, bis die Umstände gestatten würden, ein Anlehen zu erheben, oder förmliche Staatsnoten auszugeben, demselben einen Betrag von 60 Millionen Gulden in Banknoten gegen Ersatz der Fabrikationskosten vorzuschießen. Das Bankgesetz wurde demgemäß suspendirt. Am 25. August wurde durch das Gesetz verfügt, daß der Rest des obigen Credits im Betrage von 140 Millionen theils durch Emission 5procentiger Staatsschuldverschreibungen zu den bestmöglichen Preisen bis zum Ertrag von 50 Mill. Gulden beschafft werden solle, theils durch förmliche Staatsnoten zu 1 und 5 Gulden für die übrigen 90 Mill. Gulden.

Die Ausführung dieser Gesetze brachte in dem Stand der österreichischen Nationalbank eine traurige Veränderung hervor. Im April 1866 hatte der gesammte Banknoten-Umlauf fl. 337,923,886 und das Silberagio $106^{3}/_{4}$ betragen; im Juli liefen 361,770,471 Noten und dazu 140,935,321 Staatsnoten, im Ganzen 502,705,792 Zettel um und das Siberagio stand auf $128^{1}/_{2}$. Ende December 1866, 1867 und 1868 war der Stand der Bank folgender:

Die Oesterreichische Nationalbank.

Millionen Gulden.

	1866.	1867.	1868.
Banknoten-Umlauf	283·98 —	247·02 —	276·18
Staatsnoten-Umlauf	215·79 —	301·13 —	298·33
Gesammt-Umlauf	499·77 —	548·15 —	574·51
Metallschatz	104·00 —	108·34 —	108·6
Wechsel-Portefeuille	38·88 —	77·09 —	81·95
Lombard-Darlehen	30·84 —	25·01 —	37·78
Silberagio	129·10 —	119·5 —	117·5
Cours der Bank-Actien	—	— 680	— 677
	1871.	1872.	1873.
Banknoten-Umlauf	317·33 —	318·36 —	338·57
Staatsnoten-Umlauf	373·60 —	375·98 —	376·88
Gesammtnoten-Umlauf	690·93 —	696·34 —	715·45
Metallschatz	139·06 —	142·07 —	144·04
Wechsel-Portefeuille	136·98 —	167·19 —	180·37
Lombard-Darlehen	33·29 —	28·62 —	46·11
Silberagio	114·75 —	106·50 —	108·75
Cours der Bankactien	814 —	966 —	982

Im Jahre 1867 mußte die Nationalbank eine Million Zuschuß des Staates erhalten, um die ihren Actionären schuldige Dividende auszahlen zu können. Statt der bedungenen 7 pCt. konnten dieselben doch nur 6·53 pCt. erhalten. Da die ungarische Regierung keine Einsprache gegen die Zahlung dieser Million erhob, sondern bei dieser Finanz-Operation mitwirkte, so hat sie zugleich ihren Antheil an der Verpflichtung gegenüber der Bank in Betreff der permanenten Schuld von 80 Millionen indirect zugegeben, — obgleich sie ein directes Zugeständniß bis jetzt hinausgeschoben hat.

Großes Erstaunen erregte es daher, als das amtliche Blatt der ungarischen Regierung am 28. October 1868 erklärte, daß das Finanzministerium die Uebernahme der Achtzig-Millionen-Schuld und des Staatsbeitrags von 1 Million für ihren Theil zurückweise.

Beim Ausgleich mit Ungarn war zwar die Repartition der 80 Millionen permanenter Schuld an die Nationalbank vergessen worden, dagegen heißt es in dem § 5 des Gesetzes vom 24. Decbr.

1867 über die Beitragsleistung der Länder der ungarischen Krone zu den Lasten der allgemeinen Staatsschuld: „Die in Staatsnoten und Münzscheinen bestehende schwebende Staatsschuld von zusammen 312 Millionen Gulden wird unter die solidarische Garantie beider Reichstheile gestellt."

Der monatliche Umlauf an Bank- und Staatsnoten, sowie der Stand des Silberagios war in den Jahren 1872—1873 folgender:

Millionen Gulden.

1872.	Banknoten.	Staatsnoten.	Gesammtumlauf.	Silbercours.
1. Januar	317·3	373·6	690·9	114·75
Ende „	308·9	374·7	683·6	112·50
„ Februar	297·0	376·3	673·3	110·75
„ März	294·9	376·7	671·6	108·50
„ April	300·7	377·4	678·1	110·35
„ Mai	293·6	378·4	672·6	110·50
„ Juni	294·5	376·8	671·3	108·75
„ Juli	303·1	375·7	678·9	108·25
„ August	309·5	374·5	684·0	107·50
„ Sept.	318·5	375·0	693·4	107·85
„ Oct.	326·2	375·1	701·8	105·75
„ Nov.	322·4	374·4	696·8	108·0
„ Dec.	318·3	375·9	694·2	106·60
1873.				
Ende Januar	320·9	376·1	697·0	107·50
„ Februar	301·1	376·9	678·0	108·0
„ März	298·6	377·2	675·8	107·75
„ April	315·6	378·4	694·0	107·90
„ Mai	340·6	378·6	719·2	109·50
„ Juni	338·5	376·8	715·3	108·75
„ Juli	344·7	368·7	713·4	107·75
„ August	339·2	364·3	703·5	105·75
„ Sept.	338·4	361·7	700·1	108·50
„ Oct.	366·2	359·2	725·4	107·75
„ Nov.	366·7	349·6	716·3	108·75
„ Dec.	358·9	344·0	702·9	106·0

Oesterreichische Staatsnoten, Salinenscheine, Silberagio. 137

Die Verminderung der Staatsnoten gegen Ende 1873 um 34 Millionen kommt von der entsprechenden Einziehung an solchen gegen 6procentige Partial-Hypothekar-Anweisungen, sog. Salinenscheinen, her, welche die schwebende Schuld repräsentiren und deren Umlauf sich um eben so viel vermehrt hat, wie die nachfolgende Tabelle zeigt:

	Gulden österreichische Währung.	
Mit Ende des Monates	1873.	1872.
Januar . . .	35,831,232·50	37,269,732·50
Februar	35,091,032·50	35,667,932·50
März . . .	34,723,382·50	35,248,532·50
April . . .	33,563,882·50	34,551,932·50
Mai .	33,354,582·50	33,584,082·50
Juni .	35,116,832·50	35,138,532·50
Juli .	43,272,732·50	36,222,882·50
August	47,656,332·50	37,414,432·50
September .	50,221,332·50	36,933,982·50
October	52,796,282·50	36,887,332·50
November .	62,331,932·50	37,553,732·50
December . . .	67,966,432·50	36,008,082·50

Die obige bemerkenswerthe Festigkeit des Silberagios im Jahre 1873 erscheint nur wenig alterirt, wenn man die Minimal- und Marimalsätze betrachtet, da die Fälle stärkeren Steigens aus besonderen Veranlassungen hergeleitet werden können:

2. Januar	106·75	—	Agio	6·75	pCt.	
1. März	108	—	„	8	„	(Erste Getreide-Einfuhr nach einer Reihe von Jahren.)
1. Mai	107·90	—	„	7·90	„	
8. „	108	—	„	8	„	
10. „	107·65	—	„	7·65	„	
17. „	111·60	—	„	11·60	„	(Suspension des Bankgesetzes § 14.)
6. Juni	110·50	—	„	10·50	„	
18. „	112·50	—	„	12·50	„	
27. „	109·25	—	„	9·25	„	
25. Juli	109	—	„	9	„	

28. August 106·75 — Agio 6·75 pCt.
24. Sept. 108·60 — „ 8·60 „
13. October 108·10 — „ 8·10 „
10. Novbr. 110 — „ 10 „ (Ankündigung der Papier-
geldvermehrung.)

Bei Beurtheilung der Schwankungen der Valuta ist stets der natürliche Proceß des Umlaufes im Auge zu behalten, — der Umstand, daß die Circulationsmittel sich nach der Zahl und Beschaffenheit der Umsätze richten; daß weniger Umlaufsmittel nothwendig sind, wo die Umsätze sich vermindern, oder wo Surrogate wie Clearinghäuser oder Compensationsanstalten bestehen; daß die Umsätze leicht schwanken, nicht blos im Verhältniß zum gewöhnlichen Umlauf der Production und des Consums, sondern auch im Verhältniß zum Umsatz des Capitals, — des stehenden wie des umlaufenden — der Grundstücke und Häuser, wie der Schuldscheine oder Werthpapiere, — daß aber die Schwankungen unter dem Zwangscours häufiger und stärker sind, weil die Versicherungsprämie dazu kommt, von der wir schon früher gesprochen haben.

So sehen wir also auf obiger Tabelle das Silberagio bei beginnendem Getreide-Import am 1. März steigen, weil mehr Zahlungsmittel für das Ausland, d. h. Metallgeld angeschafft werden mußte, und nach Ausbruch der Krisis noch mehr in die Höhe gehen, weil die Umsätze von Effecten an der Börse sich vermindert hatten, und deshalb weniger Umlaufsmittel in Bank- oder Staatsnoten nöthig waren. Wir sehen das Silberagio von Neuem steigen bei dem Gerücht einer weiteren Notenvermehrung, weil die umlaufenden Noten durch eine solche an Werth verloren haben würden.

Hierin liegt also ein neuer Beweis, daß die Krisis in ihrem Anfang als eine Börsenkrisis zu betrachten war. Ueber die inneren Vorgänge der Wiener Börse, welche der Katastrophe vorangingen, gibt eine sachkundige Feder im Frankfurter „Actionär" u. a. folgende Schilderung:

„Nachdem die österreichischen Staatsfinanzen einigermaßen in Ordnung gebracht waren, kam das Bank- und Associationswesen in Schwung. Der große Fehler (?) der Zinsreduction lenkte das Capital und den Credit von den Staatspapieren ab zu den Industrie- und Speculationseffecten. Der Courserhöhung folgte alsbald die Agiotage, der Agiotage glückten die Gründungen, und plötzlich entstanden Luftgebäude, Phantasiepaläste. Die Nationalbank verschloß ihre Casse der Effectenbelehnung, und man umging ihre Maßnahme durch Anfertigung von Reiterwechseln, so daß bei verändertem Geschäftsgange in Waaren sich dennoch das Wechselportefeuille vermehrte. Das Privatcapital hingegen verzinste man im Kostgeschäft an der Börse. Die Prolongation der Effectendepots mußte doppelten und dreifachen Ersatz geben für stockenden Producten- und Waarenabsatz. Die eigenen Fonds und die durch Credit herbeigeschafften Capitalien wurden an die Börse geschleppt und durch Reportirung von Papieren verzinst. Binnen kurzem etablirten sich eigens Banken zu diesem Behufe; anderthalb Dutzend Maklerbanken hatten blos den Report, oder wie es hier heißt, die Kostnahme zum Zweck und zur Ausbeute. Der Reportwucher kam in Blüte. Das Geld wurde künstlich rar gemacht, der Credit nach Laune gewährt oder verweigert, der Zinsfuß künstlich auf 40—50 pCt. p. a. gesteigert, oder für begünstigte Unternehmungen auf ein Minimum herabgesetzt. Alle neuen Unternehmungen sicherten sich zuerst die leichte und billige Unterbringung der zu emittirenden Actien auf längere Zeit und die Syndikatstheilnehmer hatten hierdurch den Rücken gedeckt, bis das getriebene Agio ihre Waare mit Gewinn verkäuflich machte. Man constituirte heute eine Actiengesellschaft und ließ morgen die noch ungedruckten Actien durch eine Bank belehnen, damit sie nicht zu Markte kommen. Die Anlockung zur Subscription oder firen Uebernahme war dadurch unwiderstehlich, denn man hatte keine Geldauslage, keine Capitalbesorgung, keine Effectenübernahme, all das ordneten die Agenten im Auftrage der Gründer und Emittenten unter Beistand des reportirenden Capitals! Man hatte blos die Mühe, die Differenzen einzucassiren! Dieses Reportiren der Effecten wurde systematisch betrieben, wie sonst der Escompte von Wechselbriefen. Häuser und Banken überließen Millionen, sage Millionen den Maklern und Sensalen zur beliebigen Verwendung, weil man nebst dem Faustpfand an Werthpapieren mit mehren Procenten unter dem Tagescours die Garantie des Vermittlers besaß. Das belehnte Papier ließ sich nebst dem Wucherzins eine exorbitante Provision aufrechnen, weil doch der mühelose Gewinn Alles ersetzte. Die Clique der Gründer speculirte auf diese Erleichterung der Kostnehmer und Allen voran die **Maklerbanken** häuften sorglos Millionen Effecten zweifelhaften Ursprungs und dubiösen Werthes, um durch den Report immense Dividenden zu verdienen. Wenn schon irgendwo die Voraussicht auf eine Baisse obwaltete, so hielt man eine Reaction der Course um 10 oder 20 pCt. für das Maximum, und solchem Falle war man gewachsen. Selbst die **soliden** und bedächtigen Institute und Bankiers wiesen nur die Actien neuer Unternehmungen zurück, nahmen jedoch ohne Anstand ältere bewährte Papiere in Prolongation, nachdem sie sich von allen Gründungen fernhielten und überhaupt ihre Effectenspeculation einschränkten. Die meisten Capitalien, den „Krach" erwartend, befanden sich im Report und gerade dieses Verhältniß gab der Krisis den verhängnißvollen Ursprung und Verlauf. Die reportirenden Banken, Bankiers und Capitalisten forderten **unverweilte Deckung**, sobald die Course fielen; bei dem ersten Sturm wurden Effecten zugeschossen. Allein der weitere Sturz der Course war von der Unrealisirbarkeit und fast Werthlosigkeit vieler Papiere, besonders jüngster Gründungen, begleitet, und der entzogene Credit konnte durch nichts ersetzt werden. Die Reportkrisis wurde zur Epidemie und es gab kein Heilmittel für diese Pest. Die Kostnehmer oder Reporteure wurden krank, sie konnten ihren Clienten nicht beistehen und erschienen selbst hülfsbedürftig; namentlich die **Maklerbanken**, welche mit dem **zehnfachen Betrag ihres Actienfonds** in belehnten Effecten vergraben waren, wollten durch Executionen sich Luft verschaffen, aber die angebotene Waare fand selbst zu niedrigstem Preise keine Nehmer. **Der Zinswucher war in seinem eigenen Netze gefangen. Die Reporteure wurden plötzlich Besitzer von Effecten, die sie niemals besitzen mochten, und zu Compensationscoursen, welche die gewonnenen Interessen sammt einem Theile des Capitals, wenigstens momentan, verschlangen.** Die wohlhabendsten und honettesten (!)

Sensale und Agenten waren außer Stande, die Verpflichtungen ihrer Committenten auf die eigenen Schultern zu laden, nachdem gar keine Uebersicht über die Höhe und Größe der Ansprüche zu gewinnen war. Die declarirten Insolvenzen fielen geringer ins Gewicht, als die verheimlichten und zu verheimlichenden, weil sonst jeder Ausgleich gestört würde. Die Häuser und Firmen mußten solvent erhalten werden, damit sie Zeit und Beihülfe gewinnen, den Anprall zu pariren. Die Reporteure insgesammt sahen sich gezwungen, den Bewucherten unter die Arme zu greifen; man behielt die Sachen unrealisirbarer Depots in Kost oder nahm sie in festen Besitz gegen Abrechnung."

Zur Zeit, als der Rausch der Hausse am stärksten war, im März 1872 suchte die österreichische Regierung den Gründungen und Emissionen einen Zügel anzulegen; allein noch am Anfang April schreibt man dem „Actionär": „Fast jede Nummer der Wiener Zeitung bringt eine oder zwei neue Bankconcessionen. Der Minister des Innern (v. Lasser) wollte anfangs nicht mehr als eine täglich zur Veröffentlichung gestatten, allein die Gründer bestürmten ihn so lange bis er die Bewilligung ertheilte, daß deren zwei täglich veröffentlicht würden." Noch um Mitte desselben Monats kam ein Rückschlag, der Creditactien von 352 auf 335 und Anglobank von 372 auf 299 warf und derselbe Correspondent fürchtet, daß die Gründer und Großen bereits begännen ihre Schäfchen ins Trockene zu bringen; allein bereits Ende April ist er wieder guter Dinge, und im Juni gab die französische Milliardenanleihe dem Spielgeist neue Nahrung. Im August schreibt daher eine andere Feder in dem genannten „vielseitigen" Blatte: „Nur der incarnirte Pessimist, der gewohnt ist, zu allen Zeiten das schärfste kritische Messer zu gebrauchen, kann es noch nicht über das Herz bringen, dem jetzigen Aufschwung aller Börsen ein Wort des Beifalls zu zollen." Die Regierung versucht aufs Neue zu zügeln, indem der Finanzminister die Ausgabe von „jungen" Actien verbieten will. Die Speculation aber hilft sich durch alte Bankconcessionen und das System der Cartel-Banken. Im September 1872 läßt sich zum ersten Mal die sichere Wahrnehmung machen, daß die Zahl der kühleren Zweifler wächst; die Contremine fängt an

Bedeutung zu gewinnen und vom October an beginnt die österreichische Rente zu steigen, also Capital sich zurückzuziehen. Während noch im December der allgemeine Rausch in der Baubankspeculation seinen Höhepunkt erreicht, begannen die Finanzgrößen ihren Rückzug mit allem Ernst anzutreten. Die Creditanstalt und andere große Banken fangen an, alle zweifelhaften Lombarddarlehen, namentlich die Börsen-Depots zu kündigen und den Credit ihrer Contocorrentschuldner einzuschränken. Gegen 20 Millionen Gulden Effecten suchte sie bis im April abzustoßen. Da diese anderweitig untergebracht werden sollten, so fing von Anfang April an das Fallen der Course der Börseneffecten, welche sodann am 9. Mai mit jähem Sturze fast gleichzeitig mit dem Falle von Thiers in Paris den Ausbruch der Krisis herbeiführten. Bevor wir zur Schilderung dieser Katastrophe übergehen, geben wir einer vergleichenden Zusammenstellung der Liquidations-Course der Wiener Börse am 6. und 30. April und am 25. Mai Raum, welche die Höhe des Sturzes kennzeichnet:

Liquidations-Course der Wiener Börse 1873.

am 6. April, 30. April, 25. Mai.

	Gulden.	Gulden.	Gulden.
Papierrente	70 20	70 20	68 —
Oesterreichische Silberrente .	72 40	72 70	71 50
1860er Loose	103 60	102 20	99 50
1864er Loose	145 50	142 —	142 —
Ungarische Prämien-Loose . .	98 50	98 —	90 50
Türkenloose	75 70	73 —	70 50
„ 2. Emission . .	— —	34 —	— —
Anglo-österreichische Bank .	309 —	284 —	215 —
Anglo-Ungarische Bank . .	120 —	117 —	80 —
Austro-Egyptische Bank . . .	169 —	164 —	140 —
Austro-Ottomanische Bank . .	126 —	118 —	83 —
Austro-Türkische Creditbank . . .	130 —	115 —	72 —
Baugesellschaft, Allgemeine Oesterr. . .	285 —	261 —	142 —
Wiener Baugesellschaft	313 —	302 —	142 —
Baugesellschaft für billige Wohnungen	74 —	65 —	43 —
Baugesellschaft, Leopoldstädter . .	116 —	105 —	60 —
Baugesellschaft, milit. erste österr.	126 —	102 —	68 —

Liquidationscourse der Wiener Börse. 143

am 6. April, 30. April, 25. Mai.

	Gulden.	Gulden.	Gulden.
Baugesellschaft, niederösterreichische	112 —	88 —	— —
„ Pester	108 —	— —	— —
„ Steiermarker	54 —	48 —	34 —
Banactiengesellschaft, allg. Wiener	145 —	134 —	65 —
Baubank, Triester	52 —	— —	— —
Bau- und Mieth-Gesellschaft	126 —	104 —	— —
Bau- und Verkehrs-Gesellschaft	120 —	105 —	60 —
Baden-Vöslauer	102 —	92 —	62 —
Börsenverkehrs-Bank Wiener	250 —	231 —	— —
Börsen- und Arbitrage-M.-B.	276 —	252 —	75 —
Börsen- und Creditbank	170 —	150 —	— —
Commissionsbank	214 —	199 —	— —
Commercialbank	157 —	157 —	— —
Creditanstalt	334 —	324 —	285 —
Ungarische Creditbank	184 —	181 —	158 —
Creditbank, Wiener	253 —	230 —	146 —
Depositenbank	122 —	118 —	103 —
Donau-Dampfschiff-Gesellschaft	684 —	672 —	618 —
Oesterr.-ungarische Escomptebank	102 —	85 —	— —
Eisenbahn-Baugesellschaft	114 —	100 —	70 —
Eisenbahnw.-Leih-Anstalt	115 —	117 —	80 —
Elbemühl-Papier-Fabrik	124 —	117 —	95 —
Franco-Oesterr. Bank	143 —	136 —	112 —
Franco-Ungarische Bank	100 —	96 —	64 —
Graz-Waager-Masch. B.-G.	132 —	125 —	— —
Handelsbank	304 —	286 —	202 —
Handelsgesellschaft für Real-B.	104 —	92 —	54 —
Hypothekar-Renten	273 —	199 —	95 —
Industrialbank	125 —	118 —	— —
Industrial-Baugesellschaft	124 —	117 —	— —
Industrie- und Bodencredit	135 —	122 —	89 —
Innerberg-Hauptgewerkschaft	338 —	343 —	285 —
Italisch-Oesterreich.	183 —	163 —	100 —
Leopoldstädter Bank	228 —	— —	— —
Lombardverein, Wiener	265 —	235 —	— —
Länderbankverein	192 —	174 —	120 —
Nationalbank	958 —	944 —	960 —
Niederösterreichischer Bauverein	110 —	91 —	— —
Oesterreichische Allgemeine Bank	369 —	351 —	210 —
Oesterreichische Intervent.-Bank	133 —	110 —	— —

	am 6. April	30. April	25. Mai
	Gulden.	Gulden.	Gulden.
Prager Bankverein	122 —	116 —	82 —
Raten= und Renten=Bank	120 —	112 —	— —
Seehandlung	104 —	83 —	57 —
Steyrermühl-Papierfabrik	137 —	136 —	110 —
Straßen= und Brückenbau	176 —	— —	135 —
Tramway=Baugesellschaft	181 —	169 —	110 —
Ungarische Allg. Bodencreditanstalt	113 —	106 —	78 —
Unionbank	251 —	244 —	172 —
Union=Baugesellschaft	159 —	145 —	85 —
Vereinsbank	196 —	182 —	106 —
Verkehrsbank	217 —	209 —	185 —
Vorortebank	230 —	215 —	148 —
Wiener Bankverein	380 —	358 —	295 —
„ Bauverein	116 —	101 —	62 —
„ Börsenbank	224 —	198 —	90 —
„ Maklerbank	258 —	225 —	52 —
„ Wechslerbank	284 —	264 —	132 —
„ Wechselstuben=Gesellschaft	202 —	180 —	125 —
„ Parc.= und Baugesellschaft	165 —	143 —	60 —
Wienerberg=Ziegelfabrik	264 —	— —	220 —
Alföld=Fiume=Bahn	170 —	170 —	165 —
Bergbahn-Gesellschaft	230 —	188 —	108 —
Karl-Ludwigsbahn	224 —	224 —	217 —
Elisabethbahn	243 —	242 —	237 —
Nordbahn	2260 —	2230 —	2150 —
Franz=Joseph=Bahn	222 —	222 —	217 —
Kaschau=Oderberg=Bahn	173 —	171 —	166 —
Lemberg=Czernowitz=Jassy=Bahn	152 —	152 —	150 —
Oesterr. Nordwestbahn	215 —	215 —	213 —
„ Lit. B.	184 —	182 —	178 —
Pardubitzer Bahn	174 —	170 —	166 —
Rudolphbahn	168 —	166 —	162 —
Siebenbürger Bahn	172 —	170 —	159 —
Staatsbahn	322 —	334 —	323 —
Südbahn	189 —	190 —	183 —
Theißbahn	239 —	234 —	224 —
Tramway=Actien	384 —	363 —	275 —
Ungar. Nordostbahn	150 —	145 —	136 —
Ungar. Ostbahn	129 —	123 —	112 —
Ungar. Westbahn	161 —	162 —	152 —

Bis Ende April war das in seinen Grundfesten erschütterte und bereits wankende Gebäude noch künstlich gestützt worden, in Erwartung der Eröffnung der Weltausstellung, welche den Speculanten, die gleich einem der Gefahr des Ertrinkens Nahen an einem Strohhalm sich zu retten suchten, wie ein „Deus ex machina" erschien, der durch ein bisher unbekanntes Mittel allen begonnenen Verlegenheiten ein Ende machen werde. Die Weltausstellung wurde am 1. Mai eröffnet, allein statt einer rettenden Hand erschien an der Wiener Börse bereits die Deroute. Die Hausse-Partei begann nach einigen empfindlichen Schlappen zurückzuweichen; bereits kamen Insolvenzen und Executionen vor. Noch ahnte aber Niemand, welche Katastrophe nahe bevorstand. Gleich schwarzen Wetterwolken vor dem Ausbruch des Gewitters zog sich das Unheil zunächst über der Wiener Börse zusammen. Am 5. und 6. Mai machte die Entwerthung der Course der Speculationspapiere größere Fortschritte. Am 7. Mai hielten 15 Banken eine Conferenz, um Maßregeln zu vereinbaren, wie dem weiteren Umsichgreifen der Auflösung Einhalt gethan werden könne. Am 8. Mai zeigten sich bereits die Vorboten des Sturmes: gegen hundert Insolvenzen kamen an der Börse vor. Die Bankconferenz versammelte sich aufs Neue. Die Coursverluste betrugen bereits gegen 300 Millionen Gulden.

Jetzt war kein Halt mehr! Am 9. Mai trat die Katastrophe des Zusammenbruches des ganzen Speculations-Gebäudes mit einer Heftigkeit ein, welche alle frühere Krisen in der Größe und Furchtbarkeit des Unglücks, das sie zur Folge hatte, in Schatten stellte. „In den Tagen des 8. und 9. Mai 1873," sagt Neuwirth in seinem trefflichen Werke über die österreichische Nationalbank, „stand die Wiener Börse förmlich unter der Herrschaft des Schreckens. Die tumultuarischen Scenen, welche sich da abspielten, hatten fast revolutionären Charakter, die leidenschaftlichen Wuthausbrüche der Betroffenen spotten aller Beschreibung. Die Signatur dieser Tage war die rapide, unaufhaltsame Entwerthung der überwiegenden Mehrzahl der an der Wiener Börse notirten Effecten." Das Börsengeschäft wurde gänzlich sistirt. Es herrschte ein vollständiges Chaos. Die Verzweiflung bemächtigte sich der Speculanten. Am Tage des großen „Kraches" faßten Manche aus der „Coulisse" große Herren vom „Schranken" an der Gurgel und forderten mit dem Schrei der Todesangst ihr Hab und Gut, um das die Gründer sie gebracht. Anderen umnebelte der Gedanke ihres entsetzlichen Ruins das Gehirn, daß sie der Pein durch Selbstmord ein Ende machten.*)

Bei keiner der früheren Krisen kamen so viele Unterschleife, Diebstähle und Betrügereien ans Tageslicht, — denn die Verbrechen pflegen ja mit der Höhe der Leidenschaften zu steigen.

Am Abend des 9. Mai war wieder Conferenz in der Börsekammer, um Mittel und Wege zu berathen, welche geeignet wären, nicht die Krisis aufzuhalten, sondern um die völlige Auflösung aller Bedingungen des Verkehrs und der Existenz zu verhüten. Der Schrecken hatte so sehr alle Gemüther gelähmt, alles Vertrauen und allen Credit zerstört, daß nicht blos die Speculationspapiere auf einem Punkte der Entwerthung angelangt, wo sie unverkäuflich, unversetzlich waren, sondern daß Viele auch den Zeitpunkt herannahen sahen, wo ihnen, mit dem eisernen Schrank voll Werthpapieren das Geld mangeln würde, um die nöthigen Nahrungsmittel einzukaufen.

Das Resultat der ersten Berathung in der Börsenkammer war, daß die Maßregeln früherer Krisen nachgeahmt wurden. Es wurde ein Aushilfs-Comité (das erste) zur Beleihung von Speculationspapieren, welche bei der Nationalbank und anderen soliden Credit-

---

*) Während keiner der früheren Krisen kamen so viele Selbstmorde aus allen Ständen vor; in keiner griffen diese Verzweiflungsacte so epidemisch um sich, daß sie später nicht mehr auf die Kreise der Börse sich beschränkten, sondern auch Gewerbetreibende und Arbeiter in den Strudel rissen und daß ihnen endlich sogar ein ruhmgekrönter Feldherr (F.-Z.-M. v. Gablenz) zum Opfer fiel. Doch nicht alle faßten ihre Lage so tragisch auf. Einige Börsenjobber fingirten den Selbstmord, indem sie ihre alten Kleider an einer Brücke niederlegten und in neuen das Weite suchten. Ein Dienstmann, der durch glückliche Speculationsversuche an der Börse ein Vermögen gewonnen und eine Equipage sich angeschafft hatte, — stellte sich, nachdem er Alles verloren, ruhig wieder an seine Ecke. Im darauf folgenden Winter sah ich einen früheren Millionär in bitterer Kälte durch die Straße wandern im dünnen Sommerrocke, die gekreuzten Arme in ein buntes baumwollenes Taschentuch gezwängt, um des Frostes sich zu erwehren.

anstalten keine Annahme finden, gebildet, und von den großen Häusern sofort ein Garantiefonds von 20 Millionen Gulden gezeichnet. Es wurde ein Moratorium für Differenzzahlungen bis zum 15. Mai gewährt und ein Compensationscours für alle Effecten festgestellt.

Das waren Maßregeln, welche die äußerste Noth erzwang, — als eigentliche Heilmittel konnte man sie bei der ungeheuren Höhe des Engagements nicht betrachten. Schon am folgenden Tage zeigten sie sich als unzureichend; am 11. Mai begab sich eine Deputation der Banken zum österreichischen Ministerpräsidenten, Fürsten Auersperg, um Maßregeln der Regierung zur Abhilfe zu erbitten, und am 12. Mai versammelten sich die Directionen der Baugesellschaften, um die Mittel zu berathen, durch welche sie einer Einstellung ihrer Arbeiten vorbeugen könnten. Der Finanzminister zögerte Anfangs mit Recht, mit Staatsmitteln für die Sünden der Speculation einzutreten; allein als die Gefahr sogar bis in die höchsten Kreise hinauf züngelte, gab er dem Andringen nach und erwirkte beim Ministerium und Kaiser die Genehmigung der Suspension der Bankacte, wofür noch am 12. Mai die erforderliche Einwilligung des ungarischen Finanzministers auf telegraphischem Wege eingeholt wurde. Die betreffende Verordnung erschien am 13. Mai in der amtlichen Zeitung und lautete wie folgt:

Kaiserliche Verordnung vom 13. Mai 1873,

wodurch mit Beziehung auf § 14 des Grundgesetzes über die Reichsvertretung vom 24. December 1867 (R. G. Bl. Nr. 141) der § 14 der Statuten der priv. österr. Nationalbank (R. G. Bl. Nr. 31 vom Jahre 1872) abgeändert wird.

Die Nationalbank wird ermächtigt, statutengemäß Wechsel zu escomptiren oder Effecten statutengemäß zu belehnen, ohne hinsichtlich der dafür ausgegebenen Notensummen an den im Absatze 2 des § 14 der Bankstatuten (Gesetz vom 18. März 1872, R. G. Bl. Nr. 31) festgesetzten Betrag gebunden zu sein.

Diese Verordnung wurde der Direction der österreichischen Nationalbank, welche nicht darum nachgesucht hatte und deshalb sowohl, als auch wegen des noch obwaltenden Zwangscourses in ganz anderer Lage war, als z. B. die Bank von England, in Begleitung einer

Note des Finanzministers de Pretis mitgetheilt, welche wie folgt lautete:

„Es ist Eurer Excellenz wohl bekannt, daß die Regierung der gegenwärtigen anormalen Lage des Geldmarktes ihre volle Aufmerksamkeit zugewendet hat und darauf bedacht war, im Falle des wirklichen Bedürfnisses die erforderlichen außerordentlichen Mittel zu ergreifen, damit die herrschende Krisis, welche bisher ausschließlich auf die Kreise der Börse beschränkt blieb, sich nicht zu einer nachhaltigen Gefährdung des Handels und der Industrie steigere. Um die nunmehr drohend gewordene Gefahr abzuwenden, haben S. Majestät auf den mit Zustimmung der königl. ungarischen Regierung gestellten Antrag des Ministerrathes die aus der Beilage ersichtliche allerhöchste Verordnung zu erlassen geruht, mittelst welcher die Nationalbank ermächtigt wird, Wechsel zu escomptiren oder Effecten statutenmäßig zu belehnen, ohne hinsichtlich der dafür ausgegebenen Notensummen an den im zweiten Absatze des § 14 des Gesetzes vom 18. März 1872 festgesetzten Betrag gebunden zu sein. Indem ich mich beehre Eure Excellenz hiervon in Kenntniß zu setzen, muß ich ausdrücklich betonen, daß die Absicht der Regierung lediglich dahin gerichtet ist, durch diese außerordentliche und selbstverständlich nur auf die Dauer der äußersten Nothwendigkeit beschränkte Maßregel der Erschütterung des Vertrauens in den zahlungs- und creditfähigen Kreisen vorzubeugen und größere Calamitäten abzuwenden. Ich darf mich wohl der sicheren Erwartung hingeben, daß die Nationalbank von dem ihr hiermit eingeräumten Rechte nur insoweit Gebrauch machen wird, als es nothwendig ist, ernsten Verwicklungen vorzubeugen."

Diese letztere Ermahnung war eigentlich überflüssig, weil, wie oben bemerkt, nicht die Nationalbank es war, welche um Suspension des Bankgesetzes nachgesucht hatte. Die Ermahnung war der Aufforderung nachgebildet, welche die englische Regierung 1847, 1857 und 1866 an die Bank von England gerichtet hatte, dieselbe war aber in anderer Lage gewesen, weil die Direction der Bank die Suspension provocirt hatte.

Nach § 14 des Bankgesetzes vom 8. Juni 1862 hat nämlich „die Bankdirection für ein solches Verhältniß des Metallschatzes zur Notenemission Sorge zu tragen, welches geeignet ist, die vollständige Einlösung ihrer Noten gegen Silbermünze zu sichern, außer im Falle einer im gesetzlichen Wege verfügten zeitweiligen Einstellung der Noteneinlösung (wie sie gegenwärtig besteht). Es muß jedoch jedenfalls jener Betrag, um welchen die Summe der umlaufenden Noten 200 Millionen übersteigt, mit statutenmäßig escomptirten oder beliehenen Effecten oder mit eingelösten verfallenen Coupons von Grundentlastungs-Obligationen bedeckt sein; dann mit statutenmäßig eingelösten und zur Wiederveräußerung geeigneten Pfandbriefen der Bank, welche letztere jedoch den Betrag von 20 Millionen Gulden nicht überschreiten dürfen und nur mit zwei Dritteln des Nennwerthes zur Bedeckung dienen. Bis zur Höhe des vierten Theiles des Metallwerthes kann Gold in Münze oder in Barren anstatt Silbers zur Bedeckung verwendet werden."

Durch das Gesetz vom 18. März 1872 war dieser § 14 dahin abgeändert worden, daß die letztere Bestimmung wegfiel und seitdem nach Wahl der Bankdirection Silber oder Gold zur Bedeckung vorhanden sein darf.

Die Suspension dieses Gesetzes setzte die Nationalbank in Stand allen soliden Bedürfnissen zu Hilfe zu kommen. Gleichwohl kam sie nur bis zu einem sehr beschränkten Grade in die Lage, von jenem Rechte Gebrauch zu machen; denn der Ueberschuß des Notenumlaufs über den Metallschatz betrug am 11. Juni 1873 nur 192,503,704 fl., am 12. November 1873 222,668,071 fl., am 31. December 1873 nur 208,245,939 fl. und am 12. März 1874 blos 176,563,627 fl.

Auf die Maßregel der Regierung schien die Börse einen Augenblick Muth zu schöpfen; die niederösterreichische Handelskammer trat zur Berathung der Lage zusammen; allein am 15. Mai lief das Moratorium ab und neue zahlreiche Insolvenzen brachen aus, in Folge deren die Coulisse vollständig vernichtet und auch der Concurs der Commissionsbank, sowie der beiden Schwindlerbanken „Placht" und „Fels", bei denen besonders arme Leute ihre Ersparnisse niedergelegt, herbeigeführt wurde. Am 28. Mai beschlossen die großen Banken das Kostgeschäft wieder aufzunehmen, allein ohne Erfolg.

Der Monat Juni begann mit der Flucht des Cassiers der Creditanstalt, Pokorny, welcher die Bank um fl. 437,000 bestohlen hatte. Gleichzeitig mit diesem Ereigniß, welches eine Zeit lang das Mißtrauen allgemein machte, so daß auch die Actien dieser Anstalt geworfen wurden, deren Direction eigentlich die Gefahr der Situation rechtzeitig erkannt hatte, brach das große Bankhaus M. G. Werkersheim & Co. zusammen, was wegen dessen Beziehungen zu den Ungarischen Eisenbahnen Verwicklungen mit der Ungarischen Regierung nach sich zog.

Am 5. Juni nahm die Nationalbank die zinsenfreie Beleihung von Gold und Silber in ihr Programm auf; es wurde aber noch geringerer Gebrauch davon gemacht, als von der Effectenbelehnung und Escomptirung, obgleich die Bank bezüglich letzterer zu einer Erhöhung ihres Discontosatzes, welche, da im Uebrigen das Verfahren der Bank von England nachgeahmt worden war, zu erwarten gewesen wäre, sich nicht veranlaßt gesehen hatte.

Schon stieg auch in Ungarn die Geldnoth aufs Höchste, so daß der Finanzminister Vorschläge zur Abhilfe veröffentlichte, an die sich später namentlich die Forderung einer stärkeren Dotirung der Pester Filiale der Nationalbank schloß.

Den höchsten Gipfel der Verwirrung erreichte die Lage am 9. Juni, also einen Monat nach Ausbruch der Krisis durch die Zahlungseinstellung der Wechslerbank, weil dieselbe sich so in Eisenbahn- und andere Actien-Unternehmungen gerannt hatte, daß fast ihr ganzes Capital verloren war und ein Concurs erfolgte, welcher viele andere Institute nachzog und bis nach Breslau und Berlin ungeheure Verluste verursachte.

Endlich am 10. Juni erscheint das erste Zeichen der beginnenden Einsicht über die wahren Mittel, der Ursache der Krisis zu steuern, d. h. dem Umstande, daß der Capitalvorrath der Höhe der Unternehmungen nicht entsprach. Sieben Banken stellten das Project der Verschmelzung zu einer Anstalt mit Reduction des Nominalcapitals auf.

Am 13. bildet sich in Wien das zweite Aushilfs-Comité mit illimitirten Fonds, welches bald zahlreiche Nachahmungen in der Provinz, sowie in Ungarn hervorrief, und zu dessen Capital die Nationalbank, nebst den ersten Häusern zeichneten, so daß ein Capital von 8 Millionen in Wien zusammenkam. Diese Aushilfs-Comités in Wien, Pest, Temesvar, Brünn, Prag, Gratz und an anderen Orten haben eine recht wohlthätige Wirksamkeit entfaltet, dem ersten dringendsten Geldmangel gesteuert, zu einer Zeit, wo das allgemeine Mißtrauen das Geld in seine Schlupfwinkel scheuchte, und nicht wenig zur allmäligen Abtragung des riesigen, zum Theil auf Credit errichteten Schwindelgebäudes beigetragen. Es muß anerkannt werden, daß der Finanzminister de Pretis sich der Organisation dieser Hilfs=Comités mit der erforderlichen Beschleunigung angenommen hat. Schon am 24. Juni verschickte er den Entwurf zur Organisation dieser Hilfs=Comités an die Chefs sämmtlicher politischer Landesbehörden, mit Ausnahme von Niederösterreich, Dalmatien und Tyrol mit Vorarlberg, welchen er mit folgendem Rundschreiben begleitete:

„Wie Euer . . . unzweifelhaft bekannt ist, hat die übertriebene Speculation der Börse schon vor einigen Wochen den unvermeidlichen Rückschlag gefunden, dessen Wirkung sich vornehmlich in einer ernsten Erschütterung des allgemeinen Geldmarktes fühlbar machte. Die k. k. Regierung hat es für ihre Pflicht gehalten, in den wirthschaftlichen Proceß, welcher sich hiemit, wenn auch in einer für weite Kreise empfindlichen Weise vollzieht, nicht einzugreifen, weil ökonomische Krisen erfahrungsgemäß durch künstliches Zuthun nicht aufgehalten, sondern nur verzögert und verschlimmert werden.

Um jedoch nach Möglichkeit zu verhindern, daß die productive Thätigkeit durch die erschwerten Creditverhältnisse ins Mitleiden gezogen werde und die Krisis auch Handel und Industrie ernstlich gefährde, wurde durch die kaiserliche Verordnung vom 13. Mai die Nationalbank ermächtigt, Wechsel statutenmäßig zu escomptiren oder Effecten statutenmäßig zu belehnen, ohne hinsichtlich der dafür ausgegebenen Notensummen an den bisher statutenmäßig festgesetzten Betrag gebunden zu sein. Die Absicht der Regierung war dabei lediglich dahin gerichtet, durch diese außerordentliche selbstverständlich auf die Dauer der äußersten Nothwendigkeit beschränkte Maßregel der Erschütterung des Vertrauens in den zahlungsfähigen Kreisen vorzubeugen und größere Calamitäten abzuwenden. Glücklicherweise sind Handel und Gewerbe im Allgemeinen bisher von der Krisis nicht unmittelbar berührt, und wenn nicht alle Anzeichen trügen, ist auch für die Zukunft ernste Gefahr nicht zu besorgen, vorausgesetzt, daß die zunächst betheiligten financiellen, commerciellen und industriellen Kreise selbst es an der nöthigen Aufmerksamkeit und Thätigkeit nicht fehlen lassen.

Dem theils durch die Devaluation vieler Werthe gerechtfertigten, zum Theile aber auch von mancher Seite künstlich genährten Mißtrauen, welches — wenn es länger fortdauern sollte — den für Handel und Gewerbe unentbehrlichen Credit zu erschüttern drohen würde, kann nur dadurch abgeholfen werden, daß die gesunden Elemente aus allen Verkehrskreisen sich vereinigen, um gegenseitig für einander einzustehen und die gerechtfertigte Creditgewährung zu ermöglichen, für welche die Mittel — wie es sich zeigt — hinlänglich vorhanden sind.

Zu diesem Zwecke hat sich, wie Euer … aus den öffentlichen Blättern bekannt sein dürfte, in Wien unter Intervention der Nationalbank ein aus den Vertretern größerer Banken und Einzelfirmen zusammengesetztes Comité gebildet und sich unter gleichzeitiger Schaffung eines durch Subscriptionen gedeckten Garantiefonds für eventuelle Verluste die Aufgabe gestellt, vornehmlich durch Belehnung guter Effecten die Gewährung von Escompte-Crediten überall dort einzutreten, wo es sich darum handelt, durch Behebung momentaner Geldverlegenheiten die Unterbrechung gesunder wirthschaftlicher Thätigkeit zu verhindern.

Dieses Comité ist bereit, seine Wirksamkeit auch auf die übrigen Theile des Reiches überall dort auszudehnen, wo sich, sei es für bestimmte Plätze, sei es für gewisse Rayons, ähnliche Vereinigungen bilden, welche einen den Verhältnissen angemessenen Garantiefonds schaffen und durch das solidarische Eintreten ihrer Mitglieder Bürgschaft dafür bieten, daß die entweder durch das hiesige Comité direct bei der Nationalbank oder bei den Filialen derselben allenfalls in Anspruch zu nehmenden Mittel nur wirklich bedrohten, reellen Geschäfts-Interessen gewidmet werden.

Die Betheiligung der Regierung kann auch hier nur eine lediglich moralische sein. Ich ermächtige Euer … bei sich etwa ergebendem Anlasse im Verkehre mit den betheiligten Kreisen auf eine möglichst beschleunigte Thätigkeit in der angedeuteten Richtung anzurathen und denselben von dem beiliegenden Entwurfe Einsicht zu geben, welcher die Art und Weise der Bildung von Comités und den Kreis ihrer Thätigkeit skizzirt.

Entwurf.

Die Institute und Privatfirmen desselben Platzes oder eines geographisch zusammengehörigen Bezirkes bilden für den Rayon ihrer Thätigkeit einen Garantiefonds. Die Höhe des gebildeten Fonds und die beigetretenen Firmen sind hieher bekanntzugeben. Gestützt auf den Garantiefonds und dessen Größe, wäre die Summe, welche den einzelnen Plätzen oder Bezirken zugewiesen werden soll, im voraus zu bestimmen. Die Benützung der zur Verfügung zu stellenden Summen hätte in der Art zu geschehen, daß die an demselben Platze oder in demselben Bezirke zu einer Association zusammengetretenen Institute und hervorragenden Privatfirmen die zu reescomptirenden Wechsel, nachdem dieselben von einem von den vereinigten Instituten gemeinsam bestellten Censur-Collegium censurirt sind, einzeln mit ihren Giri versehen, so daß hierdurch Alle gleichmäßig und gemeinsam in Haftung treten, oder, wo dies aus örtlichen Gründen unthunlich wäre, hätten dieselben eine Solidarhaftungs-Urkunde zu errichten, in welcher eines der Institute bevollmächtigt wird, namens der Gemeinsamkeit zu giriren. Die Deckung für diese Solidarhaftung, respective für die etwa eintretenden Verluste hätte aber der zu bildende Garantiefonds zu bieten. An Orten, wo Filialen der Nationalbank bestehen, hätte der Reescompte direct bei diesen Filialen zu geschehen. Die an Orten, wo keine Nationalbank-Filialen bestehen, sich bildenden Associationen hätten sich im Wege des Wiener Aushilfs-Comités an die Nationalbank hinzuwenden.

Der größere Theil der Börsenspeculanten war mit jenen Maßregeln noch lange nicht zufriedengestellt; sie riefen noch immer die Hilfe des Staates an, gleich Kindern, welche, das Gebot der Mutter übertretend, irgend ein Unheil anrichteten, und wann sie die Bescheerung sehen, nach der Mutter schreien. Andrerseits aber gab es eine Partei, welche verlangte, daß man die Krankheit ihrem eigenen Verlauf überlasse, nachdem die Patienten jede Warnung in den Wind geschlagen, weil durch Staatshilfe die definitive Heilung, welche in der Liquidation besteht, nur hinausgeschoben würde, absolute Hilfe aber unmöglich sei. Wir selbst sprachen uns damals für einen Mittelweg aus, um die Leiden der an der Krisis nicht unmittelbar betheiligten, aber früher oder später von deren Folgen in Mitleidenschaft gezogenen gewerbetreibenden und arbeitenden Classen zu mildern. Denn die strenge Durchführung im Principe richtiger Ansichten werde meist durch die Verhältnisse verhindert, gerade wie bei Maschinen die reine Wirkung des Gesetzes der Schwere durch die Reibung und die Beschaffenheit des Materials. Im Allgemeinen ist jener Mittelweg in Wien beschritten worden und zwar zum Theil mit richtigem Tact. Die Hilfe des Staats ist auf die Ausdehnung der Befugnisse der Nationalbank beschränkt geblieben und die Hauptmaßregel, die Errichtung des Hilfs-Comités, ist der Selbsthilfe der Börse entsprungen.

Dabei mußten die Aushilfs-Comité besonders von einer Klippe zu wahren, vor welcher wir besonders gewarnt, — dem Ankauf von Effecten.

„Die noch so ausgedehnte Beleihung von Werthpapieren verschiedener Gattung, die noch so liberale Discontirung, schrieben wir — ja selbst Darlehen auf Waaren halten wir für nicht so bedenklich als den Ankauf. Wir sind keine Anhänger der Homöopathie, am wenigsten an der Börse — wir können daher unmöglich ein Mittel als Arznei empfehlen, durch dessen übermäßigen Genuß die Krankheit hervorgerufen worden ist. Durch den Ankauf von Effecten wird die Verantwortlichkeit der Speculanten beseitigt, und denselben die Mittel geboten, das Spiel aufs Neue zu beginnen. Die Ursachen der Krisis werden dadurch nicht entfernt, die Liquidation nur hinausgeschoben, um schließlich in drohenderer Gestalt wieder heranzurücken. Nach einer Weile wird sich herausstellen, daß auch dieses Mittel nichts mehr hilft. Durch die Beleihung hingegen wird das schon erreicht, was im Moment das Nothwendigste ist, — das fieberhafte, mit Krisen verknüpfte Mißtrauen wird beschwichtigt und dadurch das Einsperren des baaren Geldes vermindert, welches sonst Dimensionen annimmt, daß die Circulationsmittel zu den nothwendigsten täglichen Bedürfnissen nicht mehr ausreichen, weil ein Jeder, die Zahlungs= unfähigkeit seiner Schuldner fürchtend, sich viel früher und in viel stärkerem Maße mit Deckungsmitteln für seine eigenen Verbindlich= keiten versieht. Durch die, wenn auch liberale bloße Beleihung und Discontirung werden die Speculanten gezwungen, die endliche Ord= nung ihrer Angelegenheiten im Auge zu behalten — und die Krisis wird nicht durch neue Wagestücke verschärft. Die leitenden Preß= organe Wiens, insbesondere die „Neue freie Presse" gaben ihre Zu= stimmung zu dieser Ansicht, sowie zu der nachfolgenden am 24. Juni in der „Schles. Presse" veröffentlichten Untersuchung. Wir machten darauf aufmerksam, daß man zur Auffindung jenes Mittelweges und der Mittel zur Milderung der durch die Krisis herbeigeführten Cala= mitäten unterscheiden müsse zwischen der langsam herbeigeführten Krankheit und dem Fieber, mit welchem dieselbe plötzlich zum acuten Ausbruch kam. Die Krankheit selbst nämlich kann nicht durch künst= liche Mittel gehoben werden, so lange man keine Schätze aus dem Mond zu beziehen vermag, aber die Krisis kann gemildert werden, daß sie nicht zur wilden Panik ausartet, wie wir solches z. B. in London gesehen haben. Wir erklären uns näher.

Die Krankheit hatte sich schon seit Jahren eingeschlichen und war längst an ihren Symptomen erkannt worden. Sie bestand darin, daß die Speculation sich übernommen hat. In unseren civilisirten Ländern pflegen wir in Normaljahren und bei Mittelernten einen Ueberschuß über den jährlichen Verbrauch der Bevölkerung zu haben, welcher zum Capital geschlagen wird, mit dessen Hilfe neue Unternehmungen: Eisenbahnen, Fabriken, Bergwerke ꝛc. gegründet werden. Werden nun in einer bestimmten Periode, bei hochfluthendem Unternehmungsgeist, mehr neue Unternehmungen gewagt, als die allgemeinen Ersparnisse betragen, so werden die fehlenden Mittel, weil die Agiotage die neuen Unternehmungen lockender erscheinen läßt, aus den alten Anlagen und Geschäften genommen. Die Production der letzteren nimmt dadurch ab, während der Ertrag der neuen, eben weil sie neu sind, entweder noch gar nicht begonnen hat oder wegen des nicht zu vermeidenden Lehrgeldes und der noch mangelnden Kundschaft geringer ist, als der der alten. In dieser Zeit wird an der Börse nur die Zukunft escomptirt. Die Actien der neuen Unternehmungen rollen von einer Hand in die andere, von welchen jede ihr Agio haben will, und um an der allgemeinen Goldernte Theil zu nehmen, überschätzt Jeder ein wenig seine Kräfte, weil er hofft, noch zu rechter Zeit realisiren zu können. Die Course steigen fortwährend. Eine Zeit lang wird, — wie das alte Sprichwort sagt — ein Loch aufgemacht, um das andere zu verstopfen; — allein zuletzt läßt sich das künstliche Gebäude nicht mehr halten. Irgendwo knickt eine Stütze, und da Jeder auf die pünktliche Erfüllung der Verbindlichkeiten des Andern rechnen muß, weil er seine Kräfte aufs Aeußerste angespannt hat, so stürzen gleich Viele, wenn Einer fällt.

Dies ist der Augenblick, wo die Krankheit zur acuten Erscheinung kommt, wo die Krisis ausbricht und wo es gilt, dieselbe nicht zur Panik ausarten zu lassen, wenn man verhüten will, daß die ganze Production ins Stocken geräth und Hunderttausende von Arbeitern beschäftigungslos auf die Straße geworfen werden. In einem solchen Moment genügt es nicht, den Leichtsinn und die Habsucht der Speculanten anzuklagen und sie ihrem Schicksal zu überlassen, weil sie es verdienen, — es handelt sich darum, zu verhüten, daß nicht Tausende von Unschuldigen unter der Verschärfung der Krisis zu Grunde gehen, wenn man es ändern kann. Und das ist der Fall!

Man verstehe uns wohl! Die Krankheit selbst ist nur durch die Zeit zu heilen oder etwa durch den Glücksfall einer sehr guten Ernte, welche einen bedeutenden Jahresüberschuß darbietet, um die für die neuen Unternehmungen contrahirten Schulden zu decken und den Capitalvorrath wieder in Einklang mit der Production zu bringen. Der Ausbruch der Krisis hat auch das Gute, daß durch das Fallen der Course alle faulen Unternehmungen im Keim erstickt und kaum begonnene sistirt werden. Während dieser Proceß der Ausgleichung — der Anpassung der Unternehmen an den Capitalvorrath und die Ansammlung des Letzteren, sowie die Herstellung normaler Preise und Course längere Zeit erfordert, — kann sich die Krisis selbst, wie gesagt, bis zur Panik, zu völliger Auflösung aller Arbeitsthätigkeit, zur Stockung alles Handels und Wandels steigern, wenn man nicht rasche Hilfsmittel anwendet und zwar aus dem Grunde, weil die Capitalkrisis fast stets in eine Geldkrisis, in ein Versagen der Functionen des Tausch-Mediums umschlägt. Das haben wir namentlich in Hamburg und zu wiederholten Malen in London gesehen.

Sobald nämlich das Kartenhaus der Speculation durch das Weichen eines Blattes ins Wanken geräth und die Zahlungseinstellungen und Fallimente beginnen und sich mehren, weil Einer auf die pünktliche Erfüllung der Verbindlichkeiten des Anderen gerechnet hatte, und da er seine Kräfte überspannt, nicht durch Reserve-Mittel sich decken kann, so sehen sich alle soliden und vorsichtigen Geschäftsleute genöthigt, mehr baare Circulationsmittel in Reserve zu halten als in gewöhnlichen Zeiten. Gleichzeitig beschränken die Banken und Bankhäuser ihre Credite oder kündigen sie. Diese doppelten Maßregeln steigern die Beklemmung zur Angst. Alle Welt fängt an, ihr Geld einzusperren, um sich für unvorhergesehene Fälle sicher zu stellen. Die Preise der Waaren sinken so stark, daß man sich nicht entschließen kann, sie zu veräußern. Darlehen sind schwer, selbst nicht zu hohen Zinsen auf bestes Unterpfand zu erhalten; und oft fehlt sogar reichen Leuten, die ihr Capital nicht gerade in sehr beliebten Effecten angelegt haben, das Geld zum Nöthigsten. Diese Erscheinung ist im Jahre 1848 nach der Februar-Revolution

z. B. in Frankfurt dagewesen, sie trat 1847, 1857 und 1866 in London, 1857 in Hamburg auf und im Mai 1873 bestand sie mehr oder weniger in Wien.

In diesem Stadium ist die Gefahr in eine Geldkrisis ausgespitzt, und einer solchen muß die Spitze abgebrochen werden, will man nicht, wie gesagt, Tausende von Unschuldigen opfern und den ganzen Handel und Wandel auf lange hinaus zerrütten.

In der Regel genügt ein Act, der Eindruck genug macht, um das Mißtrauen zu bannen, welches, wie das Fieber die physische Krankheit, die Krisis zu begleiten pflegt. In Hamburg half die Uebersendung von 10 Millionen Gulden aus dem Schatze der Oesterreichischen Nationalbank, in London dreimal die Suspension des Bankgesetzes. Hier brauchte die Bank von England zweimal von der gegebenen Befugniß, über 14,000,000 Pfund Sterling hinaus noch ungedeckte Noten auszugeben, nicht einmal Gebrauch zu machen. Die Ertheilung der Befugniß genügte allein, um das Geld aus seinen Schlupfwinkeln zu locken und das Vertrauen bald wieder herzustellen.

Wenn und weil man das Uebel kennt, so ist es nicht so schwer, die Hilfe zu finden. Diese muß ihre Bemühungen auf die Wiederherstellung der Functionen des Umlaufsmittels (Geld, Banknoten, Staatspapiergeld) beschränken. Sie darf nicht den Versuch machen, auch dem Mangel an Capital durch Schuldenmachen, durch die Notenpresse oder durch Wechselreiterei abhelfen zu wollen; denn das Capital läßt sich nicht so im Handumdrehen schaffen.

Um concret zu sprechen, so durfte der Beistand, kam er von der Nationalbank oder von der Selbsthilfe, nicht in die Speculation eingreifen und sie wieder ermuthigen, sondern er durfte nur die Liquidation erleichtern.

Die Notenausgabe mag nach dem dringendsten Bedarf vermehrt und die Discontirung von guten Wechseln, wie die Beleihung von Effecten mag durch außerordentliche Vorkehrungen auf liberale Weise erweitert werden, in einem Augenblicke, wo die gewöhnlichen Organe des Umsatzes mehr oder weniger aus Sorge um sich selbst versagen — aber niemals dürfen öffentliche Hilfseinrichtungen dazu mißbraucht werden, um durch Ankauf von Effecten in den Lauf der Liquidation einzugreifen und die Course halten zu wollen.

Beurtheilen wir an diesem Prüfstein die in Wien getroffenen Maßregeln, so können wir die Ausdehnung der Befugnisse der Nationalbank nur billigen.

Es ist die Frage aufgeworfen worden, ob diese Maßregel nicht etwas zu früh ergriffen worden? Allein wir vermögen nicht zu beurtheilen, ob nicht die Krisis durch ein späteres Eingreifen stärker aufgetreten und auf weitere Kreise sich erstreckt hätte.

Wir glauben vielmehr, daß mit den getroffenen Maßregeln dem **Fieber**, der eigentlichen **Geldkrisis** gesteuert worden ist.

Sollten wir uns täuschen, hatten wir ausdrücklich beigefügt, so bliebe nur noch die Errichtung einer **Waaren-Beleihungs-Anstalt** und als letztes Auskunftsmittel Hilfe von Auswärts (durch eine Anleihe).

Was die **eigentliche Krankheit** selbst, die **Capital- oder Börsenkrisis** betrifft, so kann sie nur ihrem Verlauf überlassen werden.

Auch die letztangedeuteten Maßregeln sind noch in Anwendung gekommen; aber die erstere in zu beschränktem Maße, die letztere zu spät.

Eine Hauptschwierigkeit nach der Einrichtung des Aushilfs-Comités blieb an der Börse noch das Arrangement zwischen Gläubigern und Schuldnern, von welchen letzteren viele gänzlich, viele aber nur theilweise und viele nur zeitweise insolvent waren. Nach längeren Berathungen kam die Börsenkammer dahin überein, daß die Arrangements nach dem in Frankfurt einige Zeit vorher eingeführten System, durchgeführt und dem Giro- und Cassenverein gegen Ersatz der Kosten übertragen werden sollten. Das Arrangement sollte dreimal in der Woche stattfinden, wobei die Einrichtung getroffen wurde, daß die Differenzen von Banken und Häusern unter einander verrechnet werden, während die Differenzen aus dem Geschäft der Coulisse durch eine Art Clearing, welches der Giro- und Cassenverein zur Erleichterung der Eincassirung einführt, beglichen werden sollten. Außerdem hatte sich der Giro- und Cassenverein verpflichtet, für die leichtere Durchführung des ganzen Arrangements-Verfahrens an der

Börse selbst eine Expositur zu errichten. Der Beginn des Arrangements nach dem neuartigen System sollte noch gegen Ende Juli erfolgen. Außerdem beschloß die Börsenkammer, den Erlaß in Betreff der Ausgleichung der Insolventen schon in den nächsten Tagen zu publiciren, nachdem der ministerielle Erlaß in Bezug auf die Ausschließung von „renitenten" Ausgebliebenen die ministerielle Bestätigung gefunden hatte. Dieser Erlaß ist, wie die „Neue freie Presse" meldete, am 14. Juni der Börsenkammer mitgetheilt worden und verfügte im Wesentlichen, daß die Börsenkammer auf Grund des Börsengesetzes vom Minister berechtigt wird, jenen Renitenten, welche sich nicht binnen einer bestimmten Frist über einen zu Stande gekommenen Ausgleich oder darüber auszuweisen vermögen, daß ein Ausgleich ohne ihr Verschulden nicht zu Stande kommen konnte, dauernd die Börsenfähigkeit zu entziehen, mit dem Beisatze, daß sämmtliche Börsenkammern der österreichischen Monarchie von dieser Ausschließung verständigt werden. Außerdem verfügte der Minister, daß die Namen jener Insolventen, welchen nach Verlauf der Ausgleichsverhandlungen Böswilligkeit in Bezug auf die Erfüllung ihrer Verpflichtungen nachgewiesen ist, auf einer im Börsensaale anzuheftenden schwarzen Tafel veröffentlicht werden — ein Vorgang, welcher übrigens bereits an der Prager Börse gelegentlich der dortigen Insolvenzen beobachtet wurde.

Gleichzeitig war der Delegirtentag österreichischer Handelskammern in Wien zusammengetreten und hatte im Wesentlichen folgende Beschlüsse gefaßt: Es sei eine reichere Dotirung der Bankfilialen anzustreben. Die Nationalbank solle auch Industrie-Actien lombardiren, wenn hierfür noch zwei accredite Firmen garantiren würden. Die Garantie sei durch Accepte zu leisten, welche den Garanten nicht in ihren Credit eingerechnet werden. Es möge bei Escompte von Wechseln und besonders von Domicilen eine Erleichterung gewährt werden, z. B. sollen bei directen Wechseln zwei Firmen genügen, bei den Domicilen sollen nicht zwei Firmen demselben Bezirke angehören müssen. Die Nationalbank werde angegangen werden, soliden Provinzial-Banken, gewerblichen Aushilfe-Cassen und Vorschußvereinen einen ausgedehnten Reescompte zu gewähren, den Sparcassen werde das Recht eingeräumt werden, Creditvereine mit solidarischer Haftung zu bilden, und allen Creditvereinen werde von der Bank zur Escomptirung unter den noch festzustellenden Bedingungen ein Credit bewilligt werden. Die Regierung werde ersucht werden, die Competenz der politischen Landes= behörden bezüglich der Genehmigung von Creditvereinen zu erweitern.

Diese Anträge, bei deren Durchführung eine Centralzettelbank dem Bankrott entgegentreiben würde, wurden durch noch unpraktischere Motive in den Verhandlungen befürwortet, welche eine große Unreife bei vielen Vertretern*) dieser einflußreichen Gremien offenbarte. Die= selben wurden daher nicht mit Unrecht von dem leitenden Blatte, der „N. Freien Presse", einer beißenden Kritik unterzogen. Wir selbst ergriffen damals die Gelegenheit, um immer wieder auf den Umstand aufmerksam zu machen, daß das Geld nicht willkürlich ver= mehrt werden könne, sondern daß auch seine Eigenschaft als Werth= messer im Auge behalten werden müsse, — daß nämlich der Vorrath an Werthgegenständen nicht wächst, weil man das Maß vergrößert, mit dem man sie mißt. Wir hoben aufs Neue im Sinne der oben auf S. 419—422 gegebenen Erklärungen hervor, daß die Menge der Umsatzmittel sich nach dem Umfang der Umsätze richten müsse.

Eine willkürliche Vermehrung der Umlaufsmittel würde bei dem in Oesterreich herrschenden Zwangscours ohnehin nur auf Kosten der Inhaber der alten Noten ausgeführt worden sein. Die Hilfe würde nur Einzelnen auf Kosten der Gesammtheit zu Gute gekommen sein.

---

*) Wir bemerkten bei dieser Gelegenheit in der „Schlesischen Presse": „Ist es ohnehin eine alte Erfahrung, daß unverantwortliche Versammlungen stets mehr verlangen, als verantwortliche Behörden ausführen können, so kommt beim Handelsstande noch ein besonderer Umstand hinzu. Es ist merk= würdig, daß ein Stand, dessen Lebensberuf rasche Auffassungsgabe, scharfes Urtheil und Welterfahrung erheischt, welcher der praktische Träger gesunder Freihandelsideen ist, der die richtigen volkswirthschaftlichen Principien in der Praxis ausübt, sobald die Dinge einmal etwas aus dem Geleise treten, so viele Wortführer aufweist, für welche die Lehren der Geschichte nicht existiren, welche weder von Assignaten, noch Wiener Währung, noch Greenback's belehrt worden sind, daß der Gesammtwerth des Grundeigenthums oder der Waaren, überhaupt des Capitals sich nicht in Metall= oder Papiergeld ausmünzen und repräsentiren läßt."

Solche Opfer der Gesammtheit sind aber nicht gerechtfertigt. Zwar kann auch ein Opfer der Allgemeinheit gefordert werden, „in einer Finanzkrisis, wenn die Gefahr vorhanden ist, daß in Folge des Ausbrechens einer Panique das Geld versteckt wird und wirklicher Mangel an Umlaufsmitteln eintritt, oder daß Arbeitsstockung auf weite Kreise des Geschäftslebens zu befürchten ist. Allein ein solches Opfer des Staates ist nur gerechtfertigt zum Besten des Gemeinwohls. Eine strenge Grenze für die Hilfe des Staates ist gezogen, wo das Privatinteresse, sei es auch einzelner Geschäftszweige, beginnt. Der Staat hat absolut kein Recht, Einzelnen auf Kosten der Gesammtheit besondere Vortheile zuzuwenden. Er darf nur Einzelnen solche zuwenden, welche Allen zustehen, oder für welche kein außerordentliches Opfer der Gesammtheit gefordert wird; allein zu Gunsten Einzelner Allen Steuern auferlegen — darf er nicht. Dies würde aber z. B. geschehen, wenn die österreichische Regierung gestattete, daß die Nationalbank ihre Noten-Emission weiter ausdehnte, auf die Gefahr, das Silberagio auf Kosten der Notenbesitzer zu erhöhen, blos um einzelnen Speculanten oder Speculationsbanken aufzuhelfen. Die Suspension der Bankacte war nur gerechtfertigt, wenn und weil dadurch einer Stockung der Umlaufsmittel und einem Umsichgreifen der Krisis über den Handel, die Industrie und die Landwirthschaft vorgebeugt werden sollte. Allein weiter gehen kann der Staat, kann die Nationalbank nicht.

Im Angesicht dieser unumstößlichen Lehrsätze sind einige der Beschlüsse des österreichischen Handelskammertages verurtheilt, namentlich so weit sie der Nationalbank ein directes Eingreifen in die durch die Krisis hervorgerufenen Nothstände zumuthen, eine Vermehrung der Noten und Ueberschreiten der gesunden Bankregeln verlangen, wie z. B. eine willkürliche Vermehrung der Bankfilialen a jedem Handelskammersitz, ohne Rücksicht darauf, ob dieser auch be erforderlichen Verkehr darbietet, die Discontirung von Sechs-Monat Wechseln und die Beleihung von Industrie-Actien.

Wir hätten es für nützlich erkannt, wenn die österreichischen Handelskammern beschlossen hätten, das Publikum in den Provinzen vor dem Differenzgeschäft zu warnen, weil dieses meist der verlierende Theil ist, — wenn sie einen Warnungsruf vor der Betheiligung an Maklerbanken erlassen hätten, weil diese nur die Gefahr übernehmen welche die Banquiers und Banken sonst selbst zu tragen hatten. Hätten sie die Herausgabe einer Volksschrift beschlossen, in welcher die Grundsätze der Volkswirthschaft und die Gefahren des Börsenspiels populär darzustellen wären, so würden wir dafür sogar die Unterstützung des Staates für gerechtfertigt gehalten haben.

So wie die Beschlüsse aber sind, haben sie keine Aussicht auf Erfolg, dazu sind die leitenden Finanz-Kreise Oesterreichs denn doch zu einsichtsvoll."

Letztere Annahme hat sich in der That bewahrheitet.

Uebrigens kam die Nationalbank doch dem Bedürfniß des Publikums in den Grenzen der Möglichkeit durch reichlichere Discontirungen zu Hilfe; sie würde noch mehr gethan haben, wenn die Sicherheiten, welche das Börsenpublikum zu bieten hatte, mehr bankmäßige gewesen wären. Allein zur Beleihung von Börseneffecten waren eben nur die Aushilfs-Comités da, deren Fonds aber bald unzureichend wurde. Der Stand der Bank zeigt eine constante Vermehrung des Escomptes während der drei Frühlingsmonate, ohne daß die Bank zu einer Erhöhung des Discontosatzes schritt, während die kleinen Zettelbanken sonst in solchen Zeiten ihr Portefeuille einzuschränken und ihren Discontosatz zu erhöhen pflegen.

	Millionen Gulden							
	Noten-Umlauf	Metall-schatz	Metall-Devisen	Es-compte	Dar-lehen	Fällige Passiva	Noten-Reserve	Zins-fuß
31. März	298·6	142·6	4·8	153·8	26·3	11·4	44·0	5%
9. April	313·1	142·7	4·7	160·5	27·1	—	29·6	—
16. „	313·9	142·7	4·8	159·9	27·2	—	28·8	—
23. „	311·4	142·5	4·6	160·7	27·1	—	31·0	—
30. „	315·6	142·7	4·7	161·1	28·9	2·8	27·1	—
7. Mai	321·2	143·1	4·3	167·0	27·9	—	21·9	—
14. „	329·8	143·1	4·3	173·5	32·4	—	13·3	—
21. „	344·5	143·1	4·3	187·4	38·8	—	1·4	—
28. „	342·5	143·1	4·3	187·7	42·4	—	0·5	—

Verordnung über Auflösung von Actiengesellschaften. 163

Millionen Gulden

	Noten-umlauf	Metall-schatz	Metall-Devisen	Es-compte	Dar-lehen	Fällige Passiva	Noten-Reserve	Zins-fuß
31. Mai	340·6	143·1	4·3	184·9	43·0	13·9	2·5	—
4. Juni	342·3	143·1	4·3	185·5	44·5	—	0·8	—
11. „	335·8	143·3	4·3	182·4	44·9	—	7·5	—
18. „	333·7	143·3	4·3	180·2	45·5	—	9·5	—
25. „	334·2	143·3	4·2	181·1	45·6	—	9·1	—
30. „	338·5	144·4	5·8	180·3	46·1	24·4	5·8	—

Die Einsicht, daß die Krisis blos überwunden, und der geordnete Stand der Geschäfte, das Gleichgewicht zwischen Production und Consumtion wieder hergestellt werden könne, wenn alle faulen Unternehmungen oder alle solche Etablissements, für welche das Kapital nicht reicht, aufgegeben und das daraus zurückgezogene Kapital in die sicher bestehenden und alten Anlagen wieder zurückkehrt, — die Einsicht von der Nothwendigkeit der Liquidation, Reduction und Fusion einer Menge von Actiengesellschaften griff, unterstützt von der Presse, immer mehr um sich. Die Regierung zögerte nicht, auch dieser nothwendigen Bewegung unter die Arme zu greifen, indem sie schon am 21. Juni eine kaiserliche Verordnung erwirkte, wodurch besondere Bestimmungen und Begünstigungen bei der Auflösung von Actiengesellschaften bewilligt wurden. Die wesentlichen Bestimmungen derselben lauten wie folgt:

Artikel 1.

„Wenn eine Actiengesellschaft nach eingetretener Wirksamkeit dieser kaiserlichen Verordnung außer dem Falle des Concurses aufgelöst wird, darf die Vertheilung des nach Befriedigung oder Sicherstellung der Gläubiger der Gesellschaft erübrigenden Gesellschaftsvermögens, beziehungsweise die Vereinigung dieses Vermögens mit dem Vermögen einer anderen Gesellschaft, schon nach Ablauf von drei Monaten, von dem Tage an gerechnet, an welchem die Bekanntmachung in den hierzu bestimmten öffentlichen Blättern mit Angabe dieses abgekürzten Termines zum dritten Male erfolgt ist, vollzogen werden.

Artikel 2.

Die Finanzverwaltung wird ermächtigt, die Actiengebühr jener Gesellschaften, welche innerhalb sechs Monate nach ihrer Constituirung ihre Geschäfte gänzlich einstellen und ihre Auflösung beschließen, ganz oder theilweise in Abfall zu bringen, beziehungsweise zurückzustellen.

Ebenso kann die Finanzverwaltung bei der Auflösung von Actiengesellschaften durch Vereinigung mit anderen Actiengesellschaften (Fusion) hinsichtlich der dadurch veranlaßten neuen Actienemissionen eine Ermäßigung der Gebühr mit Berücksichtigung der von den außer Verkehr gesetzten Actien entrichteten Gebühren eintreten lassen."

Trotzdem wollte es mit der Liquidation, Reduction und namentlich mit der Fusion nicht recht vorwärts gehen, weil die Interessenten einestheils immer noch am Strohhalm der Hoffnung eines Wiederauflebens der Geschäfte sich anklammerten und anderntheils, weil jede zur Fusion geneigte Partei den Werth ihres Capitales zu hoch anschlug. So wurde denn die unabwendbare Liquidation der Hinterlassenschaft der Krisis noch gestundet, wozu namentlich auch noch die von den Zeitungen genährte Hoffnung auf eine gute Ernte eintrat, welche freilich schrecklich getäuscht werden sollte, und wodurch eine neue Reaction den Winter einleitete.

Die Krisis in Wien hatte auch die deutschen Plätze, besonders Breslau, Posen, Leipzig, Frankfurt, Hamburg, Berlin, obgleich das letztere der Hauptsitz der Contremine war, in Mitleidenschaft gezogen.

Schon am 18. Juni hatte ein Berliner Börsenblatt folgende Berechnung der Coursverluste angestellt, wobei freilich nicht übersehen werden darf, daß dieselben im Ganzen nicht reelle Verluste sind, weil die Höhe der Course in ihrem Zenith eine künstliche gewesen war.

Coursverluste.

Namen.	Capital.	Coursdifferenz von bis (Bezugs- rechte 2c. abgerechnet).	Unge- fährer höchster Cours.	Summe des Verlustes.
Disconto-Gesellschaft	15,000,000	306 —221	350	12,750,000
Provinzial-Disconto	10,000,000	176 —131	179	4,500,000
Berliner Bankverein	2,400,000	161 —112³/₄	165	1,158,000
Preußische Bodencredit	10,000,000	173 —109³/₄	280	6,375,000
„ Creditanstalt	5,000,000	137 — 75	180	3,100,000
Breslauer Discontobank	10,000,000	119 — 84	180	3,500,000
„ Maklerbank	1,500,000	155 —100	165	825,000
Berliner Handelsgesell- schaft	7,500,000	167 —139	180	2,100,000
Leipziger Discontogesell- schaft	8,000,000	110 — 90	112¹/₂	1,600,000
Rheinische Effectenbank	2,000,000	128 —103	—	500,000
	2,000,000 junge	119 —102	—	340,000
Essener Credit	3,000,000	160 —105	165	1,650,000
Zentralbank für Ge- nossenschaften	3,000,000	135 —111	150	720,000
Centralbank für Indu- strie und Handel	12,500,000	108¹/₂— 84	120	3,062,500
Darmstädter Bank	12,000,000	189 —165	218	2,880,000
Dresdener Bank	8,000,000	105 — 89	111	1,280,000
Deutsche Bank	10,000,000	107 — 91	112	1,600,000
Effecten- u. Wechselbank	10,000,000	134³/₄ —116¹/₄	135	1,850,000
Deutsche Unionbank	5,000,000	117 — 85	118	1,600,000
Gewerbebank Schuster	4,000,000	128 — 98	156	1,200,000
Provinzial-Gewerbebank	4,000,000	113 — 90	115	920,000
Hamburger Bankverein	7,500,000	118 — 84³/₄	122¹/₂	2,493,700
Berlin-Hamburger Bank	7,500,000	120 —101¹/₂	120	1,387,500
Berliner Bank	4,000,000	117 — 95	130	880,000
Bergisch-Märkische Bank	4,500,000	104 — 92	118	540,000
„ „ Indu- strie-Gesellschaft	1,500,000	134¹/₂—108	135	397,500
Internationale Handels- gesellschaft	2,500,000	105 — 91	112	350,000
Meininger Bank	8,300,000	148 —125	155	1,909,000
Oesterreichisch-Deutsche Bank	8,000,000	125 — 83	130	3,360,000
Uebertrag				64,868,200

Die Krisis von 1873.

Namen.	Capital.	Coursdifferenz von bis (Bezugsrechte ec. abgerechnet.)	Ungefährer höchster Cours.	Summe des Verlustes.
		Uebertrag		64,868,200
Preußische Bank	20,000,000	193 —184	250	1,800,000
Posener Provinzial-Wechsler-Bank	1,000,000	95 — 37	110	580,000
Schaffhausener Bankverein	10,374,000	174 —146	199	2,904,700
Schlesischer Bankverein	—	160 —127½	190	—
Vereinsbank, Onistorp u. Comp.	1,500,000	189 —132	200	855,000
Wechselstuben-Gesellschaft	1,500,000	122 — 93½	120	427,500
Schönheimer'scher Bankverein	500,000	126½— 98½	130	140,000
Berliner Maklerbank	1,000,000	101 — 89¾	160	112,500
Berliner Maklerverein	2,000,000	115 — 98½	150	330,000
Commissionsbank	2,500,000	96 — 89	130	175,000
Generalbank	2,500,000	97 — 86	130	275,000
Wiener Maklerbank	¹⁄₁₀ v. 50,000 Stück	158 — 10	160	740,000
Centralbank für Bauten	7,650,000	350 —145	414	3,382,500
" " " junge	3,350,000	220 —107	246	3,785,500
Deutsche Eisenbahnbaugesellschaft	5,000,000	78 — 47	120	1,550,000
Centralbauverein	1,200,000	163 —110	165	618,000
Nordbaubank	450,000	197½—111½	250	387,000
Pleßner Eisenbahnbau	1,500,000	126 —102	145	360,000
Deutsche Reichs-Continental	10,000,000	118⅞—106⅞	124	1,200,000
Südende	850,000	125 — 50	130	637,500
Deutsche Baugesellschaft	6,000,000	95 — 62	106	1,980,000
Unter den Linden	2,400,000	50½— 36⅔	100	320,000
Thiergarten-Bauverein	600,000	117½— 79	130	231,000
Berzelinsberger	1,400,000	120 — 88½	120	441,000
Commerner	1,000,000	132¾— 99¾	135	330,000
Aachen-Höngener	2,000,000	203¾—169¾	—	680,000
Courl	—	254 —193	255	—
Deutsche Bergwerk	1,000,000	179 —132	180	450,000
Dortmunder Union	16,000,000	184 —146½	220	6,640,000
		Uebertrag		96,200,400

Verwüstungen der Krisis.

Namen.	Capital.	Coursdifferenz von bis (Bezugsrechte ic. abgerechnet).	Ungefährer höchster Cours.	Summe des Verlustes.
		Uebertrag		96,200,400
Gelsenkirchen	4,500,000	173 —160	175	585,000
Hochdahl	1,000,000	138½—119	138½	195,000
Cölner Bergwerk	1,482,000	310 —241	310	1,022,600
König Wilhelm	3,000,000	156 —123	160	1,290,000
Laurahütte	6,000,000	260 —233	270	1,620,000
Rittersburg	1,200,000	115 — 88½	130	318,000
Stadtberger Hütte	1,000,000	105 — 50	106	550,000
Rheinisch-Nassauische Bergwerke	2,000 000	110 — 94	120	320,000
Donnersmarkhütte	10,000,000	97½— 78½	100	1,850,000
Central-Factorei für Baumaterialien	650,000	216 —107	230	708,500
Westphalia, Waggonfabrik	700,000	145 —110	150	245,000
Westphälische Union	3,500,000	124 — 84	125	1,400,000
Oberschlesischer Eisenbahnbedarf	2,500,000	164¼—122¼	170	1,050,000
Baltischer Lloyd	2,000,000	74 — 56	100	360,000
Lauchhammer	2,500,000	114 —103	140	275,000
Eisenbahnbedarf (Pflug)	1,500,000	185 —160	190	375,000
Hammer Waggonfabrik	2,500,000	112 — 80	112	830,000
Rheinisch-Westphälische Industrie	2,000,000	182 —135	182½	940,000
Rheinische Eisenbahn	34,362,500	150¼—141¼	180	3,920,600
Cöln-Mindener	26,000,000	163 —146	180	7,020,000
Bergisch-Märkische	50,000,000	120½—110	140	5,250,000
Berlin-Anhalter	11,500,000	198 —182	230	1,955,000
Berlin-Potsdamer	16,000,000	143 —132	225	1,760,000
Ischl-Ebensee	1,800,000 fl.ö.W.	67 — 44	—	276,000
Rhein-Nahe	9,000,000	45 — 36½	47	765,000
		Summa		131,138,100

Die allgemeine Situation des Effectenmarktes war gegen Ende September folgende.

In Wien wurden die angerichteten Verwüstungen der Krisis wie folgt berechnet:

Der Coursabschlag beträgt bei 4,903,106 ½ mit fl. 938,860,195 eingezahlten Bahn= und Transport=Actien fl. 105,098,735; bei 2,030,400 mit fl. 213,320,000 eingezahlten Industrie=Actien fl. 135,837,000; bei 3,307,500 mit fl. 510,850,000 eingezahlten Bank=Actien fl. 366,682,500, somit bei 10,241,006 ½ Actien mit fl. 1,663,030,195 eingezahlt fl. 607,618,235 Differenz. Renten, Prioritäten und Pfandbriefe sind hierbei nicht miteinbezogen. Zu den höchst vereinzelten Effecten, deren Cours vom 8. Mai gegen nun nicht oder sehr unwesentlich differirt, gehört (mit Rücksicht, daß ex Divid. gehandelt wird) Agricola; ein höherer Cours (resp. Plus) erscheint nur bei Nationalbank, ca. 300,000 Actien, deren Werth Anfangs Mai ca. fl. 40,000,000 betrug, und heute von fl. 3 bis fl. 10 an der Börse gehandelt werden.

Wenn wir unter den gegenwärtigen Verhältnissen, schreibt ein Wiener Börsenblatt, eine Todtenschau im Courszettel halten, so finden wir, daß der Krach folgende Bank-Existenzen total vernichtet hat, weshalb die Namen all dieser „Werthe" in kurzer Zeit aus dem Courszettel total verschwinden werden.

Vernichtet sind bereits folgende Banken: Börsen= und Arbitrage=Maklerbank, Börsen= und Creditbank, Börsen= und Wechslerbank, Commissionsbank, Hypothekar=Versicherungsbank, Industrialbank, Lemberger Bank, Gewerbebank „Fels", Wiener Maklerbank, Nieder-österreichische Bank, Industrie= und Commercialbank in Linz, Pesther Bank, Raten= und Rentenbank, Schlesischer Bankverein in Troppau, Spar= und Lombardverein, Vorschuß=Cassenverein, Wiener Wechslerbank, Wiener Hypothekencasse, Wiener Cassenverein, Wiener Börsen Verkehrsbank, Wiener Lombard= und Escomptebank, Wiener Spar= und Creditbank.

Dem Umfallen nahe sind bereits folgende durch die Krisis schwer getroffene, meist neue Banken: Agentur= und Creditbank, Austro-Türkische Creditanstalt, Börsenbank, Wiener Commercialbank, Allgemeine Escompte=Anstalt, Oesterreichisch-ungarische Escompte= und Creditbank, Interventionsbank, Leopoldstädter Bank, Mariahilfer Spar= und Escompte-Gesellschaft, Salzburger Bank, Oesterreichische Spar=

bank, Oesterreichischer Sparverein, Oesterreichische Wechslerbank, Effectenbank, Wiener Creditbank, Report- und Creditbank und schließlich die Capitalisten-Vereinsbank.

Von den Industrie-Gesellschaften hat bisher zwar noch nicht eine einzige ihre Existenz eingebüßt, allein eine erkleckliche Anzahl derselben hat ihre Existenzberechtigung verloren und ist durch die Börsenkrisis in ihrem Bestande gefährdet worden, weshalb der Zusammensturz einer Anzahl der nachstehend verzeichneten, bereits total siech gewordenen Gesellschaften sehr leicht möglich ist.

Man ist um das Leben nachstehender Gesellschaften mit Recht besorgt: Allgemeine österreichische Baugesellschaft, Wiener Bau-Actiengesellschaft, Baugesellschaft des Beamtenvereins, Wechsler-Baubank, Baugewerke-Actiengesellschaft, Baugewerke-Gesellschaft, Bau- und Industrie-Verein, Bau- und Kohlen-Gesellschaft, Bau- und Miethgesellschaft, Baugesellschaft für Stadt und Land, Boten-Baugesellschaft, Domus, Donaustadt-Baubank, Realitätenbank, Industrial-Baubank, Leopoldstädter Baubank, Militär-Baubank, Neue Wiener Baugesellschaft, Niederösterreichische Steingewerkschaft, Niederösterreichische Baugesellschaft, Niederösterreichischer Bauverein, Stadt-Baugesellschaft, Union-Baumaterialien-Gesellschaft, Wiener Parcellirungs- und Baugesellschaft und die Stadt- und Vororte-Baubank.

Ferner ist es noch mit folgenden Industrie-Gesellschaften sehr übel bestellt: Bodencultur-Actiengesellschaft, Brünner Brauerei, Inländische Gasgesellschaft und alle andern Actien-Gesellschaften, die jeder Kenner unserer Verhältnisse wohl von selbst aus dem Courszettel ausfindig machen kann.

Die Coursrückgänge der Oesterreichischen Papiere haben wir schon oben im Allgemeinen aufgeführt. Die Baubanken allein erlitten deren seit dem 1. Mai folgende:

	Zahl der Actien.	Coursdifferenz per Stück fl.	Summe der Werthverminderung fl.
Allgemeine österr. Baugesellschaft .	100,000	236	23,600,000
Brigittenauer	50,000	119	5,950,000
Baden-Böslauer	20,000	90	1,800,000

	Zahl der Actien.	Coursdifferenz per Stück fl.	Summe der Werthverminderung fl.
Beamten-Baubank	50,000	72	3,600,000
Curorte-Baubank	25,000	82	2,050,000
Wechsler-Baubank	100,000	48	4,800,000
Baugewerke-Gesellschaft	25,000	82	2,050,000
Bau- und Miethgesellschaft	50,000	74	3,700,000
Bau- und Verkehrsgesellschaft	50,000	85	4,250,000
„Domus"	25,000	64	1,600,000
Handelsgesellschaft für den Realitäten-Verkehr	20,000	65	1,300,000
Industrial-Baugesellschaft	50,000	100	5,000,000
Leopoldstädter Baugesellschaft	30,000	70	2,100,000
Militär-Baugesellschaft	50,000	90	4,500,000
Neue Wiener Baugesellschaft	50,000	56	2,800,000
Pesther Baugesellschaft	50,000	82	4,100,000
Realitäten-Gesellschaft	50,000	84	4,200,000
Steierische Baugesellschaft	50,000	42	2,100,000
Union-Baugesellschaft	50,000	100	5,000,000
Union-Baumaterialien-Gesellschaft	50,000	59	2,950,000
Wiener Baugesellschaft	100,000	154	15,400,000
Wiener Bauverein	100,000	80	8,000,000
Niederösterreichischer Bauverein	50,000	71	3,550,000
Niederösterreichische Baugesellschaft	20,000	110	2,200,000
Parcellirungs-Baugesellschaft	50,000	120	6,000,000
Triester Baugesellschaft	40,000	21	840,000
Summe			123,440,000

An den Actien der Baugesellschaften allein sind mithin über 123 Millionen verloren worden.

Wir lassen hier noch die einiger norddeutschen Papiere bis Anfangs October folgen.

		15. April.	15. Juli.	4. Oct.	
Disc.-Commandit	20,000,000	300	216	195	21,000,000
Prov.-Disconto	6,000,000	174	128	111	3,780,000
Darmstädter Bank	20,000,000	185	163	157½	5,500,000

Verwüstungen der Krisis.

		15. April.	15. Juli.	4. Oct.	
Pr. Boden-Credit.	10,000,000	168	109	71	9,700,000
Pr. Creditanstalt	6,000,000	134	67¼	50	3,040,000
Berl. Bankverein	6,000,000	159	113	103	3,360,000
Berl. Handelsges.	15,000,000	165	140	133	4,800,000
Ver. Quistorp . .	3,000,000	188	125	53	4,050,000
Gewerbeb. Schuster	4,000,000	123	97	68	2,200,000
Thür. Bankverein	1,000,000	100	108	3	970,000
City	600,000	172	95	43	834,000
Centralfacterei für Baumaterialien	650,000	240	107	48	1,248,000
Westend . . .	2,000,000	190	125	70	2,400,000
Centralbauverein .	1,200,000	163	106	46	1,404,000
Laurahütte . .	6,000,000	259	175	180	4,740,000
„ . . .	4,000,000	—	161	157	—
Dortm. Union .	13,000,000	180	121	105	9,750,000
Thür. Eisenb.-Mat.	400,000	81	66	11	280,000
Cottage . . .	1,000,000	95	42	20	750,000
Centralb. f. Bauten	2,650,000	400	147	89½	8,215,000
„ „ „	3,350,000	245	116	87¾	5,250,000
					95,271,000

Zur Completirung dieser Uebersicht und zur Aufklärung der Privatcapitalisten über die Bewegung der verschiedenen Werthpapiere im Großen lassen wir nach der Hamburger Börsenhalle eine Zusammenstellung der Course einiger bisher vorzugsweise beachteter Werthpapiere an der Berliner Börse folgen und zwar je vom Ende des Monats September von 1869 bis 1873. Bei mehreren der Notirungen sind Erläuterungen beigefügt, während im Uebrigen die Ziffern an sich deutlich genug reden.

Staatsanleihen.

Ende Sept.	4½% Preuß. Staatsanleihe.	5% Oesterr. Nat.-Anl. (resp. 4⅕ Oest. Papierrente).	5% Russ. Stieglitz 5. Anleihe.	6% Amerik. Bonds pr. 1882.
1869	93½ bez.	55⅝ bez.	68 Br.	87¾ bez.
1870	91⅛ bez.	54 bez.	67 Br.	95⅜ bez.

1871	99 1/2 bez.	48 3/4 Br.	71 1/2 bez.	96 bez.
1872	100 1/8 bez.	59 3/4 bez.	77 1/4 bez.	96 3/8 bez.
1873	100 1/2 bez.	60 5/8 bez.	79 1/4 Br.	97 3/8 bez.

Diese Uebersicht zeigt bei allen erwähnten Staatsanleihen ein erhebliches Steigen. Der Rückgang des Courswerthes der Preußischen Staatsschuldscheine im Jahre 1870, wo derselbe für einige Wochen (Ende Juli und Anfang August) auf 81 1/2 sank, erklärt sich sehr einfach aus der Wirkung des plötzlich ausgebrochenen Krieges; gleich nach den ersten Siegen der deutschen Waffen trat eine rasche Steigerung der Course ein.

Landständische Pfandbriefe und Eisenbahn-Prioritäten.

Ende Sept.	4% Pomm. Pfandbriefe.	5% Russ. Bodencredit- Pfandbriefe.	4 1/2 % Cöln-Mind. Eisenb.- Prioritäten 3. Em.
1869	81 1/4 bez.	79 3/4 bez.	90 3/4 Br.
1870	82 3/4 Gd.	85 1/4 bez.	89 1/2 Gd.
1871	90 1/4 Gd.	89 7/8 bez.	95 Gd.
1872	90 1/2 bez.	92 3/4 bez.	98 bez.
1873	89 3/8 bez.	84 Br.	99 5/8 bez.

Ende Sept.	4% Berlin-Hamburger Eisenbahn-Prioritäten	3% Lomb. Eisenbahn-Prioritäten pr. 500 Fr.
1869	85 1/2 Gd.	237 bez.
1870	83 Gd.	228 bez.
1871	87 Gd.	226 1/2 bez.
1872	92 Gd.	257 bez.
1873	90 1/2 Gd.	242 bez.

Aus dieser Zusammenstellung ersieht man, wie verhältnißmäßig geringe Veränderungen in den Coursen der deutschen landständischen Pfandbriefe und Eisenbahn-Prioritäten während der letzten drei Jahre vorgekommen sind.

Eisenbahn-Stammactien.

Ende Sept.	Cöln-Minden.	Rheinische.	Berlin-Anhalt.
1869	119 bez.	114 1/4 bez.	183 1/2 Br.
1870	133 bez.	112 1/4 bez.	195 bez.
1871	164 bez.	152 1/2 bez.	238 bez.
1872	169 1/2 bez.	172 3/4 bez.	219 3/4 bez.
1873	142 1/2 bez.	134 3/8 bez.	160 à 146 3/4

Vergleichende Cours-Statistik.

Ende Sept.	Niederschles.-Märk.	Lombardische.
1869	85¹/₄ bez.	135¹/₄ bez.
1870	83⁵/₈ bez.	96 bez.
1871	91¹/₂ bez.	110 bez.
1872	93 bez.	127¹/₂ bez.
1873	96³/₄ Br.	97 bez.

Der Werth der Eisenbahnactien ist der Natur der Sache nach, da so viele verschiedene im Voraus unberechenbare Factoren darauf einwirken, sowohl wenn man die einzelnen Bahnen unter einander als auch die Ergebnisse derselben Bahnen im Fortgang der Zeit unter der Einwirkung der Veränderungen des Verkehrs, der Betriebskosten, der Concurrenz ꝛc. vergleicht, außerordentlich schwankend. Dies ist genügend aus den obigen Ziffern zu entnehmen, obschon nur sehr wenige aus der großen Zahl der Eisenbahngesellschaften berücksichtigt werden konnten.

Banken und Creditinstitute.

Ende Sept.	Preuß. Bank.	Nordd. Bank.	Deutsche Bank
1869	138 bez.	128¹/₂ Gd.	—
1870	143 Gd.	143 Gd.	—
1871	187¹/₄ bez.	168¹/₂ Br.	108¹/₈ bez.
1872	209¹/₂ bez.	177 Gd.	116¹/₄ bez.
1873	174³/₄ bez.	140 Gd.	80 Gd.

Ende Sept.	Disconto-Command.-Gesellsch.	Oesterr. Credit-Bank.
1869	136³/₄ bez.	106 bez.
1870	139¹/₂ bez.	139 bez.
1871	177¹/₂ bez.	162³/₄ bez.
1872	323¹/₂ bez.	203 bez.
1873	185¹/₄ bez.	128 bez.

Bis zum Jahre 1872 fand ein allmäliges Steigen des Werthes der Bankactien statt; im Verlauf des Jahres 1873 ist dagegen für alle ein beträchtlicher Rückschlag erfolgt, der indeß für die verschiedenen Institute von sehr ungleicher Intensität gewesen ist. Bei vielen anderen Bank- und Creditinstituten ist die Reaction in noch weit größerer Stärke aufgetreten. Wenn der Werth der Actien der Preußischen Bank, ungeachtet der progressiven Ausdehnung ihrer Geschäfte und ihrer unzweifelhaften Solidität, in neuester Zeit geringer

geschätzt wird, als 1871 und 1872, so möchte die Ursache wesentlich
darin zu suchen sein, daß seit 1871 die Liquidation der Bank nach
vorangegangener einjähriger Kündigung seitens der Regierung, etwa
um an ihre Stelle eine Deutsche Reichsbank zu begründen, jederzeit
verfügt werden kann, und in solchem Falle die Actionäre nur auf
die Rückerstattung ihres ursprünglichen Einschusses und die entsprechende Quote am Reservefonds rechtlichen Anspruch haben.

Bergwerke und industrielle Actien-Gesellschaften.

Ende Sept.	Hörder Bergwerk u. Hütten-Verein.	Dortmunder Union.	Bochumer Bergwerk A.
1869	106 Gd.	—	109 Br.
1870	111 7/8 bez.	—	113 1/4 bez.
1871	117 bez.	—	146 Br.
1872	137 1/2 bez.	176 bez.	256 Gd.
1873	115 bez. Br.	101 1/4 bez. Gd.	377 Gd.

Ende Sept.	Görlitzer Eisenbedarf A.-G.	Sächs. Maschinenfabrik Hartmann.
1869	96 bez.	—
1870	118 1/4 bez.	96 3/4 bez.
1871	123 bez.	109 bez.
1872	91 Gd.	113 7/8 bez.
1873	45 Gd.	94 Gd.

Einen schlagenderen Beleg für die Warnung, daß nur diejenigen,
welche mit den speciellen Verhältnissen und den leitenden Persönlichkeiten näher bekannt sind, sich bei Bergwerks- und Industrie-Actien-
gesellschaften betheiligen und namentlich Actien zu hohen Coursen
erwerben sollten, als die aus einer langen Liste oben ohne alle Ten-
denz herausgegriffenen Beispiele der außerordentlichen Schwankungen
des Werths solcher Actien, wird man nicht beibringen können.

Prämien- und Lotterie-Anleihen.

Ende Sept.	Preuß. 3 1/2 % Präm.-Anl.	3 1/2 % Lübeck. Präm.-Anl. pr. Stück 50 Thlr.
1869	115 bez.	48 bez.
1870	119 7/8 bez.	48 1/4 Br.
1871	117 3/8 bez.	50 1/4 Gd.
1872	123 1/2 bez.	51 3/4 Br.
1873	118 7/8 bez.	52 1/2 Gd.

Vergleichende Cours-Statistik. 175

	Braunschw. 20-Thlr.-Loose	3½% Cöln-Minden Eisenb.
Ende Sept.	pr. Stück.	Pr.-Anth.-Sch.
1869	—	—
1870	—	—
1871	18¾ Br.	96⅛ bez.
1872	22 bez.	96 Br.
1873	21⅞ bez. Br.	91⅜ bez. Gd.

Diese Zusammenstellung der Course verschiedener Prämien-Anleihen enthält einen deutlichen Nachweis, wie die Behauptungen selbst einer großen Mehrzahl der Geschäftsleute und Sachverständigen in Bezug auf die künftige Gestaltung des Börsenwerths von Papieren oftmals sehr von der späteren Wirklichkeit abweichen, wenigstens für längere Zeitabschnitte, obschon die dem Urtheil zum Grunde liegenden Erwägungen durchaus rationell und praktisch erscheinen. Als im Reichstage das Gesetz wegen Verbots fernerer Lotterie- und Prämien-Anleihen berathen ward, machte die Opposition vor Allem geltend, daß das Gesetz eine enorme Begünstigung für die bereits ausgegebenen Prämien-Anleihen enthalte, denen jetzt ein Monopol verliehen werde. Die Course derselben würden mächtig steigen. Die wirklichen Folgen liegen in obigen Ziffern offen vor Augen. Die Prophezeiungen sind nicht nur nicht in Erfüllung gegangen, sondern in merkwürdiger Weise hat sich bei einem bedeutenden Papiere geradezu das Gegentheil herausgestellt. Als die Cöln-Mindener Eisenbahn-Gesellschaft 1871 eine große Prioritäts-Anleihe zum Zinsfuße von 4½ pCt. aufnehmen wollte, richtete sie dieselbe durch Uebereinkunft mit einigen Banken in der Art ein, daß 3½ pCt. fester Zins gezahlt, 1 pCt. aber in Form von Prämien jährlich verloost werden sollten. Die Spielsucht der Menschen werde, so setzte man voraus, dahin führen, den Obligationen in dieser combinirten Form, welche sich bei den Preußischen Staatsprämien-Loosen glänzend bewährt habe, einen besseren Absatz und also höheren Cours zu verschaffen. Und wie hat sich die Sache in der Wirklichkeit bewährt? Antwort giebt der Courszettel, welcher in den letzten Tagen den Werth der Cöln-Mindener Eisenbahn-Prioritäten mit 4½ pCt. festen Zinsen auf etwa 99½ pCt.

und den der Prämien=Antheilscheine mit 3½ pCt. festen Zinsen und 1 pCt. Verloosung auf 91½ geschätzt hat.

* * *

Der europäische Geldmarkt hatte angefangen, sich zu beruhigen. Obgleich Berlin sich etwas unbehaglicher zu fühlen begann, so ließen sich doch sonst nirgends besorgnißerregende Zeichen wahrnehmen und die Course hatten nach ihrem ersten Sturze im Mai und Juni in den drei darauf folgenden Monaten eine gewisse Stetigkeit erhalten, wie folgende Vergleichung der Notirungen einiger an der Berliner Börse mit Vorliebe gehandelter Effecten beweist:

Vergleichende Courstabelle

	pro ultimo Juli,	August	und September.
Preußische Consol. Anleihe	104¼	104⅜	104⅝
Posener Creditscheine	89¾	90⅛	89
Schlesische Pfandbriefe	82¼	81⅞	80⅜
" " 4 pCt.	91⅞	91⅞	91¾
Schlesische Rentenbriefe	94¼	94¼	94⅜
Amerikaner	98¾	98½	97
Italiener	59½	62¼	60¼
Oesterreichische Silberrente	65½	66¼	63¾
1860er Loose	93¾	92½	86
Poln. Liquidat.=Pfandbriefe	64½	64½	63½
Galizier	99	99	94
Franzosen	198	203¼	197½
Rumänier	40	40½	34
Lombarden	111	107⅞	96⅜
W. Wien	82	84¾	81
Freiburger Stamm	113½	113½	106
Oberschlesische A. C.	180½	187	175
Rechte Oder=Ufer	125	127½	120
" " St.=Prior.	123⅜	126½	120

Vorübergehende Beruhigung der Börse.

		pro ultimo Juli,	August und	September.
Freib. Prior.-Oblig.	4 %	89	89	88½
„	„ 4½%	98¾	99	98¾
Oberschles.	„ 3½%	82¼	82½	82½
„	„ 4 %	90⅛	90½	90⅛
„	„ 4½%	100¼	99¾	99½
„	„ 5 %	102⅝	102½	101½
Kaschau-Oderb.-Pr.		82½	84½	74⅜
Mährisch-Schlesische Centr.		70	70¾	65¾
Disconto-Bank		86¼	91¾	76
Makler-Bank		96¾	103¾	93½
Makler-Vereinsbank		90	91¼	84
Wechslerbank		67½	78¼	66
Prov.-Wechslerbank		72	78	70
Entrepot		70	80	70
Cassen-Verein		83½	85	83
Oesterr. Credit		126¾	144¾	125¾
Schlesischer Bankverein		130	137¼	126⅝
Schlesische Vereinsbank		89	96¼	88½
Schlesischer Bodencredit		84	87	75
Eisenbahnbedarf		114	125¾	105¾
Immobilien		75	83	75
Kramsta		103¼	106	89⅜
Silesia		95	94	90
Laura		168	202¼	173½
Oesterreichische Noten		90⅛	90¾	87⅞
Russische Noten		80	82⅛	80¾
Silbergulden, Oesterreichische		96¾	95	95⅛

So standen die Dinge in Oesterreich und Preußen. Letzteres litt zwar sehr stark, auch waren die Schläge der Krisis in Wien wegen der internationalen Solidarität des Geldmarktes nicht spurlos an England, Frankreich, Italien und Rußland vorübergegangen, aber heftige Ausbrüche des Uebels waren entweder noch nicht vorgekommen oder doch nicht zur öffentlichen Kenntniß gelangt.

Da wurde plötzlich die Geschäftswelt in neue Bestürzung versetzt durch die am 20. September eingetroffene Kabelnachricht von dem Ausbruch der Krisis in New-York, wo die Zahlungseinstellung des großen Bankhauses Jay, Cook & Co., welche den Fall der Firma Fisk, Hatch & Co. nach sich zog und auch das dem ersteren affiliirte Londoner Geschäftshaus Mac Culloch in Mitleidenschaft zu ziehen drohte, einen Sturm auf die Banken zur Folge hatte, so daß eine Anzahl derselben ihre Thüren schließen mußte, daß die Sparcassen gezwungen wurden, ein Moratorium zu verlangen und daß sogar die Börse momentan geschlossen wurde.

Da Viele damals einen allgemeinen internationalen Zusammenbruch fürchteten, so kam es darauf an, um einer künstlichen Vermehrung des Uebels vorzubeugen, die Dinge mit kaltem Blute zu beurtheilen, bei welchem sie nicht so schlimm erschienen. Wir veröffentlichten diese Ansicht bereits am 25. September, acht Tage vor dem Eintreffen der amerikanischen Schiffsnachrichten in der „Schles. Presse", und da der Erfolg uns Recht gegeben hat, so wird es vielleicht zur besseren Orientirung dienen, wenn wir einen Auszug unseres damaligen Votums folgen lassen:

„Obgleich der erste Schrecken durch Ankäufe von Bundesobligationen von Seiten der Vereinigten-Staaten-Regierung, welche dem Markte Baarmittel zuführten, gehoben zu sein scheint, und die Goldbörse auch wieder geöffnet wurde, so ist die Gefahr doch noch nicht beschworen, und es ist für den europäischen Geldmarkt, welcher namentlich in den letzten zehn Jahren große Capitalien in den Vereinigten Staaten angelegt hat, und zu dem Schicksal der Finanzen des Landes in enger Beziehung steht, vom höchsten Interesse, die Lage richtig zu beurtheilen. Wir sind bis heute zwar noch auf die telegraphischen Nachrichten beschränkt, welche aphoristisch, nicht selten dunkel und widersprechend sind, gleichwohl glauben wir, das Publikum davor warnen zu können, die Rückwirkung, welche die New-Yorker Krisis auf Europa und speciell auf Deutschland haben muß, nicht zu gefährlich anzusehen.

Drei Umstände berechtigen uns zu dieser weniger pessimistischen Auffassung der Lage: erstens die Thatsache, daß der Hauptplatz für amerikanische Effecten, Frankfurt, sich an dem Unternehmen der Nord-Pacifique-Bahn, welcher den Fall des Hauses Jay, Cooke & Co. veranlaßte, nicht die Finger verbrannt hat und daß auch in Norddeutschland nur sehr wenige Obligationen dieses Unternehmens untergebracht sein werden; der zweite Umstand ist die Art der Organisation und Geschäftsführung der New-Yorker Banken, welche jede Verlegenheit leicht zur Panik ausarten macht; und der dritte Umstand ist, daß der Waarenhandel so gut wie gar nicht betheiligt ist, so daß von einem Vergleich der Krisis mit der von 1857 keine Rede sein kann."

Darauf folgte die schon oben gegebene Aufklärung über die amerikanische Eisenbahnspeculation und die Bemühungen, Prioritäten in Europa unterzubringen, wobei wir die Ansicht aussprachen, daß nur wenige deutsche Capitalisten sich zu deren Ankauf hätten verleiten lassen.

Wir fuhren dann fort:

„Der zweite Grund, warum wir die Lage nicht pessimistisch beurtheilen, liegt in der Organisation und Gebahrung der New-Yorker Banken. Die Notenemission derselben, sowie der ihnen nachgebildeten Nationalbanken in der ganzen Union ist zwar in ihrem ganzen Umfange durch amtlich hinterlegte Bundesobligationen (zum Marimalcourse von 90) gedeckt, allein diese Sicherheit ist an und für sich nicht geeignet, dem Verkehr zu allen Zeiten die nöthigen Umlaufsmittel zu sichern, weil die Banken im Verhältniß zu ihren Verbindlichkeiten zu wenig Baarfonds halten. Unter diesem versteht man gegenwärtig nicht blos Gold und Silber, sondern auch das Staatspapiergeld (Legal Tender, Greenbacks), für welches bekanntlich der Zwangscours besteht, und welches die Banken an ihren Kassen gleich klingender Münze verwenden.

Die Banken pflegen nicht genug Baarreserve zu halten, um gegen alle Eventualitäten gesichert zu sein, und die durch das Gesetz aufgerichtete Vorsichtsmaßregel ist nicht ausreichend. Das Bankgesetz bestimmt nämlich, daß in den 17 Hauptplätzen der Union, New-York an der Spitze, der Baarbestand 25 pCt. des Betrages der umlaufenden Noten und der Depositen betragen müsse. Nationalbanken an anderen Punkten brauchen sogar nur 15 pCt. Baarreserve zu halten, wovon noch dazu Dreifünftel Guthaben der Bank bei Correspondenten in jenen 17 Städten sein dürfen. Jede Nationalbank in den Letzteren muß bei einer Bank in New-York ihre Noten zu Pari einlösen lassen und kann deßhalb die Hälfte ihrer Baarvorräthe in New-York halten.

Europäische Banken, welche mit Annahme der Depositen sehr vorsichtig zu Werke gehen und verzinsliche Gelder nur auf längere Kündigungsfristen annehmen, mögen mit solchen Schranken genügend gewarnt sein, allein die New-Yorker Banken pflegen nicht bloß verzinsliche Depositen anzunehmen, welche nur sehr kurze Kündigungsfristen haben, sondern in Conto-Corrent auch namhafte Beträge ohne Kündigungsfrist. Ferner sind sie, wie überhaupt die Geschäftswelt in Amerika, viel weniger vorsichtig im Creditgeben. Sie legen oft einen nicht unbeträchtlichen Theil der ihnen anvertrauten Gelder in langen Wechseln an, um die Zinsen für die Depositen aufzutreiben. Sobald dann ein großer Bankerott, oder ein den Credit störendes Ereigniß eintritt, welches das öffentliche Vertrauen schwächt und das Publikum die Banken bestürmt, um seine Depositen zurückzuziehen, so pflegen die Baarmittel der Bank nicht mehr auszureichen, sie sind daher viel häufiger genöthigt, die Baarzahlungen, d. h. die Baareinlösung ihrer Noten, alle Discontirungen, ja sogar die Rückzahlung der Depositen einzustellen, als europäische Banken. Das durch solche Unsicherheit mißtrauische Publikum bestürmt in New-York daher auch viel leichter die Banken.

Am Tage, als z. B. die Krisis von 1857 ausbrach (22. August) überschritt die Summe der Darlehen und Discontirungen der New-Yorker Banken den gesammten Fonds der Banken an Metall, Noten und Depositen um 12 Millionen Dollars. Der Stand war nämlich folgender:

Portefeuille und Darlehen	121,241,471	Dollar
Metallvorrath	11,360,645	„
Notencirculation	8,780,012	„
Depositen	92,356,328	„

Statt bei ausbrechender Krisis, wo das Publikum beginnt das
Geld einzusperren, dem Handelsstande zu Hülfe zu kommen, waren
sie im Gegentheil genöthigt, ihre Credite einzuschränken, sogar zu
kündigen, ganz wie es unsere Privatbanquiers machen. Dadurch
steigerten sie die Verlegenheit und die Angst, so daß der Discontosatz
schon Ende August, d. h. in acht Tagen auf 24 pCt. gestiegen war,
und der Sturm auf die Banken mit solcher Heftigkeit begann, daß
diese sowohl ihre Baarzahlungen wie die Auszahlung der Depositen
einstellten und eine Art Moratorium eintrat.

So schlimm ist die gegenwärtige Situation der New-Yorker
Banken nun keineswegs. Nach dem letzten Ausweis vom 16. August
war der Stand derselben im Vergleiche zu 1872 folgender:

	16. Aug. 1873.	17. Aug. 1872.
Portefeuille und Darlehen	292,614,100	295,802,800
Metallvorrath	27,644,100	20,309,300
Staatspapiergeld	47,540,100	52,533,400
Notenumlauf	27,222,700	27,290,600
Depositen	234,857,300	235,757,600

Die Situation der Banken ist also eher etwas besser, denn
schlechter wie im Vorjahr, wo weder Besorgniß, noch Bedrängniß
herrschte. Es ist demnach die Hoffnung gerechtfertigt, daß die Unionsregierung ausgiebige Hülfe bieten und die Krisis beschwören kann,
wenn sie sofort nach Vermögen Umlaufsmittel durch Rückkauf von
Bonds auf den Markt wirft. Die soeben bewerkstelligte Rückzahlung
der Alabama-Schuld durch die englische Regierung, wenn sie auch in
Effecten erfolgte, kommt ihr dabei zu Statten."

Zwei Tage darauf lieferten wir den näheren Nachweis unserer
Ansicht, daß die Krisis für nicht so gefährlich betrachtet werden könne,
wie die von 1857. Wir begannen mit der Beobachtung, daß der
Waarenhandel die Ueberspeculation nicht mitgemacht habe und nach
den telegraphischen Nachrichten nicht betheiligt sei. „Bis jetzt wissen
wir nur von Zahlungseinstellungen von Häusern, welche in die neueren
colossalen Eisenbahnunternehmungen verwickelt sind, oder Vorschüsse
auf Unterpfand von Eisenbahnpapieren gegeben haben. Das Haus

Jay Cooke & Co. kam durch die Nord-Pacific-Bahn zum Ruin, die Firma Fisk und Hatch fiel durch die Chesepeake-Ohio-Eisenbahn. Die Union-Trust-Bank scheint große Posten auf Bonds derselben Zukunftsbahnen vorgeschossen zu haben. Bis jetzt ist von der Zahlungseinstellung eines Waarengeschäftes noch nichts gemeldet worden.

Obgleich der Geschäftsumfang der Vereinigten Staaten sich seit 20 Jahren bedeutend vergrößert hat*), so war doch der Krisis von 1857 eine beträchtlichere Speculation auf allen Gebieten des Erwerbslebens vorangegangen. Zwar hatte man auch in jener Zeit umfassende Eisenbahnbauten unternommen, so daß während der Krisis nicht weniger als 14 große Eisenbahnen mit einem Gesammtcapital von 190 Millionen Dollars insolvent wurden, allein die daraus entstandenen Verwickelungen waren leicht im Vergleich zu dem allgemeinen Gedränge.

In den Jahren 1855 und 1856 waren, wie schon oben bei Gelegenheit der Krisis von 1857 erwähnt, nicht weniger als 17,600,000 Acres (der Acre = 44,000 □') an Staatsländereien verkauft worden; außerdem hatte der Congreß an Eisenbahnen oder an solche Staaten, welche deren später anlegen wollten, 21,700,000 Acres abgetreten, was im Ganzen 39,300,000 Acres oder fast den dritten Theil von Frankreich ausmacht. Daraus war natürlich eine vielseitige Speculation entstanden. Die Eisenbahnen, welche 1855 eine Länge von 21,000 (englischen) Meilen umfaßten, waren in einem Jahre auf 24,000 Meilen vermehrt, im Westen war eine Menge neuer Städte gegründet worden, Bergwerke waren erschlossen, Fabriken waren in Hülle und Fülle errichtet worden. . . .

Die ländliche und gewerbliche Production soll sich 1856 auf 2600 Millionen Dollars erhoben, d. h. in 15 Jahren um das Dreifache sich vermehrt haben. Die Baumwollenspinnereien hatten große Ausdehnung genommen. Colossal war die Speculation in

---

*) Der Jahresumsatz im New-Yorker Check Clearinghaus betrug 1857 8330 Millionen Dollars, im Jahre 1867 ca. 25,743, 1872 34,681 und 1873 ca. 26,451 Millionen Dollars.

Baumwolle, Zucker, Kaffee, Getreide gewesen, an welchen oft bis zu 50 pCt. und mehr verdient wurde. Die Einfuhr an Zucker hatte im Jahre 1856/57 allein 776,868,842 Pfund im Werthe von 42,770,330 Dollars betragen. Die Einfuhr von Luxusartikeln hatte um gegen 60 Millionen Dollars in demselben Finanzjahre sich erhöht. Als interessantes Symptom mag die Thatsache angeführt werden, daß die Einfuhr der Luxusartikel für Damen das Dreifache derjenigen für Männer betrug; nämlich 40,828,844 für Seidenwaaren, Stickereien, Spitzen, Shawls, Handschuhe, Juwelen, und nur 13,818,487 für Spirituosen, Wein und Tabak. Dieses Luxusfieber, wie jene Ueberspeculation in den der Krisis von 1857 vorhergegangenen Jahren hatte aber eine tiefliegendere Ursache: die Auffindung und Ausbeutung der Goldlager Californiens.

Als das Kartenhaus der Wechselreiterei zusammenbrach, da zeigte sich, daß das wirklich disponible Capital weit geringer als die Summe der Unternehmungen war, und daß daher Alle, welche sich über ihre Kräfte eingelassen, stürzen mußten.

Die Gesammtzahl der Bankerotte in den Vereinigten Staaten und Canada wurde damals auf 5123 mit einem Gesammt-Passiv-Capital von 299,801,000 Dollars berechnet.

Einer solchen Höhe der Ueberspeculation und des Unglücks scheint man heute in Amerika nicht entfernt sich zu nähern. Einen Beweis für unsere Ansicht haben wir bereits in unserer ersten Besprechung geliefert, daß nämlich die Lage der Banken ungleich günstiger ist als 1857. Der andere Grund, daß das Waarengeschäft noch unberührt ist, ist zwar noch nicht über allen Zweifel festgestellt, weil wir immer der Dinge noch gewärtig sein müssen, die von New-York gemeldet werden können, — allein bis jetzt wenigstens stimmen alle Nachrichten aus Amerika, London, Frankfurt und den Hansestädten in dieser Ansicht überein. Eine Thatsache spricht übrigens schon zu Gunsten dieser Meinung, das ist die, daß die Einfuhr in den Vereinigten Staaten sich in dem letzten Jahre vermindert hat. Der Werth der im Hafen von New-York eingeführten Waaren betrug nämlich:

in den ersten 8 Monaten des Jahres 1873: 282 Mill. Dollars
„   „   „   „   „   1872: 307   „   „
„   „   „   „   „   1871: 266   „   „

Die Ausfuhr betrug dagegen in derselben Zeit
1873: 190 Mill. Dollars
1872: 148   „   „
1871: 154   „   „

Da demnach die Ausfuhr gestiegen ist, während die Einfuhr zurückging, so mußte die s. g. Handelsbilanz zu Gunsten Amerikas sich bessern, d. h. es mußte mehr Geld eingeführt, bezw. weniger ausgeführt werden. Dies ist auch der Fall gewesen. Die Goldausfuhr betrug in den ersten acht Monaten d. J. nur 40 Millionen Dollars gegen 56 Millionen 1872, 53 Millionen 1871 und 65 Millionen 1868. Dazu kommt nun noch die gute Baumwollenernte, welche auf 4 Millionen Ballen geschätzt wird, und eine außerordentlich reiche Getreideernte, welche Erwartung auf um so besseren Absatz hat, als die meisten Länder Europas wegen ungenügenden Ernteertrages gezwungen sein werden, Cerealien zu kaufen. Es steht also für die Vereinigten Staaten noch eine Vermehrung der Ausfuhr und damit der zur Verfügung gelangenden Baarmittel in Aussicht, um so mehr als ja ein großer Theil des Ueberschusses der Einfuhr aus Europa über die Ausfuhr durch Werthpapiere (Bundes- und Eisenbahn-Bonds) gedeckt wird.

Gibt also einerseits der Waarenhandel nicht zu der Befürchtung Anlaß, daß auch er von der Krisis ergriffen werden könnte, so wird andererseits die Letztere ausreichend durch die Höhe der Eisenbahn-Unternehmungen erklärt und begründet."

Die nachfolgenden Dampfernachrichten brachten nichts, was nicht diese Anschauung bestätigt hätte. Die ersten ausführlichen Berichte trafen endlich am 2. October ein. Wir stellen dieselben chronologisch nach den sehr sorgfältigen Mittheilungen der New-Yorker Handels-Zeitung zusammen, welche ganz unsere Ansicht von der Verderblichkeit der Finanzpolitik der Unions-Regierung in der Valutafrage theilt.

In der financiellen Uebersicht des Jahres 1873 schreibt das

genannte Blatt dem 1862 eingeführten Zwangscourse und der Kurz=
sichtigkeit der Unionsregierung, daß sie seit Beendigung des Bürger=
krieges nichts that, um das Staatspapiergeld (Greenbacks) einzulösen,
die Hauptursache an der Herbeiführung der Krisis zu, wenn auch der
Bau großer und kostspieliger Eisenbahnen und furchtbare Feuers=
brünste, wie die von Chicago und Boston, welche mehrere hundert
Millionen vernichteten, das Ihrige dazu beigetragen haben.

Im Januar 1873 gelang es Jay Cooke, den Congreß, welcher
bis jetzt nichts gegen die unheilvolle Politik des Präsidenten gemacht
hatte, zu bewegen, ihn mit der Regeirung einer 5procentigen Bundes=
anleihe im Betrage von 300 Millionen behufs Fundirung eines
gleichen Betrages 6procentiger Obligationen zu betrauen. Trotzdem
das Haus Rothschild dem zu diesem Behufe gebildeten Syndicate bei=
trat, mißlang dieses Unternehmen, indem anfangs nur 35 und erst
nach 10 Monaten blos 100 Millionen untergebracht wurden. Diese
Operation hatte gezeigt, daß das europäische Capital, welches sich
schon länger gegen Eisenbahn=Prioritäten indifferent gezeigt, nicht so
bald wieder zu gewinnen sei. Dessenungeachtet machten die Eisenbahn=
Gesellschaften den Versuch, wenigstens indirect sich die nöthigen Fonds
zum Weiterbau ihrer Bahnen zu schaffen. Sie machten gegen Depot
ihrer Obligationen Anleihen bei verschiedenen Bankhäusern, und da
sie verhältnißmäßig hohe Zinsen zahlten, betheiligte sich das fremde,
namentlich englische Capital durch seine New=Yorker Vertreter in
vielleicht ebenso starkem Grade, wie das einheimische an diesen Trans=
actionen. Bei Verfall wurden derartige Vorschüsse größtentheils er=
neuert, und wo diese Erneuerung verweigert wurde, machte es wenig
Schwierigkeiten, andere Häuser für diese Geschäfte zu finden. Auf
solche Weise ist der New=Yorker Markt mit Eisenbahn=Obligationen,
welchen es an Käufern fehlte, überfüllt worden und der erste Anstoß
mußte das auf sehr schwacher Basis beruhende Gebäude ins Wanken
bringen. Sobald eine der Compagnien sich außer Stande sah, eine
ihrer Anleihen bei Verfall aufzunehmen, erwachte das Mißtrauen;
mit derselben Hast, mit welcher man früher den Compagnien Capi=
talien aufgedrängt, suchte man ihnen dieselben jetzt zu entziehen.
Unter solchen Umständen war der Zusammenbruch unausbleiblich.

Den Reigen eröffnete die Suspension der „New-York Warehouse und Security Company", welche bedeutende Vorschüsse auf Missouri, Kansas und Texas Obligationen gemacht hatte. Aus gleichen Ursachen folgte die Zahlungseinstellung von Kenyon, Cox & Co., welche als Makler für Daniel Drew, der seit 1870 als Associé an Stelle des verstorbenen Herrn Robinson in die Firma eingetreten war, agirten und gleichzeitig Finanz-Agenten der Canada Southern E. B. Co. waren. Als Anlaß der Suspension wurde angegeben, daß sie der Canada Southern E. B. Co. bedeutende Vorschüsse gemacht hätten. Die Firma hatte ihr eigenes Papier bis zum Betrage von Dollars 2,000,000 negociirt, um den Weiterbau der Bahn zu ermöglichen und erwartete vergeblich, in London eine hinreichende Anzahl der Canada Southern-Obligationen in den Markt bringen zu können, um ihre Accepte bei Verfall zu decken.

Als weiteres Glied in der Kette reihte sich die Ernennung eines gerichtlichen Curators für die New-York und Oswego Midland Eisenbahn-Compagnie, welche ihre fällig gewordenen Accepte nicht einlösen konnte. Nach Aussage des Präsidenten beliefen sich die zu Protest gegangenen Accepte der Eisenbahn-Compagnie auf circa 1,000,000 und das Total der schwebenden Schuld auf circa 3,000,000 Dollars.

Diesen so schnell sich mehrenden Unglücksbotschaften folgte am 18. September die Suspension von Jay Cooke & Co. Die Bestürzung, welche diese Nachricht auf Wallstreet hervorbrachte, war ungeheuer. Jay Cooke & Co., die Banquiers der Regierung, die Schöpfer des Syndicats, das Haus, welchem man mit Recht oder Unrecht den directesten Einfluß auf die Operationen des Schatzamts zutraute, die Erbauer der Northern Pacific-Eisenbahn, die quasi Eigenthümer der First National Bank in Washington und unbeschränkte Disponenten über die Finanzen des Districts Columbia, sollten fallirt oder auch nur suspendirt haben! Man weigerte sich dieser Thatsache Glauben zu schenken, bis ein längeres Zweifeln unmöglich war, denn sowohl an der Fonds-, wie an der Goldbörse machten die resp. Präsidenten der Börse die officielle Mittheilung, daß Jay Cooke & Co. temporär ihren Verbindlichkeiten nicht nachkommen könnten. Der Menschenmenge, welche sich sofort nach dem Geschäftslocal des Bankhauses begeben hatte, machte Herr Fahnestock, einer der Associés, folgende Mittheilung: „Die unmittelbare Ursache der Suspension von Jay Cooke & Co., New-York, entsprang aus den starken Ziehungen des Hauses in Philadelphia und der hiesigen Depositoren während der letzten 14 Tage. Beide Häuser hatten in Folge des Zurückziehens von Depositen, welchem alle mit neuen Eisenbahn-Unternehmungen identificirten Häuser mehr oder weniger unterworfen waren, zu leiden. Das Philadelphia-Haus ist schon früher durch starke Vorschüsse an die Northern-Pacific-Eisenbahn-Compagnie, mit deren Finanz-Agentur es betraut ist, geschwächt worden, und mußte gleich dem Washingtoner Zweige suspendiren."

Es unterliegt keinem Zweifel, daß die Verbindung der Firma mit der Northern-Pacific-E.-B.-Co. das sonst gut situirte Haus zu Fall gebracht hat. Jay Cooke, der Senior-Chef des Hauses, war persönlich in solchem Grade für dieses Unternehmen enthusiasmirt, daß er demselben die Hilfsquellen seines Hauses vollständig zur Disposition gestellt hatte. Der große Erfolg, welchen er während der Kriegsjahre mit Negociirung der Bundesschuld errungen, hatte seine Firma nicht nur mit einem gewissen Nimbus umgeben, sondern ihr auch als Agenten der Regierung Provisionen eingebracht, welche sich auf Millionen belaufen haben. Als das Project des Baues der Northern-Pacific-E.-B. entstand, identificirte sich Jay Cooke sofort mit demselben; seine übrigen Associés gingen nur mit Widerstreben darauf ein und einer derselben hatte erst kürzlich noch erklärt, das Unternehmen sei ein „Privat-Job" Jay Cooke's. Die finanzielle Leitung war von Anfang an eine verfehlte, alle Versuche, die Obligationen in Europa zu introduciren, waren erfolglos und auch amerikanische Capitalisten hielten sich fern davon. Trotz einer selten dagewesenen Reclame betheiligte sich das New-Yorker kleinere Publikum nicht hinreichend, um aus dem Verkauf der Bonds die zum Bau der Bahn nöthigen Fonds rasch genug zu schaffen. Seit Januar 1871, wo die Bonds zuerst an den Markt gebracht wurden, sollen bis heute angeblich 25,000,000 Doll. negociirt worden sein, der thatsächlich verkaufte Betrag war aber viel geringer. Ein großer Theil der negocirten Bonds war von Contractoren in Zahlung genommen worden, der andere Theil befand sich meistens in Händen von kleineren Leuten, welche auf das Prestige von Jay Cooke hin ihre Bundes=Papiere gegen Northern Pacific Obligationen umtauschten. Der bedeutendste Käufer der Bonds war aber die Firma Jay Cooke selbst, denn die der Eisenbahn=Compagnie gemachten Vorschüsse beliefen sich auf circa 5,000,000 Doll. Solche Verbindlichkeiten mußten bei der herrschenden Conjunctur die Ressourcen des stärksten Hauses übersteigen; der zwei Wochen früher erfolgte Rücktritt von Henry D. Cooke, Chef des Washingtoner Hauses, von dem Posten des Gouverneurs des Districts von Columbia hatte zuerst das Mißtrauen der wirklich Eingeweihten erweckt, größere Darlehen waren der Firma gekündigt und das Publikum hatte begonnen, seine Depositen dem Philadelphia=Haus langsam zu entziehen. Am 19. September erfolgte ein ernstlicher „Run"; man telegraphirte von Philadelphia nach New=York, alles disponible Geld nach dort zu senden, was auch sofort geschah. Am 20. früh erfolgte eine weitere Depesche, man solle mehr Rimessen machen. Aber diesem Verlangen konnte nicht genügt werden und das Stammhaus, wie auch die New=Yorker und Washingtoner Branchen mußten vorläufig suspendiren.

Die engen Beziehungen, welche die Firma von jeher zu der Regierung gehabt, ließen befürchten, daß das Schatzamt durch die Suspension Verluste erleiden möchte. Der Finanzminister erklärte jedoch, daß die Operationen des Syndicats durch die Zahlungs=einstellung von Jay Cooke & Co. nicht afficirt würden, und das Schatzamt den Herren Jay Cooke & Co. sogar einen kleinen Saldo schuldig wäre, da sie mehr Gold deponirt hätten, als ihnen an Bundes=Obligationen dagegen ausgeliefert worden ist. Eine am 29. vom Marineministerium auf das Schatzamt gezogene Anweisung zu Gunsten Jay Cooke, Mc. Culloch & Co's für 1,000,000 Doll. Gold, womit das europäische Geschwader abgelohnt werden sollte, wurde noch rechtzeitig sistirt.

Von dem panischen Schrecken, welcher die Börse ergriff, läßt sich kaum eine Beschreibung liefern. Course fielen 2—10 pCt. und die Baisse feierte ein wahres Jubelfest. Nur die Vanderbilt=Devisen hielten sich fest und von ihrer Widerstandsfähigkeit hing das Schicksal des ganzen Marktes ab. Um so vernichtender wirkte es deshalb, als die Suspension von Richard Schell gemeldet wurde, eines der intimsten Freunde Vanderbilt's und in dessen Specialitäten stark engagirt. Die Börse nahm dies als einen Beweis auf, daß Vanderbilt mit sich selbst genug zu thun habe und augenblicklich machtlos sei, seine Freunde zu unterstützen. Western Union fielen in wenigen Minuten um 8 pCt. Die Rate für Call Loans stieg bis $^3/_4$ pCt. per Tag und der ganze Markt schloß in einer verzweifelnden Stimmung.

Der folgende Tag sollte der Hiobsposten schlimmste bringen. Bald nach Eröffnung der Börse sah sich das Bankhaus von Fisk & Hatch gezwungen, seine Suspension anzuzeigen. Diese Nachricht traf die ganze Stadt wie ein Donnerschlag, denn man durfte von dieser Firma ohne Uebertreibung behaupten, daß sie an Solidität von keiner anderen in den Vereinigten Staaten übertroffen worden war. Sie hatte während des Krieges einen hervorragenden Antheil bei Negociirung der Bundesanleihe genommen, später die Securitäten der Central Pacific E. B. Co. dort und in Europa introducirt und in letzter Zeit den Verkauf der Obligationen der jetzt vollendeten Chesapeake- und Ohio-Eisenbahn vermittelt. Alle diese Werthe boten eine unbezweifelte Sicherheit und die Calamität, welche augenblicklich gegen alle Eisenbahnpapiere anstürmte, konnte die Firma wohl temporär, aber nicht dauernd werfen. Das Mißtrauen und die Panique waren aber so groß, daß das Haus, welchem starke Anleihen gekündigt wurden, nicht im Stande war, sich trotz der reichlich vorhandenen Activa irgend welche Fonds zu verschaffen. Einen unvermeidlichen „Run" seiner vielen Depositoren voraussehend, entschloß er sich mit schwerem Herzen, um keinen seiner vielen Kunden zu benachtheiligen, vorläufig zu suspendiren. Die Zahl der Freunde, welche das Fisk & Hatch'sche Local besuchten und der Firma ihr Beileid ausdrückten, legte Zeugniß von der allgemeinen Sympathie für das in Difficultäten gerathene Haus ab, und von allen Seiten sprach man die Hoffnung auf baldige Wiederaufnahme der Zahlungen aus.

Die Börse, welche die Schläge vom vorhergegangenen Tage noch nicht überwunden hatte, gerieth ob jenes neuen und gänzlich unerwarteten Falles der für unanfechtbar gehaltenen Firma in Verzweiflung. Course stürzten procentweise in wenigen Minuten und die Zahl der Suspensionen war bedeutend.

Nach einem der verhängnißvollsten Tage, welche die an Katastrophen reiche Geschichte der New-Yorker Börse in Wallstreet zu verzeichnen hat, schien schon bei Beginn des Geschäfts am Sonnabend, den 20. September, das Vertrauen einigermaßen zurückgekehrt zu sein. Der Finanzminister hatte das Unter-Schatzamt instruirt, Fünf-Zwanziger Bonds bis zur Höhe von 10,000,000 Doll. Greenbacks zu kaufen; diese Maßregel hielt man für genügend, um der Panique ein Ende zu machen, insofern sich die Banken als solvent erweisen würden. Die Fondsbörse fing ziemlich fest an, Course waren in den meisten Fällen sogar bedeutend höher, als die Schlußnotirungen des vorhergehenden Tages. Die Besserung sollte aber nur von kurzer Dauer sein, denn eine halbe Stunde, nachdem die Thore der Effectenbörse geöffnet worden, traf die Mittheilung ein, daß die Union Trust Company suspendirt hatte. Ehe die vom Wahnsinn ergriffene Masse der Makler sich von diesem Schlage erholen konnte, verbreitete sich die Hiobspost, daß die **Bank of Commonwealth** ihre **Zahlungen eingestellt** hatte und die an solchen Unglückstagen nie ruhenden Gerüchte sprachen sogar von dem Bankerott Vanderbilt's. Damit schien die Sündfluth über die Börse hereingebrochen zu sein, von Coursen war keine Rede mehr. Männer, die in ruhigen Zeiten Stunden lang feilschten, ehe sie ¹/₄ pCt. höher oder niedriger verkaufen, überschrieen ihre Nebenmänner, um ihre Papiere 10—20 pCt. niedriger als jene loszuschlagen zu können. Das Vertrauen war gänzlich geschwunden, man glaubte, nur das noch als Werthe betrachten zu können, was niet- und nagelfest war. Den zahlreichen Suspensionen von Maklerfirmen, welche vom Rostrum des Präsidenten verkündigt wurden, schenkte man keine Aufmerksamkeit, man schrie und heulte sich gegenseitig an und alle Bande der Ordnung waren gelöst.

Unter solchen Verhältnissen sah sich der Präsident der Börse veranlaßt, das Governing-Comité zu einer sofortigen Berathung zu berufen, und nach kurzer Debatte entschloß man sich, die Fonds-

Schließung der N.-Y. Effectenbörse. Certificate. 191

Börse bis auf Weiteres zu schließen. Diese Resolution war ein in den Annalen der New-Yorker Börse noch nie dagewesenes Ereigniß; aber die eiserne Nothwendigkeit erforderte solche Zwangsmaßregeln, ein längeres Offenbleiben der Stock-Exchange hätte alle Häuser, welche mit der Börse in irgend welcher Verbindung standen, dem sicheren Ruin entgegentreiben müssen. Die Makler fügten sich ohne Widerstreben dem Beschlusse des Comités, denn der Baisse mußte eben so viel und vielleicht noch mehr daran gelegen sein, daß dem bodenlosen Sinken der Werthe Einhalt geschehe.

Die Goldbörse blieb am Sonnabend, den 20. September, wie gewöhnlich bis 3 Uhr offen und fanden lebhafte Transactionen statt. Das Agio avancirte von $11^{1}/_{8}-12^{5}/_{8}$ und schloß à $11^{7}/_{8}$. Die Liquidationen durch die Gold-Exchangebank geriethen jedoch ins Stocken, da viele der Makler die zur Regulirung der Differenzen nothwendigen Chets von ihren Banken nicht certificirt bekommen konnten. Die Liquidationen mußten deshalb bis zum nächsten Geschäftstage verschoben werden. Am Montag beschloß die Goldbörse, dem Beispiel der Actienbörse zu folgen, neue Geschäfte gänzlich einzustellen und sich nur mit Regulirung der noch offenen Contracte zu befassen. Als Abrechnungs-Cours wurde das Goldagio auf 12 festgesetzt und die Regulirung ging ohne jegliche Schwierigkeiten und ohne daß eine einzige Firma suspendirte, von Statten. Am Dienstag wurde die Goldbörse wieder eröffnet und hat seitdem der Geschäftsbetrieb an derselben keinerlei Unterbrechung erlitten.

Die New-Yorker Handelszeitung gibt hierauf eine eingehende Schilderung der Zahlungseinstellung der Union Trust-Bank, bei welcher viele Wittwen und Waisen verloren, der Nationalbank of Commen Wealth, der National Trust-Compagnie und bespricht dann die Maßregeln der New-Yorker Banken. Die Bank-Präsidenten, die precäre Situation vollständig erkennend, hatten schon am vorhergehenden Tage beschlossen, am 20. eine Plenar-Sitzung abzuhalten. Dieselbe fand in der „Bank of Commerce" statt, und das Comité, welches man ernannt hatte, um Pläne zur Abhilfe der Gefahr, welche über dem ganzen Gemeinwesen schwebte, in Vorschlag zu bringen, erstattete einen Bericht, dessen hauptsächlichste Punkte darauf hinausliefen, daß jede zur „Clearing House Association" gehörige Bank bei einem zu diesem Zwecke zu ernennenden Comité approbirte Disconten und andere Securitäten deponiren könne. Bis zur Höhe von 75 pCt. eines solchen Dépots sei eine jede Bank zu Certificaten berechtigt, welche mit 7 pCt. zu verzinsen seien. Diese Certificate könnten bis zum 1. November bei Regulirung der täglichen Saldi zur Verwendung kommen und müßten solche von allen Banken, denen ein Guthaben zukömmt, im Verhältniß zu ihren eigenen Verbindlichkeiten acceptirt werden. Das Comité sollte zur Emission von 10,000,000 Doll. solcher Certificate berechtigt sein. Das legale Papiergeld, welches den associirten Banken gehört, sollte als ein gemeinsamer Fonds betrachtet werden, welcher zur gegenseitigen Hilfe und Beschützung gehalten wird, und das Comité sollte die Befugniß haben, diesen Fonds durch Vertheilung oder anderweitig zu equalisiren.

Dieser Bericht wurde einstimmig angenommen und die Emission von dergleichen Certificaten bis zur vorläufigen Höhe von 10,000,000 D. beschlossen. Die praktische Wirkung dieser Maßregel besteht darin, den Betrag der den Banken zur Disposition stehenden Greenbacks zu vermehren, denn wo bisher bei den täglichen Regulirungen der gegenseitigen Guthaben Greenbacks bezahlt werden mußten, traten an deren Stelle die erwähnten Certificate. Durch dieses Verfahren wurden zwar die Vorschriften über die legale Reserve von 25 pCt., welche jede Nationalbank der Stadt New-York in Greenbacks halten soll, thatsächlich außer Acht gesetzt, doch war es die einzige Art der Selbsthilfe, welche den Banken zu Gebote stand, damit sie sich selbst und die ganze Communität stützten.

Inzwischen muß es zur Ehre des ganzen Handelsstandes bemerkt werden, daß derselbe sich, mit kaum nennenswerther Ausnahme den Banken gegenüber in höchst liberaler Weise benommen hat. Sobald man einsah, daß ein allgemeiner Zusammenbruch der ganzen Geschäftswelt nur durch die Solvenz der Banken vermieden werden könnte, dachten, trotz der zahlreichen ungünstigen Gerüchte, nur Wenige daran, ihre Depots aus den Banken zu ziehen. Letztere zahlten alle auf sie gezogenen Checks bis zu 500 Doll. in Papiergeld aus.

Anweisungen für größere Beträge beglaubigten sie nur und mußten solche durch das Clearing House passiren.

In einer am Mittwoch den 24. Sept. abgehaltenen Versammlung wurden folgende weitere Beschlüsse gefaßt: 1. Nachdem bis Dienstag Abend 10,000,000 Doll. Clearing Certificate emittirt worden sind, wird die Ausgabe von weiteren 10,000,000 Doll., und sobald diese erschöpft sind, von abermals 10,000,000 Doll. autorisirt. 2. Die Banken beschließen, zu einander zu halten und sich gemeinsam gegen jede Panique und Eventualität zu vertheidigen. Sie kommen überein, Checks nur zu certificiren unter der Bedingung, daß sie mittelst des Clearing House zahlbar sind, d. h. daß jede Bank am nächsten Morgen ihre Verbindlichkeiten nach Belieben mit Clearinghouse-Certificaten oder mit Greenbacks reguliren kann. Bedarf eine Bank der Greenbacks für ihren täglichen Bedarf, so hat sie sich darüber mit der ihr schuldenden Bank gegenseitig zu verständigen. Um jedoch den Bestand an Greenbacks zu vergrößern, beschlossen die associirten Banken, durch Kauf oder Borgen von den Versicherungs-Gesellschaften und anderen Corporationen, welche nicht Willens sind, zu verkaufen, sich 10,000,000 Doll. Fünf-Zwanziger Bonds*) zu verschaffen, und dieselben an das Schatzamt gegen Greenbacks zu verkaufen. Die Unkosten oder Differenzen, welche aus dieser Operation entspringen, haben die associirten Banken im Verhältniß zu ihrem Capital zu tragen. Alle Greenbacks, über welche die associirten Banken zu verfügen haben, werden als ein gemeinsamer Fonds betrachtet, an welchem jede Bank im Verhältniß zu ihrem Capital gleichmäßigen Antheil hat. 3. Die Banken beschließen, daß irgend eine Bank, welche sich weigert, vorstehendem Arrangement in allen seinen Details beizutreten, von der Association ausgestoßen und daß jeder auf solche Bank gezogene Check ihr zur sofortigen Zahlung präsentirt werden soll. Schließlich gingen die Banken die Regierung an, die am 1. Januar 1874 fällig werdenden 5 pCt. Obligationen von 1858 in Gold einzulösen.

Das Schatzamt hatte sich, wie bereits oben erwähnt, darauf beschränkt, am Sonnabend Morgen dem New-Yorker Unterschatzamt

---

*) Diese 1862, 1864 und 1865 abgeschlossene Art der Unionsanleihen betrug im Ganzen 1602,683,300 Dollars.

Ordre zugehen zu lassen, Fünf-Zwanziger Bonds gegen Greenbacks bis zur Höhe von 10 Millionen zu kaufen. Die Stimmung war jedoch eine so verzweifelte, daß nur wenige Häuser diese Hilfe benutzten; wer Bundespapiere besaß, hielt an denselben, wie an einem letzten Rettungs-Anker fest und die dem Schatzamt am Sonnabend offerirten Bonds beliefen sich auf kaum 2,500,000 Doll. Inzwischen war sowohl der Präsident, wie auch der Finanz-Minister von allen Theilen des Landes mit Depeschen bestürmt worden, durch Ausgabe der sogenannten Greenback-Reserve von 44 Millionen der Panique ein Ende zu machen. Es kam die Antwort, daß Präsident Grant und Herr Richardson am Sonntag in New-York sein würden, um mit den Notabilitäten der New-Yorker Finanz- und Handelswelt über die von der Regierung vorzunehmenden Maßregeln zu consultiren.

Präsident Grant traf am Sonntag mit dem Schatzkanzler in New-York ein. Nach zehnstündiger Berathung lautete sein Ultimatum wie folgt: „das Unterschatzamt in New-York würde autorisirt werden, jeden Betrag Fünf-Zwanziger Bonds, der ihm offerirt werde, zu pari in Gold, zuzüglich aufgelaufener Zinsen, gegen Greenbacks zu kaufen." Nachdem diese Entscheidung der ängstlich wartenden Menge übermittelt worden war, reisten der Präsident und Finanzminister sofort nach Washington zurück.

Am Montag den 22. September befand sich Wall Street noch immer in Ungewißheit mit Befürchtungen, was die nächste Zukunft bringen würde. Man hielt die von der Administration ergriffenen Maßregeln im Allgemeinen für ungenügend, um der Panique Einhalt zu thun, ohne zu bedenken, daß jede directe Unterstützung der Banken Seitens der Regierung eine Uebertretung der bestehenden Gesetze gewesen wäre. Bei solcher Aufregung der Gemüther war es ein Glück, daß die Fonds-Börse geschlossen blieb; der Zündstoff, der sich überall angesammelt hatte, wäre dort sicherlich auf's Neue explodirt und hätte weiteren unberechenbaren Schaden angestiftet. So aber waren die Börsen-Firmen zur Unthätigkeit gezwungen und Geschäfte beschränkten sich auf unbedeutende Umsätze, welche von Pfusch-Maklern auf der Straße und gegen sofortige Bezahlung der Stücke in Greenbacks gemacht wurden. Die Banken hielten sich und neue Suspensionen wurden nicht gemeldet. Einige Spar-Banken in der oberen Stadt hatten zwar einen „Run" ihrer Depositoren auszuhalten, doch konnten alle Anforderungen ohne Schwierigkeit befriedigt werden. Um jedoch jeder Eventualität zu begegnen, beschlossen die meisten dieser Institute von dem ihnen zustehenden Privilegium Gebrauch zu machen und für größere Beträge eine Kündigungsfrist von 30 bis 90 Tagen zu verlangen. Diese Maßregel entsprang weniger der Nothwendigkeit, als der Vorsicht. Summen von hundert Dollars und darunter wurden dagegen sofort ausbezahlt. Die Depositoren überzeugten sich bald, daß in gegenwärtiger Zeit ihre Capitalien nirgends sicherer als in den Sparbanken sein könnten und der Andrang hatte bald ein Ende.

Am Dienstag den 23. September hatte es fast den Anschein, als ob das Schlimmste der financiellen Krisis, so weit sie New-York betrifft, vorüber sei. Wenngleich die Fonds-Börse nicht immer geschlossen blieb, fanden doch zwischen einzelnen Maklern viele Liquidationen und Ausgleiche statt. Die Banken erledigten ihre Geschäfte durch Clearing-Certificate und man sah der nächsten Zukunft in etwas hoffnungsvollerer Stimmung entgegen. Die Panique hatte aber noch nicht ausgetobt, denn kurz vor 3 Uhr wurde es bekannt, daß das Bankhaus von Henry Clews & Comp. seine Zahlungen eingestellt habe.

Das Haus hat ein Zweiggeschäft in London, unter der Firma Clews, Habicht & Comp., welche die Fiscal-Agenten des Staats-Departements für Europa waren. Die Bundesregierung ließ ihre europäischen Geschäfte während einer langen Reihe von Jahren durch Baring Brothers besorgen, erst unter der Grant'schen Administration wurde ein Theil der auswärtigen finanziellen Transactionen an Henry Clews, der ein persönlicher Freund des Präsidenten und hervorragendes Mitglied der republikanischen Partei ist, übertragen, was seiner Zeit viel böses Blut machte. Sobald das Londoner Haus von der Suspension der New-Yorker Firma benachrichtigt war, beschloß es sofort, auch seinerseits die Zahlungen einzustellen. Ihre Verbindlichkeiten für Rechnung von Henry Clews & Comp. in New-York betrugen 240,000 Pfd. und für eigene Rechnung 64,000 Pfd. Zur Deckung letzterer besaßen sie hinreichend Activa, nicht aber für die

Verbindlichkeiten von Henry Clews & Comp. Die Londoner Firma behauptete, bei ihren eigenen Transactionen nicht einen Cent verloren zu haben.

Das Staats-Departement in Washington erlitt durch die Suspension der Firma keinen pecuniären Verlust, weniger glücklich war das Schatzamt. Das Londoner Haus schuldete demselben noch circa 180,000 Doll. für dort deponirte Consular-Gebühren und außerdem einen Saldo von circa 12,000 Doll., welche sich von den für das Genfer Schiedsgericht bestimmten Ausgaben noch in seinen Händen befanden.

Am Mittwoch erfolgte die Zahlungseinstellung des Bankhauses Howes und Macy, einer der bestrenommirten Firmen, welche sich auf inländische Bankgeschäfte beschränkte. Während das Waarengeschäft im Allgemeinen von der financiellen Krisis bis jetzt verhältnißmäßig wenig berührt worden war, hatte doch der Productenhandel schwer darunter zu leiden. Der Westen schickte sein Getreide in enormen Quantitäten nach New-York, Baumwolle fing an aus dem Süden einzutreffen. Provisionen und andere Producte lagerten dort, auf Verschiffung nach Europa wartend. Aber die wichtigste Verkehrsbranche des Landes, das Exportgeschäft lag momentan fast gänzlich darnieder, da commercielle Tratten während des größten Theils dieser Woche geradezu unverkäuflich waren. Die Productenbörse hielt deshalb am 25. Sept. eine Versammlung ab, und die zahlreich Anwesenden faßten nachfolgende Resolutionen, welche man dem Präsidenten und dem Finanzminister übermittelte:

1. Die Regierung möge sofort an Banken oder Banquiers Papiergeld vertheilen, sobald letztere genügenden Nachweis führen, daß ihre Correspondenten in London ein Special-Depot von Gold bei der Bank von England zu Gunsten der Vereinigten Staaten gemacht hätten, dieses Papiergeld solle ausschließlich zum Ankauf von commerciellen Tratten benutzt werden.

2. Die Regierung wird ersucht, die sofortige Einlösung der am 1. Januar 1874 fällig werdenden Bundes-Anleihe anzuordnen.

Gleichzeitig telegraphirte der Finanz-Minister an das New-Yorker Unter-Schatzamt, die Bonds-Ankäufe einzustellen. Das Total der von Sonnabend bis Mittwoch Abend gekauften Bonds belief sich auf nahezu 12,000,000 zum Durchschnitts-Course von 110. 72^{40}/$_{54}$ in Papier-Währung. Der Papier-Bestand des Schatz-Amtes war dadurch bis auf wenige Millionen erschöpft worden und Herr Richardson beharrt bei seinem Entschlusse, die sog. Reserve von 44 Millionen nicht anzugreifen.

Am 27. September, dem großen Tage der Krisis, traf aus Washington die Nachricht ein, daß die Regierung nichts weiter zur Unterstützung der Banken thun werde. Gleichzeitig fingen die Hiobsposten aus dem Inneren an einzutreffen. Mehrere Inlandbanken hatten suspendirt. Dieselben ahmten das von den New-Yorker Banken eingeschlagene Verfahren nach, indem sie nur kleinere Beträge sofort einlösten, größere Checks aber durch das Clearinghaus gehen ließen. Das Bankcomité war den ganzen Tag permanent. Nachdem bereits für 20 Millionen Certificate untergebracht, genehmigte es eine weitere unbeschränkte Ausgabe. Auch im Clearinghaus wurden bereits Zahlungen in Certificaten statt in Greenbacks gemacht.

Am 30. September wurde die Börse wieder eröffnet, nachdem Tags zuvor, um einer Panik, welche durch Zwangsregulirungen hätte entstehen können, vorzubeugen, vom Börsen-Syndicat folgende Beschlüsse gefaßt worden waren: daß keine Maßregel des Börsen-Syndicats dahin ausgelegt werden soll, irgend ein Mitglied von den Verbindlichkeiten der Gesetze der Stock Exchange zu absolviren; daß alle Mitglieder, welche noch unerledigte Contracte haben und welche am Schluß der Börse solvent waren, falls sie sich weigern, für ihre noch offenen Contracte entweder einen der anderen Partei genügend erscheinenden Auftraggeber (Principal) zu nennen oder eine Marge in Baar oder Securitäten stellen, für insolvent erklärt werden sollen; daß § 25 der Statuten (welcher die Beamten der Börse autorisirt, Contracte von Mitgliedern, welche ihren Verbindlichkeiten nicht nachgekommen sind, abzuschließen), während drei Tage nach Eröffnung der Börse suspendirt wird. Der Präsident hat ein Comité zu ernennen, welches einen für beide Parteien billigen Cours festzustellen hat, nach welchem die zu deponirende Marge zu bestimmen ist. Dasselbe Comité hat auch den Cours zu bestimmen, zu welchem die

Contracte derjenigen Mitglieder, die ihre Contracte nicht erfüllen können, regulirt werden sollen. Daß alle Contracte durch certificirte Checks, welche durch das „Clearinghouse" zu passiren haben, erledigt werden können. Wird jedoch ein Check auf eine Bank gegeben, welche dem Verkäufer als nicht genügend sicher scheint, so haben sich beide Parteien gegenseitig zu verständigen; Greenbacks oder Currency dürfen jedoch nicht verlangt werden.

Gleichzeitig hatte der Bundes-Finanzminister bekannt gemacht, daß er die am 1. Nov. fälligen Goldzinsen von 13½ Millionen Doll. gegen einen Rabatt von 6 pCt. sofort auszuzahlen wolle. Diese Maßregeln sowohl, wie die bereits von England eintreffenden Goldsendungen, welche sich nach und nach bis über 20 Millionen Doll. beliefen und meist in die Münze wanderten, trugen nicht wenig dazu bei, die Gemüther zu beruhigen. Geld fing an flüssiger zu werden und Sterling-Tratten stiegen um ein volles Procent.

Die Börse eröffnete sofort mit einer bedeutenden Steigerung, welche sich indessen nicht behauptete. Am Mittwoch den 1. October erhoben sich bei Abwickelung der Börsengeschäfte insofern Schwierigkeiten, als die Banken mit Recht sich weigerten, die Checks der Makler ohne vorherige Deckung zu beglaubigen, d. h. Certificate daraus zu machen. Indessen lief das den Maklern bewilligte Moratorium von drei Tagen zur Abwicklung der Geschäfte günstig, da nur eine unbedeutende Firma, Albert Cole, zur Suspension gezwungen wurde.

Der Wendepunkt der Krisis war damit eingetreten und die Geschäfte begannen wieder in ihre natürlichen Canäle zurückzukehren.

Der Cours der auswärtigen Wechsel stieg wieder.

Auf dem Geldmarkte konnte man schon bald wieder Vorschüsse auf Bonds zu 7 pCt. haben. Jetzt begann das Clearinghaus mit Wiedereinziehung der Certificate gegen Greenbacks zu einem Divergio von nur ¼ pCt., während dieses einige Tage vorher noch 2 bis 3 pCt. betragen hatte. Im Ganzen waren für 22 Millionen Doll. solcher Certificate in Umlauf gesetzt worden. Die Depositenbestände der Banken begannen wieder zuzunehmen. Landbanken, welche aus Mangel an Staatspapiergeld, obgleich circa 370 Millionen Doll. davon circulirt, die Zahlungen eingestellt hatten, nahmen dieselben wieder

Nordamerikanische Krisis.   199

auf. Die Sparcassen, welche ihre Bonds verkauft hatten, um sich Greenbacks für ihre Einleger zu verschaffen, traten wieder als Käufer von Bonds auf. Dies Alles war ein Beweis, daß in Folge der Panik Umlaufsmittel eingesperrt worden waren, — ein neuer Beweis der Unzweckmäßigkeit des amerikanischen Banksystems, welches stets zur Zeit versagt, wo die Banken Hilfe gewähren sollen. Uebrigens dauerte es einige Wochen, bis die Ausnahmemaßregeln nach und nach aufhörten; denn am 10. October waren erst für 3 Millionen Doll. Certificate gegen Greenbacks zurückgezogen.

Zur klaren Uebersicht des Ganges der Dinge lassen wir eine Uebersicht der Bewegung der Banken, des Clearinghauses und der Wechselcourse zu New-York, sowie der Notirungen der Vereinigten Staaten-Bonds, der Eisenbahn-Obligationen und des Goldagios im Jahre 1873 folgen.

Ausweis der Banken der Stadt New-York
für die erste Woche jeden Monats im Jahr 1872 und jede Woche im Jahr 1873.

		Portefeuille.	Metallvorr.	Leg. Tend.	Notencirc.	Depositen
1872.		$	$	$	$	$
Jan.	6.	227,704,400	28,820,600	40,058,500	28,492,200	205,828,200
Febr.	3.	282,610,400	23,986,100	46,565,800	28,218,700	220,906,700
März	2.	282,280,100	18,333,600	43,770,400	28,165,400	210,472,800
April	6.	278,483,400	19,764,100	38,695,200	28,014,700	201,065,500
Mai	4.	280,284,900	18,325,400	47,407,400	27,809,800	211,636,400
Juni	1.	284,674,800	21,268,800	53,780,500	27,522,000	226,070,900
Juli	6.	296,901,800	23,785,500	52,508,600	27,508,400	241,774,900
Aug.	3.	295,428,200	23,925,900	55,051,700	27,337,200	241,528,000
Sept.	7.	287,640,000	13,451,300	49,068,500	27,532,900	213,616,200
Oct.	5.	269,810,300	9,943,900	41,915,700	27,604,200	186,150,200
Nov.	2.	277,832,300	11,888,600	51,736,500	27,591,200	204,405,300
Dec.	7.	278,389,600	13,209,500	46,401,200	27,569,100	205,019,800
1873.						
Jan.	4.	277,720,900	19,478,100	41,165,400	27,613,800	203,808,100
„	11.	275,552,800	22,539,100	40,876,700	27,461,600	207,441,500
„	18.	278,209,600	21,110,800	44,420,900	27,542,200	212,588,200
„	25.	282,159,100	20,371,700	45,974,000	27,529,200	216,670,800

Die Krisis von 1873.

1873.	Portefeuille. fl	Metallvorr. fl	Leg. Tend. fl	Notencirc. fl	Depositen fl
Febr. 1.	286,879,600	18,612,200	45,802,100	27,501,000	217,168,500
„ 8.	293,930,000	19,035,400	45,107,700	27,520,600	220,299,200
„ 15.	291,520,700	16,461,000	42,778,300	27,539,800	214,613,400
„ 21.	286,870,100	15,046,900	41,461,200	27,573,100	205,898,700
März 1.	281,844,900	16,370,500	40,724,000	27,601,300	202,066,100
„ 8.	280,351,300	17,149,600	39,473,000	27,801,200	199,508,700
„ 15.	278,028,600	16,946,700	38,715,500	27,610,400	196,095,400
„ 22.	275,198,800	17,472,300	38,304,200	27,613,600	194,623,500
„ 29.	274,348,700	16,179,100	38,729,800	27,635,700	193,508,700
April 5.	273,534,000	15,664,400	34,940,500	27,715,800	187,687,000
„ 12.	271,516,900	16,134,300	35,493,800	27,714,400	186,899,200
„ 19.	270,190,600	16,116,400	36,619,800	27,713,300	187,167,300
„ 26.	269,301,900	15,989,700	37,690,600	27,737,700	188,220,600
Mai 3.	270,721,100	18,677,800	40,051,700	27,564,400	196,471,900
„ 10.	274,687,900	20,261,600	41,944,300	27,523,500	202,819,100
„ 17.	278,074,400	20,698,900	43,102,200	27,489,200	207,834,100
„ 24.	279,846,300	20,632,600	42,752,900	27,493,800	209,762,300
„ 31.	277,958,800	19,482,000	44,332,300	27,447,100	208,136,500
Juni 7.	277,418,800	25,984,800	45,308,000	27,434,100	214,475,800
„ 14.	277,714,400	26,967,600	47,397,000	27,402,700	218,171,100
„ 21.	278,903,800	27,398,300	46,704,200	27,352,000	220,392,500
„ 28.	281,506,600	27,661,500	49,119,000	27,311,400	224,040,800
Juli 5.	286,905,800	33,551,400	48,168,000	27,276,200	232,369,400
„ 12.	288,174,500	44,658,000	48,329,900	27,291,800	238,916,900
„ 19.	289,878,100	32,273,600	48,872,500	27,281,500	240,206,400
„ 26.	289,389,100	31,249,300	49,957,000	27,225,100	239,118,300
Aug. 2.	289,986,200	30,272,200	50,038,500	27,188,000	238,840,900
„ 9.	290,758,100	29,820,000	49,002,300	27,223,500	237,123,100
„ 16.	292,614,000	27,644,100	47,540,100	27,222,700	234,857,300
„ 23.	289,931,800	25,144,200	45,532,400	27,214,400	227,691,300
„ 30.	288,883,000	23,095,200	44,729,300	27,281,900	220,390,300
Sept. 6.	288,374,200	21,767,000	38,079,900	27,355,500	212,772,700
„ 13.	284,536,200	20,442,300	36,717,200	27,383,400	207,317,500
„ 20.	278,421,700	18,844,600	34,307,900	27,414,200	198,040,100
Nov. 22*)	248,067,300	17,568,700	30,899,800	27,299,800	167,967,200
„ 29.	248,281,700	19,807,000	35,831,305	27,238,500	174,339,400

*) Der Finanz-Krisis wegen wurde vom 20. September bis 22. November 1873 kein officieller Bank-Ausweis veröffentlicht.

Nordamerikanische Krisis.

	Portefeuille. $	Metallvorr. $	Leg. Tend. $	Notencirc. $	Depositen. $
1873.					
Dec. 6.	252,373,500	21,158,600	38,214,000	27,186,100	182,015,300
„ 13.	254,520,600	22,319,500	42,060,600	27,167,200	190,054,200
„ 20.	257,191,900	21,987,900	44,567,700	27,125,400	194,116,500
„ 27.	258,094,500	23,514,300	44,664,000	27,156,100	195,152,100

Total=Summe der Clearings an der New-Yorker Gold-Exchange-Bank für jeden Monat des Jahres 1873.

Januar	$ 1,274,171,000	Juli	$ 1,083,712,000
Februar	1,321,767,000	August	1,324,281,000
März	1,692,476,000	September	2,007,553,931
April	2,103,562,000	October	855,372,000
Mai	1,860,607,000	November	1,022,453,000
Juni	1,403,678,000	December	1,152,695,000
		Total	$ 17,102,327,931

Im Jahre 1872	$ 14,723,676,000
„ 1871	12,291,493,000
„ 1870	15,644,299,500
„ 1869	20,186,020,000
„ 1868	19,707,781,000
„ 1867 seit Eröffnung der Bank am 1. Mai	11,189,679,000

Total=Summe der vermittelst des Clearing Hauses ausgetauschten Checks für jeden Monat des Jahres 1873.

Januar	$ 3,544,663,036	Juli	$ 2,154,098,736
Februar	3,219,889,849	August	2,338,980,443
März	3,016,763,404	September	*) 1,845,221,940
April	3,082,239,005	October	*) — —
Mai	3,089,289,071	November	*) — —
Juni	2,108,086,877	December	2,002,525,925
		Total	$ 26,451,758,436

---

*) Der Krisis halber wurden vom 20. September bis 22. November keine wöchentlichen Clarirungen veröffentlicht.

Die Krisis von 1873.

Im Jahre	1872	$ 34,681,244,394
"	1871	30,642,982,716
"	1870	27,028,785,616
"	1869	35,397,849,187
"	1868	30,889,437,080
"	1867	25,743,289,335
"	1866	31,264,944,001
"	1865	25,862,854,869

Wechsel-Course per 60 Tage Sicht, Notirungen in Gold für Banquiers-Papier.

1873.

Ende der Monate:	Juli.	August.	September.
London	108³/₄—109	107³/₄—108	106¹/₄—106³/₄
Paris	5.26¹/₄—5.25	5.31¹/₄—5.30	5.40—5.35
Antwerpen	5.23³/₄—5.22¹/₂	5.30—5.27¹/₂	5.40—5.35
Basel und Zürich	5.22¹/₂—5.20	5.28³/₄—5.26¹/₂	5.35—5.30
Amsterdam	40¹/₈—40³/₈	39⁷/₈—40¹/₈	38¹/₂—39¹/₄
Hamburg	95³/₄—96	94¹/₂—94³/₄	92—93
Bremen	95³/₄—96	94¹/₂—94³/₄	92—93
Frankfurt a. M.	41¹/₈—41¹/₄	40⁵/₈—40⁷/₈	40—40¹/₂
Berlin, Leipzig und Cöln	71⁷/₈—72¹/₈	71—71¹/₄	70—70¹/₂
Gold-Agio	15⁵/₈	15³/₈	11¹/₂
Disc. Papier 1. Classe			nominell
2—3 Monate	5—6¹/₂	7	(Krisis.)

Ende der Monate:	October.	November.	December.
London	106—106¹/₂	107¹/₂—107³/₄	108¹/₂—108³/₄
Paris	5.37¹/₂—5.33³/₄	5.35—5.30	5.23³/₄—5.21¹/₄
Antwerpen	5.40—5.35	5.35—5.30	5.25—5.22¹/₂
Basel und Zürich	5.35—5.31¹/₄	5.35—5.30	5.25—5.22¹/₂
Amsterdam	39—39¹/₂	39¹/₂—39⁷/₈	40³/₈—40⁵/₈
Hamburg	92³/₄—93¹/₄	94¹/₄—94³/₄	95³/₈—95⁵/₈
Bremen	92³/₄—93¹/₄	94¹/₄—94³/₄	95³/₈—95⁵/₈
Frankfurt a. M.	40—40³/₈	40¹/₄—40⁵/₈	40⁷/₈—41¹/₈
Berlin, Leipzig und Cöln	69³/₄—70¹/₄	70¹/₂—71	71⁵/₈—71⁷/₈
Gold-Agio	8¹/₄	9	10⁹/₁₆
Disc., Papier 1. Classe			
2—3 Monate	18—30	12—15	7—10

Vergleichende Aufstellung der am 1. Januar 1870, 1871, 1872 und am 1. Juli bis 1. December 1873 bezahlten

Course der courantesten Vereinigten Staaten- und Eisenbahn-Obligationen.

Ver. St.-Obligationen.	Januar 1870.	Januar 1871.	Januar 1872.	1873 Juli.	1873 August.	1873 Sept.	1873 Oct.	1873 Nov.	1873 Dec.
Ver. St. 6% Pacific. Anl.	109 3/4 g	110 1/2	114 3/8	114 3/8	114 1/8	113 1/4	—	107 3/4	109 1/2
Ver. St. 5-20er '81 Coup.	115 3/8	110 1/4 X	115X	119X	119 1/2	119 5/8	113	112 3/4	116
do. Reg.	115 3/4	110 3/8 X	111 3/4 X	116 7/8	118 1/8	117	111 3/4	111 3/8	111 3/4
Ver. St. 6% 5-20er v. '62 C.	113 1/2	108 5/8	110 1/2	116 1/4	117	117	107	106	110 1/4
do. Reg.	115 1/4	108 1/2	110 3/8	116 1/4	116 1/2	—	—	—	—
Ver. St. 6% 5-20er v. '64 C.	113	108 1/4	110 3/4	116 1/2	117 1/2	117 1/4	108	106	111
do. Reg.	113	108 1/4	110 1/2	—	—	—	—	—	—
Ver. St. 6% 5-20er v. '65 C.	113 1/4	108 1/8	112 3/4	117 1/2	119	118 3/4	109	107	111 1/2
do. Reg.	—	—	110 1/2	—	—	—	—	—	—
V. St. 6% 5-20er v. '65 C. 2. C.	111 3/4 X	107 1/8 X	111 3/4 X	116 1/8 X	117 1/8	117 1/8	111 3/4	109 3/4	115 1/2
do. Reg.	—	—	110 7/8 X	—	—	—	—	—	—
Ver. St. 6% 5-20er v. '67 C.	111 7/8 X	107 5/8 X	113X	117 1/4 X	118 3/4	119 1/8	113 1/2	112	115 3/4
do. Reg.	111 5/8 X	—	112X	115 1/4	116 3/4	116 3/4	—	—	—
Ver. St. 6% 5-20 v. '68. Coup.	111 3/4 X	108 1/4 X	113 1/4 X	117X	118 1/4	117 7/8	112 1/2	112	115
do. Reg.	—	—	112 3/8 X	—	—	—	—	—	—
Ver. St. 5% 10-40er Coup.	109 3/4	106 7/8	110	113 3/4	115	113 3/4 X	107 3/4	107	108 1/2
do. Reg.	109 5/8	106 3/4	109	113 5/8	—	113 3/4 X	107 3/4	106 1/2	108 1/8
V. St. 5% Fund. Anleihe . .	—	—	110	114 1/4	114 5/8 X	114 1/4	—	107 1/2	109 1/8
do. Reg.	—	—	—	114	—	114 3/4	—	—	—

Eisenb.-Obligationen.	Januar 1870.	Januar 1871.	Januar 1872.	1873 Juli.	1873 August.	1873 Sept.	1873 Oct.	1873 Nov.	1873 Dec.
New York Centr. 6% per '83	85	91	92	91b	93	92	89	88Xb	89
do. 6% per '87. . . .	—	86	87	91 1/4	92	91	—	87 1/4 b	89 1/2
do. 6% Real Estate . .	83	86	88	88	—	—	—	81X	81 1/2
do. 6% Sub'n	86 1/2	86	89	88	—	93	—	81X	81 1/2
do 7% per '76	99 1/2	—	103	102 1/2	99 1/2 X	100 1/2	—	—	—
do. 7% per '76 conv. .	—	—	—	—	—	—	—	—	—
do. 7% per '65—'76 . .	—	—	—	—	—	—	—	—	—
Erie 1. Hyp. extend . . .	94	95	—	102	103 3/4	104 1/4	—	—	99
do. 1. Hyp. end.	—	95	95 1/2	—	—	—	—	—	—
do. 7% 2. Hyp. per '79 .	89 1/2	90	92	102	103 1/2	100X	98	98b	98b
do. 7% 3. Hyp. per '83 .	81 1/2	87	89	101	101 7/8	100X	98	90 1/2	96
do. 7% 4. Hyp. per '80 .	75	82 1/2	89	97 1/2	100b	99 1/2 b	93X	90	96
do. 7% 5. Hyp. per '88 .	69 1/4	80	85	90 1/2	98 1/2	98 1/2	90	90	92 1/2
do. 7% Gold-Obligationen	—	—	—	—	—	—	—	—	89X
Long Dock Obligationen. .	85 1/2	93	90	95 1/2	95 1/2	96b	96 1/2 b	90 1/2	88 5/8
Buffalo N. Y. u. Erie 1. H.	85 1/2	68	91	93 1/2	93	93	93b	—	—

*) X bedeutet ex Div. oder Zins; g Geld; b Brief.

Eisenb.-Obligationen.	Januar			1873					
	1870.	1871.	1872.	Juli.	August.	Sept.	Oct.	Nov.	Dec.
Huds. R. 7% 2 H. A. F. per '85.	101	103	103	—	104	—	103½b	102	105
Huds. R. 7% 3. Hyp. per '75	—	—	100	—	102	—	—	—	—
Harlem 1. Hyp. per '69—72.	99	99½	101	—	—	—	—	—	—
do. cons. Hyp. u. Am. F.	97	90¾	90	—	97½X	—	—	90	98
Albany u. Susquehanna 1. H.	—	—	103	100	—	—	—	98	93
do. do. 2. Hyp.	—	93	93	—	97	97½	90	89	90½
do. do. 3. Hyp.	—	—	—	—	95	95½	—	—	—
Mich. Centr. 8% per '82 .	—	118b	113	115	113b	—	100	101	107
do. cons. 7% per 1902	—	—	—	—	99½b	99½b	—	92Xb	90
Chic., Burl. u. Quincy 8% 1. H.	100	108	112	—	113b	114b	100	105½	108½
Mich. South. 7% 2. Hyp.	90¼	94	—	98½	99	99⅝	92	—	92
Mich. S'th u. N. J. 7% am F.	97	97¾	101¼	102	105b	104½	99	95	98
Clev. u. Tol. Am. Fond. .	93½	98	89⅞	100X	101½	—	—	99b	100¼
do. neue	—	—	—	94¼	95	—	95X	97b	90
Cleev., P'ville u. Ash. alte	—	—	—	96X	97¾	97	99b	90	98b
do. do. neue	—	—	—	94	97	—	95	90b	90
Detroit, Monroe u. Toledo.	—	—	—	97½	98Xb	98b	—	97b	95
Buffalo u. Erie neue Obl. .	—	—	—	96	96	97¾b	95Xb	86	90
Lake Shore Divid. Obl. . .	—	85½	93	94	95½	95	83Xb	82	88
do. cons. Coup..	—	—	—	97½X	98½	100b	100b	—	90
Chic. R. J. Pacific 7% .	93	96	100	103X	102½	101½	100b	97	102
Morris u. Essex 1. Hyp. .	96½	100	103¼	105	104	105¼	101	99½b	102
do. 2. Hyp. .	94⅛	97	99	100½	—	99¼	97	93½	97¼
New Jersey Central 1. Hyp.	98	103	104½	107¼	104½	104½	101	99	100
New Jersey South. 1. Hyp.	—	—	—	75b	75¼b	71½b	75b	45	40½
Pittsb. Ft. W. u. Chic. 1. Hyp.	97	—	—	106	104	105	101	99	102½
do. do. 2. Hyp. . .	91	—	103	—	—	101½b	—	96	93
do. do. 3. Hyp. . .	—	—	95	—	96½	95	80X	80	85½
do. 8% Gauw Obl. .	70	—	101	103b	103	95X	—	—	—
Clev. u. Pittsb. cons. Am. F.	84	81	102	94	95	—	—	89X	90
do. 2. Hyp.	90	98	100	101⅞	—	—	—	—	—
do. 3. Hyp.	90½	94	93	98	98⅝	80¼	90	100Xb	95½
do. 4. Hyp.	70	75	87	85½b	85½	88b	86b	83b	85½
Chic. und Alton Am. Fond.	—	98	98½	100	100	98	—	—	95½
Chic. u. Alton 1. Hyp. . .	96	99¼	—	103X	103¼	—	106b	101	101
do. Income	87	—	—	91½	95	96	—	90½	90½
Ohio u. Miss. cons. am F.	—	—	—	91X	—	91	85	82	89
do. consol.	—	86	98½	91X	91¼	91½b	90b	85b	87½
do. 2. Hyp.	—	—	85¾	85b	81¾	84b	81	—	70½
Peninsular 1. Hyp. . . .	85	91	92	95	—	—	—	—	—
St. L. u. Iron Moun. 1. H.	—	81	95	100	97½X	96	90	87b	91
do. do. 2. Hyp. .	—	—	—	87	88	88¼	80	73Xb	70
Milw. u. St. Paul 1. H. 8%.	103	105	108	—	106	—	101	103b	101½
do. '73: 10%	88	91¾	95¼	—	—	95b	96b	89½	—
do. 7% Gold R. D. . .	—	—	—	88½X	89b	88⅞b	85b	75b	77½
do. 1. Hyp. L. C. D. .	89	94¼	95	90½X	99	85	—	81	86
do. do. ? u. M. D.	—	—	—	80½	82b	81	—	71b	74
do. 1. Hyp. J. u. D. .	—	—	—	—	—	—	—	—	—

Eisenb.-Obligationen.	Januar 1870.	Januar 1871.	Januar 1872.	1873 Juli.	1873 August.	1873 Sept.	1873 Oct.	1873 Nov.	1873 Dec.
Milw. u. St. Paul 1. H. J. u. J.	—	—	—	—	—	—	—	—	—
do. 1. Hyp. H. u. D. .	—	—	—	—	—	—	—	80b	74
do. 2. Hyp. C. u. M. .	81½	—	84	—	79	82½	—	—	74
Marietta u. Cinc. 1. Hyp. .	—	—	—	—	—	—	—	—	—
Lake Shore cons. Reg. . .	—	—	—	96X	99½b	100b	99b	—	—
Pac. & B. gar. d. d. St. Mo.	87½	96½	102	96X	97	96	98b	62⅛	95
Central Pacific Gold-Obl. .	88¾	90¼	100½	99⅞X	100¼	90½	91½	82	—
do. State Aid Obl. .	—	—	—	—	109b	—	108b	100b	—
Western Pacific Obl. . .	—	—	—	92⅜X	—	92½	—	—	84b
Union Pacific 1. Hyp. . .	81	73¼	93¾	85	82¼	80½	71	69¼	79½
do. Land Grants 7% . .	—	60	79⅞	69½	72	70¼	60X	57¼	70½
do. Income 10% . . .	—	39	83¼	60½	60	58¼X	54	42½b	66
Illinois Central 7% per '75	—	106	105	—	102	105b	—	100⅛	100¾
Bell. u. South. Ill. 1. H. 8%	—	—	96	97	97	95	95Xb	—	—
Alt. u. T. Haute 1. Hyp. .	89	—	100	—	100b	—	—	90	98
do. 2. Hyp. devorz. . .	79	82⅓	86	90	87X	87	76	85Xb	85
do. Income	73	72	76	79½b	78½	78b	—	66X	70
Chic. u. N. W. Am. Fond .	94	97	91½	102	—	—	—	—	95
do. Int. Obl.	—	93	92	97½b	—	96	—	92Xb	—
do. 7% cons. conv. . .	88	88	88	91	—	91	—	79Xb	90b
do. Ext. Obl.	—	88	100½	—	—	—	—	—	80
do. 1. Hyp.	90	95	103½	101	97½X	97½	100b	90	95
Iowa u. Midland 1. Hyp. 8%	—	—	—	102b	102b	99½b	98b	—	85
Han. u. St. Jos. 1. H. Land Gr.	109	—	—	104	104	105	—	—	—
Han. u. St. Jos. conv. . .	—	—	91½	89½b	90	86X	—	70b	76
Del., Lack u. West. 1. H. .	98	—	96	103	—	—	—	99b	101
do. 2. Hyp.	—	97	—	101	103⅛	101X	—	99	97
do. 7% conv.	—	—	—	100	101b	100	90	98½b	95
Toledo u. Wab. 1. Hyp. ext.	88¼	94½	98	97	95½X	94¾	85	89b	91½
do. St. Louis Div. . . .	—	—	87½	91¼	90	89½	80	74	91½
do. 2. Hyp.	80	84½	90	93b	94b	92½	80	75	85
do. Equip. Obl. . . .	72½	80	84	82½	82	83½b	—	72b	70
do. cons. conv.	79½	85	86¼	85½b	83½X	84½	77	65X	71
Hannibal u. Napels 1. Hyp.	—	—	—	85b	—	—	—	—	86b
Great Western 1. Hyp. per '88.	83½	89	95	99b	93X	—	85	90b	—
do. 2. Hyp. per '93. . .	77	80	85¾	87	—	87½b	75	75Xb	78
Quincy u. Tol. 1. Hyp. per '90	—	82	89¼	89	—	91½	93b	86b	86b
Ill. u. South. Iowa 1. H. .	—	—	—	—	—	89b	—	89b	85
Galena u. Chic. ext. . .	101	100	107	103	—	100¾	102b	98	99
do. 2. Hyp.	90	91	—	98½	98	98	98b	98Xb	95
Chic. u. Milwaukee 1. H. .	70	88	—	94X	—	—	90b	89	91½
Joilet u. Chicago 1. Hyp. .	—	—	—	100X	—	103½	—	101	102
Chic. u. Great Eastern 1. H.	—	—	—	—	—	—	—	—	—
Col., Chic. u. Ind. Central 1. H.	71½	82	71	88⅜	88¾	89	86b	71	82b
do. 2. Hyp.	60	68	100	71½	68X	69b	65b	58b	55
Tol. Peor. u. War. 1. H. östl. D.	—	61	94	92b	91	92½b	75	—	55
do. 1. Hyp. westl. Div.	78½	82	92	—	88½Xb	86½	—	86b	55
do. Burlington Div. .	—	—	—	83¾	83⅞	83¾	—	70	74b

Eisenb.-Obligationen.	Januar 1870.	Januar 1871.	Januar 1872.	1873 Juli.	1873 August.	1873 Sept.	1873 Oct.	1873 Nov.	1873 Dec.
Tol., Peor. 2. Hyp.	—	79	82 1/2	75	76 1/2	80b	74b	70b	—
do. consol. 7% . . .	—	—	—	—	—	75	—	—	—
N'York u. New Haven 6%	97	96	97	101	102b	—	—	94 1/2	97
Boston, Hart. u. Erie 1. H.	70	—	29	30	34	30	22	19 1/4	26
do. garantirt	—	—	—	53b	50b	—	—	22	30
Cedar Falls u. Minn. 1. H.	—	—	83	77X	79	80b	73	—	71
Burl., Cedar R. u. M. 1. H.	—	—	—	88b	88	78b	—	—	—

Notirungen des Gold-Agio's für jeden Geschäftstag vom 1. Januar bis zum 31. December 1873.

	Gold-Agio. Höchste.	Gold-Agio. Niedrigste.	Gold-Agio. Schlußnotirung.
Januar 1.	Feiertag.		
„ 2.	12 1/8	11 3/4	11 7/8
„ 3.	11 3/4	11 5/8	11 3/4
„ 18.	13 1/4	12 5/8	13 1/8
„ 21.	13 7/8	13 1/4	13 5/8
„ 24.	14	13 5/8	14
„ 25.	14 1/4	13 7/8	13 7/8
„ 31.	13 7/8	13 3/8	13 3/8
Februar 3.	13 1/4	13	13
„ 7.	14	13 1/4	13 7/8
„ 8.	14 1/4	13 3/4	14
„ 13.	14 3/8	14	14 1/8
„ 26.	15 1/8	14 5/8	14 7/8
„ 28.	14 3/4	14 5/8	14 5/8
März 3.	15 1/4	14 7/8	15
„ 26.	16 1/4	15 3/4	16
„ 31.	18 1/2	16 3/4	17 1/2
April 1.	17 1/2	16 7/8	17 1/4
„ 4.	18 3/4	17 5/8	18 5/8
„ 5.	19 1/8	18 1/4	19
„ 8.	18 5/8	18	18 1/8
„ 12.	19 1/8	18 3/8	18 3/4
„ 16.	17 5/8	17 1/8	17 1/4
„ 19.	18 1/4	17 3/4	17 7/8
„ 25.	17 7/8	17 1/4	17 1/2

Notirungen des Goldagios.

Gold-Agio.

	Höchste.	Niedrigste.	Schlußnotirung.
Mai 2.	$16^7/_8$	$16^5/_8$	$16^5/_8$
„ 12.	$18^1/_4$	$17^3/_8$	$17^5/_8$
Juni 2.	$17^7/_8$	$17^1/_2$	$17^5/_8$
„ 6.	$18^1/_4$	$17^7/_8$	18
„ 11.	$17^1/_2$	$17^1/_8$	$17^1/_4$
„ 12.	17	$16^3/_4$	17
„ 16.	$16^1/_2$	$15^3/_4$	$15^3/_4$
„ 17.	$15^7/_8$	$15^1/_2$	$15^5/_8$
Juli 11.	$16^1/_8$	$15^3/_4$	$15^7/_8$
„ 25.	$15^3/_4$	$15^1/_2$	$15^3/_4$
August 15.	15	$14^3/_8$	$14^7/_8$
„ 23.	$16^1/_4$	$15^5/_8$	$15^7/_8$
„ 30.	$15^1/_2$	$15^1/_4$	$15^3/_8$
September 1.	16	$15^1/_2$	$15^7/_8$
„ 3.	$16^1/_8$	$15^7/_8$	16
„ 5.	$15^1/_2$	$14^1/_2$	$14^5/_8$
„ 6.	$14^1/_2$	$12^7/_8$	$13^1/_8$
„ 8.	$12^7/_8$	12	$12^1/_8$
„ 9.	$12^1/_4$	$11^5/_8$	$11^8/_4$
„ 10.	$11^1/_2$	$10^7/_8$	$11^1/_8$
„ 13.	12	$11^3/_8$	$11^1/_2$
„ 16.	$11^3/_8$	11	$11^1/_4$
„ 18.	$12^7/_8$	$11^1/_4$	$12^3/_8$
„ 19.	$13^1/_8$	$11^1/_4$	$11^5/_8$
„ 23.	$12^1/_4$	$11^3/_8$	$12^1/_8$
„ 25.	$11^5/_8$	$11^8/_8$	$11^1/_2$
„ 26.	$14^1/_2$	$11^1/_2$	14
„ 27.	$15^1/_2$	$13^1/_4$	$13^1/_4$
„ 29.	$13^1/_4$	$11^3/_4$	$12^3/_8$
„ 30.	$12^1/_2$	$11^8/_8$	$11^1/_2$
October 1.	$11^1/_4$	$10^3/_8$	$10^3/_8$
„ 2.	$10^7/_8$	$10^1/_2$	$10^1/_2$
„ 6.	$10^1/_4$	$9^8/_4$	$10^1/_4$
„ 9.	$9^5/_8$	9	$9^1/_8$
„ 10.	9	$8^3/_8$	$8^1/_2$
„ 11.	$8^1/_2$	$8^1/_8$	$8^1/_8$
„ 14.	$9^5/_8$	$8^3/_8$	$9^1/_4$
„ 16.	$8^1/_2$	$7^5/_8$	8

Gold-Agio.

	Höchste.	Niedrigste.	Schlußnotirung.
November 5.	$7^5/_8$	$6^7/_8$	$7^1/_8$
„ 6.	7	$6^1/_8$	$6^3/_8$
„ 13.	$8^1/_4$	$7^3/_8$	8
„ 15.	10	$9^7/_8$	$9^1/_8$
„ 17.	$9^7/_8$	$9^1/_4$	$9^1/_2$
„ 18.	$10^1/_4$	$9^1/_4$	$9^3/_4$
„ 20.	$9^1/_4$	$8^5/_8$	$9^1/_8$
„ 21.	$10^3/_8$	$9^5/_8$	$10^1/_8$
„ 26.	$9^1/_4$	$8^7/_8$	$8^7/_8$
„ 28.	$9^3/_4$	$9^3/_8$	$9^5/_4$
December 1.	9	$8^3/_4$	$8^7/_8$
„ 12.	$10^1/_4$	$9^5/_8$	$9^3/_4$
„ 15.	$11^1/_2$	$10^3/_8$	$11^3/_8$
„ 16.	$12^5/_8$	$11^1/_2$	$12^1/_8$
„ 20.	$10^3/_4$	$10^1/_8$	$10^1/_2$
„ 31.	$10^1/_2$	$10^1/_4$	$10^3/_8$

Durchschnitts-Agio nach den täglichen Schlußnotirungen für 1873: $13^4/_5$.

Niedrigste und höchste Notirung des Gold-Agio's für 10 Jahre.

Niedr.	Höchst.	Niedr.	Höchst.	Niedr.	Höchst.	Niedr.	Höchst.
1864		1865		1866		1867	
$51^1/_2$	165	44	$133^3/_4$	$24^7/_8$	$67^3/_8$	32	$46^3/_8$
1868		1869		1870		1871	
$32^1/_8$	50	$19^1/_2$	$44^3/_4$	10	$23^5/_8$	$8^3/_8$	15
		1872		1873			
		$8^1/_2$	$15^5/_8$	$6^1/_8$	$19^1/_8$		

Die vorstehenden Tabellen sind sprechende Zeugen von den Verheerungen der Krisis. So wie ein Orkan in einem Walde breite Spuren seiner Gewalt zu hinterlassen pflegt, indem er ganze Lücken in die Baumreihen hineinreißt, — also können wir die Wirkungen der Krisis Ende September in diesen Aufstellungen wahrnehmen. Bei den Banken fällt ein ganzer Monat wegen fehlender Nachweise aus; das Clearinghaus ergibt im October ein Minus von 300—1000 Millionen Dollars gegen die anderen Monate.

Am 17. October war das Vertrauen so weit zurückgekehrt, daß das Publikum anfing, den niedrigen Stand der Course wieder zu festen Anlagen zu benützen. Indessen begannen jetzt die Nachwehen im Productenhandel und in der Gewerbethätigkeit fühlbar zu werden. Fabrikanten fingen an, Arbeiter zu entlassen, und das Waarengeschäft litt unter der Schwierigkeit, Außenstände einzuziehen.

Der Reinigungsproceß der Börse schleppte sich doch noch länger hin, als die Sanguiniker gehofft hatten. In der letzten Woche des Monat October wurde namentlich über die nachtheiligen Folgen der Wechselreiterei geklagt. Die Zahlungseinstellungen fingen an, auch den Handel heimzusuchen. Ende October suspendirte die Firma Hoyt, Sprague & Co., der größte Zwischenhändler in einheimischen Manufacturwaaren; und ihm folgten zwei Sparbanken in Rhode-Island. Tausende von Arbeitern kamen dadurch außer Beschäftigung. Noch schlimmer lauteten die Nachrichten aus der ersten Woche des November. Es machten sich eben der Rückschlag des Eindruckes, welchen der Ausbruch der Krisis in New-York auf Europa gemacht, und die Discontoerhöhung der Bank von England nach und nach geltend. „Die Wirkungen der Krisis", schrieb die New-Yorker Handelszeitung, „von welcher man anfänglich hoffen durfte, daß sie sich auf die Börse beschränken würde, machen sich nach und nach auf allen Verkehrsgebieten fühlbar. Wir müssen die Gesammtsituation noch immer als recht trübe schildern, denn keine Geschäftsbranche ist verschont geblieben Die Börse ist so krank, daß eine Verschlimmerung ihres Zustandes kaum möglich ist. Die Verheerungen, welche der finanzielle Sturm dort angerichtet hat, sind wahrhaft colossal. Die einheimische Industrie leidet in bedenklichem Maße. Im ganzen Lande stellen die Fabriken ihre Arbeiten theilweise oder gänzlich ein, weil sie weder Käufer für ihre Waaren finden, noch sich Mittel verschaffen können, um in Erwartung besserer Zeiten weiter zu fabriciren. In New-York und den Neu-England-Staaten ruhen die Webstühle, in Pennsylvania rasten die Eisenwerke, welche seit ihrem Bestehen eine Stagnation kaum kannten. Die Eisenbahnen, alte wie neue, haben ihre Bauten eingestellt und selbst die nothwendigsten Reparaturen werden bis auf bessere Zeiten verschoben. In den östlichen Staaten sind die Hälfte bis zwei Drittel der sonst in den Fabriken Beschäftigten entlassen worden und die Zahl der brodlosen Arbeiter wird sich in diesem Winter auf Hunderttausende belaufen.

Kaum minder trübe ist die Lage in commerciellen Kreisen. Der Exporthandel ist zwar nach wie vor lebhaft, jedoch für die Betheiligten nur wenig Nutzen bringend. Nicht nur daß die Preise der meisten Artikel bedeutend gefallen sind (Baumwolle ist seit der Krisis ca. 20 pCt., Weizen ca. 15 Cents per Bushel heruntergegangen), auch der demoralisirte Zustand des Wechselmarktes schmälert oder absorbirt den ohnedies geringen Verdienst. Dennoch ist die Lage des Exporthandels noch immer erträglich und geradezu brillant zu nennen, wenn man sie mit der des Import-Geschäfts vergleicht. Die Verluste, welche Importeurs von Thee, Kaffee und Metallen erlitten haben, sind wahrhaft schreckenerregend. Manufacturwaaren, importirte wie einheimische, sind selbst mit einer Reduction von 25 pCt. gegen September-Preise unverkäuflich, und Eigner würden sich gern zu noch größeren Concessionen verstehen, wenn sie dadurch Comptant-Verkäufe erzielen könnten. Von H. B. Clafflin & Co. bis zum kleinsten Detaillisten werden Moratorien verlangt. Die Importeurs sind gezwungen, das fällig werdende Papier der Zwischenhändler aufzunehmen, diese müssen wiederum ihren Kunden prolongiren und die Portefeuilles unserer Banken sind mit verfallenen, aber unbezahlt gebliebenen Solawechseln angefüllt. Unter solchen Umständen halten es mehrere Bankhäuser, welche bei Beginn der Krisis suspendirt und sich seitdem mit ihren Creditoren betreffs Moratorien arrangirt haben, für unpolitisch, schon jetzt Vorkehrungen zur Wiederaufnahme ihrer Geschäfte zu treffen."

Am 4. November stellte die Texas- und California-Construction Compagnie ihre Zahlungen ein mit 7 Millionen Dollars Passiven. Der Präsident derselben, Thomas A. Scott, der intelligenteste Eisenbahnunternehmer der Vereinigten Staaten, wollte deshalb die Vicepräsidentschaft der Pennsylvania-Bahn niederlegen; seine Resignation wurde aber abgelehnt.

Eine weitere Verlegenheit brachte der 15. November, an welchem die Zinsen einer Anzahl von Eisenbahnen fällig waren. Gegen 15 Bahnen waren nicht im Stande, Zahlung zu leisten.

Nothleidende amerikan. Eisenbahneffect. 211

Das „Financial Chronicle" brachte folgende Gesammtliste der nothleidenden Eisenbahn-Obligationen, welche auch in Europa von Interesse.

Verzeichniß

der am 22. November 1873 nothleidenden amerikanischen Eisenbahn-Obligationen.

Name.	Zinsfuß.	Betrag der ausstehenden Bonds.	Zeit wann nothleidend.
Alabama Central 1. Hypothek	8	1,600,000	Jan. 1872
Alabama & Chattanooga 1. Hypothek Gold, garantirt vom Staat Alabama	8 Gold	5,220,000	Juli 1872
do. 2. Hypothek, nicht garantirt	8	2,673,000	Jan. 1871
Atchison & Nebraska 1. Hypothek	8	3,750,000	Sept. 1873
Boston, Hartford & Erie	7	20,000,000	Juli 1869
Burl., Cedar Rapids & Minn. 1. Hyp. Gold Amort. Fond	7 G.	5,400,000	Nov. 1873
Burl. & Southw. 1. Hyp. Coup. od. reg.	8	2,100,000	Nov. 1873
Jowa Central 1. Hyp. Gold Coup.	7 G.	3,700,000	Juli 1873
do. 2. Hyp. Gold	7 G.	925,000	Oct. 1873
Chesapeake & Ohio 1. Hyp. Amort. F. Gold	6 G.	15,000,000	Nov. 1873
Chicago & Canada S. 1. Hyp. Gold für $ 8,000,000	7 G.	4,000,000	Oct. 1873
Chic., Danv. & Vinc. 1. Hyp.	7 G.	2,500,000	Oct. 1873
Chic. & Mich. Lake Shore 1. Hyp.	8	3,500,000	Juli 1873
do. 1. Hyp.	8	1,350,000	Nov. 1873
do. do. auf die Zweiglinie	8	1,300,000	Sept. 1873
Chicago & Southwest. 1. Hyp. Gold	7 G.	1,000,000	Juni 1873
Des Moines Valley 1. Hyp., Keokuk bis Des Moines	8	2,310,000	Oct. 1871
1. Hyp. auf 85 M. und 466,000 Acres und 2. Hyp. auf 163 Meilen	8	4,690,000	Oct. 1871
Detroit, Hillsdale & Ind. 1. Hyp.	8	1,170,000	Juni 1873
do. 2. Hyp.	8	300,000	Juli 1873
Duchess & Columbia 1. Hyp.	7	2,500,000	Juli 1871
F't Wanne, Muncie & Cinc. 1. Hyp. Gold	7 G.	1,800,000	Oct. 1872
do. 2. Hyp.	8	500,000	Oct. 1872
Greenville & Columbia 1. Hyp. vom Staate garantirt	7	1,426,545	1871
do. nicht garantirt		376,766	1871

Transport 89,091,311

Die Krisis von 1873.

Name.	Zinsfuß.	Betrag der ausstehenden Bonds.	Zeit wann nothleidend.
Transport		89,091,311	
Kansas C., St. Jos. & Council Bluff, St. Jos. & C. Bl. C. B. 1. Hyp.	10	1,400,000	Sept.1873
K. C., St. J. & C. Bl. Conj. Hyp.	8	687,500	Sept.1873
Neue conj. Hyp.		1,000,000	Aug. 1873
Kansas Pacific 1. Hypothek Land Grant 3,000,000 Acres	7 G.	6,455,000	Nov. 1873
1. Hyp. Coup. Leavenw. Zweigb.	7	600,000	Nov. 1873
Leavenw., Lawr. & Gal. 1. Hyp. Land Grant conv.	10	5,000,000	Juli 1873
Kansas City & S. Fé 1. Hyp. garantirt	10	720,000	Nov. 1873
Little Rock & J. Smith 1. Hyp. Gold	6 G.	3,500,000	—
do. Land Grant Am. J. Obl.	7	5,000,000	
Little, Rock, Pine Bluff & N. Orleans, Arkansas Staatsanleihe	7	750,000	—
Logansport, Crawfordsville, &c. 1. Hyp. Gold	8 G.	1,500,000	Nov. 1873
Macon & Brunswick 1. Hyp. vom Staate indossirt	7	2,550,000	1873
do. 2. Hyp.	7	1,100,000	Oct. 1871
do. Equipment Bonds	7	150,000	Oct. 1871
Maysville & Lexington 1. Hyp.	7	500,000	Juli 1873
Memphis & Little R't 1. Hyp. Land Gr.	8	1,300,000	Nov. 1872
do. 2. Hyp.		1,000,000	—
do. Arkansas Staatsanl. $10,000 per Meile	7	1,200,000	—
Minnesota & Northw. 1. Hyp. Gold	7 G.	?	—
Miss., O'chita & Red R. 1. Hyp. Gold	7 G.	1,860,000	
Mobile & Montgomery 1. Hyp. Gold, indossirt vom Staat Alabama	8 G.	2,500,000	Mai 1873
do. 2. Hyp. nicht indossirt	8	1,000,000	—
Montclair of N. Jersey 1. H. Gold, gar.	7 G.	1,800,000	Sept.1873
do. 2. Hyp.	7	1,500,000	—
do. Income Bonds	7	888,000	—
Montgomery & Eufaula 1. Hyp., indossirt vom Staat Alabama	8 G.	1,040,000	März 1873
do. 1. Hyp., nicht indossirt	8	330,000	Jan. 1873
Monticello & Port Jervis	7 G.	500,000	Juli 1873
N. H., Middletown & Westr. 1. Hyp.	7	3,000,000	Nov. 1872
do. 2. Hyp.	7	880,000	
Transport		138,802,811	

Nothleidende amerikan. Eisenbahneffecten.

Name.	Zinsfuß.	Betrag der ausstehenden Bonds.	Seit wann nothleidend.
Transport		138,802,811	
New Jersey Southern 1. Hyp.	7	2,120,000	Nov. 1873
do. 2. Hyp.	7	1,000,000	Sept. 1873
do. Maryland & Del. 1. Hyp.	6	850,000	Nov. 1873
N. Orleans, Mobile & Texas 1. Hyp.-Obl.	8	4,000,000	
N. York & Oswego Midland 2. Hyp.	7	4,000,000	Nov. 1873
do. 3. Hyp. oder Equip. Bonds	7	3,800,000	Nov. 1873
Oregon & California 1. Hyp.	7 G.	10,500,000	Oct. 1873
Peninsular (jetzt Chicago & Lake Huron) 1. Hyp. Gold	7 G.	2,779,000	
Pittsburg, Washington & Baltimore 2. H. nach Baltimore.	6 G.	2,037,000	Juli 1873
Port Huron & Lake Mich. (jetzt Chic. & Lake Huron) 1. Hyp. gar.	7	1,800,000	
St. Joseph & Denver City 1. Hyp. Gold, östl. Div.	8 G.	1,500,000	Febr. 1873
do. 1. Hyp. westl. Div. Land Grant	8 G.	5,500,000	Febr. 1873
St. Louis & St. Joseph 1. Hyp. Gold	6 G.	1,000,000	Mai 1873
St. Louis, Lawrence & Denver 1. Hyp.	6	1,000,000	Nov. 1873
St. Paul & Pacific 1. Hyp.	7 G.	3,000,000	Mai 1873
do. 2. Hyp. Land Grant	7 G.	6,000,000	Mai 1873
Selma, Marion & Memphis 1. Hyp. indossirt vom Staat Alabama	8	800,000	März 1872
Selma, Rome & Dalton 1. Hyp.	7	838,500	—
do. 2. Hyp. (Ala. & Tenn. Riv.)	8	241,000	—
do. General-Hypothek	7	3,000,000	Oct. 1870
South Side of Long Island 3. Hyp. und 1. Hyp. Extens.	7	1,000,000	Oct. 1873
Southern Minnesota, Land Grand 1,792,000 Acres { 1. Hyp.	8	3,340,000	April 1872
{ 2. Hyp.	7	1,252,000	Juli 1872
Sullivan & Erie 1. Hyp. convert.	7	1,000,000	Mai 1873
Sunbury & Lewiston	7	1,200,000	Oct. 1873
Union Pacific, C.-Zweigl. 1. Hyp. Gold	6 G.	1,600,000	Nov. 1873
Western Alabama, Bonds nicht garantirt	8	1,350,000	April 1873
Wilmington & Western (Del.)	7	500,000	Oct. 1873
Total		$ 206,810,311	

Der Firma Spraghue & Co. gelang zwar ein Arrangement, allein da sie die größten Baumwollspinnereien und Kattundruckereien in den Vereinigten Staaten besitzt, so wurden doch gegen 10,000 Arbeiter durch diese Suspension zeitweise brodlos. Seit Ende October brachten alle Zeitungen spaltenlange Aufzählungen der Fabriken, welche entweder ihre Arbeiten ganz eingestellt, oder ihre Löhne herabgesetzt hatten. Es folgten, wie man der Nationalzeitung vom 8. November schrieb, die berühmten Cambria-Iron-Works in Jonstown, Penn., welche ihren Arbeitern ankündigten, daß sie nicht mehr baar zu bezahlen im Stande seien. Es stellten ihre Fabrikation gänzlich ein die Harmony-Baumwollenspinnerei in Cohoes, N. J., eine der größten der Welt; die Dutcheß Kattundruckerei von Garner & Comp., in Wappinger Falls, N. Y., die Fabriken derselben Firma in Newburg, Haverstraw, Rochester und Pleasant-Valley. An der West-Shore-Eisenbahn wurden die Arbeiten ohne Weiteres aufgegeben, die Stillmann-Manufacturing-Company in Westerley County, sämmtliche Eisenwerke in Troy, New-York, die Fabriken der Atlantic-Delaine-Comp., die Cranston-Kattunfabrik in Rhode Island u. s. w. standen still. Gleichlautend waren die Berichte aus den Mittelstaaten und dem Westen. In Jersey City und Hoboken sollen bis 5000, in Philadelphia 25,000 Arbeiter entlassen worden sein. In Pittsburg beschlossen die Hochofenbesitzer den Lohn um 10 pCt. zu verringern und die Harlem-, New-York-Central-, New-York-, New-Haven-, und Hartford-Eisenbahn gingen mit einer Herabsetzung der Lohnsätze um 20 pCt., die Atlantic und Pacific St. Louis-, Kansas City- und Northern-Eisenbahn mit einer Reduction von 10 pCt. um. Selbst der Navy Yard in Portsmouth, N. H., hat seine Arbeiter entlassen. Die Bestürzung stieg noch, als selbst das weltbekannte Importhaus Clafflin & Comp., dessen Activa die Passiva um 6,000,000 Doll. übersteigen, vorübergehend in finanzielle Schwierigkeit gerieth. In Buffalo, dem größten Stapelplatz für Getreide, waren bis zum 1. October 49,500,000 Bushel, das heißt etwa 7,000,000 Bushel Getreide mehr als für den gleichen Zeitraum des vorigen Jahres verladen, von diesem Zeitpunkte an blieb plötzlich die Zahl weit hinter der des letzten Jahres zurück und viele Schiffe machten sich aus Mangel an Frachten früh-

Stockung der Industrie. Arbeiterentlassungen. 215

zeitiger als je zum Ueberwintern bereit. Die Zahl der brodlos gewordenen Arbeiter war erschreckend groß und mit Besorgniß sah man auf die Noth und das Elend, welches der vor der Thür stehende Winter im Gefolge haben mochte. Der Anspruch an die Wohlthätigkeitsanstalten fing in ungewöhnlichem Maße an zu steigen, und es wurden von allen Seiten Maßregeln in Betracht gezogen, wie man den sich täglich mehrenden Anforderungen der Arbeiterfamilien Rechnung tragen könnte.

Selbst anfangs November schienen die Arbeiter noch nicht allgemein die ganze Gefahr der über sie hereinbrechenden Calamität zu erkennen. Die New-Yorker Bau-Unternehmer hatten beschlossen, vom 1. November ab die bisher gezahlten Löhne von 4 Doll. an Maurer und 2 Doll. 50 Cents an Handlanger für achtstündige Arbeit um 50 Cents herabzusetzen, weil die enormen Kosten die Baulust sehr eingeschränkt und das Capital in andere Canäle geleitet hatten. In Folge dessen hatte ein großer Theil der Bau-Handwerker und der bei Bauten beschäftigten Arbeiter — nahezu 5000 — die Arbeit niedergelegt, weil sie sich den Lohnabzügen nicht fügen wollten.

Wie eine Ironie des Schicksals brach hierauf die Noth in den Fabriken ein, deren Arbeiter entweder ganz entlassen oder nur theilweise mehr beschäftigt werden konnten. Auch viele andere Gewerbtreibende und Eisenbahngesellschaften sahen sich veranlaßt, um die Arbeiten nicht ganz zum Stillstand kommen zu lassen, theilweise die Arbeitszeit zu reduciren und auch eine Reduction der Arbeitslöhne eintreten zu lassen, die sich auf 10 bis 30 pCt. belief. — Zahlreiche Firmen fanden es in ihrem Interesse, nur acht Stunden des Tages, Andere nur vier Tage per Woche, arbeiten zu lassen und Viele hatten die Arbeit ganz suspendirt. Von allen Seiten, hieß es Mitte November, mehren sich die Anzeichen, daß unsere arbeitende Bevölkerung einen sehr schweren Winter vor sich hat. —

Aehnliche Nachrichten kamen aus allen Städten des Ostens und Westens; daß auch die Regierung der Vereinigten Staaten die Arbeiter in dem Schiffsbauhof in Washington entlassen habe, wie Anfangs der Woche gemeldet worden war, bestätigte sich nicht; die in Washington eingetretenen Arbeiter-Entlassungen betrafen nur Arbeiter an den öffentlichen Bauten der Stadt und Arbeiter von Privatleuten.

Im December hielt die Arbeiter-Union eine Versammlung in New-York ab, in welcher folgende statistische Angaben über die Zahl der brodlosen Arbeiter gemacht wurden: Diesem zufolge gingen in den Straßen von New-York 10,000 Arbeiter müßig, welche auf die Unterstützung der Wohlthätigkeits-Anstalten angewiesen waren; ferner befanden sich außerhalb des Armenhauses 1200 sogen. Vagabunden. Elf Gewerke, welche in den besseren Zeiten 26,200 Arbeiter beschäftigen, hatten nur 5950 angestellt. Im Staate New-York gingen 182,000 Mitglieder von Gewerks-Genossenschaften müßig.

Die Versammlung verwarf die Errichtung von Suppenanstalten, mit welchen man der Noth abhelfen wollte, und faßte dagegen extreme Beschlüsse, um die Magistrate zu zwingen, Beschäftigung zu garantiren.

Glücklicherweise war ein großer Theil der Befürchtungen übertrieben und kehrte Handel und Wandel in Folge der raschen Beilegung der Börsenkrisis auch früher, als man geglaubt, in ihr regelmäßiges Geleise zurück. Der Winter wurde ungleich besser überstanden als man geahnt hatte.

Abgesehen von den bei allen Krisen gemachten Erfahrungen und dem neuen Beweis von der Verderblichkeit des Zwangscourses stellte sich aufs Neue die Thatsache fest, daß auch die gegenwärtige Organisation der amerikanischen Banken gefährlichen Lagen nicht gewachsen ist. Sie waren genöthigt worden, die Zahlungen sogar in Staatspapiergeld einzustellen und sich durch verzinsliche Certificate zu helfen, um der Geldklemme zu steuern, welche beim Ausbruch der Krisen meist die Lage bis zum panischen Schrecken zu verwirren pflegt, da das Publicum aus Besorgniß vor der Zukunft das Geld einsperrt.

Eine Central-Notenbank nach der Organisation der Bank von Frankreich und der Preußischen Bank würde nicht in diese Verlegenheit gerathen, sondern den legitimen Bedürfnissen des Verkehrs durch die regelmäßigen Mittel zu Hilfe gekommen sein.*) Die Thatsache,

---
*) Die Krisis von 1873 hat also einen neuen Beleg zu der Richtigkeit

daß die Ausgabe von 22 Millionen Dollar Certificaten, sowie der Ankauf von 17 Millionen Bonds durch die Unionsregierung der Panik ein Ende machte, spricht dafür, daß eine Anstalt, deren Organisation so elastisch ist, daß sie dem Handel vermehrte Erleichterungen auf ordentlichem Wege gewähren kann, ohne daß das Publicum vorher durch außerordentliche Maßregeln erschreckt wird, diese Hilfe rechtzeitiger und daher wirksamer geleistet haben würde.

Wem die Uebel des Zwangscurses nicht schon durch den „Schwarzen Freitag" klar geworden waren, dem mußten durch die Krisis von 1873 die Augen aufgegangen sein. In der That erhoben sich in der amerikanischen Presse jetzt immer gewichtigere Stimmen, um vom Präsidenten und Congreß die Wiederherstellung der Valuta zu verlangen. Leider zeigte der Erstere bei dieser Gelegenheit einen so geringen Grad staatswirthschaftlicher Bildung, daß er sich, wie groß auch seine Verdienste als General bei der Beendigung des Bürgerkrieges gewesen sein mögen, immer mehr als zu seinem hohen Amte unfähig erweist. Im Congreß selbst aber sind bis auf den gegenwärtigen Augenblick noch so viele Stimmen, sei es aus Unverstand, sei es aus Eigennutz, gegen die einzige richtige Art der Lösung der Angelegenheit, d. h. die Einziehung oder wenigstens starke Verminderung der Greenbacks, daß wir wenige Perioden der amerikanischen Geschichte kennen, in welchen das Parlament dieses großen Volkes eine so armselige Rolle gespielt hätte. Die Amerikaner mögen im Angesichte solcher Zustände gründlich von dem Herabsehen auf europäische Verhältnisse geheilt werden; denn in Europa gibt es keinen einzigen Staat, der nicht zur Baarzahlung zurückkehren würde, wenn er in der Lage der Vereinigten Staaten wäre.

Zum Beweise, daß wir nicht übertreiben, brauchen wir nur den eigenhändigen Brief aufzuführen, welchen der Präsident Grant im November 1873 an den Präsidenten der „Continental National-

---

der Ergebnisse der Untersuchung geliefert, welche wir an anderer Stelle über das Zettelbankwesen angestellt haben. Man vergleiche m. Handbuch des Bankwesens 2. Auflage (3. Band m. Gr. d. Nationalökonomie b. M. Du-Mont-Schauberg in Cöln. 1874.)

Bank," Herrn Cowdrey in New-York geschrieben hat. Die wesentlichen Stellen desselben lauten:

„Ich glaube nicht, daß die gegenwärtige Panik den Einzelnen halb so viel Schaden zufügt, wie sie dem Lande im Ganzen von Nutzen sein wird. Unser Geldsystem ist das Geschöpf der Nothwendigkeit. Es fehlt demselben an Elasticität: in anderen Hinsichten dagegen ist es das beste je erdachte. (!) Niemand mißtraut jetzt dem Werthe der Papier-Dollars; im Gegentheil wird derselbe mit gleicher Gier angesammelt und bei Seite gelegt, wie früher bei ähnlichen Calamitäten der Gold-Dollar. Die Panik wird die Aufmerksamkeit auf die Fehler unseres Geldsystems lenken und ohne Zweifel gesetzgeberische Maßregeln veranlassen, durch welche dem Mangel an Elasticität abgeholfen wird. Die Panik hat Greenbacks nahezu auf Pari mit Silber gehoben. Mich wundert, daß Silber nicht schon in den Markt kommt, um dem Mangel an Circulationsmitteln abzuhelfen. Wenn es kommt — und ich weissage, daß es bald kommen wird — so haben wir uns um einen großen Schritt der Wiederaufnahme der Baarzahlungen genähert. Das Papiergeld wird von jenem Augenblicke an niemals wieder unter das Silber fallen. Die Circulation von Silber wird auch noch andere wohlthätige Folgen haben. Die Erfahrung hat bewiesen, daß ungefähr 40 Millionen Doll. an kleinem Papiergeld (fractional currency) erforderlich sind, um die für den Verkehr des Landes nothwendige Scheidemünze zu liefern. Silber wird allmälig an die Stelle dieses Papiergeldes treten und den Werthmesser abgeben; es wird alsdann in kleinem Maßstabe angesammelt und zurückgelegt werden. Ich bin der Ansicht, daß auf diese Weise mit der Zeit 200 bis 300 Mill. Doll. von dieser Art Circulationsmittel (?) werden absorbirt werden. Dadurch wird das Papiergeld frei gemacht, die legitimen Functionen des Handels zu erfüllen, und so werden wir uns dem Punkte nähern, wohin wir schließlich kommen müssen, der Wiederaufnahme der Baarzahlung. Ich gestehe den Wunsch ein, daß Münze in gewissem eingeschränktem Maße vom Volke angesammelt und zurückgehalten werden möge. Es sichert uns dies eine feste Basis im Falle der Noth. Aber ich wünsche, daß dieses Ansammeln sich auf Etwas beziehen möge, was einen festen Werth in der ganzen Welt besitzt. Silber hat diese Eigenschaft, und wenn wir erst einmal zum Silber zurückgekommen sind, so wird eine fernere Werthsteigerung unseres Papiergeldes mit raschen Schritten vor sich gehen. Unsere Minen produciren jetzt fast unbeschränkte Quantitäten von Silber, und es stellt sich die Frage ein: Was sollen wir damit anfangen? Ich habe hier eine Lösung dieser Frage angedeutet, die einige Jahre verhalten wird, und ich gebe den Banquiers zu erwägen, ob sie diesem Vorschlage nicht Folge geben, das Silber in Umlauf setzen und so lange in Umlauf halten wollen, bis es eingebürgert ist, alsdann können wir andere Märkte finden. Die süd= und centralamerikanischen Länder haben uns aufgefordert, ihnen ihre Silbermünzen zu prägen. Bis jetzt sind wir gesetzlich dazu nicht ermächtigt, ich hoffe jedoch, daß diese Ermächtigung uns jetzt wird gegeben werden. Sobald wir sie erhalten, wird dies von gleicher Bedeutung sein, als wenn wir Exporteurs von Fabrikaten würden, die bisher Gegenstände des Imports gewesen. Wir werden große Aufträge auf Münzen erhalten. Diese Aufträge werden gänzlich auf Silber lauten, während die dafür zu empfangende Zahlung nicht nothwendig Silber zu sein braucht. Wir werden Fabrikanten dieser Münzen werden, daraus einen Profit ziehen und wahrscheinlich einen Theil der Zahlung in dem edleren Metalle empfangen."

Um diese Expectoration recht zu würdigen, muß man sich erinnern, daß die Vereinigten Staaten seit 1853 die reine Goldwährung besitzen, daß Silber geringerhaltig ausgeprägt wird nur bis zum Betrag von 8 Dollars, seit 1872 bis zum Betrage von 5 Dollars als gesetzliches Zahlungsmittel dient. Die übermäßige Ausgabe von Papiergeld, welches 356 Millionen Dollars erreicht und mit den Banknoten zusammen 700 Millionen Dollars überschreitet, hatte zur Folge, daß sogar die silberne Scheidemünze, wie in Italien, aus dem Verkehr schwand und durch gegen 40 Millionen kleines Papiergeld mit Zwangscours ersetzt wurde. Diese 40 Millionen Papiergeld können allerdings und sollten sobald als möglich durch Silber ersetzt werden, allein der Versuch, den der Finanzminister Richardson in Folge der obigen Initiative des Präsidenten Grant machte, kleines

Papiergeld mit Silber einzulösen, ist kläglich gescheitert, weil er nicht mit ausreichenden Mitteln versehen war. Gesetzt aber auch den Fall, dieselbe wäre gelungen, so ist von der Ersetzung von 40 Millionen Dollars kleinem Papiergeld bis zur Herstellung des Paristandes der Greenbacks noch ein weiter Schritt; und dieser Schritt ist nicht mit Silber zu bewerkstelligen, sondern muß mit Gold gemacht werden; es müßte denn vorher durch ein neues Gesetz die alleinige Goldwährung wieder abgeschafft worden sein. Der erste Schritt aber, den die Unionsregierung zu thun hat, ist, zur Besinnung zu kommen, — zu der Einsicht, daß Zwangs-Staatspapiergeld so gut eine Staatsschuld ist, wie die Bonds, und daß die Union, abgesehen von den oft erörterten Gründen, welche im Interesse des Verkehrs die Wiederherstellung der Valuta fordern, eine Ehrenpflicht hat, diese Schuld in erster Linie einzulösen, weil sie eine unverzinsliche ist.

Leider war aber nicht einmal durch die letzten Erfahrungen die Einsicht des Congresses so weit gediehen, um die Nothwendigkeit dieser Maßregel einzusehen, denn im Senate, wie im Repräsentantenhaus ist Ende März 1874 sogar der Antrag auf eine Erhöhung der vom Gesetz gezogenen Marimalgrenze des Staatspapiergeldes und der Banknoten auf je 400 Millionen Dollars angenommen worden, und der Senat hat den Antrag, die Baarzahlungen mit dem 1. Januar 1876 wieder aufzunehmen, abgelehnt.

In Folge dieses Beschlusses, der ein Zeugniß völliger Unfähigkeit oder eine Schmach ist, kann das Zwangs-Staatspapiergeld, statt vermindert zu werden, noch um 44 Millionen Dollars vermehrt werden. Glücklicherweise legte Präsident Grant, wahrscheinlich durch den energischen Protest des Gouverneurs des Staates New-York gewarnt, wie uns der Telegraph meldete, als diese Zeilen zur Presse gingen, — gegen diesen Beschluß — sein Veto ein.

Mit Ende des Jahres 1873 konnte die Krisis in den Vereinigten Staaten als beendet betrachtet werden. Ein sicheres Zeichen ihres Abschlusses war, daß mit Ende März 1874 der berüchtigte Jay Gould wieder Oberwasser erhielt, indem es ihm gelang, die Oberaufsicht über die Union-Pacific-Eisenbahn zu erhalten, worüber die europäischen Actionäre dieses Unternehmens nicht wenig bestürzt sein werden. Zu diesem Congreß paßt er ganz.

Eine nähere Schilderung der bei der Krisis zu Tage gekommenen Unterschleife würde den uns angewiesenen Raum überschreiten.

Die Wirkungen der Krisis lassen sich am besten in der Zahl der Bankrotte in den Vereinigten Staaten im Vergleich zu den Vorjahren ermessen. Es trafen nämlich auf

	Zahl der Bankrotte.	Betrag der Passiva.	
1873	5183	228,199,000	Dollars.
1872	4069	121,056,000	„
1871	2915	85,252,000	„

Der Zuwachs von 1873 kommt wesentlich von New-York, wo die Bankrotte 92,635,000 Doll. gegen 20,684,000 im Vorjahre oder 72 Millionen Doll. mehr betragen. Dabei ist übrigens mit in Anschlag zu bringen, daß die Zahl der Geschäftsfirmen von 431,000 im Jahre 1870 in drei Jahren auf 603,904 gewachsen ist, — wodurch die Ueberspeculation ziffernmäßig belegt ist; denn offenbar sind übertrieben viele neue Concurrenzgeschäfte von Leuten gegründet worden, welche vorher in alten Firmen angestellt waren.

* * *

Der Ausbruch der Krisis in den Vereinigten Staaten zog endlich auch die deutschen Plätze, welche lange mit ungewöhnlicher Zähigkeit dem Sturm widerstanden hatten, in Mitleidenschaft. Wir haben schon oben nachgewiesen, daß die Gründungen in Deutschland, namentlich aber in Preußen und Berlin noch eine höhere Summe erreicht hatten, als in Oesterreich, weil man dort auch noch darauf gerechnet hatte, daß der Milliardenstrom die Rückzahlung einer Menge von Staatsanlehen zur Folge haben, wodurch das frei gewordene Capital neue Anlagen suchen würde. Allein die Speculation hatte sich doch verrechnet, denn einestheils dauerte es länger, als man angenommen hatte, bis ein Theil der Kriegsgelder wieder in Umlauf kam, und sodann überstieg die Summe der Gründungen bei Weitem das Maß der Ersparnisse.

Fünfhundert Millionen Thaler Ersparnisse kann Preußen nicht in einem Jahre auftreiben; selbst wenn dies der Fall wäre, so müßten es die alten Anlagen, seien sie in rein individuellem, in gesellschaftlichem oder staatlichem Betrieb, entgelten. Die ganze Productionsmaschine des Staates und Volkes in Ackerbau, Gewerben, Handel, Verkehrs-, Unterrichts- und Schutzmitteln u. s. w. muß aber nicht blos wie „eisern Vieh" in baulichem Zustande erhalten, sondern sie muß auch in ihrem Umfang der wachsenden Bevölkerung angepaßt werden. Es ist überdies viel wichtiger, daß die bestehenden alten Geschäfte ordentlich erhalten und erweitert werden, als daß neue gegründet werden, weil jene weniger Lehrgeld zu zahlen haben, — weil also die in ihrem gemachten Geleise befindliche Production, im Ganzen genommen, mehr verdient.

Neue Unternehmungen sind wohl zuweilen nützlich, ja nothwendig; sie geben oft der Production einen frischen Impuls, so daß sie eine höhere Potenz erhält, wie z. B. die Eisenbahnen, die Dampfschifffahrt, die Telegraphie, die Werkzeugmaschinenfabrikation; allein die blos um ihrer selbst willen, d. h. um das Agio geschaffene Gründungsmanie der Börse hat mit solchen großen industriellen Umwälzungen nur wenig zu thun.

Ein wahrer Typus dieser blind zulangenden Gründerei um ihrer selbst willen scheint die Quistorp'sche Vereinsbank in Berlin gewesen zu sein, mit deren Zahlungseinstellung die Krisis dort Anfangs October zum Ausbruch kam. Wir wollen gerne glauben, daß sie ursprünglich den guten Zweck hatte, durch mehrere Unternehmungen der herrschenden Wohnungsnoth zu steuern; allein im Laufe der Zeit wurde sie doch eine reine Speculationsbank, welche, wie die Mobiliarcredit-Gesellschaften, aus dem Gründen ein Geschäft machte und dabei an der Börse Commissions- und vielleicht auch Reportgeschäfte betrieb. Daß solche Geschäfte aber für „Gesellschaften" auf die Dauer nichts taugen, ist längst theoretisch und praktisch bewiesen.

Die Quistorp'sche Vereinsbank hatte zuletzt einen wahren Rattenkönig von durch sie begründeten industriellen Gesellschaften um sich

Die Krisis in Deutschland.

versammelt, welcher alle möglichen Industrien repräsentirte, über deren Bedürfniß die Leiter der Vereinsbank sich selbst unmöglich ein selbstständiges Urtheil bilden konnten. Von jeder der neu gegründeten Gesellschaften zog die Vereinsbank Agio, so daß sie für 1871 nicht weniger als 15 pCt. und für 1872 sogar 19 pCt. Dividende vertheilen konnte. Von den gegründeten Baugesellschaften brachte es eine auf 17 eine andere auf 16½ pCt. Dividende im Jahre 1872. Dies läßt sich aus dem Steigen der Preise der Bauplätze erklären, dem jetzt ein entsprechendes Sinken folgt; wie aber der 1870 gegründete Baltische Lloyd für 1871 schon 10 pCt. Dividende zahlen konnte, ist uns ein Räthsel, wenn wir erwägen, mit welchen Schwierigkeiten überseeische Dampfschifffahrts-Gesellschaften bis vor Kurzem zu kämpfen hatten.

Aus dem ganzen Gebahren geht schon bei oberflächlicher Untersuchung der bekannt gewordenen Thatsachen mit Sicherheit hervor, daß die Unternehmungsschaar zuletzt in erster Linie auf die börsenmäßige Ausbeutung berechnet war; denn neue Anlagen pflegen nicht im ersten Jahre so hohe Dividenden abzuwerfen, wie die Quistorp'schen. In Berlin nahm man an, daß nur noch 14 von den 27 Unternehmungen, welche die Vereinsbank vertrat, und wovon sie 21 bei der Börse einführte, einige Lebensfähigkeit hatten, weil ihre Actien, wenn auch zu reducirten Coursen, noch verkäuflich waren, nämlich:

	Actiencapital.	Cours v. 1. April.	Verkaufswerth.	Cours v. 10. Oct.	Verkaufswerth.
	Thlr.	Thlr.	Thlr.	Thlr.	Thlr.
Feilenfabrik Schaaf	280,000	110½	339,400	75	210,000
Allg. Häuserb.	600,000	131¼	790,500	75	450,000
Baltischer Lloyd	2,000,000	72¾	1,455,000	42¾	840,000
C.-B. für Fuhrwerke	500,000 (70%)	104⁷/₈	374,000	69	200,000
Chemn. Bau-Gesellsch.	500,000 (50%)	139	570,000	55	25,000
D. Centr.-Bau-Verein	1,200,000	162¼	1,944,000	12¼	147,000
Vereinsbank Quistorp	3,000,000	191	5,730,000	25¼	757,000
Faßfabrikation	300,000	111	333,000	49⁷/₈	150,000
Bau-Gesellsch. Westend	2,000,000	190¼	3,805,000	31	620,000
Transport	10,380,000		15,340,900		3,399,000

Die Krisis von 1873.

	Actiencapital. Thlr.	Cours v. 1. April.	Verkaufs- werth. Thlr.	Cours v. 10. Oct.	Verkaufs- werth. Thlr.
Transport	10,380,000		15,340,900		3,399,000
Waggonfabr. Westfalia	700,000	144³/₄	1,015,000	61	427,000
Papierfabrik Wolfs- winkel	350,000	105	367,000	46	161,000
Eisenbahnwagen-Leih- gesellsch. Germania	1,000,000 (40%)	107³/₄	477,500	68	80,000
Bergw. Mögdesprung	700,000	110	800,000	37	259,000
Chemnitzer Union	500,000	94³/₄	475,000	27	135,000
Summa:	13,630,000 Thlr. Einz.		18,475,400		4,461,000

Wie viele von diesen Anstalten zu dauernder Lebensfähigkeit gebracht werden, wird von dem Willen und den Mitteln der Actionäre abhängen.

Außer den Quistorp'schen Schöpfungen waren noch zwei andere Gruppen von Unternehmungen am Rande des Verderbens — von welchen die eine der Mamroth'schen Centralbank für Bauten ihre Entstehung verdankt, die andere mit der Preußischen Boden-Credit- Anstalt, in Verbindung stand. Nach einer Aufstellung der „W. Börsenztg." hatte die erstere Gruppe folgende Werthverringerung er- fahren:

	Actiencapital. Thlr.	Cours vom 1. April.	Verkaufs- werth. Thlr.	Cours vom 10. Oct.	Verkaufs- werth. Thlr.
Centralb. f. Bauten	2,500,000	380	9,500,000	78	1,950,000
do. junge	2,500,000 (40%)	236¹/₂	4,412,500	79	475,000
Union Pinneberg	500,000	170	850,000	93¹/₂ B.	467,500
do. junge	220,000 (40%)	167¹/₈	267,500	93¹/₂ B.	83,750
Chemnitzer Eiseng.	250,000	110	275,000	11	102,500
Südend	850,000	123¹/₄	1,054,000	37	314,500
Ostend	300,000	115	345,000	60 B.	180,000
Centralfact.	650,000	216³/₄	1,410,500	32	280,000
City	600,000	166	999,000	40	240,000
Cottage	1,000,000	89	800,000	16¹/₂	165,000
Summa:	9,370,000 Einz.		19,913,500		4,258,250

Berliner Gründerbanken.

Die Course der beiden erstgenannten Actiengattungen sind nicht dem 1. April, sondern dem Tage (8. April) entnommen, an welchem die jungen Actien zum ersten Male notirt wurden.

Das Ergebniß ist mithin hier dies, daß das Actiencapital, mit einem eingezahlten Nominalcapital von 7,750,000 Thlr., am 1. April einen Verkaufswerth von 20,000,500 Thlr. hatte und dagegen am 10. October nur zu allerhöchstens 4,186,250 Thlr. werth war, weil sowohl die alten und jungen Actien der Pinneberger Union, als auch die der Ostend-Gesellschaft zu den angegebenen Coursen unverkäuflich waren. Der Verkaufswerth beträgt nur 20 pCt. dessen vom 1. April.

Nicht viel besser stand am 10. October die zweite Gruppe:

	Actiencapital. Thlr.	1. April.	Verkaufswerth. Thlr.	10. Oct.	Verkaufswerth. Thlr.
Jachmann	10,000,000	167	16,700,000	$62^1/_2$	6,275,000
Albertinenhütte	335,000	$104^1/_2$	350,000	75	251,250
Poll. Schmidt	875,000	74	648,500	36	315,000
Wöhlert	3,250,000	77	2,502,500	55	1,787,500
Balt. Waggon	550,000	78	429,000	30	165,000
Königsl. B.-B.	1,000,000	97	970,000	$34^3/_4$	347,500
Preuß. Credit	5,000,000	132	6,600,000	49	2,250,000
Redenhütte	1,500,000	115	1,725,000	54	810,000
Junge (75 o/o)	750,000	112	652,000	$52^1/_2$	206,250
Berliner Union	1,000,000	$72^1/_4$	722,500	$35^1/_2$	355,000
Erdm. Spinn.	1,500,000	$87^1/_2$	1,312,500	66	990,000
Salzungen	1,500,000	$66^1/_2$	997,500	35	525,000
Tannenberg	2,900,000	$64^1/_2$	1,860,000	41	1,189,000
		Summa:	35,469,500		15,466,500

Ganz so schlecht fällt hier das Resultat also nicht aus, indeß noch immer schlecht genug, wenn man bedenkt, daß der Verkaufspreis der obigen Actienpapiere am 1. April von 35,470,000 Thlr. auf 15,466,500 Thlr. am 10. October, also auf circa $43^1/_2$ pCt. geschmolzen ist.

Zuerst wurden große Anstrengungen gemacht, die Quistorp'sche Bank, bei der auch hochstehende Personen mit Capital betheiligt waren, durch die Preußische Bank oder durch ein Consortium großer Häuser zu stützen. Allein die Unterhandlungen mißlangen, besonders in Folge der heftigen Opposition der öffentlichen Meinung gegen Staatshilfe, und die gerichtliche Liquidation der Anstalt wurde verfügt. Diese Katastrophe, welche das Mißtrauen nun auch in Deutschland allgemein machte, zog eine Anzahl anderer Anstalten an verschiedenen Plätzen Norddeutschlands mit in den Ruin, obgleich die Liquidation der Quistorp'schen Bank schließlich noch das Resultat hatte, daß die Gläubiger fast ohne Verlust durchkamen.

Zwei Monate ging das Krachen hierauf fort, nicht blos Eisenbahnen, Banken und Baugesellschaften, sondern namentlich auch große Fabriken mit in's Verderben ziehend, — Genossenschaften mit unbeschränkter Haftpflicht so wenig verschonend, wie anonyme Actiengesellschaften.

Nach Berlin kamen Memel, Görlitz, Posen, Königsberg, Breslau, Glogau, Grünberg, Dresden, Chemnitz, Pirna, Leipzig, Magdeburg, Stettin; in Hamburg, Essen, Köln, Mühlhausen in Thüringen, in München, Erfurt und an anderen Orten brachen Fallimente aus, und bis nach dem Elsaß hin waren die Wirkungen der Krisis fühlbar.

In Posen erschoß sich ein Bankdirector, ein Adjutant des Herzogs von Meiningen machte sich in Folge von Börsenverlusten eine Fälschung zu Schulden und in Königsberg wurde ein sonst rechtschaffener Mann, der einem Bankrotteur aus Gutmüthigkeit Gefälligkeiten erwiesen, zu drei Monaten Gefängnißstrafe verurtheilt.

Unter den Concursen ist besonders der der Pommer'schen Centraleisenbahn hervorzuheben, deren Mitbegründer der berüchtigte Geheimerath Wagner war und bei welcher Gelegenheit Lasker die erwähnten Enthüllungen machte; sowie der Bankrott der Pirnaer Bank und des Thüringer Bankvereins, weil bei der ersteren, wie bei'm „Fels" in Wien, viele kleine Leute beschädigt wurden, und bei der letzteren, deren Actien in wenig Wochen von 260 auf 92 fielen, Unterschleife vorgekommen waren, — so daß das Gericht in Anspruch genommen wurde. In Berlin, Posen, Erfurt, Königsberg wurden wegen betrügerischen Bankrotts und Fälschung von Büchern und Wechseln Verhaftungen vorgenommen. Von dem Berliner Stadtgericht wurde der Buchhalter der Preußischen Bodencreditanstalt, M. Fürstenberg, wegen Unterschlagung von 48,000 Thalern zu sechs Jahren Gefängniß und fünf Jahren Ehrenverlust verurtheilt; Director und Buchhalter der Volksbank in Essen wurden wegen Fälschung von Wechseln im Betrag von 166,000 Thalern zu vier Jahren Zuchthaus verurtheilt.

Weniger erhebliche Strafen trafen mehrere untreue Bankbeamten und Cassirer, — soweit man ihrer habhaft werden konnte, — denn die Zahl der durchgegangenen Veruntreuer war nicht gering.

Als eine besonders freche Schwindelei ist die in München zusammengebrochene Süddeutsche Hagelversicherungsgesellschaft auf Gegenseitigkeit zu betrachten, weil bei derselben ein bei einer anderen Versicherungsgesellschaft weggejagter Beamter ohne irgend eine capitalistische Grundlage unter Vorspiegelungen mannigfacher Art die Namen angesehener Männer zu einem angeblichen Gründungscircular zu benutzen wußte, mit dessen Hilfe er einen Verwaltungs- und Aufsichtsrath zusammentrommelte und, da deren Mitglieder, nach den künftig zu genehmigenden Statuten, eine Anzahl zum Theil einzuzahlender Garantieactien zu besitzen hatten, — von den auf solche unter gelindem Zwang erhobenen Geldern mehrere Jahre lang herrlich und in Freuden lebte, — obgleich schon im Mai 1871 das Treiben im Verwaltungsrath genügend gekennzeichnet worden war.

Doch es würde uns zu weit führen, alle die Gesetzwidrigkeiten, Vergehen und Verbrechen aufzuführen, welche in Deutschland in nicht geringerem Maße, wie in Oesterreich, in Frankreich*), in der Schweiz und in den Vereinigten Staaten bei diesem Anlasse vorgekommen sind.

---

*) Im Augenblicke, wo diese Zeilen zur Presse gehen, trifft die Nachricht von der Verhaftung des früheren Ministers Duvernois, der 1870 Paris verproviantirt, als Director der spanischen Territorialbank ein, bei welcher ähnliche Unterschleife verübt worden waren, wie bei'm Crédit foncier suisse.

Ueberall war es das Börsendifferenzgeschäft, welches durch seine aleatorische Natur am meisten die Leidenschaften gleich einem Hazardspiel aufgestachelt hatte. In Preußen brachen noch mehr große Fabriken als in Oesterreich zusammen, weil ihre Eigenthümer sich, gleich den verwegensten Börsenspeculanten, kopfüber in den Börsenstrudel geworfen hatten.

Besonders verhängnißvoll drohte der Concurs der Grüneberger Tuchfabriken in Schlesien zu werden, weil durch denselben viele Tausend Arbeiter bedroht waren, ihre Beschäftigung zu verlieren.

Die Schläge wären indessen noch weit härter geworden, wenn nicht die deutschen Börsen durch den Ausbruch in Wien gewarnt gewesen wären und durch den Umstand, daß der Berliner Platz schon seit langer Zeit der Sitz einer starken Contremine war, so daß die Preußische Bank, in welcher fortwährend über 100 Millionen Thaler Staatsdepositen lagen, allen legitimen Bedürfnissen des Handels, soweit ihre Statuten es erlaubten, zu Hilfe kommen konnte. Zwar waren die Verluste seit dem Ausbruch der Krisis in Wien auch an allen deutschen Plätzen enorm gewesen, und viele Geschäftsleute hatten einen großen Theil ihres Vermögens verloren, allein die Möglichkeit einer langsamen Abwickelung hatte es Vielen gestattet, sich mit großen Opfern zu behaupten, ohne zu einer zeitweisen Suspension der Verbindlichkeiten schreiten zu müssen.

Unter den Plätzen, welche sowohl wegen der Größe ihrer Verluste, wie wegen ihrer festen Haltung sich ausgezeichnet haben, ist besonders Breslau zu nennen, das nicht blos in Berlin, sondern auch in Wien stark engagirt war. Als weitere Ursache, daß das Unglück in Deutschland nicht ärger um sich griff, obgleich es an Gründungen Oesterreich noch übertroffen hatte, war der gesicherte Stand der Geldverhältnisse; denn in Oesterreich und Nordamerika wurde die Lage in Folge des herrschenden Zwangscurses nicht wenig verschärft.

Die Gefahr war aber auch in Norddeutschland, obgleich dem Geldmarkte ein Theil der französischen Kriegsentschädigung zu gute kam,

Die Krisis in Norddeutschland.

so groß, daß allenthalben die Stimmen um Staatshilfe, so gut wie in Oesterreich, auftauchten.

Namentlich war es die Wiedereinführung der vom Kriege her bekannten staatlichen Vorschußcassen, welche von der Kaufmannschaft mehrerer Provinzen laut und dringend verlangt wurde.

Die Hauptnoth bestand, wie in Oesterreich, darin, daß das Capital nicht blos sämmtlicher Börsenspeculanten, sondern auch alle disponiblen Mittel von Fabrikanten, Gewerbetreibenden und Privaten in Speculationspapieren und Actien unsicherer Unternehmungen angelegt war, deren Course seit Ausbruch der Krisis in Wien so gefallen waren und noch fortwährend so schwankten, daß sie unverkäuflich waren. Da sie überdies bei der Preußischen Bank nicht als Depot angenommen werden und die großen Häuser mit sich selbst zu thun hatten, so waren Lombarddarlehen darauf nicht zu erhalten, und bei dem an den Börsen herrschenden Mißtrauen auch im Reportgeschäfte, selbst bei den höchsten Kostsätzen, nicht mehr anzukommen. Die in der Klemme befindlichen Besitzer dieser Speculations-Papiere wußten sich eine Zeit lang nicht zu rathen und zu helfen.

Schon seit Monaten waren auch die Speculanten in Deutschland darüber klar geworden, daß der Normalzustand der Geschäftsthätigkeit nur dadurch hergestellt werde, daß das Gleichgewicht zwischen dem Capitalvorrath und den Unternehmungen wieder gewonnen wird; daß also so viele der letzteren aufgegeben oder eingeschränkt werden, als der Capitalvorrath nicht ausreicht. Alle neuen Unternehmungen, welche noch nicht bereits zu viel Capital verschlungen hatten, mußten aufgegeben und die anderen möglichst eingeschränkt werden. Liquidation, Reduction und Fusion der neuen Unternehmungen war daher die Devise jener Tage.

Dieser Kur stand aber einestheils das Reichsgesetz über die Actiengesellschaften entgegen, welches den letzteren den Ankauf eigener Actien verbietet, und wenn dieses Hinderniß durch eine elastische Auslegung hätte umgangen werden können, weil der Richter vielleicht den Ankauf zum Behuf der Reduction des Actiencapitals als nicht vom

Sinne des Gesetzes getroffen angesehen hätte, — so blieb anderntheils immer noch die Bestimmung im Wege liegen, daß jede Liquidation ein Jahr vorher angezeigt werden muß, um den Gläubigern reichlich Zeit zur Wahrung ihrer Rechte zu lassen. Bis diese Frist verstrichen, hatte die Krisis so wie so ausgetobt. Um diese Klippen zu umgehen, machten wir damals (24. Oct. in der Schlesw. Presse) folgenden Vorschlag: „Es bleibt also nur übrig, ein Mittel zu finden, wodurch die Wirkung der Liquidation oder Reduction anticipirt werden könnte. Dieses Mittel kann nur der Credit sein. Nun genießen aber die Gesellschaften, um welche es sich handelt, wenig Credit mehr, ihre Actien sind enorm im Course gefallen und werden überhaupt an der Hauptcreditquelle, der Preußischen Bank, nicht als Faustpfand angenommen.

„Die Frage spitzt sich also darauf hinaus, daß eine Einrichtung getroffen werden sollte, durch welche es möglich wird, gegen Depot von Effecten der nothleidenden Gesellschaften Vorschüsse zu erhalten, welche nach Ablauf der gesetzlichen Frist für die Liquidation, resp. Reduction, mit dem dann flüssig gewordenen Actiencapital wieder zurückgezahlt werden können. Wäre es nun nicht möglich, daß z. B. die ersten deutschen Häuser und Banken sich zu einem Garantie-Consortium vereinigten, welches gegen Depot von Effecten, die bei der Preußischen Bank nicht zulässig sind, seine Unterschrift bewilligte, um die erforderlichen Discontirungen bei der Preußischen Bank zu erlangen. Daß dabei von einer Staatshilfe keine Rede sein könnte, als welche ein solches Auskunftsmittel von einer Seite ausgegeben worden ist, welches die Börse der Steuerzahler bedrohe, liegt auf der Hand, denn die Bank liefe dabei keine Gefahr und entzöge dadurch der soliden Production keine Mittel; sie erstickt ja gegenwärtig fast in ihrem Fett; und es ließe sich eher die Frage aufwerfen, ob es im öffentlichen Interesse liegt, daß man Millionen und Millionen nutzlos aufspeichert, während auf der anderen Seite Verluste am Nationalcapital und Arbeitslosigkeit drohen, welche ohne Gefahr für den Antheil des Staates an der Dividende der Bank abgewendet werden könnten. Wir halten also jene Einwände für unbegründet und im Gegentheil für Aufgabe der Preußischen Bank, ihre reichen Mittel zur baldigen Entwirrung der Krisis zu bieten, so weit dies ohne Gefahr für die Staatscasse geschehen kann.

„Wir stellen uns nun die Organisation einer solchen Aushilfe wie folgt vor. Es bildet sich ein Consortium der großen Häuser und Banken in Deutschland, mit Zweig=Comités an den Börsen=Plätzen, welche mit der Vertrauensmission bekleidet werden, den Stand derjenigen Gesellschaften zu untersuchen, welche zu einer Liquidation oder Reduction ihres Stammcapitals bereit sind. Die Comités würden die reinen Activa der Gesellschaften nach Abzug der Passiva und aller zweifelhaften Posten feststellen und danach bemessen, wie viel bei der Liquidation noch herauskommen wird, oder wie viel die Reduction betragen muß: sie würden den Normalcours der Actien nach dem wirklichen Werthe festsetzen. Das Consortium würde daraufhin die, in der Weise nach Einsicht der Bücher der in Liquidation gehenden Anstalten tarirten, Actien bis zu 20 pCt. unter dem Tarwerthe beleihen, oder die ganze Summe, um welche eine Gesellschaft ihr Stammcapital reduciren will, vorstrecken.

„Die Beschaffung der erforderlichen Gelder kann einem solchen Consortium, dem die Mittel der Preußischen Bank zu Gebote stehen, nicht mißlingen. Diese Anticipation der Liquidation und Reduction würde nicht blos die Ausgleichung des stockenden Stromes des Capitalvorrathes, der hier sich aufgestaut hat, dort zu versiegen droht, erleichtern, sondern er würde auch das Vertrauen wieder heben. Denn Viele würden, gleich dem Schiffer, der in der Nacht den rettenden Leuchtthurm sieht, schon beim Gedanken der Möglichkeit eines praktischen Auskunftsmittels wieder Muth schöpfen, und auch das sparende Publikum seine disponiblen Capitalien wieder mit weniger Sorge dem Geldmarkt anzuvertrauen beginnen. Wir haben ja in London schon mehrmals das Schauspiel erlebt, daß die bloße von der Regierung der Bank verliehene Erlaubniß über die vom Gesetz gezogene Grenze hinaus zu discontiren, das Vertrauen so wieder hergestellt hat, so daß gar kein Gebrauch von dieser Erlaubniß gemacht zu werden brauchte.

„Wir wollen unseren Vorschlag nur als eine Anregung betrachtet wissen, die vielleicht weitere Gedanken hervorrufen, und zuletzt zu einem praktischen, unverfänglichen Ausweg aus dem gegenwärtigen Labyrinthe führen kann."

Unser Vorschlag führte zwar zu keiner derartigen Organisation der Selbsthilfe; allein dennoch scheinen von großen Häusern bedeutende Anstrengungen im Stillen gemacht worden zu sein, um den Sturm zu beschwichtigen; — denn er wurde beschwichtigt, obgleich der Staat, im Einklang mit der Majorität im Lande den von der Krisis Betroffenen nicht durch besondere Vorkehrungen zu Hilfe kam. Indessen scheinen die beiden großen Staatsinstitute, denen ein Theil der Milliarden zu Gebote stand, doch eine bedeutende Rolle bei der Rettung vom allgemeinen Schiffbruch gespielt zu haben; denn die Liquidation einer ansehnlichen Zahl von Banken, namentlich von Maklerbanken und anderen Speculations-Gesellschaften, ging in aller Ordnung vor sich.

Uebrigens hat der Rechnung-Abschluß der Preußischen Bank über die Geschäfte des Jahres 1873 ein so überraschend günstiges Resultat ergeben, daß die Anstalt bei der Geringfügigkeit ihrer Verluste weit freigebiger mit ihrem Kredite hätte sein können, ohne den legitimen Reingewinn und Antheil des Staates zu gefährden, denn eine Dividende von 20 pCt. ist im Grunde genommen doch ein zu starker Vortheil für die Actionäre einer privilegirten Anstalt in einer Zeit, wo so viele Häuser aus Mangel an Kredit gefallen und Tausende von Arbeitern brodlos geworden sind. Der Gesammtumsatz der Preußischen Bank betrug über 8 Milliarden Thaler oder mehr als das Fünffache der ganzen französischen Kriegscontribution; während der Gesammtumsatz der Bank von Frankreich nur etwas über die Hälfte oder 16·7 Milliarden Franken im gleichen Zeitraum sich belief, obgleich dieselbe, wegen des starken Notenumlaufs, eine noch bedeutendere Dividende von circa 34 pCt. vertheilte. Der Gesammtgewinn der Preußischen Bank hat die colossale Summe von 11,005,937 Thaler erreicht, wovon an Kosten und Verlust an Gold und Silber 3,263,614 Thaler abgehen. Von diesen sind 480,489 Thaler Verlustabschreibungen, welche der gesunkene Silberpreis nöthig

Rückschlag der Krisis auf England.

machte. Vom Reingewinn von 7,741,783 Thaler erhielt der Staat von verneweg 621,910 und dann noch die Hälfte, im Ganzen also 3,788,346 Thaler oder fast das Doppelte des ganzen von ihm eingeschossenen Capitals von 1,906,800, d. h. beinahe 200 pCt.

Die Verlegenheiten der Krisis wurden trotz mangelnder directer Staatshilfe und trotz der vorsichtigen Zurückhaltung der Preußischen Bank doch leichter überstanden, als man befürchtet hatte und schon begannen die Geschäfte schon wieder ins regelmäßige Geleise zurückzukehren, als in den Vereinigten Staaten noch die große Industrie und Hunderttausende von Arbeitern schwer darunter zu leiden hatten.

  * * *

Während der Ausbruch der Krisis in Amerika und Norddeutschland in Oesterreich einen neuen Rückschlag herbeiführte, welcher endlich die Staatshilfe herbeizog, auf die wir weiter unten zurückkommen werden, — zogen die durch jenes Ereigniß herbeigeführten Goldsendungen aus London endlich auch England ins Netz der Ereignisse. Wie ein Blitz aus heiterem Himmel überraschte uns am 19. November der Ausbruch einer Panik zu London, nachdem wir uns schon daran gewöhnt hatten, John Bull bei dieser Krisis als unantastbar auf seinen Geldsäcken thronend, nur hie und da dem in der Klemme befindlichen Bruder Jonathan eine Handvoll Goldstücke zuwerfend, zu betrachten.

Großbritannien war von den vier Kriegen verschont geblieben, welche seit 1859 verschiedene Theile unseres Continents heimgesucht haben. Es hatte 1866 allein die Folgen einer Ueberspeculation büßen müssen und man hatte geglaubt, daß die englische Geschäftswelt aufs Neue gewitzigt, sich nicht so bald wieder die Finger verbrennen würde. Die Industrie und der Handel Großbritanniens erfreuten sich seitdem einer außerordentlichen Blüthe, ohne daß wieder Zeichen von Ueberspeculation zu Tage getreten wären. Der auswärtige Handel Englands war fortwährend im Aufschwung gewesen und hatte erst im letzten Jahre einen Rückgang erfahren. Zwar hatte sich die englische Capitalistenwelt stark an den französischen Milliarden-Anleihen betheiligt, allein die französische Rente ist eine solide Anlage und ist auch so billig begeben worden, daß daraus an und für sich ein Rückschlag nicht zu befürchten war. Das klägliche Scheitern der letzten türkischen Anleihe bewies ferner, daß der gegenüber den überseeischen Staaten so wunderbar willige Londoner Capitalmarkt größere Vorsicht gewonnen hat.

In der dem 6. November vorausgegangenen Woche hatten die Börsenberichte aus der City übereinstimmend gemeldet, daß das Geschäft an der Bank still stehe, weil dieselbe fast gänzlich von Discontirungsbegehren verschont bleibe. Zwar mußte der letzte Wochenausweis der Bank von England mit seiner Verminderung der Totalreserve um 384,000 Pfd. etwas stutzig machen, allein auch die darauf folgende Disconto-Erhöhung auf 9 pCt. ließ noch nicht Symptome einer Krisis ahnen, obgleich sie uns befremdete, da dieser Zinssatz bisher nur bei Krisen von der Bank von England angenommen zu werden pflegte.

Wie groß war daher unser Erstaunen, als die gleichzeitigen Cityberichte vom Donnerstag Abend den Ausbruch einer Panik am Londoner Effectenmarkte meldeten und die „Times" ihre Börsennotiz vom 7. Abends mit den Worten begann: „An der Effectenbörse dauerte die gestrige Panik mit doppelter Heftigkeit fort, und die öffentliche Meinung ist, was den Werth aller Arten von Effecten betrifft, in jenen Zustand versetzt, in welchem jeder Appell an die Vernunft vergeblich ist."

Auch durch Privatmittheilungen des Chefs eines großen Londoner Hauses erfuhren wir, daß schon eine Woche vorher in eingeweihten Kreisen der Ausbruch des jede Krisis begleitenden Mißtrauens beobachtet wurde, und daß die Banken ihre Credite zu kündigen und zu beschränken begannen, welche Maßregel sofort natürlich die allgemeine Besorgniß noch vermehren mußte.

Da aber bereits am 8. November der Rückgang der Course ein geringerer war, so nahmen wir keinen Anstand, schon damals die Lage als eine nicht besorgnißerregende zu bezeichnen, wie ein Blick auf die Sachlage zeigte. Der Druck auf den Geldmarkt kam nicht von einer Unbesonnenheit englischer Capitalisten, sondern von dem

Umstand, daß Frankreich, Deutschland und Amerika sich gleichzeitig um den Goldvorrath in England bewarben.

Nachdem die Bank von England mit Discontobegehren einige Zeit unbehelligt geblieben war, kamen auf einmal schlechtere Nachrichten aus Amerika. Ein weiterer bedeutender Rückgang der Course der verschiedenen Eisenbahn-Obligationen hatte stattgefunden, nachdem 15 Eisenbahn-Gesellschaften angezeigt hatten, daß sie ihre fälligen Zinsen nicht zahlen würden.

Die Krisis in den Vereinigten Staaten begann nicht mehr auf die Eisenbahnen sich zu beschränken, sondern auch Industrie und Handel in Mitleidenschaft zu ziehen.

Zugleich erhöhte die Regierung der Vereinigten Staaten die Unsicherheit der Lage und das Verlangen nach Gold durch unzweckmäßige Maßregeln. Vor drei oder vier Jahren waren 45 Millionen Dollars Staatspapiergeld auf Grund eines Congreßbeschlusses aus dem Verkehr zurückgezogen worden, welche der Präsident nach der Ansicht der Gesetzkundigen nicht mehr emittiren durfte. Gleichwohl hatte 1872 der damalige Finanzminister Boutwell drei bis vier Millionen davon gesetzwidrig aufs Neue ausgegeben, um angeblich den Verkauf der Ernte in Gang zu bringen. Auf die im Congreß erhobenen Einwendungen, daß die Regierung keine unbeschränkte Gewalt habe, die Umlaufsmittel zu entwerthen, hatte Boutwell erwidert, daß die Finanzen keine Wissenschaft seien und daß die Sache den Congreß nichts angehe. Nachdem er sein Portefeuille an Richardson hatte abgeben müssen, gab auch dieser zwei Millionen Doll. in ähnlicher Weise aus, und der Präsident versprach jetzt gar 44 Millionen Reserve-Greenbacks der Bundescasse nach Bedarf zu verwenden. Da dieser Betrag an Staatspapiergeld nach einer gesetzlichen Bestimmung gar keine Notenreserve ist, sondern Greenbacks, welche zur Vernichtung bestimmt sind, so überschritt Präsident Grant seine Macht und das Gold-Agio muß wieder steigen, um so mehr, als Manche fürchteten, daß solche Willkürmaßregeln noch weitere zur Folge haben werden; — und wie wir sahen — mit Recht!

Die Bank von England schien zuerst diesen Nachrichten und sogar der ersten plötzlichen Verminderung der Totalreserve von

384,000 Pfd. St. die Stirne bieten zu wollen. Allein, als auch starke Verkaufsaufträge in vielen anderen ausländischen Effecten auftraten, zugleich der Wechselcours in New-York stark fiel, und dadurch den Londoner Geldmarkt direkt bedroht, auch bereits wieder ein starker Posten von 150,000 Pfd. St. für Amerika aus der Bank genommen worden, da mußte sich die Direction zur Discontoerhöhung bequemen.

Diese Maßregel brachte insofern sofort eine günstige Wirkung hervor, als der Wechselcours in Paris für London günstig wurde, allein die City war der Ansicht, daß noch eine weitere Erhöhung des Zinssatzes nothwendig werde, wenn der Wechselcours nicht auch an anderen Plätzen sich zu Gunsten Englands stelle. Bereits hatte aber die Bank von Frankreich zu Abwehrmaßregeln gegriffen. Auch vereitelte, wie der Citybericht des „Daily Telegraph" schrieb, die amerikanische Krisis alle Berechnungen. Zwar ist es wahrscheinlich, daß keines der leitenden Londoner Häuser, welche mit Amerika in Geschäftsverbindung stehen, Gold schicken wird, so lange sie es verhindern können, aus dem einfachen Grunde, weil kein noch so hoher Gewinn für das große Risico Ersatz bieten kann, welches Vorschüsse gegenwärtig in Amerika bei der großen Entwerthung der Effecten laufen. Allein auf der anderen Seite hat die schlechte Ernte in England die Importhäuser veranlaßt, so viel als möglich Baarmittel aufzutreiben und in amerikanischen Producten anzulegen. Deshalb wird fortwährend Gold, trotz der Gefahr, geschickt.

In den Coursen der Londoner Effectenbörse drückte sich die Bewegung wie folgt aus:

	November			
	5.	6.	7.	8.
Consols	92,13	92,11	92,07	$92^{3}/_{8}$
Italiener	58,05	$58^{1}/_{8}$	$57^{3}/_{8}$	$56^{3}/_{8}$
Lombarden	$13^{3}/_{4}$	13,11	13,07	$13^{3}/_{8}$
Russen von 1871	96	$95^{3}/_{8}$	94	$94^{3}/_{4}$
„ „ 1872	$95^{1}/_{2}$	$95^{1}/_{8}$	94	$94^{1}/_{2}$
Silber	$58^{1}/_{8}$	$58^{1}/_{8}$	—	—
Türken von 1865	46,11	45,03	$43^{3}/_{8}$	$43^{1}/_{4}$
„ „ 1869	55	$53^{5}/_{8}$	51	$51^{1}/_{4}$

Rückschlag der Krisis auf England.

November.
	5.	6.	7.	8.
Amerikaner	91 1/4	91 1/8	91	90 3/4
Silberrente	64 1/4	64	63 3/4	63 1/4

Dieser Rückgang würde zwar an und für sich nichts Außerordentliches zu bedeuten gehabt haben, weil er in anderen Zeiten auch durch ein politisches Ereigniß hätte hervorgerufen werden können. Allein es war dabei zu bedenken, daß die Krisis bereits in ihrem bisherigen Verlaufe auf dem europäischen Continent und in Amerika nicht spurlos an dem Courszettel der Londoner Stock-Exchange vorübergegangen war.

Wir warnten vor Ueberschätzung der Gefahr der Lage, namentlich auch weil der Stand der Bank von England, wie die ganze Lage der Geschäfte in Großbritannien eine weit günstigere, als bei irgend einer der vorhergegangenen Krisen war. Ein Vergleich des Standes der Bank von England beim Ausbruch der drei letzten Krisen bestätigt diese Ansicht. In den Jahren 1847, 1857 und 1866 wurde die Bank durch das völlige Zusammenschmelzen ihrer Discontirungsmittel trotz der Erhöhung des Discontosatzes auf 8, 9 und 10 pCt. genöthigt, die Regierung um Suspension des Bankgesetzes anzugehen. Die Totalreserve der Bank war aber im November 1873 weit entfernt von dem trostlosen Zustand jener Tage.

Die Notenreserve betrug in den mit dem untenfolgenden Datum endenden Wochen bei einem Discontosatze von 8—10 pCt.:

30. October 1847 . . 1,176,740 8 pCt.
14. November 1857 . . 957,710 10 „
16. Mai 1866 . . . 730,830 10 „
6. November 1873 . . 7,451,965 9 „

Die Notenreserve hatte allerdings bis zum 25. September 1873 noch 12,639,905 Pfd. Sterl. betragen und der starke Rückgang innerhalb einer Woche auf 9,458,740, in 3 Wochen auf 7,348,050 hatte die Bank zu den Erhöhungen des Zinssatzes vom 2. October auf 5 pCt., am 16. October auf 6 pCt. genöthigt. Von da an aber hatte sich die Notenreserve auf gleicher Höhe erhalten, die

Anforderungen an die Bank hatten stark abgenommen und zuletzt fast ganz aufgehört.

Die Bankdirection scheint dadurch mißtrauisch geworden zu sein, daß der auswärtige Wechselcours fortwährend zögerte, sich günstiger für England zu gestalten. Deshalb wurde ohne eine Veranlassung, den der Stand der Bank selbst verursacht hätte, der Discontosatz am 23. October auf 7 pCt. und am 30. October auf 8 pCt. erhöht.

Diese zeitige Vorsicht hat die Folge, daß die Bank der Entwickelung der Dinge ohne Furcht für sich selbst entgegensehen und eine sichere Stütze der Geschäftswelt sein kann, wenn der hohe Zinssatz diese auch zu großen vorübergehenden Opfern nöthigt.

„Vielleicht war es sogar die unentschiedene Lage des Londoner Marktes, welche bisher wie ein Alp drückte und jedes Aufraffen aus der Krisis niederhielt. Vielleicht können wir von nun an einer rascheren Lösung dieses wirthschaftlichen Räthsels entgegensehen."

Diese Ansicht hat in der nachfolgenden Entwickelung der Dinge ihre vollständige Bestätigung gefunden.

Der hohe Discontosatz ermangelte nicht, als Goldpumpe zu wirken, so daß die Notenreserve Ende December schon wieder auf 11,190,660 Pfd. Sterl. stand und der Discontosatz von 9 auf 4 1/2 pCt. herabgesetzt war.

Zu einer Suspension der Bankacte war es diesmal nicht gekommen, weil die Bank zeitig den Zügel angezogen und weil überhaupt die englische Geschäftswelt in noch zu frischer Erinnerung von 1866 sich dieses Mal nicht stark engagirt hatte.

* * *

Der kurze Rückschlag der Krisis auf London, welcher gerade zu einem Zeitpunkt kam, wo bereits eine erhebliche Erschwerung des langen Siechthums der Wiener Börse eingetreten war, mußte in Oesterreich solchen Eindruck machen, daß die Forderung der Staatshilfe gerechtfertigt erschien, welche vom Kaiser bereits einige Tage vor jenem Begebniß bei Eröffnung des Reichsrathes in Aussicht genommen war.

Die bezügliche Stelle der Thronrede lautete nämlich:

„Auf die Periode volkswirthschaftlichen Aufschwungs ist einer jener Rückschläge gefolgt, wie sie im wirthschaftlichen Leben der Völker in Folge der Ueberschätzung der Capitalskraft und der Ueberspannung des Credits von Zeit zu Zeit mit elementarer Gewalt einzutreten pflegen. Meine Regierung war innerhalb der ihr durch die Gesetze und ihre Verantwortlichkeit gezogenen Grenzen bemüht, die Gebiete des Handels und der Industrie vor den verderblichen Folgen dieser Erschütterung des Vertrauens möglichst zu bewahren. Die Verfügungen, welche zu diesem Ende auf Grund des § 14 des Staatsgrundgesetzes getroffen wurden, werden Ihnen sofort zur verfassungsmäßigen Behandlung mitgetheilt werden. Meine Regierung wird Ihnen zugleich Maßregeln in Vorschlag bringen, welche geeignet erscheinen, das gesunkene Vertrauen zu heben, die ökonomische Thätigkeit vor nachhaltigen Störungen zu bewahren und den wirthschaftlichen Verkehr auf gesunde Grundlagen zurückzuführen. In dem Staatsvoranschlage, welcher Ihnen sofort vorgelegt werden wird, werden Sie die Grundsätze der Sparsamkeit verwirklicht finden, welche strenge eingehalten werden müssen, um die Staatsfinanzen in ihrem befriedigenden Zustande zu erhalten. Um die dringend gebotene Reform der directen Besteuerung zur Durchführung zu bringen, wird Ihnen alsbald eine Reihe von Gesetzentwürfen vorgelegt werden; auch auf dem Gebiete der indirecten Besteuerung wird Ihre Mitwirkung zu Gesetzen in Anspruch genommen werden, zu welchen die Entwürfe bereits vorbereitet sind. Der bevorstehende Ablauf des Privilegiums der Nationalbank macht es nothwendig, die Aufgabe und Stellung dieses Instituts für die Zukunft zu regeln und in Verbindung hiermit die geeigneten Maßregeln zu treffen, um die so wichtige Herstellung der Valuta zu erzielen. Um die volkswirthschaftliche Gesetzgebung den Bedürfnissen der Gegenwart anzupassen, bereitet meine Regierung Gesetzentwürfe vor, welche die Reform der Actien- und Börsengesetzgebung, die Regelung des Gewerbe- und Eisenbahnwesens, sowie die Hebung der Urproduction zum Gegenstande haben."

„Rari nantes in gurgite vasto!" wie Aeneas Gefährten nach dem Schiffbruch, so erschienen seit einem halben Jahre die Notirungen auf dem Wiener Courszettel. Für $^9/_{10}$ der Effecten war noch immer keine Nachfrage und kein Preis vorhanden. Die Krisis hatte endlich auch Handel und Industrie in Mitleidenschaft gezogen. Die Mittel der Aushilfscomité's waren erschöpft. Die Consumtion hatte eine allgemeine Reduction erfahren, weil alle Welt seine Bedürfnisse auf das Aeußerste einzuschränken begann, so daß die Production in demselben Maße darunter leiden mußte, und eine große Zahl von Arbeitern

entlassen wurde. Dazu war auch noch die Hoffnung auf eine gute
Ernte, welche als eine Art Moratorium gewirkt hatte, so vollständig
vereitelt worden, daß die Regierungen von Oesterreich-Ungarn den
Eingangszoll auf Getreide zeitweise aufheben mußten.

Die Noth des Augenblicks rief eine Menge von Vorschlägen zur
Hilfe ins Dasein, von welchen nur wenige die Aufmerksamkeit ernster
Staatsmänner auf sich lenken konnten. Unter denselben that sich besonders ein Mitarbeiter der „Presse" in Wien hervor, dessen Project
ganz an die Zeit der Assignaten erinnerte. Nach ihm lag der Grund
des Uebels im Mangel an Circulationsmitteln. Er schlug daher die
Vermehrung des Notenumlaufes um 300 Millionen Gulden vor.
Also Vermehrung des Papiergeldes um ein Drittheil, zu einer Zeit,
wo das Silber-Agio auf 12 pCt. stand, also damit schon der Beweis
vorlag, daß um mehr als 12 pCt. zu viel papierene Umlaufsmittel
vorhanden waren! Obgleich in der österreichischen Regierung und
Volksvertretung zu viele wirthschaftliche Einsicht vertreten ist, als daß
ein solcher Antrag jemals ernstlich in Erwägung gezogen werden
könnte, so durfte er doch nicht mit Stillschweigen umgangen werden,
weil noch zu häufig unklare Ideen im Publikum um Beifall werben.
Ein Beweis dazu wurde noch im Februar 1874 geliefert, indem
eine Motion im Abgeordnetenhaus des Reichsraths 92 Unterschriften
fand, welche den Assignaten sich noch ein wenig mehr näherte, und
dann auch bei der Abstimmung nur noch einige Zwanzig Stimmen fand.

Wir machten Ende October darauf aufmerksam, daß eine Vermehrung der Circulationsmittel nur in einem Augenblicke kurze Zeit
von wohlthätiger Wirkung sein könnte, wo beim Ausbruch einer Krisis
panischer Schrecken ausbricht und durch das Verstecken des Geldes
eine thatsächliche plötzliche Verminderung der Umlaufsmittel eintritt.
Erstreckt sich eine Krisis aber über viele Monate hinaus, dann ist sie
keine Krankheit der Umlaufsmittel, sondern eine Capitalkrisis; dann
kann aber auch eine bloße Vermehrung der Umlaufsmittel nicht helfen;
es kann im großen Ganzen nicht einmal baares Geld allein helfen,
geschweige denn ungemessene Ausgabe von Papiergeld. Dann besteht
das einzige Rettungsmittel darin, daß die Unternehmungen wieder in
richtiges Verhältniß zu den vorhandenen Capitalmitteln (und zwar

Capital nicht blos in Gestalt von Geld, sondern auch von anderen Vorräthen und Productionsmitteln) gebracht werden, d. h. daß so viele Unternehmungen aufgegeben und eingeschränkt werden, bis das Niveau des Capitalvorrathes wieder erreicht ist. — Eine Hilfe des Staates kann nur zu dem Zwecke der Reduction und Liquidation in Anspruch genommen werden und zwar auch nicht an und für sich, sondern nur wenn Gefahr vorhanden ist, daß die Liquidation, wenn man dieselbe sich selbst überläßt, zu lange dauern, allgemeine Geschäftslosigkeit nach sich ziehen und Schaaren von Arbeitern auf die Straße werfen würde. Auch in einem solchen Falle sollte eine Regierung, wenn sie sich zum Beistande entschließt, nur mit bereiten Mitteln oder mit einer Anleihe im Auslande beispringen.

Es wurde in Oesterreich zwar auf das in Preußen in jüngster Zeit drei Mal gelungene Experiment mit den Darlehnskassen hingewiesen, allein es kommt dabei der Umstand in Betracht, daß dort der Zwangscours nicht bestand, oder besteht. Der Umlauf von Credit-Circulationsmitteln war noch einer ziemlichen Ausdehnung fähig, ohne daß ein solches Zwangsanlehen beim Publikum den Inhabern Schaden zuzufügen gedroht hätte. Solcher Schaden tritt mit dem Zwangscours in der Weise ein, daß der Preis der Edelmetalle steigt und Agio auf Papiergeld gezahlt werden muß, sowie daß in demselben Verhältnisse die Waarenpreise erhöht werden und fortwährenden Schwankungen ausgesetzt sind.

In Oesterreich besteht aber der Zwangscours; dessen Existenz beweist, daß über das Umsatzbedürfniß hinaus Papiergeld emittirt worden ist. Gleichzeitig beweist die lange Dauer der Krisis, daß dieselbe durch Ueberspeculation, durch Creirung von zu vielen Unternehmungen und sie repräsentirenden Werthpapieren hervorgerufen worden ist.

Wie soll man nun dem Uebel dadurch abhelfen können, daß man das Uebel noch vermehrt, d. h. indem man um 300 Millionen Gulden Staats- oder Banknoten ausgibt!

Haben denn die Projectemacher des Reichsraths und der „Presse" nie daran gedacht, daß die Summe der Umlaufsmittel sich nach der Zahl der Geschäftsumsätze und der größeren oder geringeren Leichtigkeit der Bewerkstelligung dieser Umsätze (Clearinghäuser) richtet. Ist ihnen die Thatsache entgangen, daß man nicht so viel Umlaufsmittel braucht als Geschäfts-Umsätze gemacht werden, weil der Wechselverkehr einen Theil der Compensation übernimmt; daß aber auch die Gesammtsumme der Umsätze nur einen kleinen Bruchtheil des vorhandenen Capitals ausmacht, und daß man niemals daran denken könnte, den Werth der Börseneffecten, welche überdies auch nur einen kleinen Theil des stehenden und umlaufenden Capitals repräsentiren, gleichzeitig durch Umsatzmittel (Metallmünze und Staatspapiergeld oder Banknoten) darzustellen, weil eben das Geld, abgesehen vom inneren Werthe desselben, als Waare nur so weit Werth hat und behält, als es zu den Umsätzen dienen kann. In Oesterreich ist dieses Maß bereits überschritten und der Grad, um welchen es überschritten ist, wird durch das Silber-Agio gemessen.

Wird die Papiergeldmasse noch vermehrt, so gleicht diese eben einer Zwangsanleihe bei den Inhabern der Staats- und Banknoten, welche im Verhältniß mit jener Vermehrung im Preise sinken müssen, weil das Silber-Agio und die Waarenpreise entsprechend steigen würden. Denn gesetzt den Fall, der Umlauf an papiernen Umsatzmitteln würde verdoppelt, so würden binnen Kurzem eben zwei Gulden denselben Umsatz vermitteln, welchen jetzt ein Gulden besorgt. Die Maßregel wäre allerdings den jetzt zahlungsunfähigen oder hilfesuchenden Firmen nützlich gewesen, allein auf Kosten der bisherigen Noteninhaber. Warum aber Letztere eine solche Strafe zu Gunsten von leichtsinnigen Speculanten verdienen, das vermögen wir nicht einzusehen.

Wir kommen demnach zu dem Schlusse, daß eine Vermehrung der Papiergeldmasse in Oesterreich nur einzelnen Personen eine unverdiente Wohlthat auf Kosten der Allgemeinheit zuwenden, das Uebel im Großen aber nicht heben würde.

Wir gaben schon oben zu, daß der Fall eintreten kann, wo die Regierung, als Pflegerin des öffentlichen Wohles, es als Pflicht ansehen kann, helfend einzuschreiten, um allgemeine Geschäftslosigkeit und Entlassung von Arbeitern zu verhüten; wir wiederholen aber auch die feste Ueberzeugung, daß sie dies nur in der Weise thun darf, daß sie das Uebel an der Wurzel angreift, d. h. die Liquidationen, Re-

ductionen und Fusionen begünstigt und sofern baare Mittel dazu von
ihr aufgeboten werden müssen, welche sie nicht besitzt, eher zu einer
Anleihe im Auslande schreitet, — keinesfalls aber zu einer
Vermehrung des Papiergeldes.

Vom allgemeinen Nothschrei gedrängt, glaubte die österreichische
Regierung, wie bemerkt, ihre Abneigung gegen die Staatshilfe auf-
geben zu müssen und gab endlich dem vielseitigen Verlangen nach,
indem sie dem Reichsrath einen Gesetzentwurf vorlegte, nach welchem
staatliche Darlehenscassen in allen Kronländern errichtet und
gewisse Eisenbahnen unterstützt werden sollten, um dieselben
in Stand zu setzen, den Fortbau ihrer Linien zu fördern. Um die
Mittel zu diesem Zwecke zu beschaffen, wurde die Aufnahme eines
**Anlehens von 80 Millionen Gulden Silber im Aus-
lande** vorgeschlagen, welches gegen den gleichen Betrag an Noten bei
der Oesterreichischen Nationalbank deponirt werden sollte.

Diese Maßregel ist vielfach angefochten worden. Die discutir-
baren Einwände lassen sich in zwei Gattungen reihen, in solche,
welche überhaupt gegen jede Staatshilfe in privatgeschäftlichen Angelegenheiten sind, und in solche, welche die Modalität der Ausführung
tadelten. In letzterer Hinsicht wird wohl der Tadel gerechtfertigt sein,
daß die Maßregel den **Character der Halbheit und Un-
entschlossenheit trug, weil sie zu spät ergriffen, zu
langsam ausgeführt und mit so ängstlichen und lästigen
Bedingungen umgeben wurde, daß Leute von feinem
Ehrgefühl sich nicht entschließen** konnten, von den Darlehenscassen Gebrauch zu machen.

Was die erstere Gattung der Einwände betrifft, die gegen die
Staatshilfe überhaupt gerichtet, so sind wir allerdings der Ansicht,
daß der Staat die volkswirthschaftliche Thätigkeit möglichst gewähren
lassen, d. h. sich außer der Förderung der Wirthschaft durch zweckmäßige Gesetze so wenig als möglich prophylactisch oder repressiv,
hindernd oder fördernd einmischen solle, — so lange das Staatswohl
nicht dabei in Gefahr kommt. Dagegen theilen wir nicht die Ansicht,
daß ein Staat lieber zu Grunde gehen, als z. B. den Zwangscours
der Banknoten einführen solle, welche einst auf dem Congreß deutscher

Volkswirthe ausgesprochen worden ist. Wir sind der Ueberzeugung, daß die Regierung die Pflicht hat, bei solchen öffentlichen Calamitäten einzugreifen, wo mit oder ohne Schuld des Publikums ein Uebel so allgemein um sich zu greifen droht, daß es über die Kreise der Schuldigen hinaus das öffentliche Wohl zu gefährden droht. Solche Fälle sind z. B. bei Epidemien, Viehseuchen, bei Ueberschwemmungen, allgemeinem Mißwachs oder in Kriegsfällen denkbar. Bei Krisen spricht in erster Linie der Umstand gegen die Staatshilfe, daß das Uebel meist ein selbstverschuldetes ist. Allein wenn man auch die ersten Schuldigen ihre Fehler selbst büßen lassen will, so ist doch der Organismus der Wirthschaft, das Ineinandergreifen der Production und Consumtion, des Verkehrs und des Credits ein dermaßen solidarisches, daß eine Krisis sehr selten auf den Kreis beschränkt bleibt, dessen Angehörige sie verschuldet haben und innerhalb dessen sie ausgebrochen ist.

Die Krisis des Jahres 1873 war im Ursprung eine Börsenkrisis, oder genauer gesagt, eine aus dem Uebermaß der Gründung von Actien-Gesellschaften aller Art hervorgegangene acute Wirthschafts-Krankheit, welche eine theilweise Deplacirung des Capitals bewirkt hat, in Folge deren Productionsmittel und Arbeiter aus alten soliden Geschäftszweigen — aus dem Ackerbau, den Gewerben, — in neu zu begründende gelockt wurden, von welchen ein Theil nun in Folge der Ueberschätzung der disponiblen Mittel des Geldmarktes zum Stillstand gezwungen wurde. Bei Banken, welche nur mit Umlaufscapital operiren und keine festen Anlagen machen, hatte die Verlegenheit keine allgemeine Gefahr zur Folge, weil ihre Mittel in anderen Unternehmungen angelegt werden und weil sie auch liquidirt werden können. Allein eine angefangene Eisenbahn, eine im Bau begriffene Fabrik kann nicht ohne enormen Capitalverlust aufgegeben werden, und wo es doch geschehen muß, da wird eine Menge von Arbeitern außer Beschäftigung gesetzt und eine große Anzahl von industriellen und Handelsgeschäften — bei Eisenbahnen z. B. das Eisengewerbe — benachtheiligt. Zwar kam der allgemeinen Lage zu Statten, daß man sich im Eintritt des Winters befand, wo wenigstens die Bauhandwerker ohnedies auf den üblichen Stillstand ihres Geschäfts gefaßt sein mußten; — allein andererseits wurde die Lage, wie schon bemerkt, in Oesterreich durch die schlechte Ernte erschwert.

Nachdem die Börsenkrisis bereits länger gedauert hatte, als irgend eine vorhergehende, welche wir in den Annalen der Geschichte verzeichnet finden — begann sie in Oesterreich in eine Handelskrisis auszuarten, drohte sie eine allgemeine Geschäftsstockung herbeizuführen. So wenig wir nun auch mit den Börsenspeculanten Mitleid haben mögen, so halten wir doch dafür, daß die Regierung ihre Aufgabe nicht unrichtig auffaßte, wenn sie bei diesem bedenklichen Stadium, so viel sie konnte, versuchte das Unheil vom Haupte der Unschuldigen abzuwenden, eine allgemeine Gefährdung des Staatswohles zu verhüten.

Von diesem Standpunkte aus können wir der Gesetzvorlage des österreichischen Finanzministers im Allgemeinen unseren Beifall nicht versagen, insbesondere, da dieselbe die Hilfe des Staates nicht zunächst der Börse, sondern in erster Linie dem bedrohten Waarenhandel und der Industrie zugewendet haben wollte. Wir vermögen diese Maßregel um so weniger zu tadeln, als ja dem Staate dadurch kein eigentliches Opfer auferlegt, sondern die **Hilfe nur gegen ausreichende Sicherheit gewährt und der Aufwand zurückerstattet wird.** Der Vorschlag des Finanzministers, die von den aus den Anlehen gemachten Darlehen später wieder zurückfließenden Summen der **Wiederherstellung der Valuta** zu widmen, gab vielmehr der ganzen Maßregel in ihrem Endziele den Charakter eines Staatsactes, den auch der eifrigste Manchestermann so bald als möglich herbeiwünschen muß.

Was nun die Art der Beschaffung der erforderlichen Mittel betrifft, so hatte der österreichische Finanzminister, unserer Ansicht nach, die Fallen glücklich umgangen, welche ihm von den Projectenmachern gestellt worden sind. Er schlug im Einklang mit den Forderungen der aufgeklärten öffentlichen Meinung weder die Vermehrung der Staatsnoten, noch die Creirung von Darlehns-Cassenscheinen, sondern eine Silberanleihe im Auslande vor, gegen deren Hinterlegung bei der Bank im regelrechten Geschäftswege für den gleichen Betrag Noten entnommen werden — wodurch also die Geschäftslage der Bank eher verbessert als benachtheiligt wird.

Die Anträge der Regierung wurden, obwohl ihnen zum Vorwurf gemacht ward, daß sie nicht reiflich durchdacht und die Organisation des Ausführungsplanes im Wesentlichen der parlamentarischen Arbeit überlassen worden sei, mit einigen Verbesserungen von beiden Häusern angenommen.

Von wesentlicher Bedeutung war dabei, daß das Herrenhaus die Annahme von Industrie-Effecten als Unterpfand, welche vom Hause der Abgeordneten unter dem Drucke eines gewissen Terrorismus der öffentlichen Meinung verworfen worden war, mit besonnener Ueberlegung beschlossen hat, ohne welche die ganze Maßregel ein Schlag ins Wasser gewesen wäre; denn für die Anlagepapiere hatte es keinen Augenblick an Geld gefehlt.

Ueberhaupt zeigte das Herrenhaus, ungleich den preußischen und englischen Peers, in seiner Mehrheit bedeutend höhere wirthschaftliche Einsicht, als das Haus der Abgeordneten.

Im Wesentlichen war der Entwurf befriedigend aus der parlamentarischen Behandlung hervorgegangen. Die erforderlichen Mittel wurden zuerst aus vorräthigen Beständen der Staatscasse entnommen, dann durch eine Silberanleihe beschafft, welche die Creditanstalt vermittelte.

Die Organisation der Darlehnscassen und die angeordnete Enquête über die Bedürfnisse einiger Eisenbahnen gingen aber so langsam vor sich, und zugleich wurde die Creditgewährung bei ersteren an so lästige Bedingungen geknüpft, daß ein großer Theil der gehofften Wohlthaten vereitelt wurde. Die Bedingung des doppelten Unterpfandes von Werthpapieren und Wechseln, sowie die Voraussetzung, daß Jemand die Hilfsbedürftigkeit nachweise, waren so hart, daß Leute von Ehrgefühl lieber darauf verzichteten und ihr Geschäft einschränkten. Die Folge davon war aber, daß einerseits bis Ende März 1874 die Darlehen nur 15 Millionen erreicht hatten und daß andererseits die Entlassung von Arbeitern ganz colossale Dimensionen annahm. Nach dem Wiener Tagblatt hatten im Laufe der Monate December und Januar 14,000 Arbeiter freiwillig Wien verlassen, während 800 unterstandlose Individuen aus dem Stadtgebiet gebracht wurden. Anfang Februar wurden trotzdem noch

Arbeiterentlassungen in Oesterreich.

18,830 Personen als ohne eigenes Verschulden arbeitslos in Wien und den Vororten ermittelt, nämlich:

Manufactur-Arbeiter	5600
Arbeiter der Eisenbranchen	4200
Bauarbeiter (mit Ausschluß der Steinmetze)	3400
Bäckergehilfen	860
Galanteriewaaren-Arbeiter	1450
Schuhmacher	280
Tischler- und Drechslergehilfen	640
Schneidergehilfen	400
Diverse Taglöhner	2000
Zusammen	18,830

Sogar der Umsatz des zweiten Wiener Aushilfscomités betrug Ende März gegen 10 Millionen Gulden mehr, als der der Staatshilfscasse.

Nachträglich haben wir noch zu erwähnen, daß Ende November der Entwurf eines neuen Wiener Börsengesetzes von einer zu diesem Zwecke ernannten Commission aufgestellt wurde. Dieselbe beantragte für die Effectenbranche die Einführung der Pariser Institution der Agents de change, indem den Börsensensalen die ausschließliche Berechtigung zur Vermittelung von Börsengeschäften und auch das Recht zugestanden wird, Hilfspersonen (remissiers) zu bestellen, welche die Aufträge nur übernehmen, aber nicht effectuiren dürfen. Ferner wurde das Börse- (Schieds) Gericht als obligatorisch für alle an der Börse vorkommenden Schlüsse erklärt, ebenso Prämien- und Stellgeschäfte für klagbar. Insolvenzen sind beim Vorstand sogleich anzumelden. Das Sensalengremium wird mit Vornahme der Execution von Seite des Vorstandes beauftragt. Jedermann kann in solcher Weise Executionen auf seine eigene Verantwortung und Gefahr veranlassen. Die Thatsache der Insolvenzen ist sogleich zu publiciren; von diesem Moment ab sind alle Verbindlichkeiten des Insolventen als fällig zu betrachten und zur Abwickelung zu bringen. Wer seine Ansprüche gegen den Insolventen beim Börsengericht geltend machen will, muß dieselben am Tage der Bekanntgabe der Insolvenz zur Abwickelung bringen und die Execution unter den vorgeschriebenen Modalitäten veranlassen. Die nicht in solcher Weise angemeldeten Forderungen können nur auf dem gewöhnlichen Rechtswege verfolgt werden. Das Schiedsgericht besteht a) aus der Section für die Effectenbörse, b) aus der Section für die Waarenbörse. Die Schiedsrichter werden nach den Branchen von allen wahlberechtigten Börsebesuchern gewählt. Das Verfahren des Schiedsgerichts wird durch eine vom Börsenvorstande festzustellende, von der Regierung zu genehmigende Geschäftsordnung geregelt. Das Schiedsgericht kann auch Experten zuziehen; seine Urtheile sind inappellabel und executirbar.

Die Börsenleitung wird aus 18 auf 3 Jahre zu wählenden Mitgliedern bestehen, von denen ein Dritttheil jährlich auszuscheiden hat. Actives Wahlrecht besitzen solche unbescholtene Personen, welche die Börse seit drei Jahren oder zwar erst kürzere Zeit besuchen, jedoch in Wien eine protocollirte Firma führen. Insolvente, innerhalb der letzten drei Jahre insolvent gewesene oder zeitweilig von der Börse ausgeschlossene Personen können das Wahlrecht nicht ausüben. Das passive Wahlrecht in den Vorstand besitzen jene Personen, welche seit drei Jahren eine protocollirte Firma in Wien führen und actives Wahlrecht haben. Vom passiven Wahlrecht sind die Sensale, Beamte oder sonst im Dienste der Börse stehende Personen ausgeschlossen.

Der Börsevorstand fungirt nur im übertragenen Wirkungskreise. — Die Effecten- und Waarenbörse werden im selben Locale und zu gleichen Stunden abgehalten; ebenso ist die Eintrittsgebühr für die Besucher beider Börsen die gleiche. Die Eintrittskarten werden für je eine Börsensection ausgegeben, können jedoch auf die andere umgetauscht werden.....

Die ungarischen Handelsplätze, welche von der Krisis mit betroffen wurden, nahmen gleichmäßig Theil an den Hilfsmaßregeln mit Ausnahme der Staatsvorschußcassen. In Pesth, Temesvár u. a. O. wurden Aushilfscomités gegründet und die Oesterreichische Nationalbank nahm sowohl Theil an der Dotation des Pesther Comités, sowie sie auch ihre Filiale in der Hauptstadt Ungarns stärker dotirte.

Im Zusammenhang mit der Krisis ist auch das neue ungarische Anlehen von 76,500,000 fl. zu nennen, welches am 18. December an den europäischen Börsen voll gezeichnet und zum Course von 87½ begeben wurde, mit der Commission der ungarischen Regierung auf ca. 10⅕ pCt. Verzinsung kommt, den Gläubigern aber ungefähr 9½ pCt. einbringt.

Werfen wir einen Rückblick auf die Verheerungen, welche der Sturm unter den Gesellschaften angerichtet, so finden wir, nach einer Zusammenstellung des „Tresor" Anfangs März 1874, daß in Oesterreich 8 Banken mit 15,2 Millionen Gulden Capital in Concurs gerathen sind, ebenso 2 Versicherungsgesellschaften mit 3,8 Millionen, eine Eisenbahn mit 0,6 Million und 7 Industrie-Unternehmungen mit 3 Millionen Capital. Zur Liquidation sind geschritten: 40 Banken mit einem Capital von 139,4 Millionen Gulden, 6 Versicherungs-Gesellschaften mit 5,2 Millionen, eine Verkehrsanstalt mit 1,6 Mill., 18 Baugesellschaften mit 64,6 Millionen Capital.

In Ungarn brachen 10 Banken mit 3,3 Mill. Capital, 2 Industrie-Unternehmungen mit einem Capital von 0,8 Millionen Gulden. Der Liquidation wurden zugeführt 13 Banken mit 11,3 Millionen, 2 Versicherungs-Gesellschaften mit 0,8 Mill., eine Verkehrsanstalt mit 4,8 Mill., eine Baugesellschaft mit 0,2 Mill. und 10 Industrie-Gesellschaften mit 5,3 Millionen Gulden Capital, womit die Reihe der Liquidationen indessen noch nicht abgeschlossen war.

An Fusionen in Oesterreich ist bisher zu unserer Kenntniß gelangt die von 9 Banken mit 36,2 Millionen Gulden Capital; in Ungarn 3 mit 1,2 Millionen Gulden Capital.

Die in Oesterreich-Ungarn in Concurs gerathenen Actien-Gesellschaften repräsentirten Anfangs März 1874 ein eingezahltes Actiencapital von zusammen 26,7 Millionen Gulden, die in Liquidation befindlichen 29,5 Mill. Gulden. Hierbei ist zu bemerken, daß bei einer Reihe von Actien-Unternehmungen, welche die Aufstellung einer ersten Bilanz nicht erlebt haben, über die Höhe des eingezahlten Actiencapitals keine sicheren Nachrichten vorliegen, daher in der vorstehenden Aufstellung die jeweilig zur ersten Emission bestimmte Actien-Anzahl mit der für die erste Einzahlung festgesetzten Capitals-Quote in Rechnung gebracht wurde.

Nicht viel geringer wie in Oesterreich-Ungarn waren die Verbeerungen in Deutschland gewesen, wo nicht minder Eisenbahnen wie Banken, Fabriken wie Productiv-Genossenschaften dem Concurs verfielen.

Als den Abschluß der Krisis in Oesterreich kann man gewissermaßen die Abrechnung der Creditanstalt betrachten, deren Actien als das tonangebende internationale Spielpapier der Börse betrachtet werden — sowie die der Unionsbank. Die erstere schloß mit einem Verlust von rund 3 Mill. Gulden ab, um 0,9 Mill. höher, als deren Verwaltung bei Abschluß des 1. Semesters angenommen hatte, die letztere mit einem Verlust von 6 Millionen.

Der Gewinnsaldo der Creditanstalt von 2,339,026 fl. war um nicht weniger als 6,3 Mill. Gulden geringer, als jener des Jahres 1872. Obgleich sich das Capital von 40 Millionen Gulden damit immer noch anständig verzinste, so war doch der in Folge dieser Abrechnung eintretende Rückgang der Course gerechtfertigt, weil die Actien einen weit größeren Bestand an schwer verkäuflichen Effecten als früher nachwiesen. Ueberdies wird die Creditanstalt viel Mühe haben, das 80-Millionen-Anlehen unterzubringen, ohne gezwungen zu sein, den Gewinn mit anderen Häusern zu theilen.

Schon Ende 1873 war die Summe der noch nicht angebrachten Anleihe-Obligationen und die schwebenden Schulden, welche Effecten sich meist in den Händen großer Bankhäuser befanden, äußerst beträchtlich. Der „Economist" berechnete dieselben wie folgt:

Frankreich	70,000,000	Pfd. Sterl.
Türkei	21,000,000	„ „
Egypten	30,000,000	„ „
Peru	7,000,000	„ „
Italien	10,000,000	„ „
Spanien	20,000,000	„ „
Rußland	12,000,000	„ „
Ungarn-Oesterreich	10,000,000	„ „
Total	180,000,000	Pfd. Sterl.

* * *

Unter den übrigen Staaten ist Italien am meisten von der Krisis beimgesucht worden. Schon im Juli begannen die Rückschläge des Wiener Kraches in den norditalienischen Handelsplätzen verspürt zu werden. In Bologna brachen Mitte Juli so viele Bankerotte aus, daß eine Panik bei den Banken und Kaufleuten sich einstellte. Ein Getreidehändler ging mit 800,000 fr. Schulden durch. — In Florenz sind einige der größten Banquiers flüchtig geworden und viele Kaufleute und Privatfamilien wurden dadurch der Armuth preisgegeben. Ein Beamter der römischen Eisenbahnen ging mit 50,000 L. durch. Die Course fielen an den Börsen von Turin und Genua fortwährend enorm. Fallimente kamen da, sowie auch in Rom vor. Schon am 20. September schrieb man aus Genua: „Geldnoth und Börsenkrisis sind die Devisen bei uns in Italien; beide Uebel, so ziemlich chronischer Natur, äußern sich momentan aber in sehr acuter, empfindlicher Weise. Geldnoth existirt schon seit letztem Herbst und hemmt die Geschäfte von Zeit zu Zeit vollständig, wie auch letztere wieder an ersterer sehr viel Schuld tragen. Unsere Häfen sind mit Waaren überfüllt, die keinen Begehr finden, die Seide wird nur in geringem Maße verkauft, die Börse absorbirt viel Geld und die Nationalbank discontirt nicht. Sie macht schon längst die größten Anstrengungen, um eine Erhöhung der Notencirculation zu erhalten, allein die Regierung widerstrebt, befürchtend, durch vermehrte Noten eine Verschlimmerung der Valuta herbeizuführen. Vorderhand ist also die Circulation der Bank auf dem Maximum angelangt und keinerlei Aussicht auf Aenderung; im Gegentheil schuldet die Bank der Regierung 30 Millionen, die bis December zurückzuzahlen sind, also dem Handel noch entzogen werden müssen; sie discontirt nur unbedeutend, so daß wir stehende Geldklemme und Verlegenheiten haben. Dies ist wohl der Hauptgrund der enormen Baisse, welche die Börse im Monat September erlitten und welche Mobilier seit 1. September von 1152 auf 970 zurückgeworfen und Nationalbank von 2410 auf 2225. Freilich hatte es die Speculation auch gar zu bunt getrieben. Mobilier waren im Juli durch eine ähnliche Krisis bis 840 gefallen und wurde von da an künstlich getrieben, so daß das Papier Ende August den Preis von 1152 erlangte und man allgemein für September weiteres Steigen erwartete. Alle Segel wurden aufgespannt, jeder Umstand benutzt, um das Publikum zu ködern; noch in den letzten Tagen des August diente die Reise des Königs nach Berlin dazu, die Course zu treiben. Die Liquidation kam und brachte Reports von 15, 20 pCt. und darüber. Haussiers wie Baissiers, die Situation richtig erfassend, begannen sofort tüchtig zu verkaufen. Die Course fielen mit rasender Eile. Um den Cours von 1000 entspann sich lebhafter Kampf zwischen Baissiers und dem Hausse Syndicat, das sich wieder starke Posten Mobilier aufgeladen haben soll, wodurch sich seine Kräfte erschöpften. Die Hausse kann somit Nichts mehr thun, das Geld fehlt absolut und dürften wir einer neuen schweren Liquidation entgegengehen. Dieses wilde Spiel erfordert natürlich viele Opfer; eines der letzten ist die Banca commerciale Chiavarese, deren Capital von eingezahlten 1 1/2 Mill. verloren ist, deren Creditoren sehr wenig erhalten werden. Dies ist nicht zu verwundern, wenn man berücksichtigt, daß das kleine Nest Chiavari 5 Banken besitzt, wovon mindestens 3 überflüssig sind und daher nur auf den Börsenschwindel angewiesen bleiben. Auch an Gründungen hat Italien viel gesündigt und muß sich dies in der nächsten Zeit rächen. Italienische Rente im August noch sehr vernachlässigt bei ca. 70, wurde von der Nationalbank stark poussirt, um ihre Bestände darin realisiren zu können; sie wurde aber von der Baisse überrascht und wird schließlich nur gekauft haben, statt zu verkaufen. Rente ging daher von 72.75 successive zurück und war heute à 71.40 äußerst ausgeboten. Das Gold-Agio steht ziemlich unverändert auf ca. 115."

Die angesehensten Bankhäuser in Turin hatten eine Adresse an das Ministerium gerichtet, worin sie die Regierung bitten, der Banca Nationale zu erlauben, mehr Papiergeld auszugeben, als ihr gesetzlich erlaubt ist. Wir befinden uns, schreibt die „Gazetta Piemontese", in einer wahren Krisis, weil die Nationalbank nicht discontiren kann. Es gibt Tage, wo ihr kaum mehr als 100,000 Lire zur Verfügung stehen.

Der Minister gab eine abschlägliche Antwort, da der Finanzminister ohnedies beabsichtigte, dem italienischen Parlamente ein Finanz-Reformproject vorzulegen, was im November wirklich geschah. Das gleiche Schicksal hatte daher auch eine Deputation der Handelskammer von Florenz, welche sich zum Finanzminister und Ministerpräsidenten Minghetti nach Rom begeben hatte.

Mitte November übergab Letzterer dem Hause der Abgeordneten neue Finanzvorlagen, welche die allmälige Aufhebung des Deficits bezwecken. Dieselben zerfielen in zwei Abtheilungen: die Vorlage bezüglich der Besteuerung und den Entwurf der Regulirung des Notenumlaufes während des Zwangscourses. Nach der ersten sollen 6 neue Steuern, darunter eine auf den Verkehr mit Börseneffecten geschaffen und 5 bestehende erweitert werden. Der letztere Entwurf, welcher im März 1874 Gesetz geworden ist, nimmt den kleinen Volksbanken das Recht der Noten-Emission und läßt nur 6 Zettelbanken bestehen. Zur Rückzahlung der Schuld des Staates an die Nationalbank (circa 800 Millionen L.) und zur Deckung des Deficits in den nächsten zwei Jahren bis zur vollen Wirkung der neuen Steuergesetze werden 1000 Millionen Noten ausgegeben, für welche sowohl jene Notenbanken, wie der Staat Garantie leisten. Die Circulation der eigenen Noten der Banken soll auf 450 Millionen beschränkt bleiben und nur in Nothfällen um ein weiteres Viertheil vermehrt werden können. Beide Arten von Noten werden durch Verschiedenheit der Abschnitte, sowie der Farbe des Papiers erkenntlich sein, indem die Staats-Banknoten auf weißes, die Banknoten auf farbiges Papier gedruckt werden. Der Gesammt-Notenumlauf soll durch diese Maßregel von 1800 auf 1450 Lire herabgedrückt werden.

Sowohl durch diese Reformprojecte, welche zeigten, daß die Finanzleitung Italiens wieder eine planmäßigere geworden war, sowie durch den natürlichen Verlauf der Dinge, — war die Krisis bis Ende des Jahres so ziemlich überwunden. Als Curiosität mag noch erwähnt werden, daß viele Damen in Verlust gerathen waren, weil sie sich durch Freunde hatten Effecten kaufen lassen, in der Hoffnung, durch ein Steigen der Course Privatschulden zu zahlen. Sogar der Vatican soll durch die Krisis in Amerika beträchtliche Verluste an dort angelegten Beträgen des Peterspfennigs erlitten haben. Die „Allg. Zeitung" meldete nämlich nach Ausbruch der Krisis in New-York: Der Vatican soll in großer Bestürzung und Aufregung sein. Bedeutende Summen des Peterspfennigs scheinen unwiederbringlich verloren zu sein. Es war natürlich, daß man die Interessen jener Summen nicht gerne verlor, und ebenso natürlich, daß man sie nicht gern italienischen Creditanstalten oder Banquiers anvertraute, welche doch alle mehr oder minder mit der bestehenden Regierung in Verbindung sind. So pflegte man sich denn an die amerikanischen Banquiers zu wenden, deren Ketzerei man gerne vergaß, so lange sie gute Zinsen zahlten. Namentlich wurden alle aus Süd-, Mittel- und Nordamerika einlaufenden Spenden in New-York concentrirt; aber auch die europäischen waren bei hiesigen amerikanischen Häusern deponirt. Die Geldkrisis in New-York scheint nun auch alle diese Capitalien verschlungen zu haben, und man soll im Vatican, wo man gewohnt war, so oft Geld nöthig gewesen, einfach wie die andern Sterblichen zum Banquier zu schicken, den Tag voraussehen, wo entweder des Banquiers Casse geschlossen ist, oder sich doch der Curie verschließen muß, weil ihr Activum erschöpft ist.". . . .

Bis nach Rußland machte sich die Krisis fühlbar; während auf den dortigen Flüssen, wegen niedrigen Wasserstandes, der Holzhandel vollkommen stockte, wurden sowohl Binnen- wie Hafenplätze heimgesucht. Zuerst brachen in der Metropole des russischen Binnenhandels, in Nischni-Nowgorod, Zahlungseinstellungen aus. Es wurde schon Ende August daher gemeldet, daß drei Kaufleute für die Summe von 1,700,000 Rbl. ihre Zahlungen nicht leisteten; zu diesen gehörten ein Tatar, der 700,000 Rbl. schuldete, ein Sibirischer Kaufmann mit 500,000 Rbl., derselbe, der schon vor zwei Jahren seine Zahlungen fristete und jetzt wiederum dahin ein Abkommen getroffen hatte, daß er 40 Kop. vom Rubel sogleich und 40 Kop. in einem Jahre bezahlte. Auch von einer Moskauer Firma, an welche Forderungen im Betrage von 500,000 Rbl. vorhanden sind, glaubt man, daß sie in den nächsten Tagen accordiren werde. Solcher, die mit kleineren Summen insolvent sind, gibt es viele und bei einzelnen hat man die Buden versiegelt, andere accordiren und zahlen weniger als die Hälfte für den Rubel. Manche mögen vielleicht auch die Situation benützt haben, um im Trüben zu fischen.

In Moskau zeigte das Handlungshaus Leopold Katz, welches bedeutende Commissionslager für norddeutsche Häuser hielt, seinen Gläubigern die Zahlungsunfähigkeit an. Die Waarenbestände sind durch den dortigen General-Consul in Anspruch genommen worden.

Aus Odessa wurden zahlreiche größere und kleinere Bankerotte gemeldet, die in der dortigen Handelswelt einen wahren Schrecken verbreiteten, so daß das Geld sich aus dem Verkehr zurückzog. Unter den in Odessa fallirten größeren Firmen befand sich eine, deren Passiva 1½ Millionen S.-Rb. betragen, eine andere, die eine Unterbilanz von 1,200,000 S.-Rb. aufzuweisen hat. Bei den übrigen Fallissements schwankten die Passiva zwischen 100,000 und einer Million S.-Rb. Die in Schrecken gesetzten Creditbanken, die nach allen Seiten reichlichen Credit gewährt hatten, suchten ihre ausstehenden Forderungen Hals über Kopf einzuziehen und vermehrten dadurch die Verwirrung.

Auch Schweden war von der Gründungsmanie heimgesucht worden.

Im Jahre 1870 sind in Schweden 97, 1871 148 und 1872 200 Actien-Gesellschaften concessionirt worden. Diese 200 Gesellschaften hatten ein Actiencapital von mindestens 65,058,208, höchstens 184,247,158 schwed. Rthlr. Dieselben vertheilen sich wie folgt:

		von	bis
14	Eisenbahn-Gesellschaften . . .	13,890,000	51,834,700
86	Industrie- u. Fabriken-Gesellsch.	33,330,833	53,496,333
29	Rhederei-Gesellschaften . . .	4,585,000	11,590,000
10	Magazin- und Versicherungs-Gesellschaften	2,748,125	12,523,125
8	Handels- und Bank-Gesellschaften	5,350,000	7,315,000
30	Verbrauchs-Gesellschaften . .	220,500	582,500
23	andere Gesellschaften .	4,833,750	47,905,500
200	Gesellschaften	65,058,208	184,247,158

Natürlich blieben auch die Folgen nicht aus. Nähere Nachrichten fehlen uns indessen.

Der Niederländische Capitalmarkt wurde besonders von dem Rückschlage der Krisis in New-York betroffen, so daß in Amsterdam eine Börsenkrisis ausbrach. Nachdem die holländischen Capitalisten sich mehr oder weniger von österreichischen Fonds abgewendet, hatten sie sich stark in nordamerikanischen Eisenbahn-Obligationen engagirt. Nach dem Krach in New-York fielen die Course auch an der Amsterdamer Börse so stark, daß der Verlust auf Hunderte von Millionen geschätzt wurde und daß viele Familien ihr Vermögen theilweise oder gänzlich verloren. Auch hier war das Privatpublicum, welches einzelnen Commissions-Häusern blind vertraut hatte, hauptsächlich der verlierende Theil; und die Entrüstung desselben gegen letztere machte sich in bitteren Anklagen Luft.

Auch Alexandrien in Egypten machte zum ersten Male Bekanntschaft mit der Krisis, indem gegen 25 Häuser zeitweise ihre Zahlungen einstellten. Wie der „Times" gemeldet wurde, war die Verlegenheit nur vorübergehend.

Mehrere schwache Speculanten hatten, unterstützt durch kurze Anleihen vom Geldmarkt, stark in egyptischen Effecten speculirt. Als die Rückzahlung der Anleihe verlangt wurde, fanden sie sich in der Klemme, da das Verlangen in dem Augenblicke gestellt wurde, wo der Finanzminister damit beschäftigt war, 500,000 £ in Gold nach England zur Deckung gewisser Verbindlichkeiten zu senden und wo auch einige Banken Einzahlungen auf die jüngste Anleihe zu leisten hatten. Es entstand eine Krisis und schließlich wurden Arrangements getroffen, um Bonds der Khedive-Anleihe im Betrage von circa 300,000 £ zum Verkauf nach London zu senden. Die commerziellen Firmen in Egypten sind in keiner Weise betroffen worden und es haben keine Fallimente stattgefunden. Selbst die Speculanten, die compromittirt wurden, werden, wie man glaubt, im Stande sein, ihre Differenzen zu zahlen.

Bis nach Südamerika hatte sich die Unternehmungswuth erstreckt. In Buenos Ayres war es besonders die Speculation in Ländereien, welche eine schwindelhafte Höhe erreicht hatte. Landstrecken, welche bis dahin nur sehr geringen Werth hatten, stiegen bei der durch den Handel und die Einwanderung aufgemunterten Speculation um das Dreißig- bis Vierzig-Fache ihres wirklichen Werthes. Dazu wurden Eisenbahnen, Pferdebahnen und Landstraßen nach allen Richtungen angelegt. Die Ueberspeculation führte auch hier den nothwendigen Rückschlag herbei, welcher sich zuerst in Geldknappheit äußerte, und in Folge dessen bedeutende Fallimente und eine große Lähmung der Geschäfte bis nach Montevideo zur Folge hatte.

Wirkung der Krisis auf Frankreich.

Frankreich war zwar in den Jahren vor 1870, insbesondere in Folge des neuen Gesetzes, welches den Actiengesellschaften freieren Spielraum gewährte, und sogar für Gesellschaften, welche ihren Sitz im Auslande hatten, ungewöhnliche Beute preisgab (wir wollen nur an den „Crédit des Communes", welcher seine Ankündigung durch den Moniteur verbreiten und an den Straßenecken aller Gemeinden anschlagen ließ, sowie an den „Crédit foncier suisse" und die Spanische Territorialbank erinnern, welche sämmtlich auf der Anklagebank endeten), ziemlich von der Speculation heimgesucht worden, auch war die Pariser Börse ein Licht, an dem die Motten aus den kleinen Nachbarländern sich mit Vorliebe die Flügel verbrannten. — allein an der Ueberspeculation, welche speciell die Krisis diesseits und jenseits des Oceans herbeigeführt, hatte es keinen Theil gehabt. Kein Wunder! Denn es hatte in diesen Jahren an den Folgen der größten Ueberspeculation zu leiden, welche je die Welt gesehen, an dem politischen Fehler der Kriegserklärung gegen Deutschland. Die wirthschaftlichen Folgen dieses Streiches hat aber mehr das ganze Volk zu tragen; sie traten daher eher massenhaft, als an Bankrotten einzelner Häuser, wie bei der Handelskrisis, zu Tage. Zuerst wurden überdies die Hauptzahlungen der Kriegskosten an das Ausland abgewälzt, und deren Folgen kommen erst später und für längere Zeit zu Tag.

Nach dem Budgetvoranschlag des Finanzministers, Magne, hat der Krieg eine jährliche Last von 764 Millionen Franken aufgebürdet, wodurch der Voranschlag der ordentlichen Ausgaben für 1874 sich auf 2526 Millionen erhebt. Diese Last ist in folgender Weise entstanden. Zur Zahlung der Kriegskosten waren erforderlich 3739 Millionen zur Zahlung der Contribution an Deutschland 5000 Millionen. Wirklich aufgebracht sind durch Anleihen 2c. 9287 Millionen. Es verbleibt also aus dem Kriegsanlehen ein Ueberschuß von 548 Millionen, welcher successive zur Deckung außerordentlicher Ausgaben, dem Retablissement der Armee 2c. verwendet wird. Die 9287 Millionen sind in folgender Weise aufgebracht worden:

	Fr.
Anleihe von 750 Millionen .	801,752,000
Anleihe Morgan	208,899,000
Renten der Armeedotationskasse	92,197,000
Contingente der mobilisirten Nationalgarde .	120,309,000
Anlehen bei der Bank von Frankreich . .	1,530,000,000
Verkauf von Lebensmitteln in Paris .	91,288,000
Anleihe mit der Ostbahn . .	325,000,000
Anleihe von 2 Milliarden .	2,225,999,000
Anleihe von 3 Milliarden	3,498,744,000
Zusammen	8,897,003,000
Ertrag der neuen Steuern 1871/73 . .	390,897,000
Zusammen . .	9,287,882,000

Interessant sind die Angaben über den Zinsfuß, zu welchem die verschiedenen Anleihen netto aufgebracht wurden. Die Anleihe vom 23. August 1870 kostete 4·99 pCt., die Anleihe Morgan 7·42 pCt., die Anleihe von 2 Milliarden 6·29 pCt., die Anleihe von 3 Milliarden 6·06 pCt. Die jährliche Zinslast ist durch die neuen Anleihen um 396·7 Millionen vermehrt worden. An die Bank sind jährlich 200 Millionen nebst 1 pCt. Zins zu bezahlen. Magne legte großen Werth auf die prompte Erfüllung der Verpflichtungen gegen die Bank und hob ausdrücklich hervor, daß das Vertrauen in die Valuta nur erhalten werden kann, wenn die Banknotencirculation in mäßigen Grenzen erhalten wird.

Dieser Rath ist gewissenhaft befolgt worden. Die Noten-circulation, welche gegen Ende 1873 bereits auf 3 Milliarden gestiegen war, war Ende März 1874 bis auf 2600 Millionen gesunken, der Baarbestand hat sich von 776 bis 1150 Millionen gehoben. Die Banknote, welche bis auf 2½ per Mille Disagio gesunken war, hatte sich in der Regel auf ½ per Mille gehalten und jetzt fast wieder Pari erreicht; so daß die Baarzahlungen wieder aufgenommen werden können, wenn auch nur die Hälfte der Regierungs-

Wirkung der Krisis in Frankreich.

schuld, welche Ende März noch 960 Millionen betrug, zurückgezahlt sein wird.

Trotz dieser guten Haltung der Bank von Frankreich, wird das Land noch viele Jahre nur an dem bekannten Heimweh der im Auslande angebrachten Rente zu thun haben; denn alle auswärts untergebrachten Staatsschuldscheine pflegen allmälig in die Heimath zurückzukehren. Dies wird aber mit dem größten Theil jener 9287 Mill. Anleihen der Fall sein, welcher eben vom Ausland aufgenommen wurde. Schon vor Ende des Jahres 1873 fingen sowohl aus Paris wie aus dem Süden die Klagen über das Stocken der Geschäfte, die Entlassung von Arbeitern an laut zu werden. So schrieb man am 20. Nov. aus Paris: Die Zahl der brodlos gewordenen Arbeiter nimmt alle Tage zu und Niemand verhehlt sich, daß die Massenentlassungen, zu welchen viele Fabrikanten gezwungen werden, eine große Gefahr für die öffentliche Ordnung ausmachen. Deßhalb ist an die Fabrikbesitzer der Pariser Bannmeile die Aufforderung ergangen, so wenig als möglich den Arbeiterstand zu reduciren und wurden ihnen sogar einige Bestellungen vom Staate zugesprochen, wenn sie trotz der vorübergehenden Krisis Stand halten und zu der „armée du désordre" kein Contingent stellen.

Mit Beginn des Jahres 1874 wurde die Lage eher verschlimmert, so daß bonapartistische Organe sogar Stoff zu Schaudergemälden der Noth fanden, die freilich etwas tendenziös gefärbt waren.

„Die besten Arbeiter in den Pariser Artikeln seien nach England oder Amerika ausgewandert. Das Baugewerbe sei auf ein Minimum beschränkt und die Maurer der Creuse und Corrèze seien gezwungen, nach Metz zu gehen und für Rechnung des deutschen Kaisers an den dortigen Festungswerken zu arbeiten. Die großen Werkstätten entlassen ihre Arbeiter zu Hunderten oder setzen die Arbeitsstunden auf die Hälfte herab. Man brauche nur einen Blick in die ehedem besuchtesten Handelsviertel von Paris zu werfen: in der Galerie Vivienne stehen fünf, in der Chaussée d'Antin dreißig Gewölbe leer. Man frage die Schneider: sie haben mehr auszubessern, als neue Kleidungsstücke anzufertigen. Man frage die Bäcker: diejenigen, welche ordinäres Brod backen, verbrauchen nur

halb so viel Mehl; diejenigen, welche Luxusbrod backen, stellen vor=
wiegend ordinäres Brod her. Man frage die Krämer: sie verkaufen
fast nur unentbehrliche Gewürze und sehr wenig feinere Colonial=
waaren, an denen der Handel am meisten verdient. Man frage die
anderen Kleinhändler: sie haben nachgerade alle ihre Ersparnisse auf=
gezehrt. Dreitausend Fallissements sind in der Schwebe und nur
deßhalb nicht erklärt worden, weil die Gläubiger lieber Wechsel pro=
longiren, deren sie selbst bedürfen. Bezeichnender noch als alles An=
dere ist der Aufschwung, welchen die Fabrikation von Talglichtern
genommen hat. Unter dem Kaiserreich sah man solche höchstens noch
unter der Erde in den Händen von Böttchern, jetzt verdrängt das
Taglicht wieder in vielen Haushaltungen die Stearinkerze, die für
Leute zu theuer geworden ist, welche statt Wein gemischte Getränke,
statt Zucker Syrup und manchmal statt Brod Kartoffeln zu sich neh=
men." Aus dem Süden Frankreichs kamen gleiche Nachrichten.
Auch dort standen viele Werkstätten leer, weil es an Geld und an
Bestellungen fehlte. Mehrere Seidenfabriken zu Nimes waren im Be=
griffe, geschlossen zu werden; ein empfindlicher Ausfall für den
Export. Ebenso stockte die Production im Rhonethale. Zu Lyon
Saint Etienne und Tarare waren die Industriellen in übler Lage
Ebenso litten in den Vogesen die Spinnereien und Webereien durch
Anhäufung von Fabrikaten, die nicht abgehen wollten. Die meisten
Spinnereien in den Bergen von Beaujolais standen still oder beschäf=
tigten ihre Arbeiter nur auf halbe Tage. Im Norden sah es nicht
besser aus. Vor dem 24. Mai producirten die Hochöfen von Longwy
monatlich 15 Millionen Kilogramm Gußeisen. „Heute ist dieses
Quantum bereits auf ein Fünftel gesunken, und die Preise stehen
bedeutend niedriger. Zu Mont Saint=Martin, zu Réhon und in
benachbarten Ortschaften stehen zwei Drittel der Hochöfen leer. Die
Bergwerks=Gesellschaft von Mont Saint=Martin hat von 300 Arbei=
tern nur 35 beibehalten. In der sonst so blühenden kleinen Ge=
meinde von Mont Saint=Martin haben fünf große Häuser fallirt
und man sieht weiteren Katastrophen entgegen. In Burgund
ruht das Weingeschäft fast vollständig. Die neuen Provinzen leiden
eben so sehr, wie die alten. Zu Annecy in Savoyen werden 732

Familien einer Bevölkerung von 12,000 Einwohnern aus öffentlichen Mitteln unterstützt." Am 9. April setzte die Regierung sogar eine Commission ein, zur Untersuchung der Mittel und Wege, um den Absatz des auswärtigen Handels Frankreichs zu verbessern, indem sie dabei die technische Vorbildung der deutschen Geschäftsleute als ein Hauptmittel zum Ziel hervorhob.

* *

Mit Beginn des Frühjahrs besserte sich überall die Lage, so daß eine gute Ernte die Spuren der Krisis vollends verwischen könnte.

Ende Februar fing in Amerika bereits wieder die Sorglosigkeit Platz zu greifen, denn dem berüchtigten Börsenjobber Jay Gould gelang es, wieder Oberwasser zu erlangen und die Union-Pacific-Eisenbahn unter seine Leitung zu bekommen, was alle europäischen Gläubiger dieses Unternehmens in Schrecken versetzen muß.

* * *

Der dritte Act der Krisis — die Reconvalescenz — wurde besonders durch den Abschlag der Preise und Löhne eingeleitet, welche größere Ausdehnung annahm, als bei einer früheren Krisis.

Den Coursen der Werthpapiere, welche nach einer unendlichen Stufenleiter bis zum Abgrund der Vernichtung gesunken waren, — folgten die Preise der Immobilien, insbesondere der Bauplätze und Häuser, die Miethen, welche in Berlin und Wien um 25—30 pCt. fielen, — die Preise des Eisens und der Kohlen*), sowie der Bau-

---

*) Von Mitte März 1873 bis zum gleichen Zeitpunkte 1874 waren auf dem Londoner Markte, welcher von der Krisis am wenigsten berührt worden ist, die Preise einiger Haupthilfsstoffe der Industrie wie folgt gefallen:

  Schottisches Roheisen . . . um 35·9 pCt.
  Steinkohlen . . . . . . „ 29·9 „
  Chili-Kupfer . . . . . . „ 14·2 „
  Zinn . . . . „ 35·1 „
  Middling Upland-Baumwolle „ 22·2 „
  Colonialzucker . . . . . „ 12·8 „

Durchschnittsweizen war dagegen allerdings um 10 pCt. und Rindfleisch

materialien, welche zum Theil noch stärker sanken. Zwangsverkäufe brachten auch solche Waaren, deren Preis auf dem Markte wegen besonderer Umstände (z. B. schlechte Ernte) nicht gesunken war, weit unter dem Werthe an den Mann. In England begannen Anfangs 1874 die Bergwerk- und Hüttenbesitzer mit Herabsetzung der Löhne und die Arbeiter mit neuen Ausständen (Strikes), um diese Maßregeln von sich abzuwenden, natürlich meistens vergebens, weil viele Meister ohnedies froh um einen Vorwand waren, die Arbeit ruhen zu lassen und z. B. viele Hochöfen ausblasen und der Betrieb von Gruben und Walzwerken einschränken ließen.

Ein anderer wichtiger Factor war die **Solidarität des internationalen Capitalmarktes**, welche, wie sie zur Verbreitung der Krisis beitrug, so auch die Heilung erleichterte.

Derjenige Factor aber, an dem bei dieser Krisis die Wogen wie die Brandung an Meeresklippen zerschellten, — war die feste und besonnene **Haltung der großen Central-Notenbanken**.

Während die uncentralisirten Notenbanken in New-York, gerade wie 1857, beim Ausbruch der Krisis ihre Zahlungen suspendiren mußten, während die Bank von England wegen ihrer mangelhaften Organisation noch 1866 genöthigt war, von der Regierung die Suspension des Bankgesetzes zu verlangen, standen die drei Hauptbanken des Continents während der größten Effectenkrisis, welche geschichtlich bekannt ist, ohne zu wanken. Zwar wurde das Gesetz der Oesterreichischen Nationalbank suspendirt, allein sie kam nicht in die Lage, von der Erlaubniß, mehr als 200 Millionen Gulden ungedeckte Noten auszugeben, großen Gebrauch zu machen. Der Stand des Notenumlaufes befand sich bei der Oesterreichischen Nationalbank, der Preußischen Bank, den Banken von England und Frankreich wie folgt:

---

um 12·5 pCt. gestiegen, allein aus einer speciellen Ursache — der schlechten Ernte.

Oesterreichische Nationalbank.

	11. Juni 1873.	12. Nov. 1873.	31. Dec. 1873.	12. März 1874.
	Gulden.			
Banknotenumlauf	335,838,180	367,204,540	352,082,630	321,833,230
Metallschatz	143,334,476	144,536,469	143,836,691	145,269,603
Ueberschuß des Notenumlaufs	192,503,704	222,668,071	208,245,939	176,563,627
	5 pCt.	5 pCt.	5 pCt.	5 pCt.

Preußische Bank.

	4. Juni 1873.	7. Nov. 1873.	23. Dec. 1873.	10. März 1874.
	Thaler.			
Banknotenumlauf	295,587,000	291,600,000	285,919,000	268,906,000
Baarschatz	226,229,000	232,110,000	234,999,000	233,947,000
Ueberschuß des Notenumlaufs	69,358,000	59,490,000	50,820,000	34,960,000
	6 pCt.	5 pCt.	5 pCt.	4 pCt.

Bank von England.

	5. Juni 1873.	13. Nov. 1873.	1. Jan. 1874.	7. März 1874.
	Pfund Sterling.			
Notenumlauf	25,823,125	25,910,000	25,807,070	25,673,630
Baarvorrath	20,637,126	19,330,000	22,618,685	23,350,485
Ueberschuß des Notenumlaufs	5,185,999	6,580,000	3,188,385	2,323,147
Totalreserve	9,814,001	—	11,811,615	12,676,855
Notenreserve	9,048,160	7,670,000	11,190,660	11,938,060
	3 pCt.	9 pCt.	4½ pCt.	3½ pCt.

Bank von Frankreich.

	5. Juni 1873.	13. Nov. 1873.	8. Januar 1874.	5. März 1874.
	Francs.			
Notenumlauf	2,811,000,000	3,012,000,000	2,897,728,895	2,690,559,190
Baarschatz	821,000,000	731,000,000	776,969,960	956,676,593
Ueberschuß des Notenumlaufs	1,990,000,000	2,281,000,000	2,120,758,935	1,733,882,597
	5 pCt.	7 pCt.	5 pCt.	4½ pCt.

Aus obiger Aufstellung läßt sich die wichtige Wahrnehmung machen, daß die Oesterreichische Nationalbank die sogenannte Drittel=

bedeckung während der ganzen Krisis hatte behaupten können, und daß die Preußische Bank einen Baarbestand besaß, welcher sie in Stand gesetzt hätte, dem Handel sowohl durch weitere Herabsetzung des Zinsfußes, als durch andere Erleichterungen unter die Arme zu greifen. Die Direction der letzteren hat sich aber weislich davor bewahrt, um nicht die Speculation wieder zu ermuntern und auch weil zwei Fünftheile des Baarschatzes eben so viel Regierungs-Depositen gegenüberstanden, welche sofort oder nach kurzer Kündigungsfrist zurückgezogen werden konnten.

Während die Notenreserve der Bank von England beim Ausbruch der Krisen von 1857 und 1866 bei Erhöhung des Discontosatzes auf 10 pCt. bis 957,710 und 730,830 Pfund Sterl. herabsank und die Zahlungsunfähigkeit vor der Thür war, ist dieselbe im entscheidenden Augenblick des Jahres 1873, als auch London mit einer Panique bedroht war, bei 9 pCt. Disconto nicht unter 7 1/2 Millionen Pfund Sterling gefallen.

Wenn in dieser ganzen Zeit etwas zu tadeln war, so war es der Umstand, daß die Oesterreichische Nationalbank und die Bank von England nicht nachdrücklich genug warnten und eine offenbare Scheu vor rechtzeitiger Erhöhung des Discontosatzes zeigten.

Die Bank von England wäre nicht genöthigt gewesen, ihren Zinssatz im November plötzlich bis auf 9 pCt. zu erhöhen, wenn sie im Sommer vorher denselben nicht zu lange zu tief gehalten hätte. Denn die oberste Regel der großen Zettelbanken muß sein, in den Zeiten der hochfluthenden Speculation nicht durch niedrigen Zinssatz noch den Sporn einzulegen, wie die Bank von England es namentlich in früherer Zeit zu thun gewohnt war und noch nicht ganz verlernt hat, vielmehr den Disconto anzuziehen, um Vorrath zu sammeln, mit dem dann in der Zeit hereinbrechender Noth ausgiebig geholfen werden kann. Und ebenso wäre in Oesterreich von der Suspension der Bankacte eine nachhaltigere Wirkung zu erwarten gewesen, wenn Hand in Hand damit eine Erhöhung des Banksatzes verfügt worden

wäre, da dies das naturgemäße Mittel gewesen wäre, das Privat=
capital aus seiner ängstlichen Reserve hervor und auf den offenen
Markt zu ziehen.

Die Frage der Höhe des Discontosatzes hat gerade gegenwärtig
eine ungemeine Wichtigkeit erlangt, weil von einer Seite heftig auf
Herabsetzung desselben gedrungen wird. Es ist bei derselben aber
nicht blos der Stand der Baarschaft der großen Banken maßgebend,
sondern auch die Bewegung der Preise, welche während des ganzen
Verlaufes der Krisis eine außerordentlich wichtige Rolle gespielt haben.

Mit den Coursen der Speculationspapiere waren die Preise der
Immobilien und vieler Waaren auf eine Höhe gestiegen, welche das
Geschäft schließlich aufheben mußte und dadurch sowohl wie durch
den Umstand, daß das vorhandene Capital für die Masse der Unter=
nehmungen nicht ausreichte, zur Krisis führte. Die dauernde radicale
Heilung von der letzteren kann deshalb nur dadurch geschehen, daß
das oben erwähnte Fallen der Course, Preise und Löhne aufs neue
Käufer und Geschäftsunternehmer anlockt. Nur durch dieses Mittel
ist es möglich, allmälig wieder die ganze wirthschaftliche Maschine in
Gang zu bringen, damit die so ins Gleichgewicht gehobene Consumtion
die Production in regelrechte Beschäftigung setzt. Diese Bewegung
der Wiederherstellung des Gleichgewichtes zwischen Consumtion und
Production kann eben nur durch jene Ermäßigung der Preise zum
Ziele geführt werden. Die Anwendung künstlicher Mittel würde
dabei nur hindern. Zu solchen künstlichen Mitteln rechnen wir eine
Herabsetzung des Discontosatzes der großen Banken, bevor noch der
Zinsfuß auf offenem Markte sehr erheblich dagegen in Vorsprung
gelangt ist.

Es darf nicht außer Acht gelassen werden, daß durch den Aus=
bruch der Krisis ein großer Schrecken unter dem capitalsparenden
Publikum hervorgebracht worden ist, welches durchaus nicht in seiner
Gesammtheit sein Vertrauen von den Speculations=Effecten auf die
Staatspapiere übertragen hat, sondern zum Theile auch noch sein

Geld versteckt. Um das Capital aus seinen Schlupfwinkeln herauszulocken, gibt es aber außer der Wiederherstellung des Vertrauens, welche eine Sache der Zeit ist, kein besseres Mittel, als einen angemessenen Zinssatz. Hoher Zinssatz wirkt ja erfahrungsmäßig auf das Capital wie die Pumpe auf das Wasser. Erst nachdem ein hoher Discontosatz wieder die Anhäufung von Capital erwirkt hat, kann an eine Ermäßigung gedacht werden, welche letztere dann wieder die Preise hebt. Sofort aber, im gegenwärtigen Augenblicke mit einer Herabsetzung des Discontosatzes vorzugehen, würde die so wohlthätig auf die Heilung der Krisis wirkende Ermäßigung der Preise nur hemmen und jene Heilung wieder verzögern. Die Wahrheit dieser Ausführung wird von der Preußischen Bank, welche doch gegenwärtig am meisten im Schmalz sitzt, am sorgfältigsten beherzigt; denn ihr Zinssatz, welcher überhaupt stets dem Stande des offenen Marktes am langsamsten folgt, ist auch jetzt am weitesten davon entfernt. Der Discontosatz der großen Banken und des offenen Marktes an den Hauptplätzen Europas war nämlich Mitte März 1874 folgender:

	Banksatz.	Offener Markt.
Paris	4½ pCt.	4 pCt.
Berlin	4 „	2½ „
Bremen	3½ „	3½ „
Frankfurt	3½ „	2½ „
Hamburg	— „	2½ „
Amsterdam	3½ „	3 „
Brüssel	4 „	3¼ „
Leipzig	4½ „	4 „
London	3½ „	3½ „
St. Petersburg	6½ „	6 „
Wien	5 „	5 „

* *

Wir nahen dem Schlusse! Die Lehren, welche wir aus den Erfahrungen der Krisis von 1873 gewonnen haben, sind nur Bestätigungen der früher ausgesprochenen Ueberzeugungen. Sie beziehen sich auf das Bankwesen, auf die Börse und auf die Gründung und Ueberwachung der Erwerbs-Gesellschaften.

Aufs Neue hat die Ansicht eine Bestätigung erhalten, daß **Freiheit oder Vielheit der Zettelbanken unvortheilhaft** für das Publikum ist. Von den an anderer Stelle nachgewiesenen Gründen*) wollen wir nur drei anführen: 1. es stehen nicht die tüchtigen geistigen Kräfte zu ihrer Leitung in genügender Anzahl zu Gebote; 2. sie brauchen eine höhere Summe von Baarmitteln zur Einlösung ihrer Noten; 3. in den Zeiten geschäftlichen Aufschwunges ermuntern und reizen sie die Speculation, um ihren Notenumlauf zu vermehren und ihren Zinsengenuß zu erhöhen, und wenn die Krisis naht, ziehen sie ihre Mittel an sich, kündigen die Credite und helfen die Verlegenheit der Geschäftswelt vermehren, statt eine Stütze in der Noth zu sein. Hingegen hat sich die **Freiheit der Nichtzettelbanken** als **angemessen** erwiesen, weil die Concessionirung der Regierung nur die Selbstprüfung des Publikums vermindert und den Leichtsinn desselben erhöht.**)

———

*) M. s. mein Handbuch des Bankwesens, 3. Band der Grundz. d. Nationalökonomie. 2. Auflage. Cöln. M. Du-Mont-Schauberg'sche Buchhandlung.

**) Von den anderen Nachtheilen, welche das Concessionswesen begleiten, wollen wir nur noch einen hervorheben, der in Wien besonders zur Geltung kam — den Schacher mit Concessionen. Noch wenige Wochen vor Ausbruch der Krisis wurden Concessionen für fl. 100,000 verkauft, welche die Verkäufer nach ihrem eigenen Geständniß auch um 5000 fl. gegeben hätten. Die österreichische Regierung war nicht ohne Schuld in der Sache, weil sie im Hinblick auf den Vortheil der Staatskasse, die durch den Stempel auf Actien, durch Gebühren und Steuern bereichert wurden, zu viele Concessionen ertheilte.

Dieser Antheil der Regierung an der Herbeiführung der Krisis hatte ihr auch die Pflicht auferlegt, die Wirkungen des Kraches durch ihren Beistand abzuschwächen, insbesondere soweit sie unschuldige Opfer, z. B. die Arbeiter betrafen. Ein Fehler war es nur, daß sie die zuletzt gewährte Staatshilfe nicht rasch und liberal genug leistete.

Uebrigens wurde die Ansicht derjenigen Doctrinäre, welche fordern, daß der Staat unter keiner Bedingung bei einer Krisis helfend eingreifen dürfe, auch da nicht, wo er keinen Verlust riskirt, durch viele Beispiele als irrig und schädlich

Hinsichtlich der Börse hat sich gezeigt, daß die Nichtklagbarkeit der Differenzgeschäfte die Spielsucht nur erhöht, und daß dem Hazardspiel ein Dämpfer aufgesetzt wird, wo der Schuldner auch vor Gericht für die schuldigen Differenzen belangt werden kann.

In Beziehung auf die Actiengesellschaften haben sich die neuen Gesetze, welche die Concessionirung derselben, mit Ausnahme der Eisenbahnen und Zettelbanken, abschafften, vollkommen bewährt. In den Ländern, wo die Concession abgeschafft ist, wie im deutschen Reiche, hat die Krisis durchaus keine schlimmere Erscheinungen zu Tage gebracht, wie in Oesterreich, wo sie noch bestand; und in Preußen sind die Haupt-Unterschleife, welche vorgekommen, gerade bei Eisenbahnen, wo die Concessionirung noch nothwendig, gerügt worden. Waren ja auch in den Fünfziger Jahren in Deutschland und später in der Schweiz gerade die concessionirten Zettelbanken, mit denen die Agiotage am meisten ihr Spiel trieb.

Eine Untersuchung, welche deshalb in Preußen über die Wirkung des Reichsactiengesetzes angestellt wurde, hat zu dem Resultat geführt, daß vorbehaltlich der Revision weniger Puncte die Beibehaltung dieses Gesetzes allgemein befürwortet wird. In Oesterreich ist die Regierung gerade durch die Krisis in dem schon vor derselben in Ausführung gebrachten Entschluß gestärkt worden, dem Reichsrath eine Reform der

erwiesen. Es hat sich sowohl in Berlin, wie in Wien gezeigt, daß bei dem Kartenhaus-ähnlichen Zusammenhang der Geschäfte und des Wechselverkehrs, wo Viele fallen, wenn Einer stürzt, durch die Stützung eines Hauses größeres Unheil in weiteren Kreisen verhütet werden kann, ohne daß der Staat einen Verlust zu befürchten hat, da es sich nur um Darlehen handelt. So hat z. B. der Rechnungsabschluß der Oesterreich. Bodencreditanstalt, welche vom Staat gestützt wurde, ergeben, daß die Staatscasse gar keinen Verlust erleidet. Durch diese Maßregel aber war der Fall vieler Personen verhütet worden. In Berlin hat die Liquidation der Cnistorp'schen Bank mit einem Plus geendet. Durch eine Stützung dieser Anstalt wären also ohne Verlust eine große Verwirrung in einem großen Geschäftskreise und viele zeitweise Arbeiterentlassungen verhütet worden.

betreffenden Gesetzgebung vorzuschlagen, und der vorgelegte Entwurf enthält diejenigen Verbesserungen, welche dem deutschen Gesetze noch fehlen und durch welche den Hauptbeschwerden über die Ausbeutung des Publikums Rechnung getragen wird, ohne deshalb den Unternehmungsgeist zu lähmen. Es sind davon besonders hervorzuheben: 1. die Pflicht der Gründer, drei Jahre bei ihren neuen Unternehmungen zu bleiben; 2. das Recht, jedes einzelnen Actionärs gegen statutenwidrige Beschlüsse richterliche Hilfe anzurufen; 3. das Verbot des Handels mit eigenen Actien (oder das Beleihen derselben), mit Ausnahme des Falles, wo es zum Zwecke einer Reduction des Actiencapitals geschehen soll.

Die zweckmäßigste Wirthschaftspolitik auch im Gesichtspunkte der Krisen bleibt also — die Freiheit, weil sie die Selbstprüfung und das Gefühl der Verantwortlichkeit stärkt.

* * *

Die Krisis des Jahres 1873 hat größere Dimensionen gehabt, und größere Verluste und Unglücksfälle nach sich gezogen, wie eine der früheren. Obgleich ursprünglich nur ein Börsenkrach, zog sie doch Industrie und Handel im Ganzen in weiteren Kreisen in Mitleidenschaft, wie eine der früheren. Niemals waren bei ähnlichen Wirthschaftskatastrophen so viele Gesellschaftsbeamte und Arbeiter entlassen worden. Die Bankbeamten irrten in Wien und Berlin allein zu Tausenden umher und noch im März 1874 sank am Ring zu Wien Einer dieser Unglücklichen ohnmächtig zusammen, weil er acht Tage keine Nahrung zu sich genommen. In keiner früheren Epoche ähnlicher Art war die Zahl der Selbstmorde so groß — vom Bankdirector bis zum armen Arbeiter, vom Börsenspeculanten bis zum lorbeergeschmückten General — in keiner solchen Periode suchten so viele junge Brautleute, denen die Katastrophe die theuersten Lebenshoffnungen zerstört, ihren Trost im Tode. Und doch war in keiner früheren Krisis die Einsicht in die Lage der Dinge so weit verbreitet und retteten so Viele ihre Habe rechtzeitig vor dem allgemeinen Ruin.

Wie der ächte Mann aus der Prüfung geläuterter und stärker hervorgeht, so wird auch diese Katastrophe den Keim zu manchem Guten gelegt haben und zu guter Letzt wollen wir nochmals daran erinnern, daß es nur die civilisirten Länder und Plätze sind, welche von Krisen heimgesucht werden.

www.ingramcontent.com/pod-product-compliance
Lightning Source LLC
Chambersburg PA
CBHW031943230426
43672CB00010B/2035